英語で
知りたい！

ダウン
ロード音声付き

世界のキーパーソン
人名事典

アルク「人名事典」製作委員会 編

アルク

人名はパワフルな語彙である

例えば作家。俳優。ロック・スター。「えっ、〇〇が好きなの？　私も！」と、初対面の相手とでも、いきなり距離が縮まったり、意気投合したりする。人名にはそんな「力」があります。

手強くも興味深い　人名の日英ギャップ

語彙としての人名のパワーは、英語でのコミュニケーションにおいても変わりません。けれども日本語と英語の間には、当然のことながら、表記・音声上の違いが存在します。

日本語においては、非日本語圏の人名の表記や読みが日本の文字表記や発音に置き換えられます。英語においても同様です。特に非英語圏の人名に関し、つづりや発音が大胆に「英語化」されることがしばしばあります。例えば、日本人の多くが世界史の授業で「エカチェリーナ」や「エカテリーナ」と習ったあのロシアの女帝は、英語圏では「Catherine」（キャサリン）と呼ばれるのです！

人物にひも付く「＋α」まで英語で押さえる

「**コッポラの映画**ならほとんど見ています。『**ゴッドファーザー**』もいいけど、『**地獄の黙示録**』の方が好きかな」
世間話をきっかけに、英語でこんな会話になったとします。**コッポラ**（Coppola）と『**ゴッドファーザー**』（The Godfather）は、ちょっと英語らしく発音を頑張れば、何とか通じそうです。でも『地獄の黙示録』はどうでしょうか？

「Hell's . . . Hell's . . .　えっと…」

正解は Apocalypse Now ですが、このような場合邦題を英訳してもおそらく通じません。本書のフランシス・フォード・コッポラの掲載ページへ行けば、『ゴッドファーザー』や『地獄の黙示録』が英語で何と言うのかまで、一挙に知ることができます。

＊　　　＊　　　＊　　　＊　　　＊

人名に関する日英間のギャップを埋め、日本語話者の英語でのコミュニケーションや情報収集の一助となることは、本書の大きな目的の一つです。同時に、本書の中でさまざまな人物と出会い新しい語彙・知識を獲得することが、英語学習の楽しみや刺激に少しでもつながれば、大変うれしく思います。

アルク「人名事典」製作委員会

CONTENTS

世界の成り立ちを解き明かし、
人々の思考を刺激する64人のキーパーソン

作品やパフォーマンスを通して、
人々の感性を揺さぶり、
視野を広げてくれる203人のキーパーソン

※本書に掲載されている情報は 2021 年 4 月現在のものです

本書の使い方

本書は、

- 教養として押さえておきたい人物
- 人類の遺産とも呼ぶべき業績・作品を残した人物
- 誰もが知る歴史上の人物
- 今世界で起きていることを理解するために知るべき人物

など、古今東西のキーパーソン365人について英語で知ることができる人名事典です。

「学術」「文化・芸術」「歴史」「現代」という4つの章から構成されており、「学術」と「文化・芸術」では、章内でカテゴリーがさらに細分化されています。

読み物として楽しむ場合

興味のある章、カテゴリー、人物など、好きなところから読むことができます。

人名事典として使う場合

巻末の索引（和／英）を使うと便利です。

例：「アリストテレス」

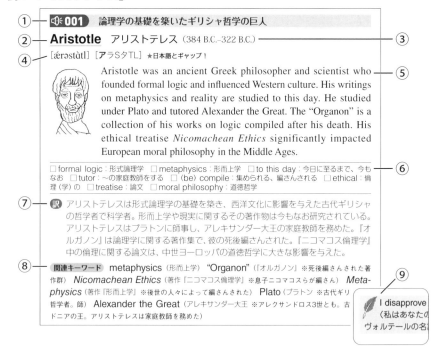

① 🔊001 論理学の基礎を築いたギリシャ哲学の巨人

② **Aristotle** アリストテレス（384 B.C.–322 B.C.） ③

④ [ǽrəstɑ̀tl]［**ア**ラSタTL］★日本語とギャップ！

Aristotle was an ancient Greek philosopher and scientist who founded formal logic and influenced Western culture. His writings on metaphysics and reality are studied to this day. He studied under Plato and tutored Alexander the Great. The "Organon" is a collection of his works on logic compiled after his death. His ethical treatise *Nicomachean Ethics* significantly impacted European moral philosophy in the Middle Ages. ⑤

□formal logic：形式論理学　□metaphysics：形而上学　□to this day：今日に至るまで、今もなお　□tutor：～の家庭教師をする　□(be) compile：集められる、編さんされる　□ethical：倫理（学）の　□treatise：論文　□moral philosophy：道徳哲学 ⑥

⑦ [訳] アリストテレスは形式論理学の基礎を築き、西洋文化に影響を与えた古代ギリシャの哲学者で科学者。形而上学や現実に関するその著作物は今もなお研究されている。アリストテレスはプラトンに師事し、アレキサンダー大王の家庭教師を務めた。『オルガノン』は論理学に関する著作集で、彼の死後編さんされた。『ニコマコス倫理学』中の倫理に関する論文は、中世ヨーロッパの道徳哲学に大きな影響を与えた。

⑧ [関連キーワード] metaphysics（形而上学） "Organon"（『オルガノン』※死後編さんされた著作群） *Nicomachean Ethics*（著作『ニコマコス倫理学』※息子ニコマコスらが編さん） *Metaphysics*（著作『形而上学』※後世の人々によって編さんされた） Plato（プラトン ※古代ギリ哲学者。師） Alexander the Great（アレキサンダー大王 ※アレクサンドロス3世とも。古ドニアの王。アリストテレスは家庭教師を務めた）

⑨ I disapprove
（私はあなたの
ヴォルテールの名

① 人名番号

　計365人の人物の通し番号で、付属音声のファイル番号を兼ねています。なお、人物の掲載順序は、日本語表記の「姓」（姓に該当するものがない人物は最初の文字）を基準にしたアイウエオ順です。

② 人名の英語表記／日本語表記 < 英語での表記が分かる！ >

　複数の表記が存在する場合には、英・日それぞれについて、より一般的と思われるものを掲載。主な表記のバリエーションは巻末の索引（P. 293～）で確認することができます。

③ 生没年 < いつの時代の人かが分かる！ >

凡例

（1954– ） ➡ ［生年］1954年。本書刊行時点において存命している。

（1866–1946） ➡ ［生年］1866年　［没年］1946年

（469 B.C.–399 B.C.） ➡ ［生年］紀元前469年　［没年］紀元前399年

（c. 460 B.C.–c. 370 B.C.） ➡ ［生年］紀元前460年頃　［没年］紀元前370年頃

（c. 535 B.C.-?）※没年不明 ➡ ［生年］紀元前535年頃　［没年］不明

　c.：約、～年頃　※circa（ラテン語）の略　　B.C.：紀元前　※before Christの略

④ 発音情報 < どう読むのかが分かる！ >

　人名の発音に複数のバリエーションが存在することは珍しくありませんが、本書では、アメリカ英語で一般的と思われる読み方を一人につき一つ採用し、掲載しています。その際、

- 日本人英語学習者におなじみの一般的な発音記号
- 「Dr. Rei's Phonetic Symbols」（詳細はP. 9参照）

を併記することで、英語として通じやすい発音の仕方が直感的につかめるようにしてあります。

また、発音に関し特に注意を要する人名には、次のような注意喚起をしています。

★つづりとギャップ！ ➡ つづりと発音との間に大きな（または意外な）差がある。

★日本語とギャップ！ ➡ その人物の日本語での表記や読み方と大きな差がある。

★アクセント注意！ ➡ 日・英でアクセントの位置が大きく違う。

⑤ プロフィール 〈 「どんな人か」が英語で分かる！ 〉

　本書に収録されている各人物のプロフィールの英文は、7人の英語のネイティブ・スピーカーが

- どんな人物か
- 歴史や各分野においてどのような存在か（位置付け、与えた影響）
- 英語圏における定評や論争

にフォーカスして執筆しました。

　洗練された語彙と生き生きとした筆致で、時にはユーモラスに、また時には辛口に対象を評したプロフィールの英文は、中・上級の英語学習者にとっても読み応えのあるものとなっているはずです。語注（⑥）、訳（⑦）も参考にすると読み進めやすいでしょう。

　なお、ネイティブ・スピーカーのナレーターによるプロフィールの朗読音声を、ダウンロードして聞くことができます。詳しくはP. 10を参照してください。

⑥ 語注

　プロフィール英文（⑤）の注釈です。

⑦ 訳

　プロフィール英文（⑤）の日本語訳です。

⑧ 関連キーワード 〈 人物の周辺情報まで効率的に学べる！ 〉

　代表作や、関連の深い人物・用語・出来事といった情報を、英・日併記で掲載しています。ただし、作品名などで、英語以外の言語のものが英語圏でも浸透している場合には、原語のまま掲載しています。

⑨ ミニ・コラム 〈 さらに… 〉

　神出鬼没のミニ・コーナーです。その人物の名言、トリビア、発音に関する補足など、さまざまな情報を紹介します。

【発音の表記について】

　世界各地の人名には、つづりが複雑なものや、カタカナで日本語になっているけれども英語の発音はそれと大きく異なるものなどが多く、英単語を見ただけでは正しい発音が判断できないことがしばしばあります。また、英語の発音をカタカナのみで表現しようとすると、本来入るべきではない所に母音が入ってしまい、不自然な発音になってしまいます。

　このような問題を解決すべく、本書では、見出し語の人名の発音を表すのに、一般的に用いられる発音記号のほか、同志社女子大学教授の髙橋玲氏によって考案された発音・アクセントの新しい表記法「**Dr. Rei's Phonetic Symbols**」を使用しています。これは、カタカナとアルファベットを用いて、なるべく簡単に、そして一目で直感的に発音が分かるよう表記を工夫したもので、以下のようなルールに基づいています。

Dr. Rei' s Phonetic Symbols の基本的なルール

> ▶アクセントのある文字を太字で表示しています。
> ▶後ろに母音の付かない子音は、アルファベット表記にしています。
> ▶母音は全て［アイウエオ］で示し、細かい発音の違いや強弱による音の変化
> 　は区別していません。
> ［例］Lewis Carroll [lúːis kǽrəl] ▶ ［ルーイS　キャラL］

　Dr. Rei's Phonetic Symbols では、アクセントの位置や発音の注意点を分かりやすく強調して表現しています。ただし、この表記法は英語の発音の全てを正確に表すものではありません。本来の発音記号の補助として、また、読み方の基本的なガイドとして使ってください。

本書の付属音声について ·······················

　本書に収録されている計365人分のプロフィール英文の朗読音声を、パソコンまたはスマートフォンでダウンロードすることができます（どちらも無料です）。

※パソコンでダウンロードする場合

以下のURLで「アルク・ダウンロードセンター」にアクセスの上、
画面の指示に従って、音声ファイルをダウンロードしてください。

https://www.alc.co.jp/dl/

※スマートフォンでダウンロードする場合

以下のURLから学習用アプリ「booco」をインストールの上、
ホーム画面下「探す」から本書を検索し、音声ファイルをダウンロードしてください。

https://www.booco.jp/

第1章　学術

世界の成り立ちを解き明かし、
人々の思考を刺激する64人のキーパーソン

ACADEMIC

※人物の掲載順序はサブカテゴリー（例「哲学」、「経済・社会・経営学」など）ごとに日本語
　表記の「姓」のアイウエオ順になっています。ただし、元々姓を持たない人物や、本書で採
　用している日本語表記に姓に該当するものがない人物を除きます。

※掲載されている内容は2021年4月現在のものです。

■ 哲学 ·····

🔊 001 論理学の基礎を築いたギリシャ哲学の巨人

Aristotle アリストテレス（384 B.C.–322 B.C.）

[ǽrəstὰtl]［**ア**ラ S タ TL］★日本語とギャップ！

Aristotle was an ancient Greek philosopher and scientist who founded formal logic and influenced Western culture. His writings on metaphysics and reality are studied to this day. He studied under Plato and tutored Alexander the Great. The "Organon" is a collection of his works on logic compiled after his death. His ethical treatise *Nicomachean Ethics* significantly impacted European moral philosophy in the Middle Ages.

□ formal logic：形式論理学　□ metaphysics：形而上学　□ to this day：今日に至るまで、今もなお　□ tutor：～の家庭教師をする　□ (be) compiled：集められる、編さんされる　□ ethical：倫理 (学) の　□ treatise：論文　□ moral philosophy：道徳哲学

訳 アリストテレスは形式論理学の基礎を築き、西洋文化に影響を与えた古代ギリシャの哲学者で科学者。形而上学や現実に関するその著作物は今もなお研究されている。アリストテレスはプラトンに師事し、アレキサンダー大王の家庭教師を務めた。『オルガノン』は論理学に関する著作集で、彼の死後編さんされた。『ニコマコス倫理学』中の倫理に関する論文は、中世ヨーロッパの道徳哲学に大きな影響を与えた。

関連キーワード metaphysics（形而上学）"Organon"（『オルガノン』※死後編さんされた著作群） *Nicomachean Ethics*（著作『ニコマコス倫理学』※息子ニコマコスらが編さん） *Metaphysics*（著作『形而上学』※後世の人々によって編さんされた） Plato（プラトン ※古代ギリシャの哲学者。師） Alexander the Great（アレキサンダー大王 ※アレクサンドロス3世とも。古代マケドニアの王。アリストテレスは家庭教師を務めた）

🔊 002 全体主義の正体に迫った政治哲学者

Hannah Arendt ハンナ・アーレント（1906–75）

[hǽnə έərənt]［**ハ**ナ　**エ**アランT］★つづりとギャップ！

Hannah Arendt was a key figure of modern political philosophy and political theory. Born into a German-Jewish family, she fled Nazi Germany and settled in the United States. She is best known for her discussions on political theory and totalitarianism. In *Eichmann in Jerusalem*, her reportage on the 1961 trial of high-ranking Nazi official Adolf Eichmann, she argued that the Holocaust was not necessarily the act of the evil, but of ordinary ones simply obeying orders. This view and the famous phrase "the banality of evil" from the book are still controversial.

□ political philosophy：政治哲学　□ political theory：政治理論　□ flee：～から逃れる　□ Nazi Germany：ナチス（政権下の）ドイツ　□ totalitarianism：全体主義　□ reportage：ルポルタージュ、ルポ　□ high-ranking：高位にある　□ the Holocaust：ホロコースト　□ banality：陳腐さ、凡庸さ　□ controversial：議論を引き起こす、物議を醸している

🔞 訳　ハンナ・アーレントは現代政治哲学・政治理論における重要人物。ドイツ系ユダヤ人家庭に生まれたアーレントは、ナチス政権下のドイツを逃れ、アメリカに定住した。政治理論や全体主義に関する考察で最もよく知られている。アーレントは、ナチス高官アドルフ・アイヒマンに対する1961年の裁判のルポ『エルサレムのアイヒマン』の中で、ホロコーストは必ずしも悪の所業ではなく、ただ命令に従っただけの平凡な人々の所業であると述べた。この見解と同書からの有名なフレーズ「悪の陳腐さ」は今も議論を呼んでいる。

関連キーワード　totalitarianism（全体主義）　anti-Semitism（反ユダヤ主義）　Nazi Germany（ナチスドイツ）　*The Origins of Totalitarianism*（著書『全体主義の起源』）　*The Human Condition*（著書『人間の条件』）　*Eichmann in Jerusalem: A Report on the Banality of Evil*（著書『エルサレムのアイヒマン：悪の陳腐さについての報告』※『ニューヨーカー』誌で連載された）　the banality of evil（「悪の陳腐さ［／凡庸さ］」※『エルサレムの…』のサブタイトルに登場するフレーズ）　Adolf Eichmann（アドルフ・アイヒマン ※ナチスの高官）　Martin Heidegger（マルティン・ハイデガー ※ドイツの哲学者。師で不倫関係にあった時期も）

◆ 003　ラッセル、ヘーゲルに認められた天才

Ludwig Wittgenstein

ルートヴィヒ・ヴィトゲンシュタイン（1889-1951）

[lʌ́dwig vítgənʃtàin]［ラDウィG　**ヴィ**Tガンシュタイン］★日本語とギャップ！

The Austrian Ludwig Wittgenstein is regarded as one of the most crucial philosophers of the 20th century, especially for his impact on the philosophy of language and analytic philosophy. His 1921 book *Tractatus Logico-Philosophicus* created a sensation by redefining philosophy as a matter of logic. "Whereof one cannot speak, thereof one must be silent," a main thesis of the book, is a much-quoted philosophical aphorism.

□ philosophy of language：言語哲学　□ analytic philosophy：分析哲学　□ main thesis：命題　□ much-quoted：よく引用される　□ aphorism：格言、金言

🔞 訳　オーストリア人のルートヴィヒ・ヴィトゲンシュタインは、特に言語哲学と分析哲学への影響によって、20世紀の最も重要な哲学者の一人と見なされている。1921年の著書『論理哲学論考』は、哲学を論理の問題であると再定義したことでセンセーションを巻き起こした。同書の命題の一つ「語りえぬことについては沈黙しなくてはならない」は、よく引用される哲学的格言である。

関連キーワード　analytic philosophy（分析哲学）　philosophy of language（言語哲学）　the picture theory of language（写像理論）　*Tractatus Logico-Philosophicus*（主著『論理哲学論考』）　*Philosophical Investigations*（著作『哲学探究』※死後に出版された）　Bertrand Russell（バートランド・ラッセル ※イギリスの哲学者。ケンブリッジ大学での師で支援者）

Voltaire　ヴォルテール（1694–1778）

［voultéər］［ヴォウ**L**テアー］

Voltaire was French and an Enlightenment thinker famous for both his criticism of religious intolerance and his advocacy of modern human rights such as freedoms of speech and belief. His ideas greatly influenced the development of democracy. The First Amendment of the U.S. Constitution is one such example. Voltaire also established himself as a writer with works like *Candide, or Optimism*, a satirical novel that influenced great writers and was musicalized by Leonard Bernstein in the 1950s.

□ enlightenment：啓蒙　□ intolerance：不寛容　□ advocacy：擁護　□ The First Amendment of the U.S. Constitution：アメリカ合衆国憲法修正第 1 条　※「言論の自由条項」とも呼ばれる　□ establish oneself as ～：～としての地位を確立する　□ satirical：風刺的な

訳　ヴォルテールはフランスの啓蒙思想家で、宗教的不寛容に対する批判のみならず、表現の自由・信仰の自由といった近代的人権の擁護でも知られる。彼の思想は民主主義の発展に大きな影響を与えた。合衆国憲法修正第1条はその一例である。ヴォルテールはまた『カンディード、あるいは楽天主義説』などの作品で、作家としての地位も確立した。この風刺小説は、多くの偉大な作家たちに影響を与え、1950年代にはレナード・バーンスタインによってミュージカル化された。

関連キーワード　freedom of speech（表現の自由、言論の自由）　separation of church and state（政教分離）　*Treatise on Tolerance*（著書『寛容論』）　*Candide, or Optimism*（小説『カンディード、あるいは楽天主義説』）　*Candide*（ミュージカル『キャンディード』※レナード・バーンスタインが手掛けたミュージカル・オペレッタ）　Frederick II of Prussia / Frederick the Great（プロイセン王フリードリヒ2世／フリードリヒ大王 ※パトロン、庇護者）

> ✒ I disapprove of what you say, but I will defend to the death your right to say it.
> （私はあなたの意見には反対だが、あなたがそれを述べる権利は命をかけて守る）は、ヴォルテールの名言として引用されることも多いが、正確には彼の思想の「要約」。

Immanuel Kant　イマヌエル・カント（1724–1804）

［imǽnjuəl kǽːnt］［イ**マ**ニュア**L**　**キャン**T］　★日本語とギャップ！

The works of Immanuel Kant, the Age of Enlightenment German philosopher, have been profoundly influential in philosophy since their publishing. His legacy has had lasting impact in the fields of epistemology, ethics, metaphysics, political theory, and aesthetics. In particular, his transcendental idealism, found in *The Critique of Pure Reason*, for example, argued that although things-in-themselves exist, the limits of our senses and mind occlude their true nature, and also that concepts such as time and space exist only inside us and as *a priori*, in which he coined the term "noumenon."

□ the Age of Enlightenment：啓蒙時代　□ legacy：遺産　□ epistemology：認識論　□ metaphysics：形而上学　□ aesthetics：美学　□ transcendental idealism：超越論的観念論　□ things-in-themselves：物自体 ※単数形は thing-in-itself　□ occlude：〜をふさぐ　□ *a priori*：アプリオリ ※ラテン語　□ coin：(言葉) を作り出す　□ noumenon：物自体、ヌーメノン

訳 啓蒙時代のドイツの哲学者、イマヌエル・カントの著書は、発行以来、哲学において絶大な影響力を持っている。カントの遺産は、認識論、倫理、形而上学、政治理論、美学といった分野に永続的影響を及ぼしてきた。具体的に言うと、例えば『純粋理性批判』に見られる超越論的観念論は、物自体が存在するにもかかわらず、われわれの感覚と精神の限界がその本質の認識を閉ざすのであり、時間や空間などの概念はわれわれの中にのみ、かつアプリオリに存在すると説き、そこから彼は「ヌーメノン」という用語を生み出した。

関連キーワード Kantinian (カント [哲学] の、カント派の)　metaphysics (形而上学)　transcendental idealism (超越論的観念論)　thing-in-itself (物自体)　noumenon (ヌーメノン)　*a priori* (アプリオリ ※先験的な認識)　*The Critique of Pure Reason* (著書『純粋理性批判』)　*The Critique of Practical Reason* (著書『実践理性批判』)　*The Critique of Judgment* (著書『判断力批判』)　Kant's three critiques (カントの三大批判 ※『純粋理性批判』『実践理性批判』『判断力批判』を指す)

🔊 **006** 儒教の始祖

Confucius 孔子 (551 B.C.–479 B.C.)

[kənfjúːʃəs]［カン**フュー**シャ S］★日本語とギャップ！

Confucius was a philosopher and politician in the Spring and Autumn period of Chinese history. His philosophy known as Confucianism emphasizes personal morality, correct social behavior, justice, kindness, and generosity. Living in a time of wars and turmoil, Confucius taught the importance of social order, which he called *li*, and believed that *ren*, most often translated as benevolence, is the key to restoring *li*. Confucianism widely spread in East Asia, notably to Korea and Japan, and remains a part of Chinese ideology and culture to this day.

□ the Spring and Autumn period：春秋時代　□ Confucianism：儒教　□ generosity：寛大さ、寛容さ　□ turmoil：混乱、騒動　□ benevolence：博愛、仁愛　□ notably：とりわけ、特に　□ ideology：イデオロギー

訳 孔子は中国史における春秋時代の哲学者、政治家。儒教として知られる彼の哲学は、個人の倫理、正しい社会的行動、正義、思いやり、寛大さを重視する。戦争と混乱の時代に生きた孔子は、「礼」と呼んだ社会秩序の重要性について教え、博愛と最もよく訳される「仁」こそ「礼」を回復させる鍵であると説いた。儒教は、特に朝鮮と日

本などの東アジアに広まった。そして、今日もなお、中国のイデオロギーと文化の一部であり続けている。

関連キーワード Confucianism（儒教） Confucian（孔子の、儒教の） *The Analects of Confucius*（『論語』※弟子たちが孔子の教えをまとめたもの） the Spring and Autumn period（春秋時代） *li*（「礼」※儀礼） *ren*（「仁」※人間愛、博愛）

◁◁ 007 哲学者にして人気作家

Jean-Paul Sartre ジャン＝ポール・サルトル（1905-80）

[ʒáːŋpɔ́ːl sáːrtrə] [ジャーンGポーL　サーTラ] ★日本語とギャップ！

Jean-Paul Sartre was an influential French philosopher and also an extremely popular novelist during his own lifetime. He is recognized as being one of the main proponents of existentialism, which he succinctly defined as meaning our "existence precedes [our] essence." In other words, he believed in the existence of free will and that our lives are not predetermined. His philosophical ideas were displayed in the characters of his novels, such as *Nausea*, making them accessible to general readers.

□ proponent：提唱者、擁護者 □ existentialism：実存主義 □ succinctly：簡潔に □ predetermined：あらかじめ決められた

訳 ジャン＝ポール・サルトルは大きな影響力を持っていたフランスの哲学者であり、存命中は非常に人気の高い小説家でもあった。サルトルは実存主義の主要な提唱者の一人として認識されており、実存主義について、われわれの「実存が（われわれの）本質に先立つ」ものであると簡潔に説明した。つまり、自由意志の存在を信じ、人生はあらかじめ定められたものではないと考えた。サルトルの哲学思想は、『嘔吐』など、彼の小説の登場人物の中にも示されており、一般読者にも親しみやすい。

関連キーワード existentialism（実存主義） phenomenology（現象学） "Existence precedes essence."（「実存は本質に先立つ」※代表的名言。上の英文中 [our] は補足） *Being and Nothingness*（著書『存在と無』※哲学書） *Nausea*（著書『嘔吐』※小説） Simone de Beauvoir（シモーヌ・ド・ボーヴォワール ※フランスの哲学者。パートナー） Albert Camus（アルベール・カミュ ※フランスの作家、哲学者。友人だったが、論争の果てに絶交）

◁◁ 008 魅惑のペシミズム

Arthur Schopenhauer
アルトゥール・ショーペンハウアー（1788-1860）

[áːrθər ʃóupənhàuər] [アーθァー　ショウパンハウアー] ★日本語とギャップ！

Arthur Schopenhauer built his own philosophy on the work of a predecessor — the transcendental idealism of Immanuel Kant — the

idea that we cannot know the world as it really is, but can only interpret it through our human senses. Schopenhauer developed this idea, suggesting that our sensations cannot confirm that a world outside of ourselves actually exists. Despite this inability, he believed our will is constantly vainly trying to understand the world outside ourselves. Thus he believed we are doomed to permanently suffer — a fate known as Schopenhauer's pessimism.

□ transcendental idealism：超越論的観念論　□ vainly：むなしく、無駄に　□ be doomed to ～：～する運命にある　□ pessimism：ペシミズム、厭世主義

[訳] アルトゥール・ショーペンハウアーは先達の功績の上に自らの哲学を構築した。つまり、われわれは世界の本当の姿を知ることはできず、感覚を通じて解釈しているにすぎないというイマヌエル・カントの超越論的観念論である。ショーペンハウアーはこの概念を発展させ、われわれの感覚は、自分の外の世界が実際に存在しているのか確認することはできないと示唆した。確認すらできないのに、われわれの意志は絶えずむなしくも自分の外の世界を理解しようとしているのだと彼は考えた。結果として、われわれは永遠に苦しむ運命にあるのだという。これがショーペンハウアーのペシミズムとして知られる定めである。

[関連キーワード] pessimism（ペシミズム、厭世主義） *The World as Will and Representation*（著書『意志と表象としての世界』） antinatalism（反出生主義 ※子を持つことに対する否定的なスタンス） Immanuel Kant（イマヌエル・カント ※影響を受けた哲学者） Friedrich Nietzsche（フリードリヒ・ニーチェ ※影響を与えた哲学者）

🔊 009 汎神論の哲学者

Baruch Spinoza バールーフ・デ・スピノザ（1632–77）

[bərúːk spinóuzə]［バルーK　Sピノウザ］★日本語とギャップ！　アクセント注意！

Baruch Spinoza was an early Enlightenment philosopher of the Netherlands. Inspired by the rationalism of thinkers such as René Descartes, Spinoza himself became one of the greatest rationalists of the 17th century. His ideas on the inauthenticity of the Hebrew Bible and on the nature of God were so controversial that his works were banned by Jewish and Christian religious authorities. His system of thought is largely contained in his books *Theological-Political Treatise* and *Ethics*.

□ Enlightenment：啓蒙主義　□ rationalism：合理論　□ rationalist：合理主義者　□ inauthenticity：非真正性　□ the Hebrew Bible：ヘブライ語聖書 ※ユダヤ教の聖書　□ controversial：物議を醸す、議論を引き起こす　□ system of thought：思想体系

[訳] バールーフ・デ・スピノザは、初期啓蒙時代のオランダの哲学者。ルネ・デカルトのような思想家たちの合理論に触発され、自身も17世紀の最も偉大な合理論者の一人となる。ヘブライ語聖書の非真正性や神の本質に関する彼の考えは非常に物議を醸すものだったため、著書はユダヤ教やキリスト教の宗教当局によって禁じられた。

彼の思想体系は、著書『神学・政治論』や『エチカ』に大部分述べられている。

関連キーワード rationalism（合理論） pantheism（汎神論） *Theological-Political Treatise*（著書『神学・政治論』） *Ethics*（著書『エチカ』）

🔊 010　「真の知」を探求した哲学の祖

Socrates　ソクラテス（469 B.C.–399 B.C.）

[sάkrətìːz]　[**サ**Kラティー Z]　★つづり・日本語とギャップ！　アクセント注意！

Socrates was a Greek philosopher who, despite having left no writings behind, is regarded as one of the founders of Western philosophy. He is known mainly from the writings of his students Plato and Xenophon, who recorded conversations with Socrates. He was condemned to death by censorious contemporaries, who were troubled by his candid, irreverent discourses. Since his death, Socrates has influenced and inspired millennia of thinkers, and his Socratic method is still considered a bold, refreshing and worthy way of exploring ideas.

□ be condemned to death：死刑を宣告される　□ censorious：あら探しの好きな、非常に批判的な　□ contemporary：同時代の人、同輩　□ candid：率直な　□ irreverent：不遜な、不敬な　□ discourse：対話　□ inspire：〜を刺激する　□ millennia：数千年

訳 ソクラテスはギリシャの哲学者であり、著作物は残していないものの、西洋哲学の祖の一人と見なされている。ソクラテスは、彼との会話を記録したプラトンやクセノポンら弟子たちの著作物によって主に知られている。彼の率直で不遜な対話に悩まされていた批判的な同輩らによって、死刑を宣告された。死後も数千年にわたり、思想家たちに影響と刺激を与えている。ソクラテスの方法は、今もなお大胆かつ新鮮で、価値のある思想探求法と見なされている。

関連キーワード Socratic（ソクラテス [式] の、ソクラテス式問答法の）　the Socratic Method（ソクラテス式問答法）　Plato（プラトン ※弟子）　Xenophon（クセノポン ※弟子）　Xanthippe（クサンティッペ ※妻。悪妻の代名詞）　*The Apology of Socrates*（『ソクラテスの弁明』※弟子プラトンの著書）

🔊 011　「不戦屈敵」を説いた中国の武将

Sun Tzu　孫武（c. 535 B.C.–?）※没年不詳

[súːn dzúː]　[スーン　ツー]　★日本語とギャップ！

Sun Tzu was an ancient Chinese military commander who fought and wrote during the Eastern Zhou period, and who left behind important works whose influence on military thought is still felt in this century. His writings on military strategy and philosophy, such as *The Art of War,* are widely studied by modern tacticians and quoted in popular culture. Sun Tzu's writings place a primary focus on peaceful alternatives to violent conflict, such as espionage, deception, management of alliances, and strategic delay or temporary submission.

□ the Eastern Zhou period：東周時代 ※春秋戦国時代（中国）の別称　□ tactician：戦術家　□ alternative：代替手段、選択肢　□ espionage：スパイ行為、偵察　□ deception：ごまかし、欺瞞　□ alliance：同盟　□ submission：服従

 孫武は東周時代に戦い著作をした古代中国の武将で、軍事思想について今世紀にあっても影響力が感じられる重要な著書を残した。『孫子』のような兵法や哲学に関する著作物は、現代の戦術家にも広く研究され、大衆文化にも引用されている。孫武の著作物はスパイ行為、欺瞞、同盟の運営、戦略的な遅延や一時的な服従など、暴力的紛争に代わる平和的な選択肢に最大の焦点がある。

関連キーワード **The Art of War**（『孫子』※『軍事論』とも。孫武の作とされる兵法書）　Wu（呉 ※中国の春秋時代に存在した君国の一つ）

英語表記のSun Tzuは、「孫武」でなく「孫子」をアルファベットで表したもの。「孫子」は孫武の尊称、および著作のタイトルである。

🔊 **012**　戦う知の巨人

Noam Chomsky　ノーム・チョムスキー（1928-）

[nóum tʃámski]　[**ノ**ウM　**チャ** MSキ]

 The American Noam Chomsky has been an active public intellectual for over 60 years. The so-called "father of modern linguistics" rose to prominence in the 1950s with groundbreaking linguistic theories which he continued to develop over the next few decades. At the same time he also spoke out on political issues in favor of libertarian socialism and against U.S. foreign policy. Now in his 90s, his broadly anti-Establishment political activism continues to this day.

□ intellectual：知識人、有識者　□ so-called：いわゆる、世に言う　□ linguistics：言語学　□ rise to prominence：有名になる、世に出る　□ groundbreaking：革新的な、画期的な　□ in favor of ～：～を支持して　□ libertarian：自由主義の、自由意志論の　□ anti-Establishment：反エスタブリッシュメントの、反体制の　※ Establishment は、社会において支配的地位を確立している集団を意味する　□ activism：積極的行動、行動主義

 アメリカ人のノーム・チョムスキーは60年以上現役で活躍し続けている著名な知識人。世に言う「現代言語学の父」は、1950年代に革新的な言語理論で名を上げ、その後数十年にわたり、それらを発展させた。同時に、自由主義的社会主義を支持すべく政治問題について発言、アメリカの外交政策を非難した。すでに90代のチョムスキーだが、広範に及ぶその反エスタブリッシュメント的政治行動は、今日も健在である。

関連キーワード generative grammar（生成文法） analytic philosophy（分析哲学） *Syntactic Structures*（著書『文法の構造』※言語学での代表作） Nixon's Enemies List（ニクソン大統領の敵対者リスト ※米ニクソン政権のブラックリスト。チョムスキーの名も掲載されていた）

🔊 013 「我思うゆえに我あり」

René Descartes　ルネ・デカルト（1596-1650）

[rənéi deiká:rt]［ラネイ　デイカーT］★つづりとギャップ！

The Frenchman René Descartes was a mathematician, scientist and philosopher who lived in the Netherlands during the Dutch Golden Age of extraordinary trade, science and art. He became known as the "father of modern philosophy" for pioneering rationalism — the idea that we can only know the world through reasoning. Descartes' wish to build an irrefutable theory of knowledge led to him beginning with his still famous sentence, "Cogito, ergo sum," meaning, "I think, therefore I am." His idea that the mind and body are separate but interact is known as Cartesian dualism.

□ extraordinary：並外れた、驚異的な　□ rationalism：合理論　□ reasoning：推理、推論　□ irrefutable：反論できない　□ theory of knowledge：認識論　□ interact：相互に作用する、交流する　□ dualism：二元論

訳 フランス人のルネ・デカルトは、貿易、科学、芸術を極めた黄金期のオランダに生きた数学者、科学者、哲学者である。われわれは推理によってのみ世界を知ることができるという合理論の先駆者となったことから、「近代哲学の父」として知られている。反論の余地のない認識論を構築したいというデカルトの願いは、今もなお有名な一節「コギト・エルゴ・スム（我思うゆえに我あり）」という始まりへと彼を導いた。精神と肉体は別々に存在しつつ相互に作用するという考えは、デカルト的二元論として知られる。

関連キーワード rationalism（合理論） Cartesian（デカルトの） the Dutch Golden Age（オランダ黄金期） "Cogito, ergo sum."（コギト・エルゴ・スム ※「我思うゆえに我あり」。ラテン語） *Discourse on the Method*（著書『方法序説』）

🔊 014 「神は死んだ」の波紋

Friedrich Nietzsche　フリードリヒ・ニーチェ（1844-1900）

[fríːdrik níːtʃə]［Fリー DリK　ニーチャ］★つづり・日本語とギャップ！

The German philosopher Friedrich Nietzsche notoriously rejected Christianity and traditional moral values, declaring that the Enlightenment had shown us that "God is dead." This atheism led him to believe that individuals should live, as his book title states, "Beyond Good and Evil," and not be confined by the limits of herd morality. Naturally such nihilism could destabilize harmony within society and so Nietzsche's ideas have been regarded with hostility. However, his focus on the individual and questions of existence have greatly influenced the existentialism developed by later philosophers.

□ notoriously：悪名高くも □ moral values：倫理観 □ the Enlightenment：啓蒙思想 □ atheism：無神論 □ be confined：閉じ込められる □ herd：群れ □ nihilism：ニヒリズム、虚無主義 □ destabilize：～を不安定にする、～を動揺させる □ hostility：敵意 □ existentialism：実存主義

[訳] ドイツの哲学者フリードリヒ・ニーチェは、啓蒙思想が「神は死んだ」ことを突き付けていると宣言してキリスト教や伝統的な倫理観を否定し、悪評を買った。ニーチェはこの無神論により、個人は群れの道徳という制約によって閉じ込められるのではなく、（彼の本のタイトルにもあるように）「善悪の彼岸」で生きるべきであると考えるに至った。当然、そのようなニヒリズムは社会の調和を揺るがす恐れがあり、彼の考えは敵視されてきた。しかし、彼が個人を重視し、存在について問うたことは、後の哲学者らが発展させた実存主義に大きな影響を与えた。

関連キーワード "God is dead."（「神は死んだ」※ニーチェの有名な言葉） atheism（無神論） nihilism（ニヒリズム、虚無主義） ressentiment（ルサンチマン ※仏語） eternal return/recurrence（永劫回帰） *Thus Spoke Zarathustra*（著書『ツァラトゥストラはこう語った』※『ツァラトゥストラはかく語りき』などの訳もあり） "Thus Spoke Zarathustra"（交響詩「ツァラトゥストラはこう語った」※リヒャルト・シュトラウス作曲。映画『2001年宇宙の旅』でも有名） *Beyond Good and Evil*（著書『善悪の彼岸』）

🔈015 功績の陰にナチス加担の過去

Martin Heidegger マルティン・ハイデガー（1889–1976）

[mɑ́ːrtən háidegər] [マータン　ハイデガー] ★アクセント注意！

Martin Heidegger was a German philosopher, who is considered as one of the most prominent figures in European philosophy of the last century. Much of his work was in the categories of hermeneutics, phenomenology, and existentialism. His book *Being and Time* analyzed existence and distinguishing oneself from others, in the context of time. He was public about his views of politics and was once an active member of the Nazi Party.

□ prominent：重要な、優れた □ hermeneutics：解釈学 □ phenomenology：現象学 □ existentialism：実存主義 □ in the context of ～：～という文脈において、～の観点から □ the Nazi Party：ナチス党

[訳] マルティン・ハイデガーはドイツの哲学者で、20世紀のヨーロッパ哲学において最も重要な人物の一人と見なされている。その功績の大部分は解釈学、現象学、実論主義といった分野にある。著書『存在と時間』では、存在（すること）について、また、自他の区別について、時間という文脈から分析した。ハイデガーは自身の政治観について公にしており、一時期は熱心なナチス党員でもあった。

関連キーワード phenomenology（現象学） hermeneutics（解釈学） existentialism（実存主義） ontology（存在論） Continental philosophy（大陸哲学） *Being and Time*（著書『存在と時間』） Edmund Husserl（エトムント・フッサール ※現象学の大家。大学時代の師） Hannah Arendt（ハンナ・アーレント ※哲学者。教え子で不倫関係にあった） the Nazi Party（ナチス党）

🔊 016　「人間の終焉」を予告

Michel Foucault　ミシェル・フーコー（1926–84）

[miʃél fuːkóu]［ミ**シェ**レ　フー**コウ**］★つづりとギャップ！　アクセント注意！

Michel Foucault, the eminent thinker, was not just a post-structural French philosopher. His research — noteworthy works such as *The Order of Things, Madness and Civilization*, and *The Archaeology of Knowledge* — and lectures have had a far-reaching impact on many academic disciplines. Some important terms coined for his ideas were biopolitics (how a government controls biological processes such as birth, death, and disease), discourse (the way in which knowledge and truths are created and shared), and episteme (the unique cultural and temporal factors which shape contemporary knowledge).

□ eminent：著名な、優れた　□ post-structural：ポスト構造主義の　□ noteworthy：注目に値する、特筆すべき　□ far-reaching：広範囲に及ぶ、大規模な　□ academic discipline：学問領域　□ coined：作られた　□ temporal：時間的な

訳 著名な思想家、ミシェル・フーコーは、フランスのポスト構造主義哲学者というだけではなかった。彼の研究（『言葉と物』『狂気の歴史』『知の考古学』『監獄の誕生』といった注目すべき著書）や講義は、多くの学問領域に幅広い影響を与えた。フーコーの観念を表すために作られた重要な用語に、生政治（生、死、病といった生物学的過程を政府がどう支配するか）、ディスクール（知や真理の作られ方・共有のされ方）、エピステーメー（現代の知を形作る固有の文化的・時間的要因）がある。

関連キーワード post-structuralism（ポスト構造主義） *The Order of Things*（著書『言葉と物』※ベストセラー。代表作に位置づけられる） *Madness and Civilization*（著書『狂気の歴史』） *The Archaeology of Knowledge*（『知の考古学』） *Discipline and Punish*（著書『監獄の誕生』） biopolitics（生政治） discourse（ディスクール、言説） episteme（エピステーメー ※その時代固有の知の枠組み） the death of man（人間の終焉 ※「人間の死」とも。『言葉と物』より。近代の発明品である「人間」という概念はいずれ消滅する、という仮説）

🔊 017　古代ギリシャの大哲学者

Plato　プラトン（427 B.C.–347 B.C.）

[pléitou]［P**レ**イトウ］★日本語とギャップ！

Plato was a philosopher of ancient Athens who is widely regarded as the founder of Western political philosophy, and a key figure in the establishment of Western philosophy in general. A student of Socrates, and teacher of Aristotle, Plato was active during the classical period of ancient Greece, and founded the first institution of higher learning in Athens. His contributions to philosophy include arguments for the use of pure reason to attain knowledge, and the development of dialogue and dialectic forms of philosophical writing.

□ the classical period：(古代ギリシャの) 古典期 ※紀元前5世紀から4世紀　□ pure reason：純粋理性　□ dialogue：問答法　□ dialectic：弁証法的な

訳 プラトンは古代アテネの哲学者で、西洋政治哲学の祖、西洋哲学一般の確立における重要人物として広く認められている。ソクラテスの弟子であり、アリストテレスの師であるプラトンは、古代ギリシャの古典期に活躍し、アテネに初めての高等教育機関を設立した。哲学への貢献に、知識を得るために純粋理性を用いることを支持した論説、問答法や弁証法的な哲学の著述形式の構築がある。

関連キーワード idea（イデア ※プラトン哲学の核） Socrates（ソクラテス ※師） Aristotle（アリストテレス ※弟子） platonic love（プラトニックラブ、精神的恋愛） *The Apology of Socrates*（著作『ソクラテスの弁明』） *The Republic*（著作『国家』） the Academy（アカデメイア ※プラトンが設立した創立した高等教育機関。academyの語源）

◁◁ 018 ドイツ観念論ここに極まれり

Georg Wilhelm Friedrich Hegel
ゲオルク・ヴィルヘルム・フリードリヒ・ヘーゲル（1770-1831）
[géɔːrk vílhɛlm fríːdrik héigəl]［ゲオーK **ヴィ**LヘLM FﾘーDﾘK　ヘイガL］
★つづり・日本語とギャップ！

Georg Wilhelm Friedrich Hegel was a German philosopher and prominent figure in modern Western philosophy. A party to the German idealism movement, he contributed the idea of absolute idealism, in which dualisms can be overcome. He established his own method of dialectic, and also introduced the Hegelian theory, dictating that all reality can rationally be explained. His work has influenced various movements and thinkers across the globe, most notably Karl Marx.

□ prominent：重要な、優れた　□ party：加担者、参加者　□ contribute：～を述べる、～を提案する　□ absolute idealism：絶対的観念論　□ dualism：二元性、二元論　□ dialectic：弁証法　□ dictate：～と定める、～と決定づける　□ rationally：理性的に、合理的に

訳 ゲオルク・ヴィルヘルム・フリードリヒ・ヘーゲルは、ドイツの哲学者であり、近代西洋哲学における重要人物。ドイツ観念論運動の参加者であるヘーゲルは、二元性は乗り越えられるという絶対的観念論の理論を提示した。ヘーゲルは独自の弁証法の手法を確立し、あらゆる現実は理性的に説明できると定めたヘーゲル理論を発表した。ヘーゲルの功績はさまざまな運動や、カール・マルクスに代表される世界中の思想家に影響を与えた。

[関連キーワード] the Hegelian theory（ヘーゲル理論） German idealism（ドイツ観念論） absolute idealism（絶対的観念論） Hegelian dialectic（ヘーゲル弁証法） *The Phenomenology of Spirit*（著書『精神現象学』） *Elements of the Philosophy of Right*（著書『法の哲学』）

019 近代科学にも寄与した「帰納法の父」

Francis Bacon フランシス・ベーコン（1561-1626）

[frǽnsis béikən]［FランシS　ベイカン］

Francis Bacon was a British philosopher and politician in the 17th century. His book *Novum Organum*, which emphasized the importance of obtaining knowledge from observation and experiments, helped in defining the scientific method. For this, he is considered an early English empiricist. Bacon is associated with the famous phrase "knowledge is power," which appeared in Latin in his books. He also worked in politics and helped establish the British colonies in North America.

□ English empiricist：イギリス経験主義者

[訳] フランシス・ベーコンは17世紀のイギリスの哲学者、政治家。観察と実験から知識を得ることの重要性を強調した著書『ノヴム・オルガヌム』は、科学的方法の規定に寄与した。このことにより、彼は初期のイギリス経験主義者と見なされている。ベーコン（の名）は、彼の著書にラテン語で登場する有名なフレーズ「知識は力なり」を連想させる。ベーコンは政治にも身を置き、北米におけるイギリス植民地の確立にも関わった。

[関連キーワード] "Knowledge is power."（「知識は力なり」） idolum（イドラ ※先入観や思い込みなど、知識の獲得を阻害するもの。複数形は idola。ベーコンの思想の代表的な概念） induction（帰納法） Baconian method（※「帰納法」の別名） British empiricism（イギリス経験主義、イギリス経験論） *Novum Organum*（著書『ノヴム・オルガヌム』※『新機関』とも） *Essays*（著書『随想集』） Francis Bacon（フランシス・ベーコン ※20世紀のイギリスの画家。同姓同名のため混同されることも）

かのウィリアム・シェイクスピアの「正体」をめぐるミステリーをご存じだろうか。数ある別人説の中でも有力視されているのが、このフランシス・ベーコンこそシェイクスピアだったというもの。ベーコン説は、the Baconian theory of Shakespeare('s) authorship や Baconian theory などと呼ばれ、長年論争が繰り広げられている。

020 フェミニズム運動のアイコン的存在

Simone de Beauvoir シモーヌ・ド・ボーヴォワール (1908-86)

[simɔ́n də bouvwɑ́ːr] [シモン ダ ボウVワー] ★つづり・日本語とギャップ！

The French existentialist writer Simone de Beauvoir was incredibly influential, particularly in her ideas about sex and gender. Her philosophical book *The Second Sex* showed how throughout history women in society had been in an unfairly subservient role to men. This book and her other writings helped propel the feminist movement which took off in the second half of the 20th century and continues today. De Beauvoir was famously unconventional in her private life, having a lifelong open relationship with existentialist philosopher Jean-Paul Sartre.

□existentialist：実存主義（者）の □gender：ジェンダー、（社会的、文化的観点での）性 □subservient：従属的な、補助的な □propel：～を駆り立てる、～を前進させる □unconventional：型にはまらない、慣習にとらわれない □open relationship：開かれた関係 ※ここではお互いに相手を束縛しない恋愛関係を意味する

[訳] フランスの実存主義作家シモーヌ・ド・ボーヴォワールは、とりわけその性とジェンダーに関する思想で、極めて大きな影響力があった。哲学書『第二の性』は、歴史を通して、社会における女性が男性に対し、どれほど不当にも従属的な役割に就かされてきたかを示している。同書およびそれ以外の著作物は、20世紀後半に始まり今日まで続くフェミニズム運動を前進させる助けとなった。ボーヴォワールは、私生活においては慣習にとらわれないことで知られて、実存主義哲学者ジャン＝ポール・サルトルと生涯にわたって開かれた関係にあった。

[関連キーワード] existentialism（実存主義） *The Second Sex*（著書『第二の性』 ※フェミニズム運動のバイブル） "One is not born but becomes a woman."（「人は生まれながらに女であるのではなく、女になるのである」 ※『第二の性』の中の有名な一節） Jean-Paul Sartre（ジャン＝ポール・サルトル ※パートナー） the Me Too movement（ミー・トゥー運動 ※the #MeToo movement とも。世界的な広がりを見せる21世紀のフェミニズム運動）

021 賛否分かれる『君主論』の著者

Niccolo Machiavelli ニコロ・マキアヴェリ (1469-1527)

[nìkouló: mæ̀kiəvéli] [ニコウロー マキアヴェリ] ★アクセント注意！

Niccolo Machiavelli was an Italian philosopher in the Renaissance period. He worked much of his life as a politician in Florence under the rule of the Medici family. His writings in *The Prince* are thought of as the origins of political science, and the word "Machiavellianism" is used today to describe the actions of morally callous, manipulative politicians.

□ the Renaissance period：ルネサンス期　□ Florence：フィレンツェ　□ Machiavellianism：マキアヴェリズム、マキャヴェリズム ※ Machiavellism とも　□ callous：無慈悲な、冷淡な　□ manipulative：人を巧みに操る

訳 ニコロ・マキアヴェリは、ルネサンス期のイタリアの哲学者。彼は生涯の大部分をメディチ家の支配下にあったフィレンツェで政治家として過ごした。『君主論』の中の文章群は政治学の原点と考えられており、「マキアヴェリズム」という言葉は、今日では、道徳に無感覚で人を巧みに操る政治家の行為を表すのに使われている。

関連キーワード Machiavellianism ／ Machiavellism（マキアヴェリズム、権謀術数 ※マキャベリズムとも） *The Prince*（著書『君主論』） *The Art of War*（著書『戦術論』） the Renaissance period（ルネサンス期） Florence（フィレンツェ） the House of Medici（メディチ家）

🖋 「マキアヴェリ的な」を意味する形容詞 Machiavellianは、ビジネスや政治の話題によく登場する。「目的のためなら手段を選ばない」「非道な」「狡猾な」といったネガティブなニュアンスで使われることが多い。

🔊 **022**　騒乱の時代に寛容を説いた人文主義者

Michel de Montaigne　ミシェル・ド・モンテーニュ（1533–92）

[miʃél də mantéin] ［ミ**シェ**ル　ダ　マン**テ**イン］ ★日本語とギャップ！

Michel de Montaigne was a French philosopher and humanist in the Renaissance period. In his early adulthood, he was involved in law, politics, and even the civil service as the mayor of Bordeaux. He is known for establishing essay as a popular form of literature. *The Essays*, which contains 107 essays on a multitude of topics, have had a far-reaching and lasting impact on many writers, philosophers, sociologists, psychologists, and more. Essays, in Montaigne's time, meant "attempts," marking his writings as something like thought experiments, not to be considered authoritative or decisive.

□ humanist：人文主義者　□ the Renaissance period：ルネサンス期　□ a multitude of ～：数多くの～　□ far-reaching：広範に及ぶ　□ decisive：断定的な、はっきりした

訳 ミシェル・ド・モンテーニュは、ルネサンス期のフランスの哲学者、人文主義者。若い頃には法律、政治、そしてボルドー市長として行政にまで携わった。彼はエッセーを人気の文学形態として確立させたことで知られる。さまざまな話題に関する107のエッセーを収録した『エセー』は、多くの文筆家、哲学者、社会学者、心理学者などに、幅広く持続的な影響を与えている。モンテーニュの時代、エッセーは「試み」を意味し、それは彼の著作物を権威的にも断定的にも見なされない思考実験のようなものとして位置づけることになった。

関連キーワード *The Essays*（著書『エセー』 ※『随想録』とも） essay（随筆、エッセー） skeptic（懐疑論者） "What do I know?"（「私は何を知っているだろうか？」 ※モンテーニュを懐疑論者たらしめる有名な自問。原文は仏語）

023　三権分立を提唱

Montesquieu　モンテスキュー（1689–1755）

[mántəskjùː]［**マ**ンタSキュー］★アクセント注意！

Charles-Louis de Montesquieu, often simply referred to as Montesquieu, was a French political philosopher. His book *The Spirit of Law*, which analyzes politics and societies, inspired early American leaders and even Catherine the Great. The Constitution of the United States was influenced by his writings, especially on the concept of the separation of legislative, executive and judicial powers. He was also one of the main writers of a French encyclopedia.

□ inspire：〜を触発する、〜を刺激する　□ Catherine the Great：女帝エカチェリーナ　※ロシア皇帝エカチェリーナ2世　□ the Constitution of the United States：合衆国憲法　□ legislative：立法（府）の　□ executive：行政（府）の　□ judicial：司法の　□ encyclopedia：百科事典

訳 単にモンテスキューと呼ばれることも多いシャルル＝ルイ・ド・モンテスキューは、フランスの政治哲学者である。政治と社会を分析した著書『法の精神』は、建国初期のアメリカ指導者たちや女帝エカチェリーナまでをも触発した。合衆国憲法は、彼の書いたものの中でも特に、立法権、行政権、司法権の分立という概念の影響を受けた。モンテスキューはフランスの百科事典の主要な執筆者の一人でもあった。

関連キーワード　*The Spirit of Law*（著書『法の精神』）　separation of legislative, executive and judicial powers（立法、行政、司法の三権の分立　※『法の精神』より）　the Constitution of the United States（アメリカ合衆国憲法　※モンテスキューの三権分立論は合衆国憲法の創案にも影響を与えた）　*Encyclopédie*（『百科全書』※フランスの大規模な百科事典）

024　行動派を貫いた反戦の哲学者

Bertrand Russell　バートランド・ラッセル（1872–1970）

[bə́ːrtrənd rʌ́sl]［**バ**ーTランD　**ラ**SL］

For nearly a century the English philosopher Bertrand Russell applied his powerful logic broadly to mathematics, analytic philosophy and political matters. After co-writing the landmark *Principia Mathematica* on formal logic, during WWI he was imprisoned for writing a pro-pacifism article. In 1945 he published the bestselling 2,000-page *A History of Western Philosophy* which analyzed the ideas of Western philosophers through the ages. At the age of 89, he was again imprisoned, this time for his leading role in a national campaign of civil disobedience to bring about nuclear disarmament in the UK.

□ analytic philosophy：分析哲学　□ landmark：歴史的な、画期的な　□ formal logic：形式論理学　□ pro-pacifism：反戦を支持する、平和主義を支持する　□ civil disobedience：市民的不服従　□ nuclear disarmament：核軍縮

訳 イギリスの哲学者バートランド・ラッセルは1世紀近くにわたって、その説得力のある論理を数学、分析哲学、政治問題へと幅広く適用した。形式論理学について書かれた画期的な『数学原理』の共著者として名を連ねた後の第一次世界大戦中、ラッセルは反戦を支持する記事を執筆したことにより投獄された。1945年には、時代時代の西洋哲学者の思想を分析した2000ページのベストセラー『西洋哲学史』を出版。89歳の時に再び投獄されるが、この時は、イギリスに核軍縮をもたらすための市民的不服従の全国的運動で、主導的役割を務めたことによるものだった。

関連キーワード analytic philosophy（分析哲学） *Principia Mathematica*（共著書『数学原理』※『プリンキピア・マテマティカ』とも） Alfred North Whitehead（アルフレッド・ノース・ホワイトヘッド ※『数学原理』の共著者） *A History of Western Philosophy*（著書『西洋哲学史』） Ludwig Wittgenstein（ルートヴィヒ・ヴィトゲンシュタイン ※哲学者。教え子） the Nobel Prize in Literature（ノーベル文学賞）

025 フランス革命に影響を与えた啓蒙思想家

Jean-Jacques Rousseau ジャン＝ジャック・ルソー（1712–78）

[ʒɑ́:ŋʒɑ́:k ru:sóu]［**ジャ**ーンG**ジャ**ーK　ルー**ソ**ウ］★つづりとギャップ！

Jean-Jacques Rousseau was a Genevan philosopher and writer during the Age of Enlightenment. His writings primarily focused on the individual's relationship with society, along with their moral obligation to dictate how they should be governed. He expressed these thoughts in various works, including *The Social Contract*, which helped inspire the French Revolution. Rousseau is credited for playing a large part in shaping modern thought on politics and society.

□ Genevan：ジュネーブの、ジュネーブ人の　□ the Age of Enlightenment：啓蒙時代　□ moral obligation：道徳的義務　□ dictate：～を決定づける、～を左右する　□ inspire：～を触発する、～を刺激する

訳 ジャン＝ジャック・ルソーは啓蒙時代のジュネーブ出身の哲学者で作家。ルソーの著作は、諸個人がどのように統治されるべきかを決定づける道徳的義務に加え、主に、個人と社会との関係に焦点を合わせていた。ルソーはこうした考えをさまざまな著書で述べており、その中にはフランス革命を触発した『社会契約論』もある。ルソーは政治と社会に関する近代思想の形成において大きな役割を果たした功績を認められている。

関連キーワード the French Revolution（フランス革命 ※影響を与えた） *Discourse on the Origin and Basis of Inequality Among Men*（著書『人間不平等起源論』※政治哲学書） *The Social Contract*（著書『社会契約論』※主著に位置づけられる政治哲学者） general will（一般意志 ※ルソーの政治思想の鍵となる概念） *Emile*（著書『エミール』※近代の教育論に影響を与えた） the Pantheon（パンテオン ※パリ市内にあるフランスの偉人を祀（まつ）る霊廟。ルソーもフランス革命への功績が称えられてここに眠る）

🔊 026 　悪政への抵抗は人民の権利であり義務である

John Locke　ジョン・ロック（1632–1704）

[dʒán lák]　[ジャン　ラ<ruby>K</ruby>]

John Locke was a 17th-century English philosopher commonly known as the "father of liberalism." He developed the philosophical theory of empiricism, following on from Francis Bacon. This is expounded in his book *An Essay Concerning Human Understanding,* in which Locke stated that humans start life like a blank slate or "tabula rasa," meaning that we have no innate ideas and only get knowledge from experience. He advocated a people's right to revolution against a government when it trampled on their rights, an idea which is reflected in the United States Declaration of Independence.

□ empiricism：経験主義、経験論　□ be expounded：説き明かされる　□ blank slate：白紙状態　□ innate：持って生まれた、生得的な　□ trample on 〜：〜を蹂躙する

訳 ジョン・ロックは17世紀のイギリスの哲学者で、一般には「自由主義の父」として知られている。彼はフランシス・ベーコンに続く形で、経験主義の哲学理論を発展させた。この理論は著書『人間知性論』で説き明かされている。その中でロックは、人間は白紙、つまり「タブラ・ラサ」の状態で人生を始めると述べたが、それは、われわれには生得観念というものはなく、知識は経験によってのみ得られる、ということを意味する。ロックは、人民の権利を蹂躙する政府に対し、人民が革命を起こす権利を主張した。この考え方は、アメリカ合衆国独立宣言に反映されている。

関連キーワード empiricism（経験論）　*An Essay Concerning Human Understanding*（著書『人間知性論』※『人間悟性論』とも）　tabula rasa（タブラ・ラサ ※「白紙」を意味するラテン語。人間は、生まれた時は何も書き込まれていないまっさらな白紙のような状態である、という考え）　*Two Treatises of Government*（著書『統治二論』）

経済学・社会学・経営学

027 社会学初期の重要人物

Max Weber マックス・ウェーバー（1864-1920）

［mǽks véibər］［マKS　ヴェイバー］★つづり・日本語とギャップ！

Max Weber was a German theorist who contributed immensely to sociology, political science, and economics. He is best known for his theory of the development of Western capitalism. In his book *The Protestant Ethic and the Spirit of Capitalism*, Weber argued that the set of values of Protestant Christianity, specifically Calvinism, had been the key to the prosperity of capitalism. Along with Emile Durkheim, he is seen as a founder of the sociology of religion. Max Weber was one of the victims of the 1918 Spanish flu pandemic.

□ theorist：理論学者、理論家　□ immensely：大いに、非常に　□ set of values：価値体系　□ Calvinism：カルバン主義　□ prosperity：繁栄、隆盛　□ sociology of religion：宗教社会学　□ the 1918 Spanish flu pandemic：1918 年のスペイン風邪大流行　※ 1918 年から 1920 年にかけて猛威を振るった歴史的なパンデミック

[訳] マックス・ウェーバーは社会学、政治学、経済学に多大な貢献をしたドイツの理論学者。ウェーバーは西欧資本主義の発展に関する理論で最もよく知られている。著書『プロテスタンティズムの倫理と資本主義の精神』で、ウェーバーはプロテスタントのキリスト教、特にカルバン主義の価値体系こそが資本主義の隆盛の鍵であったと論じた。エミール・デュルケームと共に、彼は宗教社会学の祖と見なされている。マックス・ウェーバーは1918年スペイン風邪大流行の犠牲者の一人となった。

[関連キーワード] sociology（社会学） sociology of religion（宗教社会学） capitalism（資本主義 ※ウェーバーの重要な研究テーマ） *The Protestant Ethic and the Spirit of Capitalism*（著書『プロテスタンティズムの倫理と資本主義の精神』） bureaucracy（官僚制度 ※ウェーバーの重要な研究テーマ） Emile Durkheim（エミール・デュルケーム ※フランスの社会学者） the Spanish flu（スペイン風邪）

028 マクロ経済学の父

John Maynard Keynes ジョン・メイナード・ケインズ（1883-1946）

［dʒɑ́n méinərd kéinz］［ジャン　メイナーD　ケインZ］

The British John Maynard Keynes was one of the most prominent economists of the 20th century. His revolutionary economic theories, known as Keynesian economics, have inspired leaders and policymakers around the world. His 1936 book *The General Theory of Employment, Interest and Money* marked the birth of macroeconomics — the study of the economy as a whole.

Macroeconomics is one of the two main categories of economics today along with microeconomics, which looks at individuals or individual companies within the economy.

□ prominent：重要な、突出した　□ revolutionary：革命的な、画期的な　□ inspire：〜を触発する、〜に刺激を与える　□ policymaker：政策立案者、為政者　□ macroeconomics：マクロ経済学　□ microeconomics：ミクロ経済学

訳　イギリス人ジョン・メイナード・ケインズは、20世紀の最も重要な経済学者の一人。ケインズ経済学として知られるその画期的な経済理論は、世界の指導者、政策立案者たちに影響を与えてきた。1936年の著書『雇用・利子および貨幣の一般理論』は、マクロ経済学、すなわち経済を総体として捉える研究の誕生を告げた。マクロ経済学は、今日では、経済の中の個人や個別の企業に着目するミクロ経済学と並ぶ、経済学の二大分野の一つである。

関連キーワード　Keynesian economics（ケインズ経済学）　macroeconomics（マクロ経済学）　*The General Theory of Employment, Interest and Money*（著書『雇用・利子および貨幣の一般理論』※『一般理論』とも）　King's College, Cambridge（ケンブリッジ大学キングス・カレッジ ※母校）　Bank of England（イングランド銀行 ※英国の中央銀行。ケインズは理事を務めた）　business cycle（景気循環）

🔊 029　自由競争の提唱者

Adam Smith　アダム・スミス（1723-90）

[ǽdəm smíθ]［**ア**ダM　S**ミ**θ］

Adam Smith was a Scottish economist and moral philosopher in the 18th century. Because of his advocacy of laissez-faire economics, which argues for a free competitive market, he is often referred to as the "father of capitalism." He wrote on moral philosophy in the book *The Theory of Moral Sentiments* and the classic economic treatise *The Wealth of Nations*. Smith coined the phrase the "invisible hand," a metaphor for the mechanism of a free market where self-interested actions by individuals unintentionally shape society and the economy, for the better according to him.

□ moral philosopher：道徳哲学者、倫理学者　□ advocacy：擁護　□ laissez-faire：自由競争主義、自由放任主義 ※仏語　□ treatise：論文、論説　□ coin：(言葉を)作る　□ metaphor：隠喩、例え　□ self-interested：私利的な、利己的な　□ unintentionally：意図せずに、無意識のうちに

訳　アダム・スミスは18世紀のスコットランドの経済学者、道徳哲学者。自由競争市場に賛成する自由放任主義経済を擁護したことにより、しばしば「資本主義の父」と呼ばれる。スミスは『道徳感情論』と経済論説の古典『国富論』の中で道徳哲学について著述した。スミスは、自由市場のメカニズムの例えとして、「見えざる手」という言葉を作り、自由市場では、個人の私利的な行いが意図せずに社会や経済をよりよ

い形にするという説を唱えた。

The Theory of Moral Sentiments（著書『道徳感情論』）*The Wealth of Nations*（著書『国富論』※正式名は*An Inquiry into the Nature and Causes of the Wealth of Nations*）"invisible hand"（「見えざる手」※著作に登場する有名なフレーズ）the Scottish Enlightenment（スコットランド啓蒙主義）

🔊030　経営管理論の第一人者

Peter Drucker　ピーター・ドラッカー（1909–2005）

[píːtər drʎkər]［ピーター　Dラカー］

Peter Drucker was an Austrian-born business management consultant and educator whose ideas have strongly influenced the philosophy and organizational structures of the modern business corporation. His 39 books have been published worldwide, and have popularized his original management concepts such as management by objectives, occasionally abbreviated as MBO.

□ business management：経営管理、企業経営　□ business corporation：事業会社、法人企業　□ occasionally：時々　□ (be) abbreviated as ～：～と略される

訳 ピーター・ドラッカーはオーストリア生まれの経営管理コンサルタントおよび教育者であり、その考えは現代の企業の哲学や組織構造に多大な影響を及ぼしてきた。彼の39冊の著書は世界中で出版されており、「目標による管理（MBOと略されることも）」など独自の経営概念を世に広めている。

関連キーワード management by objectives (MBO)（目標による管理 ※「目標管理」とも）*Management: Tasks, Responsibilities, Practices*（著書『マネジメント：課題・責任・実践』）

🔊031　21世紀のスター経済学者

Thomas Piketty　トマ・ピケティ（1971– ）

[toumáː pikéti]［トウマー　ピケティ］★つづりとギャップ！

The ostensibly left-wing French professor Thomas Piketty has been dubbed a rock-star economist for his thoughts and writing on income and wealth inequality within capitalism. His best-selling book on these issues, *Capital in the Twenty-First Century*, provoked partisan arguments between liberals and conservatives. He studied at the London School of Economics and Political Science, then taught at the Massachusetts Institute of Technology, before becoming the founding director of the Paris School of Economics.

□ ostensibly：表向きは、一見　□ be dubbed：～と呼ばれる　□ provoke：～を引き起こす、～を誘発する　□ partisan：党派の、党派心の強い

[訳] 表向きには左派のフランス人教授トマ・ピケティは、資本主義の内部にある所得と富の不平等に関する思考と著作から、ロックスター経済学者と呼ばれている。これらの問題を扱ったベストセラー『21世紀の資本』は、リベラルと保守との間に党派論争を巻き起こした。ピケティはロンドン・スクール・オブ・エコノミクスに学び、マサチューセッツ工科大学で教鞭を執った後、パリ経済学院の設立理事に就任した。

関連キーワード *Capital in the Twenty-First Century*（著書『21世紀の資本』※世界的ベストセラー） economic inequality（経済的不平等 ※研究テーマ） the London School of Economics and Political Science（LSE）（ロンドン・スクール・オブ・エコノミクス ※出身校。世界的な経済学者を多数輩出） the Massachusetts Institute of Technology（マサチューセッツ工科大学 ※アメリカ屈指の名門大学） the Paris School of Economics（パリ経済学院 ※創立から関わる。欧州を代表する経済学の教育・研究機関）

Thomasは「タマS」と英語読みされることも多い。仏語読みは「彼がフランス人であることはもちろん知っていますよ」というさりげないアピールにもなり得る。

032 資本主義の没落を予言

Karl Marx カール・マルクス（1818-83）

[kά:rl mά:rks]［カーL　マーKS］

Karl Marx was a German economist, philosopher, and revolutionary best known today for his analysis of capitalism. He is considered one of the most influential thinkers in human history. In *The Communist Manifesto*, which he co-authored with his ally and friend Friedrich Engels, he predicted that the fall of capitalism was inevitable. Historical materialism is one of his key concepts, which argues that human societies develop based on material conditions in which people live. His theories became the driving force behind many political movements of the 20th century.

□ revolutionary：革命家、革命論者　□ co-author：～を共同で執筆する　□ ally：協力者　□ inevitable：避けられない、不可避の　□ historical materialism：唯物史観　□ driving force：原動力、推進力

[訳] カール・マルクスは、今日では資本主義の分析で最もよく知られているドイツの経済学者、哲学者、革命家。人類の歴史において最も影響力のある思想家の一人と見なされている。盟友フリードリヒ・エンゲルスと共同で執筆した『共産党宣言』では、資本主義の没落は不可避であると予言した。唯物史観はマルクスの重要な概念の一つで、人類社会は、人々の生活をとり巻く物質的な条件に基づいて進歩するのだと説く。マルクスの理論は、20世紀における多くの政治的運動の原動力となった。

関連キーワード Marxism （マルクス主義） historical materialism（唯物史観） the bourgeoisie（ブルジョワジー、資本家階級） the proletariat（労働者階級） socialism（社会主義） communism（共産主義） *The Communist Manifesto*（『共産党宣言』※エンゲルスとの共著） Friedrich Engels（フリードリヒ・エンゲルス ※ドイツの社会主義思想家。盟友） *Capital*（著書『資本論』）

■ 歴史学

🔊 **033**　名文家としても知られる古代ローマの歴史家

Tacitus　タキトゥス（c. 55-c. 120）

[tǽsətəs]［**タ**サタS］★日本語とギャップ！

Tacitus was a Roman historian and politician. With a reputation as one of the greatest stylists of the Silver Age of Latin literature, he left a number of historically valuable works. His *Germania* is an ethnographic study of ancient German tribes before the Barbarian Invasion as seen from the viewpoint of a Roman, while his *Annals* are writings that shape our modern understanding of Roman imperial power, featuring famous emperors such as Tiberius and Nero. Tacitus' other great writings, *Histories*, are a chronicle of the Roman Empire from 69 A.D. to 96 A.D.

□ stylist：名文家　□ the Silver Age of Latin literature：ラテン文学における白銀期　※白銀時代とも　□ ethnographic：民族誌学的な　□ the Barbarian Invasion：ゲルマン民族大移動　※ invasion はローマやギリシャの視点を表す言葉。the Barbarian Migration とも　□ Tiberius：ティベリウス　※イエス・キリストが刑死した時のローマ皇帝　□ Nero：ネロ　※「暴君」として悪名高いローマ皇帝　□ chronicle：年代記

📖 タキトゥスはローマの歴史家で政治家。ラテン文学白銀期の最も優れた名文家の一人として定評のあるタキトゥスは、歴史的に価値のある著作を多く残した。彼の著作『ゲルマニア』は、ローマ人の目から見た、民族大移動以前の古代ゲルマン民族についての民俗誌学的研究であるが、一方で『年代記』は、ローマ皇帝の権力に関するわれわれの現代的な理解を形作る著作で、ティベリウスやネロといった有名な皇帝たちを扱っている。タキトゥスの別の偉大な著作『同時代史』は、69年から96年のローマ帝国に関する年代記である。

関連キーワード　*Germania*（著書『ゲルマニア』）　(*The*) *Annals*（著書『年代記』※部分的にのみ現存）　(*The*) *Histories*（著書『同時代史』※部分的にのみ現存）　the Silver Age of Latin literature（ラテン文学の白銀期　※白銀時代とも。ラテン文学の中興期）

🔊 **034**　混迷の時代のオピニオンリーダー

Yuval Noah Harari　ユヴァル・ノア・ハラリ（1976-　）

[juvál nóuə hərá:ri]［ユ**ヴァ**L　ノウア　ハラーリ］

Yuval Noah Harari is an Israeli professor of history and philosophy at the Hebrew University of Jerusalem and author of popular works of history and futurism. Copies of his books, including "Sapiens: A Brief History of Humankind," have sold in their tens of millions in 60 languages. His work as a public intellectual includes addresses on the future of humanity to the

World Economic Forum annual meeting in Davos, TED talks and conferences with world-leading tech executives.

□ futurism：未来志向　□ World Economic Forum annual meeting in Davos：ダボスでの世界経済フォーラム年次総会、ダボス会議　□ TED：TED、テッド　※ Technology Entertainment Design の略。毎年大規模な講演会を主催する非営利団体　□ tech executive：テクノロジー企業幹部

訳 ユヴァル・ノア・ハラリは、エルサレム・ヘブライ大学で歴史・哲学を教えるイスラエル人教授であり、歴史や未来志向に関する人気書籍の著者でもある。『サピエンス全史：文明の構造と人類の幸福』を含む彼の著書は、60言語で数千万部を売り上げている。公の場に出る有識者としての活動には、ダボス会議での人類の未来についての講演やTEDでの講演や世界トップレベルのテクノロジー企業幹部らとの会談がある。

関連キーワード macrohistory（マクロヒストリー）*Sapiens: A Brief History of Humankind*（著書『サピエンス全史：文明の構造と人類の幸福』）*Homo Deus: A Brief History of Tomorrow*（著書『ホモ・デウス：テクノロジーとサピエンスの未来』）Mark Zuckerberg book club（マーク・ザッカーバーグ・ブック・クラブ ※フェイスブック創始者M・ザッカーバーグが主宰した期間限定のオンライン読書クラブ。『サピエンス全史』の世界的大ヒットに貢献）

◁◁ 035　「歴史の父」はギリシャ人

Herodotus　ヘロドトス（c. 490 B.C.–c. 420 B.C.）

［hərádətəs］［ハ**ラ**ダタS］★アクセント注意！

Herodotus was a Greek historian in the fifth century B.C., considered one of the earliest people to systematically record events for future generations. His book, *The Histories* is a historically valuable account of the Greco-Persian Wars and Greek society of the time. Cicero, a Roman philosopher of the first century B.C., is believed to have been the first person to refer to Herodotus as the "father of history."

□ systematically：系統的に、体系的に　□ the Greco-Persian Wars：ペルシャ戦争　□ Cicero：キケロ ※古代ローマの哲学者

訳 ヘロドトスは紀元前5世紀のギリシャの歴史家で、後に続く世代のために、出来事を系統的に記録に残した最初期の人物の一人と見なされている。その著書『歴史』は、ペルシャ戦争と当時のギリシャ社会についての歴史的に価値の高い記録である。紀元前1世紀のローマの哲学者キケロが、最初にヘロドトスを「歴史の父」と呼んだ人物だったと考えられている。

関連キーワード *(The) Histories*（著書『歴史』※現存する形では9巻から成る）the Greco-Persian Wars（ペルシャ戦争）historiography（歴史学、史料編集）Cicero（キケロ ※［sísəròu］［**シ**サロウ］。ギリシャの文化をローマに紹介した古代ギリシャの哲学者。「歴史の父」の名付け親）

■ 心理学 ··

◁》036 「パブロフの犬」でおなじみ

Ivan Pavlov イワン・パブロフ（1849-1936）

［iváːn pǽvləf］［イ**ヴァ**ーン　パ∨ラF］★日本語とギャップ！

Ivan Pavlov was a Russian physiologist famous for the study of classical conditioning which examined the use of conditioning to modify behavioral responses. His experiments on conditioned reflexes showed that if a sound was made every time a dog received food, a dog would eventually salivate when it heard the sound, even when there was no food present. Pavlov received the Nobel Prize for his findings on the physiology of digestion. His findings became a major influence in the psychological school of Behaviorism.

□ physiologist：生理学者　□ classical conditioning：古典的条件付け　□ behavioral：行動（学）の　□ salivate：唾液を出す　□ physiology：生理学、生理機能　□ digestion：消化　□ findings：調査結果、研究の成果　□ Behaviorism：行動主義

訳 イワン・パブロフはロシアの生理学者で、行動反応を変える条件付けの使用について分析した古典的条件付けの研究で有名。条件反射に関するパブロフの実験は、犬に餌を与えるたびに音を鳴らすと、そのうち犬はその音を聞いた時に、餌が存在していなくても唾液が出るようになることを示した。パブロフは、消化の生理学に関する研究の成果でノーベル賞を受賞した。彼の研究成果は、心理学の行動主義学派に大きな影響を及ぼした。

関連キーワード classical conditioning（古典的条件付け）　Pavlovian conditioning（パブロフの条件付け ※古典的条件付けの別名）　Pavlov's dog（パブロフの犬）　conditioned reflex（条件反射）　Behaviorism（行動主義 [心理学]）　B. F. Skinner（バラス・スキナー ※行動主義学派の代表的心理学者の一人）　the Nobel Prize in Physiology or Medicine（ノーベル生理学・医学賞）

◁》037 発達心理学に大きな功績

Jean Piaget ジャン・ピアジェ（1896-1980）

［ʒáːŋ pjaːʒéi］［**ジャ**ーンG　ピャー**ジェ**イ］★スペルとギャップ！

Jean Piaget was a Swiss psychologist considered a paramount figure of 20th-century developmental psychology. He studied under Carl Jung, the founder of analytical psychology, for a short while, later studying child development and child psychology. He wrote books on his findings that cognitive growth developed in stages and his theories that children continually adjusted their understanding of the world in the light of new experiences. His theory of cognitive development in the early stages of life demonstrated the critical importance of education during childhood and has enormously influenced modern child education.

□ developmental psychology：発達心理学　□ findings：調査結果、研究の成果　□ cognitive：認知の、認識による　□ in the light of ～：～に照らして

訳 ジャン・ピアジェは20世紀の発達心理学において重要人物と見なされるスイスの心理学者。分析心理学の創始者カール・ユングの下で短期間学んだ後、子どもの発達と児童心理学を研究。認知は段階的に発達していくという自身の研究成果や、子どもが新しい経験を踏まえながら世界の捉え方を絶えず調節していくという自身の理論について、著書を執筆した。人生の初期段階における認知発達に関する彼の理論は、幼年期の教育の決定的重要性を実証し、現代の児童教育に多大な影響を与えている。

関連キーワード developmental psychology（発達心理学）　Piaget's theory of cognitive development（ピアジェの認知発達理論）

◁※038 　「無意識」の領域に踏み込んだパイオニア

Sigmund Freud ジークムント・フロイト（1856-1939）

[sígmənd frɔ́id]［**シ**グマンD　**Fロ**イD］★日本語とギャップ！

The ideas of an unconscious mind initially developed by the Austrian founder of psychoanalysis, Sigmund Freud, have been inestimably influential on the way people in modern societies think about themselves and their inner lives. He established the widespread practice of searching for hidden clues to patients' current mental problems in historical traumas they had suffered. The ideas in Freud's book *The Interpretation of Dreams* explored a similar process for healthy people — to provide insight on the inner self.

□ unconscious mind：無意識　□ psychoanalysis：精神分析学　□ inestimably：計り知れないほど　□ inner life：精神生活　□ trauma：トラウマ　□ insight：洞察　□ inner self：内なる自分

訳 オーストリア人の精神分析学の祖ジークムント・フロイトによって開拓された無意識の概念は、自分自身と精神生活に関する現代社会の人々の考え方に、計り知れない影響力を及ぼしてきた。フロイトは、過去に被ったトラウマに隠されている現在の精神疾患の手掛かりを探し出すための、広く受け入れられている実践法を確立した。フロイトの著書『夢判断』に見られる考えは、健康な人々のための同様の過程、つまり、内なる自分について洞察を与えること、を探究するものであった。

関連キーワード psychoanalysis（精神分析学）　psychotherapy（心理療法）　*Introduction to Psychoanalysis*（著書『精神分析入門』）　*The Interpretation of Dreams*（著書『夢判断』 ※夢に関する精神分析学の研究）　Carl Jung（カール・ユング ※共同研究者）　Alfred Adler（アルフレッド・アドラー ※共同研究者）

Maria Montessori　マリア・モンテッソーリ（1870–1952）

［məríːə màntəsɔ́ːri］［マ**リ**ーア　マン**タ**ソーリ］

Maria Montessori was an Italian physician and educator who developed a successful approach to child education that emphasizes child-centered learning. Unlike traditional teaching, where the teacher is supposed to pass on knowledge, a Montessori teacher takes the role of a guide to encourage the student's personal interest in the subject matter and active participation in the learning process. Today, thousands of Montessori schools worldwide base their curricula and educational approaches on her philosophy.

□ subject matter：テーマ、題材　□ curricula：カリキュラム　※ curriculum の複数形

訳 マリア・モンテッソーリは子ども主体の学びを強調する児童教育への優れたアプローチを編み出した、イタリア人の医師で教育者。教師が知識を伝達するという従来の教え方と異なり、モンテッソーリ教育法では、教師がテーマに対する生徒の個人的興味や学習過程への積極的な参加を促す案内人としての役割を担う。今日でも、おびただしい数のモンテッソーリ学校が世界中で、彼女の哲学をカリキュラムや教育的アプローチの土台としている。

関連キーワード　the Montessori method of education（モンテッソーリ教育法）

Carl Jung　カール・ユング（1875–1961）

［káːrl júŋ］［**カ**ーＬ　**ユ**ンＧ］

Carl Jung was a Swiss psychiatrist who founded the field of analytical psychology. Although he was a close associate of Sigmund Freud early in his career, Jung's approach came to differ greatly from Freud's. Jung considered the main task of individual human development to be the construction of a self-identity from conscious and unconscious elements. He is responsible for numerous psychological concepts that are popular today, including the familiar idea of extroversion versus introversion, and the metaphysical idea of a human collective unconscious.

□ psychiatrist：精神科医　□ analytical psychology：分析心理学　□ close associate of ～：～と親しい間柄、～と近い関係　□ self-identity：自己認識、自己同一性　□ extroversion：外向（性）　□ introversion：内向（性）　□ metaphysical：形而上学の、極めて抽象的な　□ collective unconscious：集合的無意識

訳 カール・ユングは分析心理学の分野の基礎を築いたスイスの精神科医。キャリアの初期においてはジークムント・フロイトと近い関係にあったが、ユングのアプローチはフロイトのアプローチから大きく離れていった。ユングは個人の人間的発達の

主な使命は、意志的・無意識的要素から自己同一性を確立することにあると見なした。「外向性」対「内向性」というよく知られた考え方や、集合的無意識という抽象的な考え方など、今日も支持されている数多くの心理学上の概念は、彼の功績によるものである。

関連キーワード analytical psychology（分析心理学） Jungian psychology（ユング心理学 ※分析心理学の別名） Sigmund Freud（ジークムント・フロイト） archetype（元型、アーキタイプ） extroversion versus introversion（「外向性」対「内向性」） collective unconscious（集合的無意識）

🔊 041　心理学「第3の潮流」

Carl Rogers　カール・ロジャーズ（1902–87）

[kάːrl rάdʒərz]［カーL　ラジャーZ］

Carl Rogers was an American psychologist who is regarded as one of the founders of the client-centered approach to psychotherapy, and of psychotherapy research. His humanistic approach to therapy gave more agency to the individual rather than seeing the therapist as the expert. This idea of helping the client to uncover their own solutions to their problems has been applied effectively in fields ranging from psychotherapy to counseling, education, organizational management, debate and negotiation.

□ client-centered：来談者（患者）中心の、顧客中心の　□ agency：行為者性、行為主体性

訳 カール・ロジャーズはアメリカの心理学者で、来訪者中心の心理療法アプローチの創始者の一人と見なされている。治療に対するロジャーズの人間的アプローチは、専門家としての治療者よりも、個人により主体性を置くものだった。来談者が自分自身の解決法を見いだせるよう手助けするこの考え方は、心理療法からカウンセリング、教育、組織運営、ディベート、交渉に至る多くの分野で、効果的に応用されている。

関連キーワード humanistic psychology（人間性心理学、ヒューマニスティック心理学 ※フロイトの精神分析論、スキナーの行動主義に続き、心理学の第3の潮流と位置づけられている） psychotherapy（心理療法） client（来談者、クライエント ※それまでpatientと呼ばれていた患者をclientと呼んだのはロジャーズが最初） Abraham Maslow（アブラハム・マズロー ※人間性心理学を提唱したアメリカの心理学者）

■ サイエンス

[042] 相対性理論の光と影

Albert Einstein アルバート・アインシュタイン（1879-1955）

[ǽlbərt áinstain]［**ア**Lバー T **ア**インSタイン］★日本語とギャップ！

Albert Einstein was a German-born theoretical physicist who developed the theory of relativity, and is known for his mass-energy equivalence formula, $E = mc^2$. He received the Nobel Prize in Physics in 1921, and became an American citizen in 1940. It is pointed out that Einstein's letter to President Franklin Roosevelt encouraged the United States to develop nuclear weapons; however, he was well-known for his pacifism, and the atomic bombings of Hiroshima and Nagasaki distressed him for the rest of his life. The Russell-Einstein Manifesto, issued in 1955, explained the dangers of nuclear weapons and called for world leaders to seek peace.

□ theoretical physicist：理論物理学者　□ theory of relativity：相対性理論　□ mass-energy equivalence：質量とエネルギーの等価性　□ formula：式、公式　□ pacifism：平和主義

[訳] アルバート・アインシュタインは、相対性理論を構築したドイツ生まれの理論物理学者で、質量とエネルギーの等価性の公式 $E = mc^2$ で知られている。1921年にノーベル物理学賞を受賞し、1940年にはアメリカ市民となった。フランクリン・ルーズベルト大統領に送られたアインシュタインの書簡がアメリカの核兵器開発を後押ししたという指摘もあるが、アインシュタインは平和主義者として知られ、広島・長崎への原爆投下に生涯苦悩した。1955年に発表されたラッセル＝アインシュタイン宣言は、核兵器の危険性を説き、世界の指導者たちに平和の追求を求めた。

[関連キーワード] the general theory of relativity（一般相対性理論 ※general relativity と略されることも） $E = mc^2$（エネルギー＝質量×光速度の２乗 ※質量とエネルギーの等価性を表す関係式。英語では"E equals m c squared"と読まれる。Eはエネルギー、mは質量［mass］、cは光速度［speed of light］を表す） the Nobel Prize in Physics（ノーベル物理学賞） the Russell-Einstein Manifesto（ラッセル＝アインシュタイン宣言 ※1955年に発表された、科学技術の平和利用を訴える宣言。イギリスの哲学者バートランド・ラッセルとアインシュタインを中心に、当時の世界トップレベルの科学者らが名を連ねた）

アインシュタインは科学の進歩に伴うリスクや脅威について、たびたび警鐘を鳴らしていた。名言として引用されるTechnological progress is like an axe in the hands of a pathological criminal.（技術の進歩とは病的な犯罪者の手に握られた斧のようなものである）にも、アインシュタインの強い危惧が表れている。

🔊 043 「エウレカ！」

Archimedes アルキメデス（c. 287 B.C.–c. 212 B.C.）

[àːrkəmíːdiːz]［アーカミーディーＺ］★日本語とギャップ！

Archimedes was a mathematician, physicist and inventor in ancient Greece. He is especially famous for his formulation of a hydrostatic principle known as Archimedes' principle as well as a device for raising water, the Archimedes' screw. It is said that he used the principle to prove that a crown for the king was not pure gold. There is a popular story that Archimedes made the discovery while bathing, and he ran naked through the streets shouting "Eureka!" meaning, "I found it!" in Greek.

□ physicist：物理学者 □ formulation：公式化 □ hydrostatic：流体静力学の

訳 アルキメデスは古代ギリシャの数学者、物理学者、発明家。アルキメデスの原理として知られる流体静力学原理の公式化、ならびに、揚水装置であるアルキメデス・ポンプで特に有名である。彼はその原理を王の冠が純金ではないことを証明するのに使ったと言われている。アルキメデスは入浴中にその発見をし、ギリシャ語で「見つけた！」を意味する「エウレカ！」と叫びながら裸で通りを駆け抜けた、というよく知られた話がある。

関連キーワード Archimedes' principle（アルキメデスの原理） Archimedes' screw（アルキメデス・ポンプ ※アルキメデスが発明したとされるねじ型のポンプ） hydrostatics（流体静力学） "Eureka"（「エウレカ」 ※「見つけた」「分かった」という意味のギリシャ語） a eureka moment（大発見の瞬間 ※アルキメデスが「エウレカ」と叫んだエピソードから派生した表現）

🔊 044 不屈の発明王

Thomas Edison トーマス・エジソン（1847–1931）

[táməs édəsən]［**タ**マS　**エ**ダサン］

Thomas Edison was an American business person, hailed as the master of invention, having filed more than 1,000 U.S. patents in his lifetime. The electric light bulb, phonograph and the motion-picture camera are just a few examples of his inventions. Edison also patented a system for electricity distribution and established the first investor-owned electric utility company. Edison General Electric, another company founded by Edison, became the predecessor of the industrial giant known today as General Electric or GE.

□ patent：[名詞] 特許、[動詞] 〜の特許を取る □ electric light bulb：電球 □ phonograph：蓄音機 □ electricity distribution：配電 □ electric utility company：電力会社

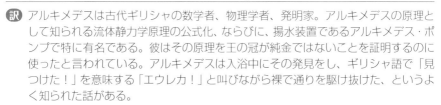

🔈 **訳** トーマス・エジソンは、発明王として称賛されたアメリカの実業家で、生涯で1000件超の米国特許を申請した。電球、蓄音機、映画撮影用カメラは、彼の発明のごく一部の例である。エジソンは配電システムの特許も取り、初の投資者所有電力会社を設立した。エジソンが創業したまた別の企業、エジソン・ゼネラル・エレクトリックは、今日ゼネラル・エレクトリック、またはGEとして知られる大企業の前身となった。

関連キーワード Edison General Electric Company（エジソン・ゼネラル・エレクトリック ※GEの前身）General Electric Company（ゼネラル・エレクトリック・カンパニー ※GEと略されることも多いアメリカの総合電機メーカー）the War of Currents（電流戦争 ※直流を採用するエジソン・ゼネラル・エレクトリックと、交流を採用するウェスティングハウス・エレクトリックとの電気事業の覇権をめぐる争い。エジソン陣営は敗者となった）direct current（直流）George Westinghouse Jr.（ジョージ・ウェスティングハウス・ジュニア ※最大のライバル）Westinghouse Electric Corporation（ウェスティングハウス・エレクトリック ※ジョージ・ウェスティングハウスが創業）Nikola Tesla（ニコラ・テスラ ※エジソンとの確執でエジソン・マシン・ワークスを去った後、ウェスティングハウス・エレクトリックに入社。電流戦争で大きな役割を果たした）

✒ 発明に関する名言を数多く残したエジソン。不屈の精神に裏打ちされたその言葉は、発明に限らず、あらゆる分野で挑戦し続ける人々の心に響く。I have not failed. I've just found 10,000 ways that won't work.（私は失敗したことがない。1万通りのうまくいかない方法を発見しただけだ）もその一つ。

🔈 **045** 　数学者に愛される数学者

Leonhard Euler　レオンハルト・オイラー（1707–83）

[léːɔnhàrt ɔ́ilər]［レーオンハーT　オイラー］★つづりとギャップ！

Leonhard Euler was a Swiss mathematician, physicist and astronomer who is especially known for his momentous discoveries in mathematics, such as Euler's formula, known as "cosine plus i sine." Euler has two numbers named after him: Euler's number in calculus, e, and the Euler-Mascheroni constant sometimes called "Euler's constant." Along with making important contributions in a number of branches of mathematics, Euler is credited with revolutionizing the field of physics.

□ physicist：物理学者　□ astronomer：天文学者　□ momentous：極めて重要な、重大な　□ formula：式、公式　□ cosine：コサイン、余弦　□ sine：サイン、正弦　□ calculus：微積分学　□ constant：定数　□ revolutionize：〜に革命的変化を起こす

🔈 **訳** レオンハルト・オイラーはスイスの数学者、物理学者、天文学者であり、「コサイン・プラス・アイ　サイン」として知られる「オイラーの公式」など、数学における極めて重要な発見で特に知られている。オイラーには彼の名前にちなんだ数が2つ存在する。微積分学における「e」こと「オイラー数」と、「オイラーの定数」とも呼ばれる「オイラー・マスケローニ定数」のことである。数学の多くの部門における重要な貢献に加え、オイラーは物理学の分野に変革をもたらしたことでも評価されている。

[関連キーワード] Euler's formula（オイラーの公式） Euler's theorem（オイラーの定理） Euler's number（オイラー数 ※「ネイピア数［*e*、約2.71828］」の別名） Euler's constant（オイラーの定数 ※the Euler-Mascheroni constant［オイラー・マスケローニ定数］とも）

046 「原爆の父」となった苦悩のエリート科学者

J. Robert Oppenheimer　J・ロバート・オッペンハイマー
（1904-67）

［dʒéi rábərt ápənhàimər］［ジェイ　ラバーT　アパンハイマー］★アクセント注意！

J. Robert Oppenheimer was an American theoretical physicist. He led the Los Alamos Laboratory during World War II and is referred to as the "father of the atomic bomb" for his work on the Manhattan Project. After the war, agonizing over his role in having built the bomb, he lobbied for international control of nuclear power to avoid the proliferation of nuclear weapons. As a foremost scientist, he also contributed to research on electrons, positrons, nuclear fusion and quantum tunneling.

□ theoretical physicist：理論物理学者　□ agonize over ～：～のことで苦悩する　□ lobby for ～：～を陳情する、～のためのロビー活動をする　□ proliferation：拡散　□ foremost：一流の、抜きんでた　□ electron：電子　□ positron：陽電子　□ nuclear fusion：核融合　□ quantum tunneling：量子トンネル現象

[訳] J・ロバート・オッペンハイマーはアメリカの理論物理学者。第二次世界大戦中にロスアラモス研究所を率い、マンハッタン計画における業績から「原爆の父」と呼ばれる。戦後、原子爆弾製造の役割を担ったことに苦悩していたオッペンハイマーは、核兵器の拡散を食い止めるため、原子力の国際的な管理を求めるロビー活動をした。一流の科学者として、電子、陽電子、核融合、量子トンネル現象に関する研究にも貢献した。

[関連キーワード] the Manhattan Project（マンハッタン計画 ※第二次世界大戦中、枢軸国に対抗するため、米・英・カナダのトップ科学者らが集められた原子爆弾開発・製造プロジェクト。オッペンハイマーはその中心的存在だった） the Los Alamos Laboratory（ロスアラモス研究所 ※米ニューメキシコ州ロスアラモスにある軍事研究所。マンハッタン計画で原子爆弾開発の拠点となった） theoretical physics（理論物理学） atomic bomb / a-bomb（原子爆弾、原爆） hydrogen bomb / h-bomb（水素爆弾、水爆） Edward Teller（エドワード・テラー ※「水爆の父」。部下だったが、反核に転じたオッペンハイマーと激しく対立した）

047 真実の探求者

Galileo Galilei　ガリレオ・ガリレイ（1564-1642）

［gæləléiou gæləléi］［ギャラレイオウ　ギャラレイ］★日本語とギャップ！

Galileo Galilei was an Italian astronomer and physicist. He is considered by many as the pioneer of observational astronomy,

modern physics, scientific method, and modern science. Galileo was also an engineering genius who applied his scientific knowledge and inspiration to such practical inventions as the Galilean telescope. His lifelong spirit of seeking truth placed him in direct conflict with the Roman Catholic Church, the most powerful institution of the time.

□ astronomer：天文学者　□ physicist：物理学者　□ observational astronomy：観測天文学　□ Galilean：ガリレオの　□ telescope：望遠鏡　□ conflict：対立、衝突

訳 ガリレオはイタリアの天文学者、物理学者。多くの人々から観測天文学、近代物理学、科学的手法、近代科学の先駆者と見なされている。ガリレオは、自身の科学的知識とひらめきを、ガリレオ式望遠鏡などの実用的な発明に応用した天才的な技術者でもあった。彼は生涯にわたり真理探求の精神を持ち続けたが、それによって、当時の最高権力機関であったローマカトリック教会との直接対立に追い込まれた。

関連キーワード Galilean telescope（ガリレオ式望遠鏡）　the Leaning Tower of Pisa（ピサの斜塔 ※「振り子の等時性」の発見、自由落下の実験といったガリレオの物理分野での功績の舞台となった）　pendulum（振り子）　free fall（自由落下）　heliocentrism（太陽中心説 ※宇宙の中心は太陽であり、すべての天体は太陽の周りを回っているという主張）　geocentricism（地球中心説、天動説 ※宇宙の中心は地球であり、すべての天体は地球を中心にして回っているという主張）　the Galilean moons（ガリレオ衛星 ※the Galilean satellitesとも。ガリレオが発見した木星の衛星。天動説の反証材料となった）

 ガリレオが擁護したheliocentrismは「地動説」と訳されることもあるが、太陽が宇宙の中心であるという考えを核とする説なので、「太陽中心説」がより正確な訳。

◀》048　女性科学者の先駆け

Marie Curie　マリー・キュリー（1867-1934）

［mərí: kjúəri］［マリー　キュアリ］

Marie Curie, also known as "Madame Curie" was a Polish-born physicist and chemist who pioneered research on radioactivity. Along with her co-researchers, she discovered polonium and radium. Curie was the first woman to win a Nobel Prize as well as the first person to win the prize twice. Pierre Curie, her husband, co-researcher, and co-winner of the 1903 Nobel Prize in Physics, was killed in an accident in 1906. The University of Paris offered her Pierre's professorial position and laboratory; consequently, she became the first female professor at the university. She is often voted as one of the most powerful women in history.

□ physicist：物理学者　□ pioneer：～の先駆者となる、～を開拓する　□ radioactivity：放射能、

放射線　□polonium：ポロニウム　□radium：ラジウム　□professorial：教授の

[訳] 「キュリー夫人」としても知られるマリー・キュリーは、放射線研究の先駆者となったポーランド生まれの物理学者で化学者。共同研究者らと共に、ポロニウムとラジウムを発見した。キュリーはノーベル賞を受賞した初の女性であり、同賞を2度受賞した初めての人物でもある。彼女の夫で共同研究者、1903年のノーベル物理学賞の共同受賞者でもあったピエール・キュリーは、1906年に事故で死去した。パリ大学は彼女にピエールのパリ大学教授職と実験室を提供し、その結果、彼女はパリ大学初の女性教授となった。キュリーはしばしば歴史上最も影響力のある女性の一人に選ばれている。

[関連キーワード] Madame Curie（キュリー夫人） Pierre Curie（ピエール・キュリー ※フランスの物理学者。夫で共同研究者） the Nobel Prize in Physics（ノーベル物理学賞 ※1903年に夫ピエールらと共同受賞） the Nobel Prize in Chemistry（ノーベル化学賞 ※1911年に単独で受賞） radioactivity（放射線、放射能） polonium（ポロニウム） radium（ラジウム）

049 チンパンジー研究の第一人者

Jane Goodall　ジェーン・グドール（1934- ）

[dʒéin gúdɔːl]［ジェイン　グドーL］

Jane Goodall is an English anthropologist and a primatologist who is recognized as one of the world's top experts on chimpanzees. She has been studying the social interactions and relations of wild chimpanzees in Tanzania since 1960. To younger female researchers, she has also been an inspiring trailblazer in the field. She has worked tirelessly on conservation and animal welfare issues and is a board member of the Nonhuman Rights Project, whose mission is to change the legal status of at least some nonhuman animals from mere "things," which are defined as lacking the capacity to possess any legal rights, to "persons."

□anthropologist：人類学者　□primatologist：霊長類学者　□inspiring：鼓舞するような、勇気づけるような　□trailblazer：先駆者、開拓者　□tirelessly：休むことなく、辛抱強く　□conservation：(自然) 保護、保全　□board member：役員　□nonhuman：人間ではない、人間以外の

[訳] ジェーン・グドールはイギリスの人類学者、霊長類学者で、チンパンジーの世界的権威の一人として認識されている。1960年からタンザニアで野生チンパンジーの社会的交流・関係を研究している。後進の女性研究者にとって、グドールは勇気づけてくれる同じ分野の先駆者でもある。彼女は自然保護や動物の福祉問題に関して休まず働き続けており、またノンヒューマン・ライツ・プロジェクトの役員である。そのプロジェクトは、少なくとも一部の非ヒト動物の法的地位を、法的権利を何ら持たないと定義付けされている単なる「物」から「人格（的存在）」へと変えることを使命としている。

[関連キーワード] anthropology（人類学） primatology（霊長類学）

◀× 050 天動説から地動説への転換をもたらす

Nicolaus Copernicus　ニコラウス・コペルニクス（1473-1543）

[nìkəléiəs koupə́:rnikəs]［ニカ**レ**イアS　コウ**パ**ーニカS］★日本語とギャップ！

Nicolaus Copernicus was a Polish astronomer and mathematician in the Renaissance period. He introduced the heliocentric model of the universe, which placed the sun, rather than the earth, at the center of the universe, with other planets revolving around it. At the time, Copernicus's theory was very controversial, but it is now often credited with being the launching point to modern astronomy. His book *De Revolutionibus Orbium Coelestium* (*On the Revolutions of the Heavenly Spheres*), which did not appear in print until shortly before his death, helped to trigger the Scientific Revolution.

□ heliocentric：太陽中心の　□ revolve：回転する　□ launching point：拠点、原点　□ trigger：～をもたらす、～を引き起こす

訳 ニコラウス・コペルニクスはルネサンス期のポーランドの天文学者、数学者。宇宙の中心は地球ではなく太陽であり、他の惑星はその周りを回っているという太陽中心の宇宙モデルを導入した。当時、コペルニクスの理論は大変な物議を醸したが、今では近代天文学の原点として、しばしば高く評価されている。著書『天球の回転について』は、彼の死の直前まで出版されなかったが、科学革命を誘発するものとなった。

関連キーワード Copernican（コペルニクスの、地動説の）Copernican heliocentrism（コペルニクスの地動説）heliocentrism（太陽中心説 ※宇宙の中心は太陽であり、すべての天体は太陽の周りを回っていると主張する説）geocentricism（地球中心説、天動説 ※宇宙の中心は地球であり、すべての天体は地球を中心にして回っているという説）*De Revolutionibus Orbium Coelestium*（著書『天球の回転について』※タイトルの主な英訳に*On the Revolutions of the Heavenly Spheres*がある）the Copernican Revolution（コペルニクス革命、コペルニクス的転回）the Scientific Revolution（科学革命 ※ルネサンス末期から18世紀初め頃までの間に起きた、近代科学の確立へとつながる数々の発見、発展を指す）

◀× 051 「猫」で知られる量子力学の父

Erwin Schrodinger　エルヴィン・シュレーディンガー（1887-1961）

[ɔ́:rwin ʃróudiŋər]［アーウィン　シュ**ロ**ウディンガー］★日本語とギャップ！

Erwin Schrodinger was an Austrian-born Nobel Prize-winning physicist. He developed numerous major studies in quantum theory, including the Schrodinger equation, a fundamental equation of quantum mechanics. His thought experiment "Schrodinger's cat" popularized his name. Schrodinger is distinguished for his knowledge of philosophy, oriental thoughts and psychology. He also authored a number of popular science bestsellers, including *What Is Life?*.

□ physicist：物理学者　□ quantum theory：量子論　□ equation：方程式　□ quantum mechanics：量子力学　□ thought experiment：思考実験　□ popularize：～を世に広める、～を普及させる　□ be distinguished for ～：～で有名である　□ popular science：大衆科学

[訳] エルヴィン・シュレーディンガーはオーストリア出身のノーベル賞受賞物理学者。量子力学の基本方程式「シュレーディンガー方程式」を含む、量子論における数々の重要な研究を進めた。思考実験「シュレーディンガーの猫」は、彼の名を世に広めた。シュレーディンガーは、哲学、東洋思想、心理学に造詣が深かったことでよく知られている。また『生命とは何か』など、大衆科学のベストセラーの執筆も手掛けた。

関連キーワード quantum mechanics（量子力学） "Schrodinger's cat"（「シュレーディンガーの猫」） the Schrodinger equation（シュレーディンガー方程式） the Nobel Prize in Physics（ノーベル物理学賞 ※1933年受賞） *What Is Life?*（著書『生命とは何か』）

052 生物の多様性に魅了されて

Charles Darwin チャールズ・ダーウィン（1809-82）

[tʃɑ́:rlz dɑ́:rwin]［チャーLZ　ダーウィン］

Charles Darwin was an English biologist, geologist and naturalist well-known for "Darwinism," his theory of biological evolution. In his 20s, he voyaged five years on the HMS *Beagle* as he observed and collected animals and plants from several South American islands and Australia. His book *On the Origin of Species* explained natural selection, the key mechanism of his evolution theory, and attracted much attention and controversy. Darwinism was so revolutionary that it influenced greatly not only biology but also other fields such as philosophy, sociology, and psychology.

□ biologist：生物学者　□ geologist：地質学者　□ naturalist：博物学者　□ Darwinism：進化論、ダーウィン主義　□ biological：生物学の、生物学的な　□ evolution：進化　□ voyage：航海する　□ HMS：英国軍艦 ※ Her Majesty's ship の略。HM (Her Majesty) は「女王陛下」の意　□ species：種　□ natural selection：自然選択、自然淘汰　□ mechanism：仕組み、メカニズム　□ controversy：論争、議論　□ revolutionary：革新的な、革命的な

[訳] チャールズ・ダーウィンは生物学的進化の理論、「進化論」で知られるイギリスの生物学者、地質学者、博物学者。20代の頃、彼は英国軍艦ビーグル号で5年間航海し、南米のいくつかの島々やオーストラリアの動植物を観察、採集した。著書『種の起源』は、彼の進化論の鍵を握る仕組みである自然選択を説明し、多大な注目と論争の的となった。進化論は非常に革命的だったため、生物学のみならず、哲学、社会学、心理学といった他の分野にも大きな影響を与えた。

関連キーワード evolution（進化） evolutionary biology（進化生物学） Darwinism（ダーウィン主義、進化論） Darwinian（ダーウィンの、ダーウィン的な） *On the Origin of Species*（著書『種の起源』） HMS *Beagle*（英国軍艦「ビーグル号」※英国海軍の測量艦） *The Voyage of the Beagle*（著書『ビーグル号航海記』） Charles Lyell（チャールズ・ライエル ※

イギリスの著名な地質学者で友人。ダーウィン自身、地質学者でもあった）

🔊 **053** ナチスの暗号を破った悲劇の科学者

Alan Turing　アラン・チューリング（1912–54）

[ǽlən tjúəriŋ]［**ア**ラン　**テュ**アリンG]

Alan Turing was an English mathematician, computer scientist, and cryptanalyst. He worked to develop theoretical computer science, and is considered a founding father of computer science and artificial intelligence. During World War II, he worked on cryptanalysis and developed code-breaking techniques. His cryptanalysis of Nazi Germany's Enigma cipher machine provided the Allied powers with valuable information. In 1952, Turing was prosecuted for having a homosexual relationship, something that was illegal in England at the time. It was not until 2009 that the British government posthumously apologized for his prosecution — Turing having died 55 years earlier.

□ cryptanalyst：暗号解読者　□ theoretical computer science：理論コンピューター科学　□ artificial intelligence：人工知能　□ cryptanalysis：暗号解析　□ code-breaking：暗号解読の、暗号を破る　□ cipher machine：暗号機　□ Allied powers：連合国、連合軍　□ be prosecuted for 〜：〜で起訴される、〜で告発される　□ posthumously：死後に

📖 アラン・チューリングはイギリスの数学者、コンピューター科学者、暗号解読者。理論コンピューター科学の発展に尽力し、コンピューター科学と人工知能の始祖と見なされている。第二次世界大戦中には暗号解析に取り組み、解読技術を開発した。ナチスドイツの暗号機エニグマの暗号解析によって、連合軍に貴重な情報をもたらした。1952年、チューリングは当時のイギリスでは違法だった同性愛の関係を持ったことで起訴された。イギリス政府が起訴について彼の死後ようやく謝罪したのは2009年のことであり、チューリングはその55年前に死去していた。

関連キーワード cryptanalysis（暗号解析）　Enigma（エニグマ ※第二次世界大戦中にナチス・ドイツが使用していた暗号機）　Turingery（※チューリングが考案したドイツのローレンツ暗号を解読するための技法）　the Turing test（チューリング・テスト）　the ACM Turing Award（チューリング賞 ※コンピューター科学の分野では最高の栄誉と位置づけられている国際的な賞。賞の名称はチューリングにちなんでいる）　*The Imitation Game*（映画『イミテーション・ゲーム／エニグマと天才数学者の秘密』※チューリングの栄光と苦悩を描いた。ベネディクト・カンバーバッチがチューリングを演じた）

🖋 性的マイノリティーに対する差別の犠牲者として、近年はLGBT運動の文脈で語られる機会も多いチューリング。2009年のゴードン・ブラウン英首相（当時）による謝罪に続き、2013年にはエリザベス女王の名のもとに恩赦（pardon）が与えられた。

Nikola Tesla　ニコラ・テスラ（1856–1943）

[níkoulə téslə]　[ニコウラ　テSラ]

Nikola Tesla was a Serbian-American inventor, engineer, and futurist who is best known for designing the modern AC electricity supply system and the Tesla coil. In the so-called "war of the currents" between Thomas Edison and George Westinghouse Jr., Tesla, along with Westinghouse, beat his former employer Edison whom he was at odds with. Tesla predicted and envisioned future technologies, some of which have been realized, including mobile phones and self-driving cars. The electric car company Tesla Inc. was named in tribute to Nikola Tesla.

□ futurist：未来研究者、未来学者　□ AC：交流 ※ alternating current の略　□ electricity supply system：電力供給システム　□ be at odds with ～：～と確執がある　□ envision：～を思い描く、～を想像する　□ in tribute to ～：～にちなんで

訳 ニコラ・テスラは、現代の交流電力供給システムやテスラコイルの設計で最もよく知られるセルビア系アメリカ人の発明家、技師、未来研究者。トーマス・エジソンとジョージ・ウェスティングハウス・ジュニアの間で起きたいわゆる「電流戦争」では、ウェスティングハウスと共に、確執があった元雇用主のエジソンを打ち負かした。テスラが予言し、思い描いた未来のテクノロジーの中には、携帯電話や自動運転車をはじめ、現実化しているものもある。電気自動車会社テスラは、ニコラ・テスラにちなんで名付けられた。

関連キーワード tesla（テスラ ※国際単位系における磁束密度の単位。テスラの名にちなむ）　Tesla coil（テスラコイル ※テスラが開発した変圧器の一種）　Thomas Edison（トーマス・エジソン ※テスラはエジソンの会社、エジソン・マシーン・ワークスで短期間働いていたことがあり、2人の間には確執があった）　the war of the currents（電流戦争 ※直流を採用するエジソン・ゼネラル・エレクトリックと、交流を採用するウェスティングハウス・エレクトリックとの電気事業の覇権をめぐる争い）　George Westinghouse Jr.（ジョージ・ウェスティングハウス・ジュニア ※ウェスティングハウス・エレクトリックの設立者。テスラの2番目の雇用主でエジソンとはライバル関係にあった）　Memory of the World（世界の記憶 ※「記憶遺産」とも。歴史的記録物の保全と公開を目的とするユネスコの一事業。テスラが残した研究資料も登録されている）　death ray（殺人光線 ※death beamとも。光や電磁波を用いた理論上の兵器。テスラも研究をしていた）　Tesla, Inc.（テスラ ※アメリカの電気自動車会社。社名を彼の名にちなむ）　Elon Musk（イーロン・マスク ※テスラ社の創業者の一人でCEO）

Isaac Newton　アイザック・ニュートン（1643–1727）

[áizək njúːtn]　[アイザK　ニューTン]

Isaac Newton was an English scientist famous for developing his

law of universal gravitation after witnessing an apple fall from a tree. He was a key person in the 17th century's Scientific Revolution, developing calculus, optics and astronomy. Much of his work took place during the Great Plague as his college was closed. He was one of the first members and president of the Royal Society of London, a prestigious learned society.

□ universal gravitation：万有引力　□ calculus：微積分法　□ optics：光学　□ the Great Plague：大疫病　□ prestigious：権威ある、一流の　□ learned society：学会

訳 アイザック・ニュートンは、リンゴが木から落ちるのを目にして万有引力の法則を構築したことで有名なイギリスの科学者。微積分法、光学、天文学を発展させ、17世紀の科学革命における重要人物となった。その業績の多くは、大疫病で大学が閉鎖されていた期間に成された。ニュートンは、権威ある学会の王立協会における初期会員の一人で、会長も務めた。

関連キーワード Newtonian mechanics（ニュートン力学）　Newton's law of universal gravitation（ニュートンの万有引力の法則）　calculus（微積分法）　optics（光学）　the Great Plague（大疫病 ※1665年から1666年にかけてイギリスで発生したペストの大流行）　*Principia*（著書『自然哲学の数学的諸原理』※『プリンキピア』、『プリンシピア』とも。ラテン語による原題 *Philosophiæ Naturalis Principia Mathematica*の略称）　the Scientific Revolution（科学革命 ※ルネサンス末期から18世紀初め頃までの間に起きた、近代科学の確立へとつながる数々の発見、発展を指す）　the Royal Society of London（王立協会 ※正式名称はthe Royal Society of London for Improving Natural Knowledge。1660年に設立された世界最古の国立科学機関）

🔊 **056** 「死の商人」と呼ばれて

Alfred Nobel　アルフレッド・ノーベル（1833–96）

[ǽlfred noubél]［**ア**LFレD　ノウ**ベ**L］★アクセント注意！

Alfred Nobel was a Swedish chemist and business person. He held patents for many inventions, but is most famous for creating dynamite and gelignite, the two explosives, and the detonator. It is reported that when Nobel's elder brother died in 1888, a newspaper mistakenly printed Alfred's name, referring to him as "the merchant of death." Reading the obituary is supposed to have prompted Nobel to work for peace and philanthropy, resulting in him leaving a legacy for the Nobel Prize, the five prestigious international awards that continue to be annually awarded more than a century later.

□ patent：特許（権）　□ dynamite：ダイナマイト　□ gelignite：ゼリグナイト　□ explosive：爆発物、爆薬　□ detonator：雷管、起爆剤　□ obituary：死亡記事　□ philanthropy：慈善（活動）　□ legacy：遺産　□ prestigious：名声のある、誉れ高い

アルフレッド・ノーベルはスウェーデンの化学者で実業家。彼は多くの発明の特許を持っていたが、ダイナマイトとゼリグナイトという二つの爆発物、および雷管を開発したことで最も有名である。1888年に兄が死去した時、ある新聞が誤ってアルフレッドの名を掲載し、彼のことを「死の商人」と呼んだと伝えられている。この死亡記事を読んだことがきっかけで、ノーベルは平和と慈善に尽力するようになり、その結果ノーベル賞創設のため、遺産を残すに至ったとされる。ノーベル賞は5部門の名誉ある国際的な賞で、1世紀以上たっても、毎年授与され続けている。

関連キーワード dynamite（ダイナマイト） gelignite（ゼリグナイト） the merchant of death（死の商人） the Nobel Prize（ノーベル賞）

🔊 **057** 文理に長けた早熟の天才

Blaise Pascal ブレーズ・パスカル（1623–62）

[bléiz pæskǽl]［Bレイズ　パSキャL］★アクセント注意！

Blaise Pascal was a French mathematician, physicist, and theologian. His scientific work included the development of Pascal's Law, an important principle of hydraulic pressure. Pascal's triangle is a mathematical scheme for calculating combinations. His work in philosophy and Christian theology includes his *Pensées*, in which he applies logical principles of decision theory to the question of the existence of God. *Pensées* is also considered a masterpiece of French prose.

□ physicist：物理学者　□ theologian：神学者　□ principle：原理　□ hydraulic pressure：水圧　□ scheme：配列、配置　□ theology：神学　□ prose：散文

訳 ブレーズ・パスカルはフランスの数学者、物理学者、神学者。科学分野での功績には、水圧の重要な原理である「パスカルの原理」の構築などがある。「パスカルの三角形」は組み合わせを計算するための数学的な配列。哲学、キリスト教神学における功績には、決定理論の論理原則を神の存在の問題に当てはめた『パンセ』などがある。『パンセ』はフランス語散文の最高傑作とも見なされている。

関連キーワード Pascal's Law（パスカルの原理） Pascal's triangle（パスカルの三角形） Pascal's theorem（パスカルの定理 ※発表時まだ10代だった） *Pensées*（著書『パンセ』※パスカルの死後に編集された遺稿集）

✒ パスカルの名言 Man is a reed, the weakest of nature, but he is a thinking reed.（人間は一本の葦である。自然の中で最も弱い。しかしそれは考える葦である）は『パンセ』からの一節。日本語ではこれを要約した「人間は考える葦である」という形でもっぱら知られる。

🔊 058　人類を狂犬病から救った「細菌学の祖」

Louis Pasteur　ルイ・パスツール（1822-95）

［lúːi pǽstɔ́ːr］［ルーイ　パ**S**ター］★日本語とギャップ！　アクセント注意！

Louis Pasteur was a French biologist and chemist who is known for a number of scientifically important and life-saving discoveries and applications in the fields of vaccination, microbial fermentation and pasteurization. He devised techniques for reducing deaths from fever-causing infections, including the pasteurization of milk and other liquids. He also invented the first vaccines for rabies and anthrax, and made numerous discoveries that supported the germ theory of disease.

□ biologist：生物学者　□ life-saving：人の命を救う　□ vaccination：ワクチン接種、予防接種　□ microbial fermentation：微生物発酵　□ pasteurization：低温殺菌　□ devise：～を考案する　□ fever-causing：発熱を引き起こす　□ germ：細菌

📖 訳　ルイ・パスツールはフランスの生物学者で化学者。ワクチン接種、微生物発酵、低温殺菌といった分野における、科学的に重要で命を救う数々の発見・応用で知られる。パスツールは、牛乳やその他の液体の低温殺菌など、発熱を引き起こす感染症による死者を減らす技術を考案した。また、狂犬病や炭疽病の最初のワクチンを発明し、病原細菌論を支持する数々の発見もしている。

関連キーワード　vaccine（ワクチン）　microbiology（微生物学）　bacteriology（細菌学）　rabies（狂犬病）　anthrax（炭疽病、炭疽菌）　pasteurization（低温殺菌　※パスツールの名に由来する）　The Pasteur Institute（パスツール研究所　※パスツールがパリに設立した。今日では世界的な生物・医学研究機関）　Robert Koch（ロベルト・コッホ　※パスツールと並び「細菌学の祖」と称されるドイツの医師、細菌学者）

🔊 059　数こそ万物の基本原理

Pythagoras　ピタゴラス（582 B.C.–496 B.C.）

［piθǽgərəs］［ピ**θ**ァガラ**S**］★アクセント注意！

Pythagoras was an ancient Greek mathematician and philosopher whose ideas influenced Plato and Aristotle. He is known for his discoveries such as Pythagorean theorem and the spherical shape of the earth as well as his belief in the idea of the transmigration of souls. "All is number," is the famous dictum of Pythagoreanism, which asserts that everything can be explained using numbers. Pythagoras lived a communal life with his students, and it is thought that he was regarded more of a religious guru than a teacher within the group.

□ theorem：原理、定理　□ spherical shape：球の形、球体　□ transmigration of souls：転生、輪廻　□ dictum：宣言、公式声明　□ communal life：集団生活、共同生活　□ religious guru：教祖

訳 ピタゴラスは、その思想がプラトンやアリストテレスにも影響を与えた、古代ギリシャの数学者であり哲学者。ピタゴラスの定理や地球が球状であることといった発見のみならず、輪廻の概念を信じていたことでも知られる。「万物は数である」はピタゴラス哲学の有名な宣言で、あらゆる物事は数を使って説明できると断言するものであった。ピタゴラスは弟子たちと共同生活を送ったが、その集団内では教師というより教祖的な存在と見なされていたと考えられている。

関連キーワード Pythagorean（ピタゴラス [派] の）　Pythagoreanism（ピタゴラス学説、ピタゴラス哲学）　the Pythagorean theorem（ピタゴラスの定理　※Pythagoras' theoremとも）　geometry（幾何学）　"All is number."（「万物は数である」）

🔊 **060**　科学としての医学を確立

Hippocrates　ヒポクラテス（c. 460 B.C.–c. 370 B.C.）

［hipákrətìːz］［ヒパKラティーZ］★日本語とギャップ！

Hippocrates was an ancient Greek physician, and founder of the Hippocratic school of medicine, which established medicine as a distinct profession and field of study. This made it possible for physicians to invent non-traditional therapies, and accumulate medical expertise across generations. He developed clinical practice as a systematic field of research and healing, and is credited with formulating the Hippocratic Oath, an ethical pledge that is still taken by doctors today.

□ physician：医師　□ non-traditional：非伝統的な、従来とは異なる　□ therapy：治療　□ accumulate：〜を蓄積する　□ expertise：専門知識　□ clinical practice：臨床診療、臨床業務　□ formulate：〜を練る、〜を策定する　□ ethical：倫理の、倫理的な　□ pledge：誓約、公約

訳 ヒポクラテスは古代ギリシャの医師で、ヒポクラテス医学の祖。医学を独立した専門的職業、研究分野として確立した。これにより、医師らは従来とは異なる治療法を考案し、医学の専門知識を何世代にもわたって蓄積できるようになった。ヒポクラテスは臨床業務を体系的な研究治療分野として発展させ、また現在も医師による宣誓で述べられる倫理に関する誓約「ヒポクラテスの誓い」を策定した功績も認められている。

関連キーワード *The Hippocratic Oath*（誓言「ヒポクラテスの誓い」※ヒポクラテス、あるいは弟子がまとめたものとされる）

🔊 **061** 実用電話の生みの親

Alexander Graham Bell

アレクサンダー・グラハム・ベル（1847-1922）

[ǽligzǽndər gréiəm bél] [アリGザンダー　Gレイアム　ベL] ★日本語とギャップ！

Alexander Graham Bell was a Scottish-born American engineer who developed and patented the first practical telephone. His interests as an inventor were influenced by the fact that his grandfather, father and brother were all involved in work on spoken language, and that both his mother and wife were hearing-impaired. As a scientist, he achieved innovative breakthroughs in the fields of telegraphic communication, hydrofoils and aeronautics. He personally considered the telephone to be a nuisance, and refused to have one installed in his study.

□ patent：〜の特許権を取る　□ hearing-impaired：聴覚に障害がある　□ innovative：革新的な、斬新な　□ breakthrough：突破口、打開　□ telegraphic communication：電信　□ hydrofoil：水中翼　□ aeronautics：航空学　□ nuisance：不愉快なもの、邪魔　□ install：〜を設置する

訳 アレクサンダー・グラハム・ベルは、スコットランド生まれのアメリカ人技師。初の実用的電話を開発し、特許権を取った。祖父、父、兄弟が皆、話される言語に関する職に携わり、母親と妻に聴覚障害があったという事実が、発明家としての彼の関心事に影響を与えた。科学者としては、電信、水中翼、航空学の分野に画期的な発展をもたらした。ベル個人は電話を不快なものと見なし、自分の書斎に設置することを拒否した。

関連キーワード telephone（電話）　Bell Telephone Company（ベル電話会社 ※ベルが起業した電話会社）　AT&T（AT&T ※アメリカの情報通信系複合企業。旧The American Telephone and Telegraph Company。ベル電話会社が前身）　Elisha Gray（エリシャ・グレイ ※アメリカの技師。電話の真の発明者はグレイで、ベルは特許権を取っただけと主張する声も一部にある）　National Geographic Society（ナショナルジオグラフィック協会 ※会長を務めた）

🔊 **062** 難解な宇宙理論を一般向けに解説

Stephen Hawking　スティーヴン・ホーキング（1942-2018）

[stíːvən hɔ́ːkiŋ] [Sティーヴァン　ホーキンG]

Stephen Hawking was an English theoretical physicist who contributed greatly to the public understanding and discussion of esoteric ideas about time and the universe. Using Einstein's general theory of relativity as a basis, with Roger Penrose, he helped explain how the Big Bang at the beginning of space and time must start with a singularity — an infinitely small point — and finish with black holes. His bestselling book *A Brief History*

of Time was written with the idea of making these ideas accessible to lay people.

□ theoretical physicist：理論物理学者　□ esoteric：難解な　□ general theory of relativity：一般相対性理論　□ the Big Bang：ビッグバン　※宇宙創成の一理論　□ singularity：特異点　□ infinitely small point：無限小点　□ black hole：ブラックホール　□ lay people：(専門家ではない) 一般人、素人

訳 スティーヴン・ホーキングは、イギリスの理論物理学者。時間と宇宙という難解な概念に関する大衆の理解と議論に大きく貢献した。アインシュタインの一般相対性理論を土台に、ホーキングはロジャー・ペンローズと共に、時空の始まりのビッグバンが、なぜ特異点（無限小点）から始まり、ブラックホールで終わることになるのかという説明に一役買った。ベストセラーとなった著書『ホーキング、宇宙を語る』は、これらの概念を一般の人々にも親しみやすくすることを念頭に執筆された。

関連キーワード theoretical physics（理論物理学）quantum mechanics（量子力学）*A Brief History of Time*（著書『ホーキング、宇宙を語る』※ベストセラー）the Penrose-Hawking singularity theorems（[ペンローズ・ホーキングの] 特異点定理）Roger Penrose（ロジャー・ペンローズ ※イギリスの宇宙物理・理論物理学者。共同研究者）popular science（通俗科学、大衆科学）amyotrophic lateral sclerosis (ALS)（筋萎縮性側索硬化症 ※20代で発症し、徐々に体の自由を奪われていった。電動車椅子に乗って合成音声で発話する姿が知られている）*The Theory of Everything*（映画『博士と彼女のセオリー』※ホーキングの半生を描いた。ホーキングを演じたエディ・レッドメインがアカデミー主演男優賞を受賞するなど、高い評価を受けた作品）

世界的に著名な無神論者の一人と見なされ、信仰を持つ人々や宗教界から反発を受けることも多かったホーキング。God may exist, but science can explain the universe without the need for a creator.（神は存在するかもしれないが、科学は創造主を必要とせずとも宇宙について説明することができる）も大いに物議を醸した発言の一つ。

◀)) 063 「マッド・サイエンティスト」の代表格

Josef Mengele　ヨーゼフ・メンゲレ（1911–79）

[dʒóuzəf méŋələ]［ジョウザF　メンガラ］★日本語とギャップ！

A notorious figure behind the Holocaust conducted by the Nazis in WWII was the SS officer Josef Mengele, "the Angel of Death," who was a doctor at the Auschwitz concentration camp where thousands of people were exterminated. Mengele was responsible for selecting prisoners to be executed in Auschwitz's gas chambers, and also for carrying out horrific experiments on prisoners in his attempts to assess his eugenicist ideas. He escaped justice and died more than 30 years later in South America having fled Germany after the war.

□ the Holocaust：(ナチスのユダヤ人に対する) 大虐殺、ホロコースト　□ the Nazis：ナチス　□ SS：ナチス親衛隊、SS ※ Schutzstaffel の略　□ concentration camp：強制収容所　□ be exterminated：抹殺される、絶滅させられる　□ gas chamber：ガス室　□ assess：〜を評価する、〜を査定する　□ eugenicist：優生学者 (の)、優生学論者 (の)　□ escape justice：法の網を逃れる

🔊 第二次世界大戦でナチスが実行したホロコースト。その背後にいた悪名高い人物がナチス親衛隊将校、「死の天使」ことヨーゼフ・メンゲレである。彼は、多くの人々が抹殺されたアウシュヴィッツ強制収容所の医師だった。メンゲレは、アウシュヴィッツのガス室で処刑される収容者の人選の責任者だった。また、自身の優生学的思想を評価する目的で収容者たちに行った、恐ろしい実験の責任者でもあった。終戦後ドイツを脱出したメンゲレは、法の網をかいくぐり、30年以上後に南米で死亡した。

関連キーワード eugenics（優生学）the Nazi Party（ナチス党）Schutzstaffel（ナチス親衛隊 ※通称、SS）the Angel of Death（「死の天使」※メンゲレの異名）the Auschwitz concentration camp（アウシュヴィッツ強制収容所）Gregor Mendel（グレゴール・メンデル ※「メンデルの法則」で知られる遺伝学の祖）*The Boys from Brazil*（小説・映画『ブラジルから来た少年』※アイラ・レヴィン作のSF小説。フィクションながらメンゲレが登場する。映画版ではグレゴリー・ペックがメンゲレを演じた）Simon Wiesenthal（サイモン・ウィーゼンタール ※戦後、メンゲレを追い続けた著名なナチスハンター）human experimentation（人体実験）twin study（双生児研究）

🔊 **064** 幾何学の祖

Euclid ユークリッド ※生没年不詳。300 B.C. 頃か

[júːklid]［**ユ**ークリD］

Euclid was a Greek mathematician credited with being the founder of geometry. He wrote a series of books titled *The Elements* in which he explains mathematics as well as Euclidean geometry. His works were profoundly influential in a wide range of fields including logic and natural science, and contributed to the accomplishments of people such as Galileo Galilei and Albert Einstein.

☐ geometry：幾何学　☐ Euclidean：ユークリッドの　☐ profoundly：大いに、非常に　☐ logic：論理学　☐ natural science：自然科学

🔊 ユークリッドはギリシャの数学者で、幾何学の祖として高く評価されている。彼は『原論』と題される一連の書物を著し、その中でユークリッド幾何学だけでなく、数学についても解説している。彼の功績は論理学や自然科学など幅広い分野に非常に大きな影響を与え、ガリレオ・ガリレイやアルバート・アインシュタインといった人々の偉業にも貢献した。

関連キーワード Euclidean（ユークリッドの）Euclidean geometry（ユークリッド幾何学）*(The) Elements*（著作『原論』※『ユークリッド原論』とも。数学史における最重要文献の一つ）mathematical proof（数学的証明）non-Euclidean geometry（非ユークリッド幾何学）

第2章　文化・芸術

作品やパフォーマンスを通して、人々の感性を揺さぶり、
視野を広げてくれる 203 人のキーパーソン

CULTURE / ART

※人物の掲載順序はサブカテゴリー（例「文学」、「美術」など）ごとに日本語表記の「姓」の
　アイウエオ順になっています。ただし、元々姓を持たない人物や、本書で採用している日本
　語表記に姓に該当するものがない人物を除きます。
※掲載されている内容は 2021 年 4 月現在のものです。

■ 文学 ....

🔊 065 SF 御三家の一人

Isaac Asimov　アイザック・アシモフ（1920-92）

[áizək ǽzəmɔ̀:f]　[**ア**イザK　**ア**ザモーF]　★日本語とギャップ！

Isaac Asimov was a Russian-born American writer most famous for his works of science fiction, although he wrote nonfiction books and mystery novels as well. A prolific writer, he penned nearly 500 books, including *I, Robot*, which later became a movie, and the *Foundation* series, a popular sci-fi trilogy. Along with Robert A. Heinlein and Arthur C. Clarke, Asimov is one of the "Big Three" — the best known members of the group of authors who brought science fiction into a golden age in the mid-20th century.

□ science fiction：サイエンスフィクション、SF　□ mystery novel：ミステリー小説、推理小説　□ prolific：多作の　□ pen：〜を書く、〜を執筆した　□ sci-fi：サイエンスフィクションの、SFの　□ trilogy：三部作　□ the "Big Three"：「御三家」　□ golden age：黄金時代

訳 アイザック・アシモフは何よりSF作品で知られるロシア生まれのアメリカ人作家だが、ノンフィクションやミステリー小説も書いた。多作家で、後に映画化された『われはロボット』や、人気SF三部作『ファウンデーション』シリーズを含む500冊近くの本を執筆した。アシモフは、20世紀中頃にSFを黄金時代へと導いた作家たちの中でも最も有名な「御三家」の一人として、ロバート・A・ハインライン、アーサー・C・クラークと共に名を連ねている。

関連キーワード　*I, Robot*（小説『われはロボット』）　*The Foundation* series（『ファウンデーション』シリーズ）　the Big Three（御三家 ※あとの二人はロバート・A・ハインラインとアーサー・C・クラーク）　Robert A. Heinlein（ロバート・A・ハインライン ※『異星の客』『夏への扉』などの作品で知られる）　Arthur C. Clarke（アーサー・C・クラーク ※『2001年宇宙の旅』『幼年期の終り』などの作品で知られる）

🔊 066　フェミニズムの課題図書『侍女の物語』

Margaret Atwood　マーガレット・アトウッド（1939– ）

[má:rgərit ǽtwùd]　[**マ**ーガリT　**ア**TゥD]

Margaret Atwood is a Canadian author, poet, literary critic and environmental activist. With works published in 45 countries, Atwood has long achieved international recognition. Several of her books, such as *The Handmaid's Tale*, a dystopian novel depicting women systematically oppressed in a totalitarian society, have adapted into television series and films. Atwood has won a number of awards during her long career, including the PEN Pinter Prize in

2016 for the spirit of political activism interlacing her life and works.

□ literary critic：文芸評論家　□ dystopian：ディストピア的な、反ユートピア的な　□ depict：〜を描写する　□ systematically：（社会）制度的に　□ (be) oppressed：抑圧される、虐げられる　□ totalitarian：全体主義の　□ political activism：政治的行動主義　□ interlace：〜を織り合わせる、〜を組み合わせる

訳 マーガレット・アトウッドはカナダの作家、詩人、文芸評論家、環境活動家。その作品は45カ国で出版されており、アトウッドは長年にわたり国際的な評価を得ている。全体主義社会の中で制度的に抑圧されている女性たちを描いたディストピア小説の『侍女の物語』など、著書の中には映画化、テレビシリーズ化されたものもある。アトウッドはその長いキャリアを通じて多くの賞を受賞しており、その中には自身の生涯と作品と織り合わせる政治的行動主義の精神に対する、2016年のPEN／ピンター賞も含まれている。

関連キーワード *The Handmaid's Tale*（小説『侍女の物語』）　the Booker Prize（ブッカー賞　※国際的に権威のあるイギリスの文学賞。2000年と2019年に受賞）　the PEN Pinter Prize（PEN／ピンター賞　※国際ペンクラブ主催の文学賞。2016年に受賞）

🔊 067　悲しくも美しい童話を紡いだ孤独な魂

Hans Christian Andersen
ハンス・クリスチャン・アンデルセン（1805-75）

[hǽnz krístʃən ǽndərsn]［ハンZ　KリSチャン　アンダーSン］
★日本語とギャップ！　アクセント注意！

Hans Christian Andersen was a Danish author who earned worldwide fame for his influential fairy tales, including such now-classic stories as "The Little Mermaid," "The Ugly Duckling" and "The Little Match Girl." Andersen endured many hardships, and some scholars say he transformed his pain into art. For example, "The Ugly Duckling" likely reflects the writer's own feelings of alienation, and the original "The Little Mermaid" was far darker than the Disney version it would later inspire. Shoddy translations of his works may have affected his being considered "a literary genius."

□ now-classic：今や古典になっている　□ mermaid：人魚　□ duckling：アヒルの子　□ endure：〜に耐える、〜を我慢する　□ hardship：苦難　□ transform：〜を変容させる　□ alienation：疎外　□ inspire：〜を刺激する、〜に示唆を与える　□ the Disney version：ディズニー版　※ディズニーのアニメ映画『リトル・マーメイド』のこと　□ shoddy：粗雑な

訳 ハンス・クリスチャン・アンデルセンはデンマークの作家で、今では古典になった「人魚姫」や「みにくいアヒルの子」、「マッチ売りの少女」などの物語をはじめとする影響力あるおとぎ話によって、世界的名声を得た。アンデルセンは数々の苦難に耐えたが、研究者の中には、彼がその痛みを芸術へと昇華させたのだと述べる人もい

る。例えば「みにくいアヒルの子」は、おそらく作家自身の疎外感を反映していて、オリジナルの「人魚姫」は、後に示唆を与えることになるディズニー版に比べてずっと陰鬱だった。作品のお粗末な翻訳は、アンデルセンが「天才作家」と見なされにくくなるという悪影響を及ぼした可能性がある。

関連キーワード "The Little Mermaid"（童話「人魚姫」）"The Ugly Duckling"（童話「みにくいアヒルの子」）"The Little Match Girl"（童話「マッチ売りの少女」）"The Emperor's New Clothes"（童話「裸の王様」）"The Snow Queen"（童話「雪の女王」）"The Red Shoes"（童話「赤い靴」）*The Little Mermaid*（映画『リトル・マーメイド』※ディズニーのアニメ映画。登場人物やエンディングなど原作の「人形姫」とは大きく異なる）*Frozen*（映画『アナと雪の女王』※ディズニーのアニメ映画。登場人物や設定など原作の「雪の女王」とは大きく異なる）

🔊 068　現代のイギリス文学界を牽引（けんいん）

Kazuo Ishiguro　カズオ・イシグロ（1954- ）

[kæzúːou ìʃigúrou]［カ**ズ**ーオウ　イシ**グ**ロウ］

Kazuo Ishiguro is one of the world's most celebrated contemporary fiction authors. In 2017, he won the Nobel Prize for Literature for works that have "uncovered the abyss beneath our illusory sense of connection with the world." Ishiguro's family moved from Japan to England when he was 5, and elements of both countries' cultures are often said to be present in his characters. Several of his uniquely detailed historical novels have been made into successful movies, most notably *The Remains of the Day*.

□ celebrated：有名な　□ contemporary：同時代の　□ fiction author：小説家　□ uncover：〜の覆いを取る　□ abyss：深淵　□ illusory：錯覚に基づく　□ detailed：きめ細かい、精緻な

訳　カズオ・イシグロは世界で最も著名な同時代の小説家に数えられる。「世界とつながっている、という私たちの錯覚の下にある深淵を暴いた」作品を評価され、2017年にはノーベル文学賞を受賞。イシグロの家族は、彼が5歳の時に日本からイングランドに移住しており、彼の描く登場人物の中に両国の文化の要素が現れているとしばしば言われる。イシグロ特有の精緻な歴史小説のいくつかは見事な映画になっていて、最も特筆すべきが『日の名残り』である。

関連キーワード *The Remains of the Day*（小説・映画『日の名残り』※アンソニー・ホプキンス主演で映画化もされた）*When We Were Orphans*（小説『私たちが孤児だったころ』）*Never Let Me Go*（小説『わたしを離さないで』）the Nobel Prize in (/for) Literature（ノーベル文学賞 ※2017年に受賞）the Booker Prize（ブッカー賞 ※国際的に権威のあるイギリスの文学賞。1989年に『日の名残り』で受賞）

069 ラテン文学の重要人物

Virgil ウェルギリウス（c. 70 B.C.–19 B.C.）

[vɔ́ːrdʒəl]［ヴァージャL］★日本語とギャップ！

Publius Vergilius Maro, usually called Virgil in English, was a celebrated Roman poet known for writing the *Eclogues*, the *Georgics* and the epic *Aeneid*. The latter, considered to be one of the most important poems in the history of Western literature, is a series of 12 books depicting a warrior's journey. It has often been thought to be a criticism of the Augustan regime. Virgil's strong epic connection made him a natural choice for a guide through hell in Dante Alighieri's masterpiece, *Divine Comedy*.

□celebrated：有名な □Roman：古代ローマの □epic：叙事詩 □book：書籍、巻 □depict：〜を描写する □warrior：戦士 □Augustan：アウグストゥス帝の □regime：支配体制 □choice：選択、選ばれたもの

[訳] 英語では通常ヴァージルと呼ばれるプーブリウス・ウェルギリウス・マーローは古代ローマの有名な詩人で、『牧歌』や『農耕詩』、叙事詩『アエネーイス』を書いたことで知られる。西洋文学の歴史において最も重要な詩の一つと見なされている『アエネーイス』は、一人の戦士の旅を描いた12巻から成る。この作品はアウグストゥス帝の体制に対する批判としばしば考えられてきた。ウェルギリウスと叙事詩の結び付きは強く、彼がダンテ・アリギエーリの傑作『神曲』の中で地獄の案内役にされたのも自然なことだった。

関連キーワード *Eclogues*（詩集『牧歌』） *Georgics*（長編詩『農耕詩』） *Aeneid*（叙事詩『アエネーイス』） Augustus（アウグストゥス ※ローマ帝国初代皇帝） Dante Alighieri（ダンテ・アリギエーリ） *Divine Comedy*（叙事詩『神曲』 ※ダンテの代表作）

070 タイム・マシンを生んだSFの父

H. G. Wells H・G・ウェルズ（1866–1946）

[éitʃ dʒíː wélz]［エイチ　ジー　ウェLZ］

Herbert George Wells was an English writer, journalist and historian who is best remembered for his science fiction novels. In fact, he is often called the "father of science fiction," and his work has had a great influence on the vision of the future we have today. A forward-looking futurist, Wells predicted aircraft, space travel, nuclear weapons and even something similar to the Internet. Among his famous stories that have been adapted into movies are *The Time Machine*, *The Invisible Man* and *The War of the Worlds*.

□science fiction：サイエンスフィクション、SF □forward-looking：先を見る、進取の □futurist：未来主義者 □predict：〜を予言する

[訳] ハーバート・ジョージ・ウェルズはイギリスの作家、ジャーナリスト、歴史家で、そ

のSF小説によって最もよく記憶されている。事実、ウェルズは「SFの父」としばしば呼ばれ、その作品は今日私たちが抱いている未来像に多大な影響を及ぼしてきた。進取の気性を持つ未来主義者であるウェルズは、航空機や宇宙旅行、核兵器、さらにインターネットに似たものまで予言していた。映画化された有名な物語に、『タイム・マシン』『透明人間』『宇宙戦争』がある。

[関連キーワード] *The Time Machine*（小説『タイム・マシン』） *The War of the Worlds*（小説『宇宙戦争』） *The Invisible Man*（小説『透明人間』） *The Island of Doctor Moreau*（小説『モロー博士の島』 ※1977年の映画版の邦題は『ドクター・モローの島』） Jules Verne（ジュール・ヴェルヌ ※フランスの作家。SFというジャンルの黎明期を共に牽引）

071 冒険小説の第一人者

Jules Verne ジュール・ヴェルヌ（1828-1905）

[dʒúːlz vɔ́ːrn]［ジューLZ ヴァーン］★日本語とギャップ！

Jules Verne was a French author best known for adventure novels that combined scientific fact with fiction, including *Journey to the Center of the Earth*, *Twenty Thousand Leagues Under the Sea* and *Around the World in Eighty Days*. The scientific possibilities imagined in his stories, such as electric submarines, space travel and even video conferencing, were a foretelling of events in the future.

□ submarine：潜水艦 □ video conferencing：ビデオ会議、テレビ会議 □ foretelling：予言、予告

[訳] ジュール・ヴェルヌはフランスの作家で、『地底旅行』や『海底二万里』、『八十日間世界一周』をはじめとする、科学的事実とフィクションを組み合わせた冒険小説で最もよく知られる。電気潜水艦や宇宙旅行、テレビ会議など、ヴェルヌの物語の中で思い描かれた科学の可能性は、未来の出来事の予言となった。

[関連キーワード] *Twenty Thousand Leagues Under the Sea*（小説『海底二万里』） *Around the World in Eighty Days*（小説『八十日間世界一周』） *Journey to the Center of the Earth*（小説『地底旅行』） *The Mysterious Island*（小説『神秘の島』） Captain Nemo（ネモ船長 ※『海底二万里』『神秘の島』の登場人物。潜水艦「ノーチラス号」の艦長） *Nautilus*（ノーチラス号 ※『海底二万里』と『神秘の島』に登場する架空の潜水艦の名） H. G. Wells（H・G・ウェルズ ※イギリスの作家。SFというジャンルの黎明期を共に牽引）

What one man can imagine, another will someday be able to achieve.（人に想像可能なものは、誰かがいつの日か実現することができる）は、ヴェルヌの名言。

072 心優しきニヒリスト

Kurt Vonnegut カート・ヴォネガット（1922-2007）

[kə́ːrt vánigʌt]［**カ**ーT　**ヴァ**ニガT］

Kurt Vonnegut was a prolific American writer with a career lasting over 50 years. His writing style blending irony, parody and black humor are consistent throughout his books. Vonnegut's experiences serving during World War II informed much of his work. In fact, the bombing of Dresden, Germany, while a prisoner of war would form the core of his most famous work, *Slaughterhouse-Five*, the book that made him a millionaire. Although cloaked in irony, Vonnegut's writings remained optimistic as they asked us to reconsider our priorities and our humanity.

□prolific：多作の　□irony：皮肉　□parody：パロディー　□consistent：首尾一貫した　□serve：軍務に就く　□inform：～を性格づける、～を特徴づける　□prisoner of war：戦争捕虜　□core：核心　□slaughterhouse：食肉処理場、畜殺場　□(be) cloaked in ～：～に包まれる　□optimistic：楽観的な　□reconsider：再考する

訳 カート・ヴォネガットは多作のアメリカ人文筆家で、そのキャリアは50年超に及んだ。全著作を通じ、皮肉とパロディー、ブラックユーモアを混ぜ合わせる書き方は一貫している。第二次世界大戦中の従軍経験は彼の多くの作品を特徴づけた。事実、戦争捕虜時代に起きたドイツ、ドレスデンの空襲は、彼の最も有名な作品『スローターハウス5』の核を形成することになる（この本によりヴォネガットは大金持ちになった）。彼の著作は皮肉に包まれてこそいるが、私たちに優先すべき事柄や人間性について再考するように求めつつ、あくまで楽観的だった。

関連キーワード *The Sirens of Titan*（小説『タイタンの妖女』） *Cat's Cradle*（小説『猫のゆりかご』） *Slaughterhouse-Five*（小説『スローターハウス5』） Kilgore Trout（キルゴア・トラウト ※複数のヴォネガット作品に登場する架空のSF作家。ヴォネガット自身がモデルとも言われる）

073 数々の実験的取り組みでも知られる

Virginia Woolf ヴァージニア・ウルフ（1882-1941）

[vərdʒínjə wúlf]［ヴァー**ジ**ニャ **ウ**LF］

Virginia Woolf is considered one of the most important English writers of the 20th century. An early adapter of the use of "stream of consciousness" as a literary device, she was a pioneer in the postmodernist fashion for mixing up fact and fiction, history and invention. Woolf touched upon then quite dicey themes such as mental illness — which she herself suffered from, ultimately leading to her suicide at the age of 59 — along with existential crisis and feminism, even making references to same-sex relationships that were beyond platonic.

□ stream of consciousness：意識の流れ　□ postmodernist：ポストモダニズムの　□ fashion：流儀、やり方　□ invention：作り事　□ touch upon ～：～に言及する、～に触れる　□ dicey：危険な、リスクをはらむ　□ ultimately：結局　□ suicide：自殺　□ existential：存在に関する　□ feminism：フェミニズム　□ make a reference to ～：～に言及する、～に触れる　□ same-sex relationship：同性愛　□ platonic：プラトニックな、純精神的な

訳　ヴァージニア・ウルフは20世紀の最も重要なイギリスの作家の一人と見なされている。早い時期に文学的装置としての「意識の流れ」を応用したウルフは、事実と虚構、歴史と作り事を混ぜ合わせるポストモダニズム的な流儀の先駆者だった。当時としてはかなり危険なテーマ、例えば精神疾患（ウルフ自身を苦しめ、結局は59歳での自殺へとつながる）や存在危機、フェミニズムなどに触れた。さらに、プラトニックの枠内にとどまらない同性愛にさえ言及した。

関連キーワード　*Mrs. Dalloway*（小説『ダロウェイ夫人』）　*Orlando*（小説『オーランド』）　*To the Lighthouse*（小説『灯台へ』）　modernism（現代主義、モダニズム）　stream of consciousness（意識の流れ　※文学表現の一手法。元々は心理学の概念）

🔊 074　監視社会化の加速で再注目される作家

George Orwell　ジョージ・オーウェル（1903–50）

[dʒɔ́ːrdʒ ɔ́ːrwel]［**ジョージ　オーウェ**L］

George Orwell was an English journalist and author famous for fiction novels such as *Animal Farm* and *1984*. The latter novel, about a dystopian society controlled by a totalitarian government, made an especially deep impression, with its title and phrases such as "Big Brother is watching you" and "Newspeak." His influence on identifying negative political actions was so great that the term "Orwellian" — referring to various abuses of state power, including the perversion of language — is still commonly used today.

□ dystopian：ディストピア的な、反ユートピア的な　□ totalitarian：全体主義の　□ perversion：曲解、乱用　□ commonly：一般に、広く

訳　ジョージ・オーウェルは『動物農場』や『1984年』などの小説で有名なイギリスのジャーナリスト兼作家。全体主義の政府によって統制されたディストピア社会に関する後者の小説は、その題名や、「ビッグ・ブラザーがあなたを見守っている」「ニュースピーク」などの表現によって、ひときわ深い印象を残した。悪しき政治的行動の同定に彼が及ぼした影響は極めて大きく、言葉の乱用など、さまざまな国家権力の悪用を指す「オーウェル的な」という用語は今日でも普通に使われている。

関連キーワード　Orwellian（オーウェル的な）　dystopia（ディストピア、暗黒郷　※「ユートピア、理想郷」の反意語）　*1984*（小説『1984年』）　"Big Brother is watching you"（「ビッグ・ブラザー

があなたを見守っている」※小説『1984年』の舞台となる架空の社会で、人々が日常的に目にするスローガン） “Newspeak”（「ニュースピーク」※小説『1984年』に登場する架空の言語） *Animal Farm*（小説『動物農場』）

075 繰り返し映像化される『高慢と偏見』

Jane Austen ジェーン・オースティン（1775–1815）

[dʒéin ɔ́ːstən]［**ジェ**イン　**オ**ーSタン］

Jane Austen was an English novelist famous for her vivid depictions, sprinkled with irony, of middle-class life during the early 19th century. Her plots often portrayed the dependence of women on marriage in the pursuit of economic security as well as the manners of the era. In fact, during her lifetime, her works were all published anonymously because it was not deemed “ladylike” for women to pursue a career in writing. In popular culture, Austen’s novels, such as *Pride and Prejudice*, and personal life have been adapted into a great number of dramatizations.

□vivid：鮮やかな、生き生きした　□depiction：描写、表現　□(be) sprinkled with ～：～がちりばめられている　□irony：皮肉　□plot：（小説、劇などの）筋　□portray：～を描く　□dependence：依存　□in pursuit of ～：～を追求して、～を追い求めて　□anonymously：匿名で　□be deemed ～：～と見なされる　□ladylike：淑女らしい、しとやかな　□dramatization：脚色、ドラマ化

[訳] ジェーン・オースティンはイギリスの小説家。19世紀初めにおける中産階級の生活を、皮肉をちりばめつつ活写したことでよく知られる。オースティン作品の筋書きではしばしば、経済的安定を得るため女性たちが結婚に依存したことや、当時の礼節が描かれていた。事実、オースティンの存命中は、女性が執筆でキャリアを築くことは「淑女らしい」とは見なされなかったため、作品はすべて匿名で刊行された。大衆文化では、『高慢と偏見』などのオースティンの小説やその私生活が数多くの作品へと脚色されている。

[関連キーワード] *Pride and Prejudice*（小説『高慢と偏見』） *Emma*（小説『エマ』）

076 悪夢のような不条理な世界

Franz Kafka フランツ・カフカ（1883–1924）

[frǽnts kɑ́ːfkə]［F**ラ**ンTS　**カ**ーFカ］

Franz Kafka, a novelist from what was then Bohemia, is now greatly celebrated, but his name was only known to a small group of readers at the time of his death. Notoriety only came after stories such as *The Metamorphosis* and *The Trial* were translated and sold overseas. His characters faced complicated societal situations, such as turning into an insect or being arrested for an unknown crime. The term "Kafkaesque" has become an expression to describe absurd or surreal situations similar to those in his stories.

□ celebrated：有名な　□ notoriety：評判、名声　※「悪評」など否定的な意味のイメージが強いが、肯定的な意味合いでも使われる　□ societal：社会的な　□ absurd：滑稽な、不条理な　□ surreal：超現実的な

🔈 **訳** フランツ・カフカは、当時ボヘミアと呼ばれていた地方出身の小説家。今でこそ非常に有名だが、カフカが死去した頃には、その名は一部の読者に知られているにすぎなかった。ようやく評判を得たのは、『変身』や『審判』のような物語が翻訳されて、海外で販売されるようになった後のことだった。カフカ作品の登場人物は、虫に変身したり、よく分からない罪のために逮捕されたりするなど、ややこしい社会的状況に直面した。「カフカの小説のような」という用語は、それらの物語の状況に似た不条理な、あるいは超現実的な状況を説明する表現になった。

関連キーワード　Kafkaesque（カフカの、カフカ的な、カフカの小説のよう [に不条理] な）　*The Metamorphosis*（小説『変身』）　*The Trial*（小説『審判』）

🔈 **077**　コロナ禍に再読される『ペスト』

Albert Camus　アルベール・カミュ（1913-60）

[albéːr kæmúː]［アルベー　キャムー］★つづりとギャップ！　アクセント注意！

Albert Camus was a French-Algerian author, a journalist and, although he denied it, a philosopher. He is best known for developing the concept of absurdism, which he considered to be a defining characteristic of the modern human condition, as reflected in his novels *The Stranger* and *The Plague* and play *Caligula*. He separated himself from existentialism, although "I revolt, therefore we exist" remains his most-cited quote. In 1957, Camus received the Nobel Prize in Literature "for his important literary production, which with clear-sighted earnestness illuminates the problems of the human conscience in our times."

□ absurdism：不条理主義　□ existentialism：実存主義　□ revolt：反乱を起こす　□ most-cited：最も引用される、最も引き合いに出される　□ quote：名言　□ clear-sighted：視力の鋭い、炯眼の　□ earnestness：真剣さ　□ illuminate：〜を照らす、〜を解明する

🔈 **訳** アルベール・カミュはフランス領アルジェリア出身の作家、ジャーナリストで、本人は否定していたが哲学者でもあった。不条理主義の概念を編み出したことで最もよく知られる。カミュはこの概念を現代の人間が置かれた状況の決定的特徴と見なし、それは『異邦人』や『ペスト』などの小説、また戯曲『カリュギュラ』に反映されている。「われ反抗す、ゆえにわれ在り」は今でも最も引用されることの多いカミュの名言だが、彼自身は実存主義から距離を置いていた。カミュは1957年、「炯眼を備えた真摯さにより、この時代における人間の良心の問題を解き明かす重要な文学作

品」を評価され、ノーベル文学賞を受賞した。

関連キーワード *The Stranger*（小説『異邦人』）　*The Plague*（小説『ペスト』）　*Caligula*（戯曲『カリギュラ』）　the Nobel Prize in Literature（ノーベル文学賞　※1957年に受賞）　Jean-Paul Sartre（ジャン・ポール・サルトル　※親交があったが後に絶交）　*The Rebel*（評論『反抗的人間』※カミュ、サルトルの絶交の発端となった）　"I revolt, therefore we exist."（「われ反抗す、ゆえにわれら在り」※『反抗的人間』の中の有名な一節）　absurdism（不条理主義　※作品の特徴）　existentialist（実存主義者　※しばしばそう見なされるものの、本人はそれを拒否していた）

🔊 **078**　ラテンアメリカ文学ブームの火付け役

Gabriel Garcia Marquez　ガブリエル・ガルシア＝マルケス
（1928–2014）

[géibriəl gɑːrsíːə máːrkes]　[**ゲイ**Bリアル　ガー**シー**ア　**マー**ケS]
★つづり・日本語とギャップ！　アクセント注意！

Hailing from Colombia, Gabriel Garcia Marquez was one of the most widely read novelists of the global Latin American Boom in literature, mixing fantasy with mundane daily life in a genre described as magical realism. He was identified as Latin American rather than Colombian, in recognition of the shared cultural traditions across South American countries. Novels such as *One Hundred Years of Solitude* and *Love in the Time of Cholera* earned him a Nobel Prize in Literature.

□ hail from ～：～の出身である　□ mundane：現世の、平凡な　□ genre：ジャンル　□ magical realism：魔術的リアリズム　□ in recognition of ～：～を認めて

訳 コロンビア出身のガブリエル・ガルシア＝マルケスは、文学におけるグローバルなラテンアメリカ・ブームの中で最も広く読まれた小説家の一人。魔術的リアリズムと言われるジャンルで、幻想と現世的な日常生活とを混ぜ合わせた。南米諸国に共通する文化的伝統が認められることから、ガルシア＝マルケスはコロンビア人というよりラテンアメリカ人と見なされた。『百年の孤独』や『コレラの時代の愛』などの小説により、ノーベル文学賞を獲得した。

関連キーワード *One Hundred Years of Solitude*（小説『百年の孤独』）　Macondo（マコンド　※『百年の孤独』に登場する架空の町の名として知られる）　*Love in the Time of Cholera*（小説『コレラの時代の愛』）　the Nobel Prize in Literature（ノーベル文学賞　※1982年に受賞）　the Latin American Boom（ラテンアメリカ文学ブーム　※1960年代から70年代にかけて、欧米を中心に世界で盛り上がりを見せた。ガルシア・マルケスの『百年の孤独』はその代表的作品）

Lewis Carroll ルイス・キャロル（1832-98）

[lúːis kǽrəl]［**ルーイS　キャ**ラL］

Lewis Carroll is the pen name of Charles Lutwidge Dodgson, a teacher of mathematics at Oxford and a deacon of the Church of England, best known for writing *Alice's Adventures in Wonderland* and its sequel, *Through the Looking-Glass*. Prominent political cartoonist John Tenniel drew such compelling drawings for the books that the illustrated editions became instant bestsellers and are now considered classics. Although Carroll's works were aimed at children, his skill with wordplay, logic and fantasy made them equally appealing to adults. The meaning of his cleverly written nonsensical poem *The Hunting of the Snark* has been queried and analyzed in depth.

□ deacon：（英国国教会・長老教会などの）執事　□ Church of England：英国国教会　□ sequel：続編　□ prominent：名声の高い、卓越した　□ compelling：魅力のある　□ illustrated：挿絵入りの　□ wordplay：言葉遊び、しゃれ　□ cleverly：利口に、器用に　□ nonsensical：ナンセンスな、無意味な　□ be queried：問われる

訳 ルイス・キャロルとは、オックスフォード大学の数学講師で英国国教会の執事でもあったチャールズ・ラトウィッジ・ドジソンのペンネームである。キャロルは何よリ『不思議の国のアリス』と続編の『鏡の国のアリス』を書いたことでよく知られる。名声の高い政治漫画家ジョン・テニエルがそれらの本のために非常に魅力ある絵を描いたために、挿絵入りの版はたちまちベストセラーになり、今では古典と見なされている。キャロルの作品は子どもを対象にしていたが、しゃれのうまさやロジック、ファンタジーのおかげで大人にも魅力的なものになった。巧みに書かれたナンセンス詩『スナーク狩り』は深く探究、分析されてきた。

関連キーワード *Alice's Adventures in Wonderland / Alice in Wonderland*（小説『不思議の国のアリス』※児童小説）*Through the Looking-Glass, and What Alice Found There*（小説『鏡の国のアリス』※児童小説）*The Hunting of the Snark*（詩『スナーク狩り』）**John Tenniel**（ジョン・テニエル ※『不思議の国のアリス』、『鏡の国のアリス』の挿絵で知られるイラストレーター）

Stephen King スティーヴン・キング（1947- ）

[stíːvən kíŋ]［S**ティーヴァン　キン**G］★つづりとギャップ！

Stephen King, American novelist and short-story writer, is often described as the "master of horror" or even the "King of horror" — a play on his name and a nod to his popularity. Blending fantasy and science fiction with macabre tales, King's stories have been adapted into a great number of popular TV programs and highly rated films, including *The Shawshank Redemption*, *The*

Green Mile and, from his very first published novel, *Carrie*. King has been accredited for reviving the genre of horror fiction in the late 20th century.

□ science fiction : サイエンスフィクション、SF □ macabre : 背筋の凍るような □ be accredited for ~ : ~の功績を認められる □ revive : ~を生き返らせる、~を復興させる □ genre : ジャンル

[訳] アメリカの小説家で短編の書き手でもあるスティーヴン・キングは、しばしば「ホラー小説の巨匠」とか、「ホラー小説の帝王」(彼の名前[King]を使った言葉遊びでもあり、人気への賛同でもある) とまで言われる。幻想とSF、背筋の凍るような話を混ぜ合わせたキングの物語は、数多くの人気テレビ番組、そして『ショーシャンクの空に』や『グリーンマイル』、また最初に出版された小説が原作の『キャリー』など、評価の高い映画に脚色された。キングは20世紀後半にホラー小説のジャンルを復興させた功績を認められている。

関連キーワード *Carrie* (小説・映画『キャリー』) *The Shining* (小説・映画『シャイニング』) *Misery* (小説・映画『ミザリー』) *Rita Hayworth and Shawshank Redemption* (小説『刑務所のリタ・ヘイワース』※映画『ショーシャンクの空に』の原作) *The Shawshank Redemption* (映画『ショーシャンクの空に』※小説『刑務所のリタ・ヘイワース』を映画化) *The Green Mile* (小説・映画『グリーンマイル』)

081 ミステリーの女王

Agatha Christie アガサ・クリスティ (1890-1976)

[ǽgəθə krísti] [**ア**ガθァ K**リ**Sティ]

Agatha Christie was an English writer who became — and still is — the world's bestselling fiction writer, with estimated sales of over 2 billion. She is also the most translated author in history. As the "queen of mystery," she is best known for her 66 detective novels, many of them featuring the most enduring figures in crime writing — Hercule Poirot and Miss Jane Marple. Her third novel featuring Poirot, *The Murder of Roger Ackroyd*, has been named the best crime novel ever written. Christie also wrote romance novels under the pseudonym Mary Westmacott.

□ bestselling : ベストセラーの □ detective novel : 推理小説 □ enduring : 永続する、不朽の □ pseudonym : 偽名、ペンネーム

[訳] アガサ・クリスティはイギリスの文筆家。世界一のベストセラー作家になったが、それは今も変わらず、推定売上部数は20億を超える。クリスティはまた、翻訳された作品が歴史上最も多い作家でもある。「ミステリーの女王」であるクリスティは66の推理小説で最もよく知られ、その多くは犯罪小説におけるまさに不朽の人物、エルキュール・ポワロやミス・ジェーン・マープルを主人公に据えている。ポワロを主人公にした小説の第3作目『アクロイド殺し』は、史上最高の犯罪小説と呼ばれている。クリスティはメアリー・ウェストマコットというペンネームでロマンス小説

も書いた。

関連キーワード Hercule Poirot（エルキュール・ポワロ ※クリスティ作品の有名な主人公。ベルギー人の名探偵）*Murder on the Orient Express*（小説『オリエント急行の殺人』※映画化作品などでは『オリエント急行殺人事件』とも）Miss Jane Marple（ミス・ジェーン・マープル ※クリスティ作品の有名な主人公。イギリス人の老婦人。『ミス・マープル』シリーズの主人公）*The Murder of Roger Ackroyd*（小説『アクロイド殺し』）*And Then There Were None*（小説『そして誰もいなくなった』）David Suchet（デビッド・スーシェ ※ポワロ俳優として評価が高いイギリスの俳優）

082 ナポレオンも愛読したドイツの文豪

Johann Wolfgang von Goethe

ヨハン・ヴォルフガング・フォン・ゲーテ（1749–1832）

[jóuhɑːn wúlfgæŋ fən gə́ːtə]［ヨウハーン　**ウ**LFギャンG　ファン　**ガ**ータ］
★つづり・日本語とギャップ！

Johann Wolfgang von Goethe is considered to be the greatest German literary figure of the modern era. His loosely autobiographical novel, *The Sorrows of Young Werther,* turned Goethe into a celebrity almost overnight. It also started a craze known as the "Werther Fever," which instigated young European men to dress in the clothing style described for Werther in the novel and is said to have led to some of the first known examples of copycat suicide. The tragic drama *Faust* is considered by many to be Goethe's *magnum opus.*

□ autobiographical：自伝の　□ celebrity：著名人　□ craze：熱狂、熱狂的流行　□ instigate ～ to . . .：～をけしかけて…させる　□ copycat suicide：模倣自殺、後追い自殺　□ tragic drama：悲劇　□ magnum opus：最大傑作 ※ラテン語

訳 ヨハン・ヴォルフガング・フォン・ゲーテは、近代以降の最も偉大なドイツの著述家と見なされている。自伝に近い小説『若きウェルテルの悩み』は、ほぼ一夜にしてゲーテを著名人にした。この作品はまた「ウェルテル熱」として知られる熱狂的流行をもたらした。これにより、ヨーロッパの若者は小説中のウェルテルの描写にあるような服装をし、さらには、知られている限り最初の事例に入る模倣自殺の数々が起きる事態に至ったと言われる。悲劇『ファウスト』はゲーテの最大傑作と衆目に認められている。

関連キーワード *Faust*（戯曲『ファウスト』）*The Sorrows of Young Werther*（小説『若きウェルテルの悩み』※*The Sufferings of Young Werther*とも）Werther Fever（ウェルテル熱 ※『若きウェルテルの悩み』の愛読者の青年たちが、作中で描写されているウェルテルの服装をまねるなどして、欧州では社会現象となった）*Wilhelm Meister's Apprenticeship*（小説『ヴィルヘルム・マイスターの修業時代』）

 Goetheは英語圏で[géitə]［ゲイタ］と発音されることもある。

083 戦後カウンターカルチャーの申し子

Jack Kerouac ジャック・ケルアック（1922–69）

[dʒǽk kéruæ̀k]［**ジャ**K **ケ**ルアK］★つづりとギャップ！

Jack Kerouac was an American novelist and a poet. His novel *On the Road*, based on his travels and adventures while crossing the United States, became the basis for the literary and social movement called the Beat Generation. Popular authors William S. Burroughs and Allen Ginsberg also contributed to this movement, whose adherents, sometimes derisively called beatniks, rejected standard "square" values, explored a variety of religions, and experimented with psychedelic drugs.

□adherent：支持者、信奉者　□derisively：侮蔑的に　□beatnik：ビートニク、ビート族　□square：お堅い、スクエアな　※保守的、体制擁護的という含みがある　□psychedelic drug：幻覚剤

[訳] ジャック・ケルアックはアメリカの小説家、詩人。アメリカ横断の旅と冒険を土台にした小説『路上』は「ビート世代」と呼ばれる文学的・社会的運動の基礎になった。人気作家のウィリアム・S・バロウズとアレン・ギンズバーグもこの運動に加わり、時にビートニクと侮蔑的に呼ばれたその支持者たちは、標準とされていた「スクエアな」価値観をはねつけ、さまざまな宗教を探求し、幻覚剤を試した。

関連キーワード *On the Road*（小説『路上』※新訳版は『オン・ザ・ロード』）the Beat Generation（ビート世代）beatnik（[名詞] ビートニク、ビート族、[形容詞] ビート世代の、ビート族の）Allen Ginsberg（アレン・ギンズバーグ ※『吠える』などの作品で知られるアメリカの詩人。ビート世代を代表する一人）William S. Burroughs（ウィリアム・S・バロウズ ※『裸のランチ』などの作品で知られるアメリカの作家。ビート世代を代表する一人）counterculture（カウンターカルチャー、反体制文化）

084 文学、映画、美術…マルチに活躍した総合芸術家

Jean Cocteau ジャン・コクトー（1889–1963）

[ʒɑ́ːŋ kɑktóu]［**ジャ**ーンG カK**ト**ウ］★つづりとギャップ！ アクセント注意！

Jean Cocteau was a French poet, dramatist, screenwriter and novelist. He was an extremely active participant in the Paris arts scene and was associated with the avant-garde cubists, fauvists and futurists. Cocteau met and worked with such artists as Pablo Picasso and Erik Satie. Among his most influential works are *Parade,* a seminal work of the modern ballet, such films as *Beauty and the Beast* and *The Blood of a Poet*, and his novel *Les Enfants Terribles,* a study of adolescent alienation.

□screenwriter：映画脚本家　□arts scene：アートシーン、芸術界　□avant-garde：アヴァンギャルドの、前衛的な　□cubist：キュビズム（立体派）の芸術家、キュビスト　□fauvist：フォーヴィスム（野

獣派）の芸術家、フォーヴィスト　□ futurist：未来派の芸術家　□ seminal：先駆的な　□ adolescent：青年期の、思春期の　□ alienation：疎外、疎外感

訳 ジャン・コクトーはフランスの詩人、劇作家、映画脚本家、小説家。パリの芸術界の一員として八面六臂（はちめんろっぴ）の活躍をし、前衛的なキュビスト、フォーヴィスト、未来派と交流した。コクトーはパブロ・ピカソやエリック・サティなどの芸術家に出会い、手を組んだ。極めて大きな影響力のあった作品に、モダンバレエの先駆的な作品『パラード』のほか、『美女と野獣』や『詩人の血』といった映画、思春期の疎外感を考察した小説『恐るべき子供たち』などがある。

関連キーワード　*Parade*（バレエ『パラード』※台本を手掛けた。音楽はエリック・サティ、美術と衣装はパブロ・ピカソが担当した）　*Les Enfants Terribles*（小説・映画『恐るべき子供たち』※映画版では脚本も手掛けた）　*The Blood of a Poet*（映画『詩人の血』※監督・脚本を手掛けた）　*Beauty and the Beast*（映画『美女と野獣』※監督・脚本を手掛けた）

🔊 **085**　青春小説の金字塔『ライ麦畑でつかまえて』

J. D. Salinger　J・D・サリンジャー（1919–2010）

［dʒéi díː sǽlidʒər］［ジェイ　ディー　サリンジャー］★アクセント注意！

J. D. Salinger is the author of *The Catcher in the Rye*, considered to be one of the greatest novels of the 20th century. Readers often identify with the coming-of-age story's protagonist, Holden Caulfield, who is rebellious, alienated and full of adolescent angst. The novel skyrocketed Salinger to instant fame, which he hated, and drove him to become a recluse. Despite only publishing some short stories and a less-notable novel after *Catcher*, Salinger profoundly influenced many other prominent writers, including Haruki Murakami.

□ coming-of-age：成人、一人前になること　□ protagonist：主人公　□ rebellious：反抗的な　□ alienated：疎外された　□ adolescent：青年期の、思春期の　□ angst：不安、苦悩　□ skyrocket：～を急に上昇させる　□ recluse：世捨て人、隠遁者　□ less-notable：あまり著名ではない、それほど注目に値しない　□ profoundly：深く　□ prominent：名声の高い、卓越した

訳 J・D・サリンジャーは、20世紀の最も優れた小説の一つと見なされる『ライ麦畑でつかまえて』の著者。反抗的で疎外され、青年期の苦悩を鬱積（うっせき）させたこの成長物語の主人公ホールデン・コールフィールドに、読者はしばしば自分を重ね合わせる。この小説はサリンジャーを一躍有名にしたが、彼自身はこれを嫌い、隠遁することになった。『ライ麦畑』の後は、いくつかの短編とそれほど有名ではない小説一編を出版しただけだが、サリンジャーは村上春樹をはじめとする大勢の著名作家に深く影響を及ぼした。

関連キーワード　*The Catcher in The Rye*（小説『ライ麦畑でつかまえて』※翻訳版のタイトルはほかに『キャッチャー・イン・ザ・ライ』［村上春樹・訳］などがある）　*Nine Stories*（短編集『ナイン・ストーリーズ』）　"A Perfect Day for Bananafish"（短編小説「バナナフィッシュにうってつけの日」※『ナイン・ストーリーズ』に収録）　*Franny and Zooey*（小説「フラニーとゾーイ」）　the Glass family（グラース家 ※サリンジャーの作品に登場する一族）　Holden Caulfield（ホール

デン・コールフィールド ※『ライ麦畑でつかまえて』の主人公） *The New Yorker*（雑誌『ザ・ニューヨーカー』 ※サリンジャーにとって作品発表の場でもあったアメリカの雑誌）

🔊 **086** 『星の王子さま』を遺した飛行作家

Antoine de Saint-Exupéry アントワーヌ・ド・サン＝テグジュペリ（1900–44）

[ǽntwɑːn də sǽŋtegzjupeiríː]［**ア**ンTワーン　ダ　サンGテGジュペイ**リー**]
★つづりとギャップ！　アクセント注意！

Antoine de Saint-Exupéry was a hero of France, a great pioneer of aviation and a successful writer, whose works reflected his way of looking at adventure through a poet's eyes. The most widely translated author in the French language, he might be best known for his multi-layered fable *The Little Prince,* which has been adapted into plays, films, TV programs and even an opera. Saint-Exupéry disappeared while on a Free French Air Force reconnaissance mission over the Mediterranean, and six decades later, a French underwater salvage team discovered the remains of his plane.

□ aviation：飛行、航空術　□ multi-layered：多層の、重層的な　□ fable：寓話　□ Free French Air Force：自由フランス空軍（の）※自由フランスは第二次世界大戦中にシャルル・ド・ゴールが率いたレジスタンス組織　□ reconnaissance：偵察　□ salvage：海難救助、サルベージ

訳 アントワーヌ・ド・サン＝テグジュペリは、フランスの英雄にして航空術の偉大な草分けであり、成功した文筆家でもあった。その作品は、詩人の目で見た彼にとっての冒険の在り方を反映していた。フランス語で書いた作家の中で最も多くの言語に作品を翻訳されているサン＝テグジュペリだが、重層的な寓話『星の王子さま』で最も知られていると言えるだろう。この作品は戯曲や映画、テレビ番組、さらにはオペラへと翻案されている。サン＝テグジュペリは地中海上空で自由フランス空軍の偵察任務を遂行中に行方不明となり、60年後にフランスのサルベージ・チームが機体の残骸を発見した。

関連キーワード *The Little Prince*（童話『星の王子さま』） *Night Flight*（小説『夜間飛行』） *Wind, Sand and Stars*（小説『人間の土地』）

🔊 **087** もはや「英文学」の代名詞

William Shakespeare ウィリアム・シェイクスピア（1564–1616）

[wíljəm ʃéikspiər]［**ウィ**リャ M　**シェ**イKSピアー]　★つづりとギャップ！

William Shakespeare, "The Bard," is considered the paramount English writer of plays and poems. His most famous plays, *Romeo and Juliet*, *Othello*, *Macbeth* and *King Lear*, are tragedies,

although he also wrote comedies, histories and romances. His works have been performed on stage and adapted to film as well as inspiring a great number of similar stories, plays and films. Nearly all students in countries where English is an official language have had to read at least one of his works at school.

□bard：詩人 ※The Bardで偉大な詩人という含みに □paramount：傑出した □history：歴史劇 □inspire：～を刺激する、～の発想源になる □official language：公用語

[訳]「詩聖」ウィリアム・シェイクスピアは、イギリスの傑出した劇作家、詩人と見なされている。彼は喜劇や歴史劇、ロマンス劇も書いたが、特に有名な戯曲である『ロミオとジュリエット』『オセロ』『マクベス』『リア王』は悲劇である。作品は舞台で上演され、映画化されてきたほか、おびただしい数のよく似た物語や戯曲、映画の発想源になっている。英語が公用語である国ではほぼすべての学生が、シェイクスピア作品の少なくとも一つを読むことを学校で課されている。

[関連キーワード] *Hamlet*（悲劇『ハムレット』） *Macbeth*（悲劇『マクベス』） *King Lear*（悲劇『リア王』） *Othello*（悲劇『オセロ』） *Romeo and Juliet*（悲劇『ロミオとジュリエット』） *The Tempest*（喜劇『テンペスト』） *A Midsummer Night's Dream*（喜劇『夏の夜の夢』） *Much Ado About Nothing*（喜劇『空騒ぎ』） *As You Like It*（喜劇『お気に召すまま』）

088 「怪物」の真の創造主

Mary Shelley メアリー・シェリー（1797–1851）

[méəri ʃéli]［メアリ シェリ］

Mary Shelley was an-19th-century English novelist who wrote the classic gothic horror novel *Frankenstein*, which is considered an early example of science fiction, at the age of 20. She used a complex structure called "embedded narrative" to lead the readers to the novel's central premises, a method that helped them more readily accept the book's fantastical ideas. The work continues to be widely read and has inspired many film adaptations. The best-known image of the book's monster derives from actor Boris Karloff's portrayal of him in the 1931 movie *Frankenstein* along with its sequels.

□gothic horror novel：ゴシックホラー小説 □science fiction：サイエンスフィクション、SF □embedded narrative：埋め込まれた物語、入れ子の語り □premise：前提 □fantastical：空想的な、幻想的な □inspire：～を刺激する、～の発想源になる □derive from ～：～に由来する、～から生じる □portrayal：（登場人物の）解釈、演技 □sequel：続編

[訳]メアリー・シェリーは19世紀イギリスの小説家で、SF作品の初期の一例とされる古典的ゴシックホラー小説『フランケンシュタイン』を20歳の時に書いた。読者を小説の中心的前提へと導くための「入れ子の語り」と呼ばれる複雑な構造を用いたが、これは読者が本の幻想的な観念をより抵抗なく受け入れる助けとなる手法だった。

同作品は広く読まれ続け、多くの映画化作品の発想源になってきた。この本に登場する怪物の最もよく知られるイメージは、1931年の映画『フランケンシュタイン』や続編で俳優ボリス・カーロフが演じた怪物を源流としている。

関連キーワード *Frankenstein*（小説『フランケンシュタイン』）**Victor Frankenstein**（ヴィクター・フランケンシュタイン ※小説『フランケンシュタイン』の主人公。怪物の創造主）**Frankenstein's monster**（フランケンシュタインの怪物 ※ヴィクターが創造した人造人間）**Boris Karloff**（ボリス・カーロフ ※映画でフランケンシュタイン［の怪物］のイメージを決定付けたイギリスの俳優）*Frankenstein*（映画『フランケン・シュタイン』※シェリーの原作に比較的忠実な1994年の映画化作品。ロバート・デ・ニーロが怪物を演じた）

◁𝔰**089** アイルランドの国民的作家

James Joyce ジェイムズ・ジョイス（1882-1941）
[dʒéimz dʒɔ́is]［**ジェ**イMZ **ジョイ**S］

James Joyce was a 20th-century Irish author best known for *Ulysses*, often described as the best novel in the English language but also the hardest to read. The seminal work, which parallels the episodes of Homer's *Odyssey* to recount a single day in Dublin, makes use of a variety of literary structures. The explicit content of his stream-of-consciousness prose brought about landmark legal decisions on obscenity. Joyce is also known for his first book, *Dubliners*, a collection of 15 stories depicting Irish middle-class life, and for *Finnegans Wake*, also significant for its experimental style and difficulty.

□ seminal：先駆的な　□ parallel：〜に匹敵する、〜に対応する　□ recount：〜を詳しく述べる、〜を物語る　□ explicit：明確な、どぎつい　□ stream-of-consciousness prose：「意識の流れ」を記す散文　□ landmark：画期的な、重要な　□ legal decision：法的決定、判決　□ obscenity：猥褻性　□ depict：〜を描写する　□ significant：重要な　□ experimental：実験的な

訳 ジェイムズ・ジョイスは20世紀アイルランドの作家。英語で書かれた最高の、だが最も難解な小説としばしば形容される『ユリシーズ』で何より知られる。ホメロスの『オデュッセイア』の挿話に対応する話を通じてダブリンのある1日を物語るこの先駆的作品は、多様な文学的構造を用いている。「意識の流れ」を記すその散文のどぎつい内容は、猥褻性に関する重要な判決をもたらすことになった。ジョイスはまた、アイルランドの中産階級の生活を描いた15の物語を集めた初作本『ダブリン市民』や、やはり実験的な文体と難解さの際立つ『フィネガンズ・ウェイク』でも知られる。

関連キーワード *Ulysses*（小説『ユリシーズ』）**Leopold Bloom**（レオポルド・ブルーム ※『ユリシーズ』の主人公　*Dubliners*（短編集『ダブリン市民』）*Finnegans Wake*（小説『フィネガンズ・ウェイク』）**Bloomsday**（ブルームの日 ※毎年6月16日、アイルランドのダブリンを中心に祝われるジョイスの記念日。1904年6月16日の出来事を描いた『ユリシーズ』にちなむ。Bloomは同作品の主人公の姓）*Odyssey*（『オデュッセイア』※ホメロスによる叙事詩）**stream of consciousness**

（「意識の流れ」※文学表現の一手法。元々は心理学の概念）

🔊 090　アメリカを代表する社会派作家

John Steinbeck　ジョン・スタインベック（1902-68）

[dʒán stáinbek]［ジャン　Sタインベク］★アクセント注意！

John Steinbeck was an American literary great. His bestselling novels *Of Mice and Men* and the Pulitzer Prize-winning *The Grapes of Wrath* depicted the plight of migrant ranch workers during the Great Depression. His novel *East of Eden*, often described as his most ambitious, became a famous Hollywood movie starring James Dean. During his lifetime, Steinbeck garnered much critical and commercial success, and in 1962, he received the Nobel Prize in Literature "for his realistic and imaginative writings, combining as they do sympathetic humour and keen social perception."

□ great：偉大な人、巨匠　□ depict：〜を描写する　□ plight：窮状　□ migrant：移動性の　□ ranch：農場　□ Great Depression：大恐慌　□ star：〜を呼び物にする、〜を主役にする　□ garner：〜を蓄える、〜を集める　□ critical：批評家による　□ realistic：写実的な　□ imaginative：想像力に富む　□ writings：著作　□ perception：理解力、認識

訳 ジョン・スタインベックはアメリカ文学の巨匠。ベストセラー小説『二十日鼠と人間』やピューリッツァー賞を受賞した『怒りの葡萄』は、大恐慌期の移住農場労働者の窮状を描いた。最も野心的としばしば形容される小説『エデンの東』は、ジェームズ・ディーンを主役に据えた有名なハリウッド映画になった。存命中、スタインベックは批評家による高評価や商業的な成功を積み重ね、1962年には「共感を備えたユーモアと鋭い社会認識を組み合わせた写実的かつ想像力に富んだ著作」を評価され、ノーベル文学賞を受賞した。

関連キーワード *The Grapes of Wrath*（小説『怒りの葡萄』※ピューリッツァー賞受賞）　*Of Mice and Men*（小説『二十日鼠と人間』）　*East of Eden*（小説『エデンの東』※ジェームズ・ディーンが主演した映画版も世界的に大ヒットした）　the Pulitzer Prize（ピューリッツァー賞　※1940年に受賞）　the Nobel Prize in Literature（ノーベル文学賞　※1962年に受賞）

🔊 091　近代小説の先駆け『ドン・キホーテ』

Miguel de Cervantes　ミゲル・デ・セルバンテス（1547-1616）

[migél dei sərvǽntiːz]［ミゲL　デイ　サーヴァンティーZ］★つづりとギャップ！

Miguel de Cervantes was a Spanish writer born into relative poverty in 1547. However, while he did not write a great number of works, he is responsible for writing *Don Quixote* — the humorous story of a man who reads too many chivalric romances and becomes convinced he is a knight. *Don Quixote* is considered the first modern novel, and has influenced countless writers and artists. Versions of Cervantes' story continue to be written and performed all around the world.

□ be responsible for 〜：〜に功がある　□ chivalric romance：騎士道物語　□ countless：数え切れない

訳 ミゲル・デ・セルバンテスはスペインの作家で、1547年に比較的貧しい家に生まれた。しかし多くの作品を書いたわけではなかったものの、『ドン・キホーテ』を書き上げている。これは騎士道物語を読み過ぎたせいで、自分を騎士と思い込んでしまった男についての滑稽な物語である。『ドン・キホーテ』は最初の近代小説と見なされており、数え切れないほどの作家や芸術家に影響を与えてきた。セルバンテスのこの物語は、世界中でさまざまな翻案が書かれ、上演され続けている。

関連キーワード *Don Quixote*（小説『ドン・キホーテ』）　**chivalry**（騎士道）　**Don Quixote de la Mancha**（ドン・キホーテ・ラ・マンチャ　※小説『ドン・キホーテ』の主人公〔本人が名乗るもので本名ではない〕）　**Sancho Panza**（サンチョ・パンサ　※ドン・キホーテと旅を共にする従者。馬ではなくロバに乗っている）　**Rocinante**（ロシナンテ　※ドン・キホーテの乗る馬の名）

◁× 092 エコロジストの先駆け

Henry David Thoreau　ヘンリー・デイヴィッド・ソロー（1817-62）

[hénri déivid θəróu]［ヘンリ　デイヴィ D　θ ァ **ロ** ウ］★アクセント注意！

Henry David Thoreau was an American philosopher and writer, most widely known today for his book *Walden*, in which he reflects on the value of living a simple life in natural surroundings. Among his many works of poetry and prose, he wrote on civil disobedience, and had an influence on later figures such as Mahatma Gandhi and Martin Luther King Jr. Thoreau was also an outspoken abolitionist, and produced many writings and speeches on the need to eliminate slavery.

□ natural surroundings：自然環境　□ prose：散文　□ civil disobedience：市民的不服従　□ outspoken：積極的に発言する、率直な　□ abolitionist：奴隷制度廃止論者　□ eliminate：〜を除去する、〜を廃絶する　□ slavery：奴隷制度

訳 ヘンリー・デイヴィッド・ソローはアメリカの哲学者兼作家で、今日では何よりその著作『ウォールデン 森の生活』によって広く知られる。同書においてソローは、自然環境の中で清貧の暮らしを送ることの価値について思考を巡らせている。数ある詩や散文の中で、市民的不服従について書いたことがあり、マハトマ・ガンディーやマーティン・ルーサー・キング・ジュニアといった後世の人物に影響を与えた。彼は積極的な奴隷制度廃止論者でもあり、奴隷制度を廃絶する必要性について数々の著作を執筆し、演説を行った。

関連キーワード *Walden; or, Life in the Woods*（著書『ウォールデン 森の生活』※エコロジスト、アウトドア愛好者のバイブル的書籍。約2年に及ぶ自給自足生活の回想録）　**Walden Pond**（ウォールデン池　※米マサチューセッツ州にある湖。『ウォールデン 森の生活』は、ソローが自給自足生活をおくった場所）　*Civil Disobedience*（著書『市民の反抗』※後世の市民運動に大きな影響を与

えた) civil disobedience(市民的不服従) abolitionism(奴隷制度廃止論) libertarianism(リバタリアニズム、自由至上主義)

🔊093 イタリア文学の最高峰

Dante Alighieri ダンテ(1265-1321)

[dántei à:ligjéri] [**ダ**ンテイ アーリギュ**エ**リ]

Dante Alighieri was an Italian poet and philosopher. He is best known for writing *The Divine Comedy* — a poetic work which largely established the depictions of heaven and hell as most Christians today imagine them. Alighieri wrote in Italian during a time when most philosophical and religious writing was done only in Latin. As a result, he was instrumental in the establishment of Italian as a modern language of philosophy, literature and debate.

□ depiction:描写、表現 □ philosophical:哲学的な □ instrumental in ～:～に貢献する

[訳] ダンテ・アリギエーリはイタリアの詩人、哲学者。何より『神曲』を書いたことで知られる。『神曲』は、今日のキリスト教徒の多くが天国や地獄として思い浮かべる像の描写をほぼ確定させることになった詩作品である。アリギエーリは、哲学や宗教に関するほとんどの著述がラテン語だけでなされていた時代に、イタリア語で書いた。その結果、イタリア語を哲学や文学、議論のための近代言語として確立することに貢献した。

[関連キーワード] *Divine Comedy*(叙事詩『神曲』) *The New Life*(詩文集『新生』) *The Gates of Hell*(彫刻『地獄の門』 ※彫刻家オーギュスト・ロダンの未完のブロンズ彫刻。『神曲』の「地獄篇」に登場する「地獄の門」がテーマ)

🔊094 弱者に寄り添ったイギリスの国民的作家

Charles Dickens チャールズ・ディケンズ(1812-70)

[tʃá:rlz díkinz] [**チャ**ー LZ **ディ**キンZ]

Charles Dickens was an English writer who is regarded by many as the greatest novelist of the 19th century. His compassion and empathy toward the poor and the vulnerable formed his classic works such as *Oliver Twist* and *A Christmas Carol*. Dickens also created some of the best-known villains in literature, epitomized by Fagin in *Oliver Twist* and Uriah Heep in *David Copperfield*.

□ compassion:思いやり □ empathy:共感 □ the vulnerable:弱者 □ villain:悪役、悪人 □ (be) epitomized by ～:～に代表される

[訳] チャールズ・ディケンズはイギリスの作家で、多くの人から19世紀の最も偉大な小説家の一人と見なされている。貧困者や弱者に対する彼の思いやりと共感は、『ク

リスマス・キャロル』や『オリバー・ツイスト』といった古典的作品を作り上げた。ディケンズはまた、『オリバー・ツイスト』のフェイギンや『デイヴィッド・コパフィールド』のユライヤ・ヒープに代表される、文学において最も有名な悪役を何人か生み出した。

関連キーワード *A Christmas Carol* (小説『クリスマス・キャロル』) *Oliver Twist* (小説『オリバー・ツイスト』 ※同名の主人公が活躍する) *Fagin* (フェイギン ※小説『オリバー・ツイスト』に登場する悪役) *A Tale of Two Cities* (小説『二都物語』) *David Copperfield* (小説『デイヴィッド・コパフィールド』 ※『デイヴィッド・カッパーフィールド』とも。同名の主人公が活躍する) *Uriah Heep* (ユライヤ・ヒープ ※『デイヴィッド・コパフィールド』に登場する悪役) *David Copperfield* (デビッド・カッパーフィールド ※アメリカの著名なマジシャン。Copperfieldは上記のディケンズの小説に由来する芸名)

🖋 Scrooge (スクルージ) と言えば、英語圏では誰もがその名を知る『クリスマス・キャロル』の主人公。金もうけにしか興味のない冷酷で強欲な人物。現在ではScroogeの形で「けち、守銭奴」という意味で使われるほど日常に浸透している。『デイヴィッド・コパフィールド』に登場する悪役の名Uriah Heep (ユライヤ・ヒープ) も「ごますり屋、偽善者」の同義語として使われる。

🔊**095** 19世紀フランスの売れっ子劇作家

Alexandre Dumas アレクサンドル・デュマ (1802-70)

[æleksáːndrə djuːmáː] [アレКサーンDラ　デューマー] ★つづりとギャップ！

Alaxandre Dumas was a prolific French writer of novels, plays and nonfiction travel books. His works of historical fiction are so engaging and universally appreciated that he remains one of the most widely read French authors of all time. In addition to his writing, Dumas founded and published the newspaper *L'Independent*. Today, he is best known worldwide as the author of *The Three Musketeers* and *The Count of Monte Cristo*.

□ prolific：多作の　□ engaging：人を引き付ける、魅力的な　□ universally：あまねく、普遍的に　□ of all time：空前絶後の、いつの世も変わらない　□ worldwide：世界規模で

訳 アレクサンドル・デュマは小説や戯曲、旅行実録を著した多作のフランス人作家。その歴史小説は読み手の心を非常に強く捉え、あまねく好意的評価を受けており、デュマはいつの世も変わらず、最もよく読まれるフランス人作家の一人であり続けている。執筆活動に加えて、新聞『ランデパンダン』を創設・発行した。今日、彼は何より『三銃士』や『モンテ・クリスト伯』の著者として世界中で知られている。

関連キーワード *The Three Musketeers* (小説『三銃士』) *The Count of Monte Cristo* (小説『モンテ・クリスト伯』)

名探偵ホームズの生みの親

Arthur Conan Doyle　アーサー・コナン・ドイル（1859–1930）

[ɑ́:rθər kóunən dɔ́il]［アー－θァー　　コウナン　　ドイレ］

Arthur Conan Doyle is best known as the British writer and doctor who created the character Sherlock Holmes. Sherlock Holmes and Dr. Watson first appeared in the novel *A Study in Scarlet*, and Doyle would write another three novels and 56 short stories about them. These stories not only established the genre of mystery writing, but deeply affected crime storytelling. Doyle wrote many other books and stories but, to the writer's occasional disappointment, none were as popular as Sherlock Holmes.

□ genre : ジャンル　□ mystery : ミステリー、推理小説　□ storytelling : 物語を話すこと、物語を書くこと

訳 アーサー・コナン・ドイルはシャーロック・ホームズというキャラクターを作り出したイギリスの作家兼医師として最もよく知られる。シャーロック・ホームズとワトスン博士が初めて登場したのは小説『緋色の研究』の中で、ドイルはそれから2人についての小説3作品と短編56作品を書くことになる。これらの物語はミステリーというジャンルを確立しただけでなく、犯罪小説の書き方に深く作用した。ドイルはほかにも多くの本や物語を書きはしたが、どれもシャーロック・ホームズほど人気がなく、この作家をしばしば失望させた。

関連キーワード　Sherlock Holmes（シャーロック・ホームズ ※人気推理小説シリーズ「シャーロック・ホームズ・シリーズ」の主人公。天才的だが変わり者の名探偵）　John H. Watson（ジョン・H・ワトスン ※ワトスンはワトソンとされることも多い。「シャーロック・ホームズ・シリーズ」の登場人物。ホームズの友人で助手的存在。多くの作品で語り手を務める）　Professor (James) Moriarty（[ジェームズ・]モリアーティ教授 ※数学教授にして天才的犯罪者。ホームズの宿敵）　Mrs. Hudson（ハドスン夫人 ※ハドスン夫人とも。ホームズとワトスンの下宿先の主人）　*The Adventures of Sherlock Holmes*（短編集『シャーロック・ホームズの冒険』）　*A Study in Scarlet*（小説『緋色の研究』 ※シャーロック・ホームズ・シリーズの最初の作品。長編）　*The Hound of the Baskervilles*（小説『バスカヴィル家の犬』 ※シャーロック・ホームズ・シリーズの一作。長編）　Holmesian / Sherlockian（ホームジアン／シャーロキアン ※ホームズ愛好家のこと。前者はイギリス、後者はアメリカで主に使われる）　221B Baker Street（ベーカー街221B ※ロンドン市内の架空の住所（ベイカー街は実在）で、ホームズとワトスンの下宿先を意味する。ファンの間では聖地化している）

アメリカ文学の出発点

Mark Twain　マーク・トウェイン（1835–1910）

[mɑ́:rk twéin]［マーK　Tウェイン］

Mark Twain was one of the greatest American writers. He is often referred to as the "father of American literature" because his

famous works *The Adventures of Tom Sawyer* and *The Adventures of Huckleberry Finn* were the earliest novels written in colloquial American. Twain was known for being socially conscious, and addressed American issues such as racism in his works. He opposed imperial expansion, and was a member of the American Anti-Imperialist League, an organization against the American annexation of the Philippines.

□ colloquial：話し言葉の、口語体の　□ racism：人種差別　□ imperial expansion：帝国主義的拡張　□ annexation：併合

🗾 マーク・トウェインは最も偉大なアメリカの作家の一人。有名な作品の『トム・ソーヤーの冒険』や『ハックルベリー・フィンの冒険』は口語体のアメリカ英語で書かれた最も初期の小説であることから、しばしば「アメリカ文学の父」と称される。トウェインはその社会的意識が高いことでも知られ、人種差別などのアメリカの問題を作品の中で扱った。彼は帝国主義的拡張に異議を唱え、アメリカによるフィリピン併合に反対する団体「アメリカ反帝国主義連盟」のメンバーだった。

関連キーワード *The Adventures of Tom Sawyer*（小説『トム・ソーヤーの冒険』）*The Adventures of Huckleberry Finn*（小説『ハックルベリー・フィンの冒険』）*the American Anti-Imperialist League*（アメリカ反帝国主義連盟 ※アメリカによるフィリピンの併合に反対して結成された政治団体）

✒ All modern American literature comes from one book by Mark Twain called "Huckleberry Finn."（今日のアメリカ文学はすべてマーク・トウェインの『ハックルベリー・フィン』という一冊の本に由来する）とアーネスト・ヘミングウェイは評している。

🔊 **098**　ロシア文学黄金期を代表する作家

Fyodor Dostoevsky　フョードル・ドストエフスキー（1821–81）

[fjóudər dàstəjéfski]［**フョ**ウダー　ダSタ**イェ**FSキ］

Fyodor Dostoevsky was a Russian writer whose philosophical and psychological novels are still influential today. As a young man he was arrested and sent to prison for reading banned books, and later sent to do mandatory military service. Dostoevsky would later become a journalist, and write the novels *Crime and Punishment* and *The Brothers Karamazov*. Today he is considered one of the most famous Russian writers in history.

□ philosophical：哲学的な　□ psychological：心理学的な、心理の　□ banned book：禁書　□ mandatory：命令の、義務の

🗾 フョードル・ドストエフスキーはロシアの作家で、その哲学的で心理的な小説は今日も影響力を持っている。若い頃、ドストエフスキーは禁書を読んだことで逮捕、投獄され、その後は命令により軍役に就かされた。ドストエフスキーはやがてジャー

ナリストになり、小説『罪と罰』や『カラマーゾフの兄弟』を書いた。今日、彼は史上最も著名なロシアの作家の一人と見なされている。

関連キーワード *Crime and Punishment*（小説『罪と罰』）*The Brothers Karamazov*（小説『カラマーゾフの兄弟』）the Golden Age of Russian literature（ロシア文学の黄金時代 ※19世紀のロシア文学の隆盛期。後に文豪として知られる多くの小説家が誕生した。ドストエフスキーもその一人）realism（写実主義）

🔊 099　帝政ロシアの文豪

Leo Tolstoy　レフ・トルストイ（1828-1910）

[líːou tóulstɔi]［リーオウ・**ト**ウLSトイ］★日本語とギャップ！　アクセント注意！

One of the greatest authors of all time, Leo Tolstoy was a Russian writer and master of realist fiction. His best-known works include the novels *War and Peace* and *Anna Karenina*. In his novel, *Resurrection*, Tolstoy exposes the cruelty and injustice of the governing institutions of his time, and explores the economic philosophy of Georgism. Tolstoy's life experience and interpretation of the Bible led him to a belief in Christian anarchism and pacifism. He was nominated numerous times for the Nobel Peace Prize, but was never awarded it.

□ of all time：空前絶後の、いつの世も変わらない　□ realist：写実主義の　□ injustice：不正、不公平　□ governing：統治の　□ Georgism：ジョージズム ※アメリカの経済学者ヘンリー・ジョージにちなんで名づけられた学説　□ interpretation：解釈　□ anarchism：アナキズム、無政府主義　□ pacifism：平和主義　□ numerous：数々の

訳 いつの世も変わらない文豪の一人、レフ・トルストイはロシアの作家で、写実主義小説の名手だった。最もよく知られる作品に、『戦争と平和』、『アンナ・カレーニナ』がある。小説『復活』では、この時代の統治機構の残酷さと不正を暴き、ジョージズムの経済思想を探求している。トルストイはその人生経験や聖書の解釈によって、キリスト教アナキズムとキリスト教平和主義を信じるに至った。彼は何度もノーベル平和賞の候補に挙がったが、授与されることはなかった。

関連キーワード *War and Peace*（小説『戦争と平和』）*Anna Karenina*（小説『アンナ・カレーニナ』）*Resurrection*（小説『復活』）

🔊 100　人類の滅亡を予言？

Nostradamus　ノストラダムス（1503-66）

[nàstrədéiməs]［ナSTラ**デ**イマS］

Nostradamus was a 16th-century doctor who, later in his life, became better known as an astrologer and seer. His name is most often connected to his book, *The Prophecies*. This book claimed

to be a prediction of future events, although even in Nostradamus' time many people doubted it. However, Nostradamus' fame continues in popular culture, at least partly because the contents of *The Prophecies* are poetic and vague, allowing people to link one or other of them to almost any major event.

□ astrologer：占星術師　□ seer：予言者　□ poetic：詩的、詩のような

訳 ノストラダムスは16世紀の医師で、高齢になって占星術師、予言者として知られるようになった。その名はしばしば、著書の『予言集』と関連付けられる。ノストラダムスの時代にも多くの人が疑っていたものの、この本は未来の出来事の予言であると主張した。しかし、ノストラダムスの名は大衆文化の中で今でもとどろいている。『予言集』の内容が詩のようであるうえに曖昧で、その内の何かを何らかの大事件に結び付けることは可能だというのが、少なくとも理由の一端である。

関連キーワード　*The Prophecies*（著書『予言集』）

🔊 101　読み継がれる戦争と青春の記録

Anne Frank　アンネ・フランク（1929-45）

[ǽn frǽŋk]［アン　FランGK］★日本語とギャップ！

Anne Frank was a German-Dutch girl of a Jewish family who lived in hiding in the Netherlands under Nazi occupation. Beginning in 1942, Frank kept a diary that documented her life and thoughts. The diary ends in 1944, when her family was arrested by the Gestapo. She died at Bergen-Belsen concentration camp, and her diary was later discovered and published by her father, who survived the Holocaust. *The Diary of a Young Girl* has been translated into 70 languages and is widely appreciated for the author's compassion, courage and immense strength of character.

□ Nazi：ナチス　□ occupation：占領　□ document：〜を詳細に記録する　□ the Gestapo：ゲシュタポ ※ナチス・ドイツの秘密国家警察の略称　□ concentration camp：強制収容所　□ the Holocaust：ホロコースト　□ compassion：思いやり

訳 アンネ・フランクはユダヤ人一家に生まれたドイツおよびオランダの少女。ナチス占領下のオランダで潜行生活を送った。1942年から、フランクは自分の生活や考えを克明につづった日記をつけ始めた。その日記は彼女の家族がゲシュタポに逮捕された1944年で終わっている。フランクはベルゲン・ベルゼンの強制収容所で死去。日記はのちに、ホロコーストを生き延びた父親によって発見・出版された。『アンネの日記』は70の言語に翻訳され、著者の思いやりの心や勇気、そして大変な芯の強さのおかげで、広く賞賛されている。

関連キーワード　*The Diary of a Young Girl*（著書『アンネの日記』※本人の死後に出版された

日記。世界的なベストセラー） the Holocaust（ホロコースト） Otto Frank（オットー・フランク ※父。家族の中で唯一の生存者。戦後、娘の日記の出版に尽力した）

102 大長編『失われた時を求めて』を著す

Marcel Proust マルセル・プルースト（1871-1922）

[mɑːrsél prúːst]［マーセL　Pルー ST］★アクセント注意！

The French novelist Marcel Proust is most remembered for his semi-autobiographical, seven-volume novel *In Search of Lost Time*, which is broadly a reflection on time passing. Although the novel contains several instances of the narrator experiencing involuntary memories, one particular episode is known above all others. It occurs when the story's narrator tastes some crumbs of a madeleine and the sensation immediately evokes a flood of childhood memories, transporting his mind back to that long-distant past. The word "Proustian" subsequently entered the English language to describe such evocations.

□ semi-autobiographical：半自伝的な □ reflection：反映、内省 □ narrator：語り手 □ involuntary：不随意の、何気なしの □ crumb：小片、少量 □ madeleine：マドレーヌ □ evoke：～を喚起する □ Proustian：プルースト風の □ subsequently：その後 □ evocation：（記憶・感情などを）呼び起こすこと

[訳] フランスの小説家マルセル・プルーストは何より、全7巻から成る半自伝的な小説『失われた時を求めて』で記憶される。同作は大まかに言うと、過ぎゆく時間をめぐる内省である。この小説には、語り手がふとしたきっかけで記憶のよみがえりを経験するいくつかの場面が組み込まれているが、特定の挿話が群を抜いて有名である。それは物語の語り手が何片かのマドレーヌを味わった時に始まり、その瞬間に強い感覚が子ども時代の記憶の奔流を起こし、彼の心をはるか遠い昔へと運んでいく。後に、そのような記憶の浮上を表すものとして「プルースト風の」という言葉が英語に加わった。

[関連キーワード] *In Search of Lost Time (/ Remembrance of Things Past)*（小説『失われた時を求めて』※代表作にして遺作。全7巻に及ぶ長編）

103 キューバと猫を愛した文豪

Ernest Hemingway アーネスト・ヘミングウェイ（1899-1961）

[ɔ́ːrnist hémiŋwèi]［アーニST　ヘミンGウェイ］

Ernest Hemingway, the celebrated American author, journalist, and veteran of World War I, became known as a heroic man of sporting action and adventure boldly living life to the full. He conveyed these personal traits in his novels, drawing on his own life experiences to write such works as the Nobel Prize-winning

The Old Man and the Sea and *For Whom the Bell Tolls*, the latter of which is set in Spain during the Spanish Civil War. His writing and lifestyle became an influential archetype for many subsequent male authors.

□ celebrated：有名な　□ veteran：古参兵、退役軍人　□ sporting action：スポーツでの動作、スポーツ　□ convey：〜を運ぶ、〜を伝達する　□ personal trait：性格的な特徴　□ draw on 〜：〜に頼る　□ be set in 〜：(物語の) 舞台が〜に設定される　□ writing：文体　□ archetype：原型　□ subsequent：後の、次の

訳 アメリカの著名な作家兼ジャーナリストで、第一次世界大戦に従軍した経験のあるアーネスト・ヘミングウェイは、スポーツと冒険をし、大胆に人生を満喫する英雄的な男として知られるようになった。彼は小説を通じて、こうした性格的特徴を感得させた。自身の人生経験に基づいて、ノーベル賞受賞につながった『老人と海』や『誰がために鐘は鳴る』などの作品を書いた（後者はスペイン内戦中のスペインを舞台としている）。ヘミングウェイの文体やライフスタイルは、後に続く多くの男性作家に大きな影響を及ぼす一つの原型になった。

関連キーワード　*The Old Man and the Sea*（小説『老人と海』）　*A Farewell to Arms*（小説『武器よさらば』）　*The Sun Also Rises*（小説『日はまた昇る』）　the Lost Generation（失われた世代 ※1920年代から30年代に活躍したアメリカの作家を指す。多くは1880年代後半から90年代の生まれ。ヘミングウェイはその代表格）　the Nobel Prize in Literature（ノーベル文学賞 ※1954年）　the Spanish Civil War（スペイン内戦。外国人義勇部隊に参加）

ヘミングウェイは愛猫家だったことでも知られる。博物館として保存・公開されている、米フロリダ州キーウェストの旧ヘミングウェイ邸では、彼の愛猫たちの子孫が現在も多く飼われている。Hemingway's cats（ヘミングウェイの猫）と呼ばれるこの猫たちは6本指（six-toed）という特徴を持つpolydactyl cats（多指症の猫）である。

◁》104　アメリカ文学研究の必読書『草の葉』

Walt Whitman　ウォルト・ホイットマン（1819–92）

[wɔ́ːlt *h*wítmən]　[**ウォ**ーLT　H**ウィ**Tマン]

Walt Whitman was among the most influential American poets. He developed and popularized the use of free verse in poetry. A humanist, Whitman often wrote in an overtly sensual style that was controversial under the rigid standards of his time. His major work was a collection of poetry published in 1855 and titled *Leaves of Grass*. Much of his work written during and after the Civil War addresses how people cope with loss and healing. It is still regarded as essential reading in the study of the U.S. literature.

□ popularize：〜を大衆化する、〜を普及させる　□ humanist：人文主義者 ※伝統的なキリスト教福音主義を否定する人間中心主義の人　□ overtly：公然と、露骨に　□ sensual：官能的な　□ controversial：論争の、物議を醸す　□ rigid：厳格な　□ address：〜に対処する　□ cope with 〜：〜に取り組む　□ essential reading：必読書

ウォルト・ホイットマンは、最も影響力の大きいアメリカの詩人に数えられ、詩の分野において自由詩の使用を編み出し、普及させた。人文主義者であったホイットマンは、当時の厳格な基準の下では論争を呼ぶような、あからさまに官能的な表現法で書くことがしばしばあった。代表作は、1855年に出版された詩集で、『草の葉』と題された。南北戦争中および戦後に書かれた作品の多くは、人が喪失と癒やしにどう取り組むかについてのもので、今でもアメリカ文学研究での必読書と見なされている。

関連キーワード *Leaves of Grass*（詩集『草の葉』） free verse（自由詩） the American Civil War（アメリカ南北戦争）

🔊105 推理小説のパイオニア

Edgar Allan Poe エドガー・アラン・ポー（1809–49）

[édgər ǽlən póu]［エDガー　**ア**ラン　**ポ**ウ］

Edgar Allan Poe was an American novelist and poet. He is probably best known for his dark, gruesome short stories such as "The Murders in the Rue Morgue," "The Gold-Bug" and "The Black Cat." Notably, "The Murders in the Rue Morgue" is acknowledged as the first modern detective fiction, inspiring later writers in the genre including Arthur Conan Doyle, the creator of Sherlock Holmes.

□ gruesome：身の毛もよだつ、恐ろしい　□ notably：特に、とりわけ　□ detective fiction：探偵小説　□ inspire：～を刺激する、～を鼓舞する

訳 エドガー・アラン・ポーはアメリカの小説家、詩人。おそらく、「モルグ街の殺人」「黄金虫」「黒猫」といった陰鬱で身の毛もよだつ短編小説で最もよく知られている。特に「モルグ街の殺人」は最初の現代的な探偵小説と認知されており、このジャンルにおける後世の作家たちを刺激してきた。その中には、シャーロック・ホームズの生みの親、アーサー・コナン・ドイルも含まれている。

関連キーワード romanticism（ロマン主義） detective fiction（探偵小説） cryptogram literature（暗号文学） locked-room murder（密室殺人） "The Murders in the Rue Morgue"（短編小説「モルグ街の殺人」※史上初の探偵小説と位置づけられている） C. Auguste Dupin（C・オーギュスト・デュパン ※「モルグ街の殺人」などに登場する探偵。アーサー・コナン・ドイル作品の主人公、シャーロック・ホームズの原型とも言われる） "The Gold-Bug"（短編小説「黄金虫」※最初の暗号小説と位置づけられている） "The Fall of the House of Usher"（短編小説「アッシャー家の崩壊」） "The Black Cat"（短編小説「黒猫」） "The Raven"（詩「大鴉」）

🔊106 古代ギリシャの偉大な詩人

Homer　ホメロス（c. 8th century B.C.- ?）※没年不明

[hóumə*r*]［**ホ**ウマー］★日本語とギャップ！

Homer is the name of the Ancient Greek poet credited with authoring two of the formative pieces of Western literature and culture — the epic poems *The Iliad* and *The Odyssey*. *The Iliad* tells of feuding at the end of the Trojan War, while *The Odyssey* recounts Odysseus' eventful return home from that war. Not much is known about the author, but these two works formed the basis of Western education for centuries until the time of the Roman Empire and Christianity, and so influenced Western standards and ideas enormously.

□(be) credited with 〜：〜という功績が認められている　□author：〜を書く、〜を著す　□formative：形成的な　□epic poem：叙事詩の　□feud：反目する　□the Trojan War：トロイア戦争　□recount：〜を詳しく述べる、〜を物語る　□eventful：波乱の多い　□standard：道徳的規範、価値観

[訳] ホメロスは、西洋文学および文化を形作った2作品 —— 叙事詩『イーリアス』と『オデュッセイア』—— を著したとされる古代ギリシャの詩人の名。『イーリアス』はトロイア戦争末期における反目を、『オデュッセイア』は波乱に富んだオデュッセウスの戦争帰還を語ったものである。著者についてはあまりよく分かっていないが、この2作品はローマ帝国とキリスト教の時代に先立つ何世紀もの間、西洋における教育の土台を成し、そのため西洋人の価値観や考え方に多大な影響を及ぼした。

[関連キーワード] *(The) Iliad*（叙事詩『イーリアス』※『イリアス』とも） *(The) Odyssey*（叙事詩『オデュッセイア』） Odysseus（オデュッセウス ※『オデュッセイア』の主人公） Ulysses（ユリシーズ ※オデュッセウスの英語名）

🔊107 幻想文学の案内人

Jorge Luis Borges　ホルへ・ルイス・ボルヘス（1899-1986）

[hɔ́ː*r*he lwís bɔ́ː*r*heis]［**ホ**ーへ　L**ウィ** S　**ボ**ーヘイS］★つづりとギャップ！

Born in Buenos Aires, Argentina, Jorge Luis Borges' short stories, essays, and poetry became classics of 20th-century literature. His surreal and often dream-like style particularly influenced other, younger South American writers who came after him in the "Latin American Boom" — an explosion of new fiction from the continent. His writing is categorized as postmodern since it prioritizes reality as experienced by the individual over any idea of scientific, philosophical or religious truth.

□surreal：超現実的な　□writing：文体　□be categorized as：〜に分類される　□postmodern：ポストモダン　□prioritize：〜を優先する

[訳] アルゼンチンのブエノスアイレスに生まれたホルへ・ルイス・ボルヘスの短編小説、エッセー、詩は20世紀文学の古典になった。超現実的で、しばしば夢を思わせるそ

の表現法は、特に南米の年少の作家に影響を与えた。「ラテンアメリカ文学ブーム」（この大陸発祥の新しいフィクションの爆発的広がり）で、彼の後に続いた作家たちである。ボルヘスの書き方は、科学的、哲学的、宗教的真実についてのどんな観念よりも、個人によって経験された現実を優先していることから、ポストモダンに分類される。

関連キーワード postmodernism（ポストモダニズム） the Latin American boom（ラテンアメリカ文学ブーム ※1960年代から70年代にかけて、欧米を中心に世界で盛り上がりを見せた） *Fictions*（短編集『伝奇集』） *The Aleph*（短編集『エル・アレフ』）

🔊 108　日本国外にも愛読者を獲得

Haruki Murakami　村上春樹（1949- ）

[hɑrúki mùərəkámi]［ハ**ル**キ　ムア**ラ** カミ]

Haruki Murakami is an internationally popular Japanese novelist whose stories are in the magical realism tradition, being set in everyday situations but laced with surreal and supernatural elements. Most of his stories are first-person narratives, an individualistic style that some say allows him to escape the constraints of traditional Japanese society. The titles of his novels, for example, *A Wild Sheep Chase* and *The Wind-Up Bird Chronicle*, often hint at the mysteriousness of the stories.

□ be set in 〜：（物語の）舞台が〜に設定される　□ be laced with 〜：〜の趣を添えられる　□ surreal：超現実的な　□ supernatural：超自然的な　□ first-person narrative：一人称話法　□ individualistic：個人主義的な　□ constraints：束縛　□ hint at 〜：〜をほのめかす

訳 村上春樹は国際的に人気のある日本の作家で、その物語は魔術的リアリズムの伝統に属し、日常を舞台にしながら、超現実的な要素と超自然的な要素が添えられている。ほとんどの物語は一人称話法で書かれ、個人主義的な表現法のおかげで伝統的日本社会の束縛から脱出できるのだ、と一説には言われる。彼の小説の題名、例えば『羊をめぐる冒険』や『ねじまき鳥クロニクル』などは、物語の神秘性を匂わせることが多い。

関連キーワード *A Wild Sheep Chase*（小説『羊をめぐる冒険』） *Norwegian Wood*（小説『ノルウェイの森』） *The Wind-Up Bird Chronicle*（小説『ねじまき鳥クロニクル』） *Kafka on the Shore*（小説『海辺のカフカ』）

🔊 109　挫折者続出の古典的名作『白鯨』

Herman Melville　ハーマン・メルヴィル（1819-91）

[hə́ːrmən mélvil]［ハーマン　**メ**Lヴィ L]

Herman Melville was an American author who received mixed reviews for his work during his lifetime, but who has since become appreciated as one of the greatest U.S. authors. His novel *Moby Dick* is regarded as a "rogue" masterpiece because it defies neat classification into familiar categories such as romance, tragedy, fiction or nonfiction. Like *Moby Dick*, Melville's popular works such as *Redburn*, *White Jacket*, *Typee*, *Omoo* and *Billy Budd* include partially fictionalized accounts of personal experience or realistic secondhand accounts of actual events, usually centered on seafaring life.

□rogue：常軌を逸した、はみ出し者の　□defy：～に公然と反抗する、～を不可能にする　□classification：分類　□fictionalized：虚構形式で書かれた　□realistic：リアルな　□secondhand：いったん人手を介した、また聞きの　□seafaring：航海の、船乗りの

[訳] ハーマン・メルヴィルはアメリカの作家で、存命中は著作についてまちまちの評価を受けていたが、その後は最も偉大なアメリカの作家の一人と認められるまでになった。小説『白鯨』はロマンスや悲劇、フィクションやノンフィクションといったなじみあるジャンルにすっきり分類できないことから、「常軌を逸した」傑作と見なされている。『レッドバーン』や『白いジャケツ』、『タイピー』、『オムー』、『ビリー・バッド』などのメルヴィルの人気作品も『白鯨』と同じく、個人の経験を一部虚構形式で書いた部分や、実際の出来事を伝聞形式でリアルに語った部分が盛り込まれており、大半が船上生活を中心に据えている。

関連キーワード *Moby-Dick*（小説『白鯨』※*Moby-Dick; or, The Whale*とも） *Redburn*（小説『レッドバーン』※*Redburn, His First Voyage*とも） *White Jacket*（小説『白いジャケツ』※*White Jacket, or, The World in a Man-of-War*とも） *Billy Budd*（小説『ビリー・バッド』※*Billy Budd, Sailor*とも） "Bartleby"（短編小説「バートルビー」※"Bartleby, the Scrivener: A Story of Wall Street"とも）

🔊110 2019年に他界した現代アメリカの代表的作家

Toni Morrison トニ・モリスン（1931-2019）

[tóuni mɔ́ːrəsən]［トウニ　モーラサン］

Toni Morrison was a modern American author, editor and professor. After becoming the first African American fiction editor at Random House in the late 1960s, she developed a reputation as an author in her own right in the 1970s and 1980s. Her novel *Song of Solomon* won critical acclaim when it was published in 1977. In 1988, Morrison won a Pulitzer Prize for her work *Beloved*, which was later made into a major motion picture. She gained worldwide recognition in 1993, when she was awarded the Nobel Prize in Literature.

□African American：アフリカ系アメリカ人の　□in *one's* own right：自己の資質によって　□critical：批評家による　□acclaim：称賛　□motion picture：映画　□worldwide：世界規模の

[訳] トニ・モリスンは現代アメリカの作家、編集者、大学教授。1960年代後半にランダムハウス社でアフリカ系アメリカ人として初のフィクション担当編集者になった後、1970年代から1980年代にかけては、実力で作家としての評価を積み上げていっ

た。小説『ソロモンの歌』は1977年に出版されると、批評家から称賛を受けた。1988年にモリスンは『ビラヴド』という作品でピューリッツァー賞を獲得、後にこれはメジャー系の映画になった。ノーベル文学賞を授与された1993年には、彼女は世界規模で認知された。

関連キーワード *The Bluest Eye*（小説『青い眼が欲しい』）　*Song of Solomon*（小説『ソロモンの詩』）　the Pulitzer Prize（ピューリッツァー賞 ※1988年に受賞）　the Nobel Prize in Literature（ノーベル文学賞 ※1993年に受賞）

🔊 111　国葬で送られたフランスの国民的作家

Victor Hugo　ヴィクトル・ユゴー（1802-85）

［víktər hjúːgou］［**ヴィ**Kター　**ヒュー**ゴウ］★日本語とギャップ！

Victor Hugo was a prolific French writer best known for his poetry and novels, including *The Hunchback of Notre Dame* and *Les Misérables*. He also campaigned for social causes. When Louis Napoleon abolished the French republic, Hugo risked his life trying to rally the workers against the new emperor. He fled to Brussels, disguised as a workman, and spent the next 19 years in exile. He returned to France as a symbol of republican triumph, but his later years were largely sad and his later writings had a darker focus.

□ prolific：多作の　□ campaign for ~：~を求めて運動をする　□ social cause：社会的大義　□ Louis Napoleon：ルイ・ナポレオン ※ナポレオン・ボナパルトの甥　□ abolish：~を廃止する　□ rally：~を再び集める、~を糾合する　□ (be) disguised as ~：~に変装する　□ workman：労働者、工具　□ exile：追放、亡命

訳 ヴィクトル・ユゴーは多作なフランスの作家で、詩に加え『ノートルダム・ド・パリ』や『レ・ミゼラブル』などの小説で最も知られる。また、社会的大義のための運動もした。ルイ・ナポレオンがフランス共和国を廃止すると、ユゴーは生命の危険を冒し、労働者を糾合して新しい皇帝に抵抗しようとした。彼は工具に変装してブリュッセルに逃亡し、それからの19年間を亡命先で過ごした。フランスには共和派の勝利のシンボルとして帰還したが、晩年は多分に悲しく、末期の作品では暗い題材に焦点を置いていた。

関連キーワード *Les Misérables*（小説『レ・ミゼラブル』※『あゝ無情』という邦題でも知られる。何度も映像化、舞台化されている）　Jean Valjean（ジャン・ヴァルジャン ※『レ・ミゼラブル』の主人公）　*The Hunchback of Notre Dame*（小説『ノートル [=] ダム・ド・パリ』※何度も映像化、舞台化されている）

🔊 112　早熟の天才

Arthur Rimbaud　アルチュール・ランボー（1854-91）

［ɑ́ːrθər ræmbóu］［**アー**θァー　ラM**ボ**ウ］★つづり・日本語とギャップ！　アクセント注意！

　　　　Arthur Rimbaud was a French poet and restless adventurer known

for his influence on modern literature. Although he was a brilliant student, he ran away to Paris at the age of 17, where he became the lover of symbolist poet Paul Verlaine. Their hashish and absinthe-laced relationship caused a scandal in literary circles. Rimbaud died from cancer at 37. During his short writing career, he created three major works: the prose poem collections *A Season in Hell* and *Illuminations*, which he never completed, and a long poem, "The Drunken Boat."

☐restless：落ち着かない、不断の ☐adventurer：冒険家 ☐hashish：ハシーシ ※大麻から作られる麻薬 ☐absinthe：アブサン ☐(be) laced：（強い酒や毒を）加えられる ☐prose poem：散文詩

[訳] アルチュール・ランボーは近代文学に影響を及ぼしたことで知られるフランスの詩人で、倦むことのない冒険者だった。優秀な学生だったが、17歳の時に家出をしてパリに行き、象徴派の詩人ポール・ヴェルレーヌの恋人になった。ハシーシとアブサンにまみれた関係は、文学界でスキャンダルを引き起こした。ランボーは37歳の時にがんで死去している。短い執筆人生の間に、三つの代表作を書いた。散文詩集の『地獄の季節』と『イリュミナシオン』（未完）、長編詩「酔いどれ船」である。

[関連キーワード] *A Season in Hell*（詩集『地獄の季節』） *Illuminations*（詩集『イリュミナシオン』） "The Drunken Boat"（長編詩「酔いどれ船」） Paul Verlaine（ポール・ヴェルレーヌ ※フランスの詩人。恋愛関係にあった）

113 ファンタジー小説で世界的売れっ子作家に

J. K. Rowling J・K・ローリング（1965- ）

[dʒéi kéi róuliŋ] [**ジェ**イ **ケ**イ **ロ**ウリンG]

J. K. Rowling is a British author and screenwriter best known as the creator of the Harry Potter fantasy series, one of the most popular book and film franchises in history. While on welfare to support herself and her daughter after a divorce, she began working on the first book, which received numerous rejections before finally being sold for £2,500. In 2020, Rowling opened up about her experience of domestic abuse and sexual assault in a lengthy essay written in response to criticism of her public comments on transgender issues.

☐screenwriter：映画脚本家 ☐franchise：（映画などの）シリーズ ☐on welfare：生活保護を受けている ☐divorce：離婚 ☐numerous：おびただしい数の ☐rejection：排除、不採用 ☐open up about ～：～を打ち明ける ☐domestic abuse：家庭内虐待、DV ☐sexual assault：性暴力 ☐lengthy：長大な ☐transgender：トランスジェンダー

[訳] J・K・ローリングはイギリスの作家で映画脚本家。書籍・映画シリーズの中で史上屈指の人気を誇るファンタジー小説シリーズ「ハリー・ポッター」の創作者として最もよく知られる。離婚し、自身と娘の生活を支えるために生活保護を受けていた頃に最初の本に取り掛かったが、最終的に2500ポンドで売れるまでに、この本は何度

も不採用になっている。2020年、ローリングはトランスジェンダー問題をめぐる公的発言に対する批判に応えて書いた長大なエッセーの中で、DVと性暴力を受けた経験を明かした。

関連キーワード the Harry Potter series (『ハリー・ポッター』シリーズ ※魔法使いの少年、ハリー・ポッターを主役とするファンタジー小説のシリーズ。ローリングを世界的人気作家に押し上げた) Harry Potter (ハリー・ポッター ※「ハリー・ポッター」シリーズの主人公) *Harry Potter and the Philosopher's Stone* (小説『ハリー・ポッターと賢者の石』) Hogwarts School of Witchcraft and Wizardry (ホグワーツ魔法魔術学校 ※『ハリー・ポッター』シリーズの舞台となっている架空の学校。全寮制)

🔊 114 「野生」と対峙する人間を描いた

Jack London ジャック・ロンドン (1876–1916)

[dʒǽk lʌ́ndən] [ジャK　ランダン]

Jack London was an American writer of popular novels and short stories whose work received critical acclaim and earned him enormous financial success during his lifetime. His most popular works, such as *The Call of the Wild*, *White Fang, and "To Build a Fire*," are set in the rugged natural environments of the Klondike, in Canada's Yukon Territory, and the South Pacific. London was also an early innovator in the science fiction and nonfiction genres.

□ critical：批評家による　□ acclaim：称賛　□ rugged：起伏の多い、(天候など) 荒れた　□ be set in ～：(物語の) 舞台が～に設定される　□ innovator：革新者、導入者　□ science fiction：サイエンスフィクション、SF　□ genre：ジャンル

訳 ジャック・ロンドンは人気の高い小説や短編を書いたアメリカの作家。その作品は彼の存命中、批評家に称賛され、大変な金銭的成功をもたらした。『野性の呼び声』や『白い牙』、「火を熾す」など最も人気のある作品は、自然環境の厳しいカナダのユーコン準州クロンダイクや南太平洋を舞台にしている。ロンドンはまた、SFやノンフィクションのジャンルにおける初期の革新者でもあった。

関連キーワード *The Call of the Wild* (小説『野性の呼び声』) *White Fang* (小説『白い牙』) "To Build a Fire" (短編小説「火を熾す」) *The People of the Abyss* (小説『どん底の人々』 ※『奈落の人々』という邦題も)

🔊 115 ウィットと毒で社会を挑発

Oscar Wilde オスカー・ワイルド (1854–1900)

[ɑ́skər wáild] [アSカー　ワイLD]

Oscar Wilde was an Irish poet and playwright known for his great wit. His famous works include the Faustian novel *The Picture of Dorian Gray*, condemned at the time as immoral, and several

comic plays that helped establish him as one of London's most popular playwrights in the early 1890s. In literature and in life, Wilde shocked Victorian society, and his persecution and imprisonment for homosexuality posthumously established him as a gay icon. Wilde's clever use of words ensured him a certain immortality, as quotes from his works are well-known and still quoted — over a century after his death.

□ wit：機知、ウィット □ playwright：劇作家 □ Faustian：(ゲーテの) ファウスト的な □ (be) condemned：非難される □ immoral：不道徳な □ comic play：喜劇 □ persecution：迫害 □ imprisonment：投獄 □ homosexuality：同性愛 □ posthumously：死後に □ icon：象徴、偶像 □ immortality：不死、不朽の名声

訳 オスカー・ワイルドはその素晴らしいウィットで知られるアイルランドの詩人兼劇作家。有名な作品として、発表当時に不道徳と批判されたファウスト的な小説『ドリアン・グレイの肖像』のほか、彼を1890年代前半のロンドンで最も人気のある劇作家の一人に押し上げた何点かの喜劇がある。ワイルドは文学作品と実生活においてヴィクトリア朝社会に衝撃を与え、同性愛を理由とする迫害や投獄のおかげで、死後にはゲイの象徴の座を占めるようになった。ワイルドの巧みな用語法はある種の不朽の名声を確たるものにし、彼の作品を出典とする文はよく知られ、死後1世紀を超える今も引用されている。

関連キーワード *The Picture of Dorian Gray* (小説『ドリアン・グレイの肖像』) *The Happy Prince and Other Tales* (童話集『幸福な王子その他』) "The Happy Prince" (童話『幸福な王子』) *Salome* (戯曲『サロメ』) Sarah Bernhardt (サラ・ベルナール ※「国際的女優」のはしりと位置づけられるフランスの女優。個人的に親交があったワイルドは戯曲の依頼も受けた) Aubrey Beardsley (オーブリー・ビアズリー ※ワイルド作品の装丁画、挿画を手掛けた画家の中で最も有名)

[116] 「ポップアート」の代名詞

Andy Warhol アンディ・ウォーホル（1927-87）

[ǽndi wɔ́ːrhɔːl]［アンディ　ウォーホーL］

Andy Warhol was an American artist and leading figure of the pop-art movement of the 1960s. He began his career during the 1950s as a successful commercial illustrator before flourishing as a creative artist in media ranging from painting to printing, photography, film, sculpture and music. He is widely remembered for his distinctive style of silkscreen painting, definitively presented in his 1962 works *Campbell's Soup Cans* and *Marilyn Diptych*. Much of his work explored the relationship between artistic expression and the culture of mass production and consumption.

□flourish：活躍する、栄える　□creative artist：クリエイティブ・アーティスト　※ここでは「商業芸術家」の対義語として使っている　□media：表現手段、芸術領域　□ranging from ～ to ...：～から…に至るまで　□printing：版画　□distinctive：独特の

[訳] アンディ・ウォーホルはアメリカの芸術家であり、1960年代のポップアート運動の中心人物。絵画から版画、写真、映画、彫刻、音楽まで幅広い領域でクリエイティブ・アーティストとして活躍する以前の1950年代に、売れっ子の商業イラストレーターとしてキャリアをスタートさせていた。1962年の『キャンベル・スープ缶』や『マリリン二連画』で明らかな、シルクスクリーンの独特のスタイルで広く記憶されている。彼の作品の多くは、芸術表現と大量生産・大量消費との関係を考察するものだった。

[関連キーワード] pop art（ポップアート） New York（ニューヨーク　※ウォーホルの活動拠点） *Campbell's Soup Cans*（シルクスクリーン『キャンベル・スープ缶』） *Marilyn Diptych*（シルクスクリーン『マリリン二連画』） The Factory（ファクトリー　※ニューヨークにあったウォーホルのアトリエ。芸術家、文化人のたまり場だった） The Velvet Underground（ベルベット・アンダーグラウンド　※ウォーホルがプロデュースした伝説のロックバンド） *The Velvet Underground and Nico*（アルバム『ヴェルヴェット・アンダーグラウンド・アンド・ニコ』　※ウォーホールがプロデュースを手掛けたヴェルヴェット・アンダーグラウンドのデビュー・アルバム。ウォーホルのデザインによるバナナを配したジャケットも人気が高い） Lou Red（ルー・リード　※ヴェルヴェット・アンダーグラウンドの中心人物。バンド解散後も長年ニューニューヨークのロック・シーンの重要人物であり続けた）

Frida Kahlo　フリーダ・カーロ（1907–54）

[frídə káːlou]［Fリダ　カーロウ］

Frida Kahlo was a Mexican painter known for her distinctive naive folk art style of realism. Disabled by polio as a child, she turned to art at age 18 during recovery from a bus accident that caused lifelong pain and other health problems. Her many portraits and self-portraits combined realism with fantasy and were inspired by Mexico's traditional popular culture. She was married to Mexican artist Diego Rivera, with whom she traveled through Mexico and the United States.

2章 文化・芸術 美術

□ distinctive：独特の　□ naive：素朴な　□ folk art：民間芸術、フォークアート　□ realism：写実主義　□ polio：ポリオ　□ be inspired by ～：～から発想を得る

🔒 フリーダ・カーロは独特の素朴なフォークアート的写実主義様式で知られるメキシコの画家。幼少時にポリオで障害を負ったカーロは、18歳の時、生涯続く痛みとその他の健康問題の原因となるバス事故に遭い、その回復過程で芸術と向き合うようになった。カーロの肖像画作品と自画像の多くは現実と空想を混ぜ合わせたものであり、メキシコの伝統的な大衆文化から発想を得ていた。メキシコ人画家ディエゴ・リベラと結婚し、メキシコ国内やアメリカを共に旅した。

関連キーワード *Self-Portrait with Thorn Necklace and Hummingbird* 絵画『ひげネックレスとハチドリのセフルポートレイト』 *The Broken Column*（絵画『折れた背骨』）　**unibrow**（1本につながった眉 ※カーロのトレードマーク）　Diego Rivera　ディエゴ・リベラ（※メキシコ人画家で夫。後に離婚）

Antoni Gaudi　アントニ・ガウディ（1852–1926）

[æntóuni gaudíː]［アントウニ　ガウディー］★アクセント注意！

Antoni Gaudi was a Spanish architect important as the leading proponent of a design movement known as Catalan modernism. His uniquely original style was typified by spontaneous organic forms and natural contours that defied conventional notions of symmetry. Seven of his works have been designated World Heritage Sites by UNESCO, including his masterwork, the Sagrada Familia church in Barcelona, Spain.

□ proponent：提唱者、支持者　□ Catalan：カタロニアの　□ be typified by ～：～に代表される、～という特徴を示す　□ spontaneous：自然発生的な、のびのびとした　□ organic：有機的な　□ contour：曲線　□ defy：～に逆らう、～を拒絶する　□ conventional notion：従来の概念　□ symmetry：均整美　□ masterwork：（最高）傑作

訳 アントニ・ガウディは、カタロニア・モダニズムとして知られるデザイン運動のリーダー的提唱者として重要なスペインの建築家。その比類なく独創的なスタイルは、のびやかな有機的形体や、均整美という従来の概念に逆らった自然発生的な曲線に代表される。作品のうち７つがユネスコによって世界遺産に登録されている。スペインのバルセロナにある彼の最高傑作、サグラダファミリア教会もその一つ。

関連キーワード Catalan modernism（カタロニア・モダニズム） UNESCO World Heritage Sites（ユネスコ世界遺産） the Sagrada Familia church（サグラダファミリア教会）

the Sagrada Familia は「聖家族教会」と訳されることも。Sagrada Familia はスペイン語。英語に訳すと(the) Sacred Family、つまり、キリスト、聖母マリア、養父ヨゼフから成る「聖家族」のことだ。

🔊 **119** バロック絵画のパイオニア

Caravaggio　カラヴァッジオ（1571–1610）

[kæ̀rəvá:dʒou]［キャラ**ヴァ**ージョウ］

Caravaggio was an Italian painter known for his technique of using light and shadow to create drama and emotion. He painted moments of great historic and religious importance, applying a genius for realistic depiction of the human body and emotional states. One of his most influential techniques became known as "tenebrism." He darkened shadows and used bright beams of light to emphasize his main subjects and heighten the drama of the scene. His influence can be seen in the works of Rubens, Bernini and Rembrandt.

□ realistic：写実的な　□ depiction：描写、表現　□ tenebrism：テネブリズム　□ darken：～を黒くする、～を暗くする　□ heighten：～を高める、～を高尚にする

訳 カラヴァッジオはイタリアの画家で、光と影を用いて劇的出来事や感情を描き出す技法で知られる。人間の身体や心理状態の迫真的描写についての才を働かせ、歴史上や宗教上の重要場面を描いた。その技法のなかで最も大きな影響を及ぼした一つが、「テネブリズム」と呼ばれるものである。カラヴァッジオは影を黒く描いて光線を使うことで、主題を強調し、場面のドラマ性を高めた。その影響はルーベンスやベルニーニ、レンブラントの作品中に認めることができる。

関連キーワード baroque（バロック様式） *The Calling of Saint Matthew*（絵画『聖マタイの召命』） *The Martyrdom of Saint Matthew*（絵画『聖マタイの殉教 』） *Bacchus*（絵画『バッカス』） tenebrism（テネブリズム ※明暗のコントラストを強調した絵画技法）

🔊 **120** 世紀末のウィーンに現れた退廃と官能の画家

Gustav Klimt　グスタフ・クリムト（1862–1918）

[gústɑːf klímt]［**グ**スターF　**ク**リMT］★つづりとギャップ！

Gustav Klimt was a noted painter of the Austrian symbolist movement. In his symbolist art, Klimt used the power of symbols, human gestures and facial expressions to depict states of mind, rather than illustrate dramatic scenes or events. *The Kiss* and *Judith I* are two of his most famous works of this kind. Closely associated with the art nouveau movement, Klimt's art also took the female form as its primary subject. It included erotic depictions of women that were considered daring in his time.

□ noted：有名な、顕著な　□ facial expression：表情、顔つき　□ illustrate：〜を図解する、(実例などを挙げて) 〜を説明する　□ the art nouveau movement：アールヌーヴォー運動　□ erotic：官能的な、性欲をかき立てる　□ depiction：描写、表現　□ daring：大胆な、勇敢な

訳 グスタフ・クリムトはオーストリアの象徴主義運動に連なる著名な画家。クリムトは自身の象徴主義芸術のなかで、劇的な場面や出来事を図解するのでなく、象徴や人間のしぐさ、表情の力を使って心理状態を描こうとした。『接吻』と『ユディトⅠ』は、そのような作品としては最も有名な2作である。クリムトの芸術はアールヌーヴォー運動と密接に関係しており、やはり女性のフォルムを主な画題にしていた。この時代には大胆と見なされたような女性の官能的描写も、その一要素だった。

関連キーワード symbolism（象徴主義）　femme fatale（ファム・ファタール、宿命の女 ※仏語。クリムトのテーマの一つ）　*The Kiss*（絵画『接吻』）　*Judith I*（絵画『ユディトⅠ』）

◁)) 121 野生に魅せられ楽園を目指す

Paul Gauguin　ポール・ゴーギャン（1848–1903）

［pɔ́ːl gougǽŋ］［**ポー**L　ゴウ**ギャン**G］★アクセント注意！

Paul Gauguin was a French painter who helped establish the post-impressionist movement. Post-impressionists went beyond the naturalistic limitations of impressionist painting. Gauguin and other post-impressionists painted natural scenes and forms, but they intensified, simplified or purified lighting, color, perspective and patterns to incorporate their own feelings and aesthetic insights. Like Vincent van Gogh and many other artistic innovators, Gauguin was not appreciated until after his death. He created some of his most memorable works in French Polynesia, where he spent about 10 years near the end of his life.

□ naturalistic：自然主義の　□ intensify：〜を強化する　□ simplify：〜を単純化する　□ purify：〜を洗練する、〜を清潔にする　□ lighting：(絵画などで対象に当たる) 光、照明　□ perspective：遠近法、見解　□ incorporate：〜を具体化する、〜に実質を与える　□ aesthetic：審美的な、美の　□ insight：洞察力　□ memorable：記憶すべき、忘れがたい

訳 ポール・ゴーギャンはポスト印象主義運動の確立を助けたフランスの画家。ポスト印象主義者は、印象主義絵画の抱えていた自然主義の限界を踏み越えた。ゴーギャンと他のポスト印象主義者は自然風景や自然の形を描いたが、光や色、遠近法、反復的要素を強化したり、単純化したり、洗練させたりして、自らの感情や審美眼を具体的な形にした。フィンセント・ファン・ゴッホや他の多くの芸術革新者と同じく、ゴー

ギャンは終生その真価を認められることはなかった。特に記憶すべき作品のいくつかをフランス領ポリネシアで制作し、晩年のおよそ10年間をそこで過ごした。

関連キーワード *The Yellow Christ*（絵画『黄色いキリスト』）*Where Do We Come From? What Are We? Where Are We Going?*（絵画『われわれはどこから来たのか われわれは何者か われわれはどこへ行くのか』）Tahiti（タヒチ島 ※フランス領ポリネシアに属する。晩年移り住んだ）Vincent van Gogh（フィンセント・ファン・ゴッホ ※一時期、アルルで共同生活を送る）

◁»122 素朴な日常を幻想的に描いた色の魔術師

Marc Chagall　マルク・シャガール（1887-1985）

[máːrk ʃəgáːl]［マーK　シャガーL］

Marc Chagall was a Russian-French early modernist who produced art in a diverse range of media, including paintings, drawings, book illustrations, prints, ceramics, stained glass and stage sets. He earned a reputation as both an influential modernist and as the world's pre-eminent Jewish artist of his time. He created stained glass windows for the cathedrals of Reims and Metz as well as for the United Nations building and other architectural landmarks. His influence helped set the stage for the emergence of surrealism.

□ diverse：多岐にわたる、多様な　□ media：芸術領域、表現手段　□ ceramics：陶磁器　□ stage set：舞台装置　□ influential：大きな影響を及ぼす　□ modernist：モダニスト　□ pre-eminent：卓越した、秀でた　□ cathedral：大聖堂　□ Reims：ランス ※フランスのパリ近郊の街　□ Metz：メッツ ※メス、メッスとも。フランス北東部の都市　□ architectural：建築上の　□ landmark：歴史的建造物　□ set the stage for ～：～の地固めをする、～のお膳立てをする　□ emergence：出現　□ surrealism：シュールレアリスム、超現実主義

訳 マルク・シャガールはロシア出身のフランスの初期モダニストで、絵画やドローイング、書籍の挿絵、版画、陶磁器、ステンドグラス、舞台装置など多岐にわたる芸術領域で作品を生み出した。影響力あるモダニストという評価と、この時代における世界有数のユダヤ人芸術家という評価を二つながら受けた。ランスやメッツの大聖堂に加え、国際連合ビルなど歴史的建造物のステンドグラスの窓を制作。シャガールの影響力は、シュールレアリスム出現の地固めに貢献した。

関連キーワード modernism（モダニズム）*I and the Village*（絵画『私と村』）Circus Horse（絵画『サーカスの馬』）*The Birthday*（絵画『誕生日』）Bella（ベラ ※妻。多くの作品に描かれている）Reims Cathedral（ランスのノートルダム大聖堂）Metz Cathedral（メッツの大聖堂 ※the Cathedral of Saint Stephen［サンテチエンヌ大聖堂］とも）

🔊123 謎に包まれたルネサンスの巨匠

Leonardo da Vinci レオナルド・ダ・ヴィンチ（1452-1519）

[lìːənάːrdou də víntʃi]［リーア**ナ**ードウ ダ **ヴィ**ンチ］

Leonardo da Vinci was an Italian polymath of the High Renaissance period and possibly the most talented person to have ever lived. Five centuries after his death, his paintings and drawings remain cultural icons and emblems of human ingenuity. In addition to his formal artworks, such as the *Mona Lisa* and *The Last Supper*, he left numerous notebooks documenting his scientific speculation, practical invention and ceaseless investigations of natural phenomena.

□polymath：大学者 □talented：才能に恵まれた □icon：象徴、偶像 □emblem：具現、標章 □ingenuity：創意、発明の才 □speculation：思索、推測 □ceaseless：絶え間ない □phenomenon：現象 ※phenomenaは複数形

[訳] レオナルド・ダ・ヴィンチは、盛期ルネサンスに活躍したイタリアの大学者で、そしておそらくは史上最も才能に恵まれた人物である。死後5世紀を経ても、その絵画やドローイングは文化の象徴、人間の創意の具現であり続ける。彼は『モナ・リザ』や『最後の晩餐（さん）』などの正式な芸術作品以外にも、科学的思索や実用的発明、そして自然現象についての絶え間ない研究を記録した手稿帳を数多く残している。

[関連キーワード] the Renaissance（ルネサンス） *Mona Lisa*（絵画「『モナ・リザ』） *The Last Supper*（絵画『最後の晩餐』） *Annunciation*（絵画『受胎告知』）

🔊124 シュールレアリスムのスター的存在

Salvador Dali サルバドール・ダリ（1904-89）

[sǽlvədɔ̀ːr dάːli]［**サ**Lヴァドー **ダ**ーリ］

Salvador Dali was a Spanish painter who has become best known as a representative of the surrealist movement. His work is characterized by bizarre and fantastic images rendered with a high degree of classical technical skill. One such detail that typifies his dreamlike psychological imagery is his depiction of a realistic clock that appears to have melted into a fluid in *The Persistence of Memory*, perhaps his most famous painting. His work also included sculpture, photography, film and performance art.

□be characterized：特徴づけられる □bizarre：奇怪な、奇妙な □fantastic：空想的な、素晴らしい □(be) rendered：描写される □psychological：心的な、心理学上の □imagery：イメージ □realistic：写実的な □fluid：液体 □sculpture：彫刻

訳 サルバドール・ダリはシュールレアリスム運動の代表者として最もよく知られるようになったスペインの画家。その作品は、高度な古典的技法によって描写された奇怪かつ空想的なイメージに特徴づけられる。ダリの夢想的な心的イメージの典型を示す細部描写の一つが、溶けて液体になったように見える写実的な時計で、これは彼の作品の中でおそらく最も有名な『記憶の固執』の中にある。彼の作品には、彫刻や写真、映画、パフォーマンスアートもあった。

関連キーワード surrealism（シュールレアリスム、超現実主義） *The Persistence of Memory*（『記憶の固執』） *Dream Caused by the Flight of a Bee*（『目覚めの直前、柘榴のまわりを一匹の蜜蜂が飛んで生じた夢』） Gala（ガラ ※妻。ダリの創作意欲の源となった）

◀💿125 夜のパリの観察者

Henri de Toulouse–Lautrec アンリ・ド・トゥールーズ＝ロートレック（1864–1901）

［ɑːŋríː də tuːlúːzloutrék］［アーンGンリー　ダ　トゥールー Zロウ T レ K］
★つづりとギャップ！　アクセント注意！

Henri de Toulouse-Lautrec was a French post-impressionist painter and printmaker whose work intimately documented Parisian life at the turn of the century. As a painter, he ranks among the most famous of the post-impressionist fine-art painters. But his commercial posters and prints have become even more famous as the pop art of his time. Their bold graphics and daring subject matter expressed the decadence of Parisian night life, but were also of high artistic quality. They blurred the line between mass-produced pop art and museum-worthy fine art.

□ post-impressionist：ポスト印象主義の、ポスト印象派の　□ printmaker：版画家　□ intimately：つぶさに、親密に　□ turn of the century：世紀末前後 ※この場合は 19 世紀末前後という意味　□ fine-art：美術の ※ fine art は「美術」の意　□ graphic：グラフィックアートの作品、印刷美術の作品　□ daring：大胆な、勇敢な　□ decadence：退廃　□ blur：～をあいまいにする、～をぼやけさせる

訳 アンリ・ド・トゥールーズ＝ロートレックはポスト印象主義に属するフランスの画家兼版画家。その作品は、世紀末前後のパリ人の生活をつぶさに記録した。画家として、ロートレックはポスト印象主義の画家の中で最も有名な部類に入る。しかし彼の商業ポスターや版画は、当時のポップアートとして、はるかによく知られるようになった。その力強いグラフィックアートや大胆な主題は、パリ人が送っていた夜の社交生活の退廃を表現しており、また芸術的な質も高かった。それらは、量産されるポップアートと美術館レベルの美術との境界線をあいまいにした。

関連キーワード post-impressionism（ポスト印象主義） art nouveau（アールヌーヴォ） *At the Moulin Rouge*（絵画『ムーランルージュにて』） *Jane Avril*（リトグラフ『ジャンヌ・アヴリル』） *Ambassadeurs – Aristide Bruant*（リトグラフ『アンバサドールのアリスティード・ブリュアン』）

126 仏ロマン主義運動の旗手

Eugene Delacroix ウジェーヌ・ドラクロワ（1798-1863）

[juːdʒíːn dələkrwάː]［ユージーン　ダラKRワー］★日本語とギャップ！

Eugene Delacroix was a French painter regarded during his lifetime, and since, as the leader of the Romantic movement. His work strayed from the precision of outline and perfection of form of the neoclassical style common in his time. Instead, Delacroix emphasized the optical effects of light and color, dramatic movement and romantic or exotic subject matter. He looked to the past glories of the Renaissance "old masters" for inspiration. In turn, he inspired the generation of impressionist and symbolist painters who followed him.

□stray：（主題などから）遠ざかる、それる　□precision：正確さ　□perfection：完成　□optical：視覚の　□exotic：異国風の、外国産の　□look to ～ for . . .：～に…を求める　□old master：巨匠　□inspiration：着想源

[訳] ウジェーヌ・ドラクロワは、存命中からロマン主義運動の指導者と見なされてきたフランスの画家。その作品は、当時一般的だった新古典主義派の様式である輪郭線の正確さやフォルムの完成からは遠ざかっていた。むしろドラクロワは、光と色の視覚効果、躍動感のある動き、そしてロマンに満ちた主題や異国風の主題に力点を置いた。ルネサンスの「巨匠」という過去の栄光に着想源を求め、さらには自らの後に続く印象主義画家や象徴主義画家の世代にひらめきを与えた。

関連キーワード romanticism（ロマン主義） *Liberty Leading the People*（絵画『民衆を導く自由の女神』） *Battle of Poitiers*（絵画『ポワティエの戦い』）

127 神出鬼没、正体不明のストリート・アーティスト

Banksy バンクシー（?- ）※生年不明

[bǽŋksi]［バンGKシ］

Banksy is the professional name of an anonymous British street artist who specializes in subversive, ironic art and performances. His satirical works consist of ironic, often shocking, messages and images stenciled on to visible surfaces in such public places as building walls, streets and bridges. In a typical stunt, he secretly built a remote-controlled shredding mechanism into the frame of a painting, *Girl with Balloon*. At the moment the painting sold for $1.4 million in a crowded London auction room, he activated the shredder, creating shock, chaos and laughter, which further added to the painting's resale value.

□professional name：職業上の仮名　□anonymous：覆面の、匿名の　□specialize in ～：～を得意とする、～を専門にする　□subversive：反体制的な　□ironic：皮肉を含む、皮肉な　□satirical：風刺的な　□(be) stenciled：ステンシルで刷り出される　□stunt：人目を引く行為　□

shred：〜を細断する　□ activate：〜を起動させる、〜を活動的にする　□ chaos：大混乱、混沌

🔊 バンクシーとは、反体制的で皮肉を含んだ芸術やパフォーマンスを得意とするイギリスの覆面ストリート・アーティストの職業上の仮名である。その風刺的な作品は皮肉のこもった、しばしばショッキングなメッセージやイメージから成り、建物の壁や街路、橋といった公共の場の目につく面にステンシルで刷られている。ある典型的なパフォーマンスで、バンクシーは『風船と少女』という絵画の額縁に遠隔操作で細断動作をするからくりをひそかに仕掛けた。人であふれるロンドンのオークション会場で、絵画が140万ドルで売れた瞬間、彼はシュレッダーを起動させ、ショックと大混乱、笑いを巻き起こし、その絵画の再販価値をさらに上げた。

関連キーワード *Girl with Balloon*（グラフィティ『風船と少女』※『赤い風船に手を伸ばす少女』とも）　*Rage, Flower Thrower*（グラフィティ『花束を投げる少年』）　stencil（ステンシル ※型紙を用いた作画技法）

🔊128 美術のあり方を変えた革命家

Pablo Picasso　パブロ・ピカソ（1881–1973）

[pá:blou piká:sou]［**パー** Bロウ　ピ**カー**ソウ］★アクセント注意！

Pablo Picasso was a Spanish painter considered to be one of the most influential artists of the 20th century. He was associated with numerous modes of modern art, as well as being an inventor of cubism. In his youth, he was an extraordinarily talented painter in the naturalistic style, but his most innovative work was a rejection of conventional realistic forms for a more primitive, childlike expression. "I paint objects as I think them, not as I see them," he once said. His most famous works include the anti-war *Guernica* and *Les Demoiselles d'Avignon*.

□ influential：大きな影響を及ぼす　□ numerous：おびただしい数の　□ talented：才能のある　□ naturalistic：自然主義の　□ rejection：拒むこと、却下　□ realistic：写実的な

🔊 パブロ・ピカソはスペインの画家で、20世紀の最も影響力ある芸術家の一人と見なされている。彼はキュビズムの発明者であっただけでなく、おびただしい数のモダンアートの様式と関わりを持った。若い頃は並外れた才能のある自然主義様式の画家だったが、彼の仕事の中で何より革新的なのは、より原始的で子どものような表現を求め、旧来の写実的な表現形式を拒んだことだった。「私は対象を自分の見たままでなく、自分の考えるままに描く」。かつて彼はそう語った。特に有名な作品に、反戦画の『ゲルニカ』や、『アビニヨンの娘たち』などがある。

関連キーワード *Guernica*（絵画『ゲルニカ』）　*Les Demoiselles d'Avignon*（絵画『アビニヨンの娘たち』）　cubism（キュビズム）　surrealism（シュールレアリスム）　the Blue Period（青の時代）　the Rose Period（ばら色の時代）　Montmartre（モンマルトル）

[🔊129] 不遇のまま生涯を閉じた激情の画家

Vincent van Gogh フィンセント・ファン・ゴッホ（1853-90）

[vínsənt væn góu]［**ヴィ**ンサンT ヴァン **ゴ**ウ］

Vincent van Gogh was a Dutch post-impressionist painter who represents both tragic failure and inspiring success. During his lifetime, he suffered poverty, loneliness and poor health, and he is widely believed to have died of suicide at the age of 37. Although he sold only two paintings while he was alive, Van Gogh created more than 2,000 works, including roughly 860 oil paintings. Widespread appreciation of his unique use of perspective, color and brushwork came after his death. Since then, his ingenious vision has inspired generations of artists. Works such as *The Potato Eaters* and *The Starry Nigh*t are now valued at well over $100 million each.

□inspiring：人を元気づける □suicide：自殺 □widespread：広範囲に及ぶ □appreciation：好意的評価 □perspective：遠近法、見解 □brushwork：筆遣い □ingenious：独創的な

[訳] フィンセント・ファン・ゴッホは、オランダのポスト印象主義の画家で、悲劇的な挫折と人を元気づけるような成功の両方を体現している。存命中は貧困と孤独、不健康に苦しみ、37歳で自死したと一般に考えられている。生前はわずか2点の絵画しか売れなかったが、ファン・ゴッホはおよそ860点の油絵を含め、2000超の作品を制作した。遠近法や色、筆の独特な使用法が広く好意的評価を受けるようになったのは、死後のことだった。それ以来、彼の描いた独創的な光景は、何世代もの芸術家にひらめきを与えてきた。『ジャガイモを食べる人々』や『星月夜』のような作品には、今ではそれぞれ1億ドルを優に超える価格が付けられている。

[関連キーワード] post-impressionism（ポスト印象主義） *The Starry Night*（絵画『星月夜』） *Sunflowers*（絵画（作品群）『ひまわり』） *The Potato Eaters*（絵画『ジャガイモを食べる人々』） Self-portrait with Bandaged Ear and Pipe（絵画『包帯をしてパイプをくわえた自画像』）Paul Gauguin（ポール・ゴーギャン ※ファン・ゴッホとアルルで共同生活を送る） Theo van Gogh（テオ・ファン・ゴッホ ※弟。画商として兄を献身的に支援）

[🔊130] バロック絵画を代表する光と写実の画家

Johannes Vermeer ヨハネス・フェルメール（1632-75）

[jouhá:nis vərmíər]［ヨウ**ハ**ーニS ヴァー**ミ**アー］★日本語とギャップ！

Johannes Vermeer is today one of the most celebrated 17th-century Dutch masters, although he was only moderately appreciated during his lifetime. The relatively few works that he created mainly depicted scenes at his home in Delft. He worked slowly and with great care, producing paintings with a masterful sense of lighting and color as well as near-photographic realism. Perhaps one of his best-known works is *Girl with a Pearl Earring*, which has been nicknamed the "Mona Lisa of the North."

□ moderately：つつましく　□ depict：〜を描く　□ masterful：見事な、名人芸の　□ lighting：（絵画などで対象に当たる）光、照明　□ realism：写実性、写実主義

訳 ヨハネス・フェルメールは、存命中にはつつましい評価しか得なかったが、今では最も高名な17世紀オランダの巨匠の一人である。生涯に制作したさほど多くない作品では、主にデルフトにある自宅での場面を描いた。フェルメールはこつこつと、細心の注意を払って作業し、光や色についての見事な感覚と、ほとんど写真のような写実性を生かして絵画を制作した。彼のおそらく最も有名な作品の一つは『真珠の耳飾りの少女』で、「北のモナ・リザ」の愛称で親しまれている。

関連キーワード *The Milkmaid*（絵画『牛乳を注ぐ女』）　*Girl with a Pearl Earring*（絵画『真珠の耳飾りの少女』）

🔊 **131** スペイン黄金時代の宮廷画家

Diego Velazquez ディエゴ・ベラスケス (1599–1660)

[diéigou vəlá:skeis]［ディ**エ**イゴウ　ヴァ**ラー** S ケイ S］★つづりとギャップ！

Diego Velazquez was a highly individualistic baroque artist of the Spanish Golden Age who was prominent in the court of King Philip IV. He began his career using a highly disciplined, controlled style called "tenebrism," but he later developed a freer, bolder style. Along with scenes of historical and cultural significance, he painted the portraits of common people in addition to those of royal figures. Many realist and impressionist painters of the 19th and 20th centuries said they had been influenced by Velazquez.

□ individualistic：個性的な　□ baroque：バロック（様式）の　□ prominent：名声の高い、卓越した　□ disciplined：統制された　□ tenebrism：テネブリズム ※明暗のコントラストを強調した絵画技法　□ significance：重要性　□ common people：庶民　□ royal figure：王家の人物　□ realist：写実主義者

訳 ディエゴ・ベラスケスは、スペイン黄金時代の極めて個性的なバロック芸術家で、国王フェリペ4世の宮廷で名声を博した。仕事を始めた頃は、厳しく統制、制御された「テネブリズム」と呼ばれる表現法を用いていたが、後にもっと自由で大胆な表現法を編み出した。歴史的・宗教的な重要性を持つ場面に加えて、王族だけでなく庶民の肖像画も描いた。19世紀と20世紀の多くの写実主義画家や印象主義画家が、自分はベラスケスの影響を受けたと語った。

関連キーワード baroque（バロック様式）　court painter（宮廷画家）　the Spanish Golden Age（スペイン黄金時代 ※美術や文学などスペイン文化が隆盛期を迎えた15世紀から17世紀辺りを指す）　*Infanta Margarita Teresa in a Blue Dress*（絵画『青いドレスのインファンタマルガリータテレサ』）　*Las Meninas*（絵画『ラス・メニーナス』）　Philip IV（フェリペ4世 ※ベラスケスが仕えたスペインの王。美術愛好家として知られる）

Keith Haring キース・ヘリング（1958–90）

[kíːθ héəriŋ]［**キー**θ　**ヘ**アリンG］

Keith Haring was an American pop artist who became known for his simple line drawings outlining human and animal figures, often in public places. His graffiti and murals presented clever ideas and social commentary in a simple cartoon-like symbolic language that was unique but also easy to understand. The universal nature of his visual language enabled his work to become popular worldwide. Before he died of AIDS-related complications in 1990, his work turned toward social and political commentary as well as AIDS awareness.

□ line drawing：線画　□ graffiti：グラフィティ、落書き　□ mural：壁画　□ commentary：批評、解説　□ cartoon：漫画　□ symbolic：象徴的　□ language：伝達手段、言語　□ worldwide：世界規模で　□ complication：合併症　□ awareness：啓発、気付き

訳 キース・ヘリングは、簡略化された線画で知られるようになったアメリカのポップアート作家。線画は人間像や動物像を輪郭線で表したもので、しばしば公共の場にあった。ヘリングのグラフィティや壁画は、単純かつ漫画めいた象徴的な伝達手段で鋭利な発想や社会批評を提示していた。その伝達手段は独特だったが、分かりやすくもあった。彼の視覚言語が持つ普遍的性質は、作品が世界規模の人気を得ることを可能にした。エイズ関連の合併症で1990年に死去する前には、その作品は社会的・政治的批評や、さらにはエイズ啓発の方へと向かっていた。

関連キーワード pop art（ポップアート）　Andy Warhol（アンディ・ウォーホル ※ニューヨークを拠点とする者同士。親交があった）　Jean-Michel Basquiat（ジャン＝ミシェル・バスキア ※同時期にニューヨークで活動したアーティスト。親交があった）

Sandro Botticelli サンドロ・ボッティチェリ（c. 1445–1510）

[sǽndrou bàtitʃéli]［**サ**ンDロウ　バティ**チェ**リ］

Sandro Botticelli was an Italian painter of the Early Renaissance Florentine School whose work inspired later Renaissance painters with its supreme linear grace. The best example of his genius for unambiguous beauty can be seen in *The Birth of Venus*, his most famous painting. Throughout the 1480s, he created numerous large paintings on religious and mythological themes. Later, as younger artists of the High Renaissance period such as Leonardo da Vinci came to prominence, Botticelli returned to a more personal style informed by older gothic traditions.

□ supreme：この上ない、至高の □ linear：線の □ unambiguous：明白な □ numerous：おびただしい数の □ mythological：神話的 □ come to prominence：注目されるようになる □ (be) informed by：〜によって特徴づけられる □ gothic：ゴシック様式の

訳 サンドロ・ボッティチェリは、初期ルネサンスのフィレンツェ派に属するイタリアの画家で、その作品は、線によるこの上ない優美さを通じ、後に続くルネサンスの画家にひらめきを与えた。明白な美についての彼の才能を示す最良の例は、その最も有名な絵画『ヴィーナスの誕生』の中に見られる。1480年代を通じて、彼は宗教的・神話的主題に関するおびただしい数の大絵画を制作した。後年、レオナルド・ダ・ヴィンチなど盛期ルネサンスのもっと若い芸術家が注目されるようになると、ボッティチェリは古いゴシックの伝統の特徴を備えた、より個人的な表現法に戻っていった。

関連キーワード Renaissance（ルネサンス） the Florentine School（フィレンツェ派） *The Birth of Venus*（絵画『ヴィーナスの誕生』） *Primavera*（絵画『プリマヴェーラ』） Filippo Lippi（フィリッポ・リッピ ※師） the House of Medici（メディチ家 ※パトロン）

🔊 **134** 野獣派の中心人物

Henri Matisse アンリ・マティス（1869–1954）

[ɑ̃ːŋríː mætíːs]［アーンGンリー　マティーS］★スペルとギャップ！　アクセント注意！

Best known as a painter, Henri Matisse was also a masterful draftsman, printmaker and sculptor whose originality is most visible in his fluid drawing and use of color. He is regarded as an equal of Pablo Picasso in his influence on the major 20th-century developments in visual art, including fauvism, post-impressionism and modernism. His early work through 1905 was characterized by the intense colors and vigorous forms of fauvism. A later emphasis on flattened forms and decorative patterns developed into a more relaxed style and increasingly simplified forms.

□ masterful：優れた、名人に恥じない □ draftsman：素描家 □ printmaker：版画家 □ sculptor：彫刻家 □ originality：独創性 □ fluid：流れるような □ equal：匹敵者 □ fauvism：野獣主義、フォービズム □ post-impressionism：ポスト印象主義 □ modernism：モダニズム □ be characterized：特徴づけられる □ vigorous：迫力のある、精力旺盛な □ flattened：平面的な □ decorative：装飾的な □ simplified：簡略化された

訳 アンリ・マティスは何より画家として知られるが、優れた素描家・版画家・彫刻家でもあった。その独創性は流れるようなデッサンと色の使い方に、最もはっきり表れている。フォービズム、ポスト印象主義、モダニズムなど、視覚芸術における20世紀の主要な展開への影響という点で、パブロ・ピカソに匹敵する人物と見なされている。1905年までの初期の作品は、フォービズムの強烈な色彩や迫力あるフォルムに特徴づけられていた。後年、平面的なフォルムと装飾的な模様に力点が置かれ、表現法はより伸びやかになり、フォルムはいっそう簡略化されていった。

関連キーワード fauvism（野獣主義、フォービズム） fauve（野獣派［の画家］） modernism

（モダニズム）*Luxe, Calme et Volupté*（絵画『豪奢、静寂、逸楽』）*The Dessert:Harmony in Red*（絵画『赤のハーモニー』）*The Dance II*（絵画『ダンスII』）cut-out（切り紙絵 ※体力が衰えた晩年に取り入れた手法）*Blue Nudes*（版画シリーズ『ブルー・ヌード』※切り紙絵から製作されたリトグラフ版画のシリーズ）*Jazz*（作品集『ジャズ』※切り紙絵による作品集）Gustave Moreau（ギュスターヴ・モロー ※象徴主義派を代表する画家。美術学校でマティスを指導）

🔊 135　盛期ルネサンスの巨匠

Michelangelo　ミケランジェロ（1475–1564）

［màikələ́ndʒəlòu］［マイカ**ラ**ンジャロウ］★日本語とギャップ！

Michelangelo was a sculptor, painter, architect and poet of the High Renaissance period. From his 20s through his mid-70s, he produced enormous volumes of epoch-making work, not just in one field, but in at least three: sculpture, painting and architecture. Today, his sculptures, such as *David* and *The Pietà*; his paintings, including the Sistine Chapel wall and ceiling frescoes; and his designs for St. Peter's Basilica are considered unparalleled masterpieces in their respective fields. His awe-inspiring style has motivated centuries of imitators.

□ sculptor：彫刻家 □ architect：建築家 □ epoch-making：画期的な、新時代を画する □ sculpture：彫刻 □ architecture：建築 □ pieta：ピエタ ※十字架から降ろされたキリストの遺体を抱き悲しむ聖母の姿をモチーフとする作品 □ chapel：礼拝堂 □ fresco：フレスコ画 □ basilica：聖堂 □ unparalleled：比類ない □ masterpiece：傑作 □ respective：それぞれの □ awe-inspiring：荘厳な、畏敬の念を起こさせる

訳 ミケランジェロは盛期ルネサンスの彫刻家、画家、建築家、詩人。20代から70代半ばにかけて、一つの分野にとどまらず、少なくとも彫刻、絵画、絵画の3分野で、膨大な量の画期的な作品を生み出した。今日、『ダビデ像』や『ピエタ』などの彫刻、システィーナ礼拝堂の壁や天井のフレスコ画を含む絵画、サン・ピエトロ大聖堂の設計は、それぞれの分野で比類ない傑作と見なされている。ミケランジェロの荘厳な表現技法は、何世紀にもわたって模倣者を刺激してきた。

関連キーワード the High Renaissance（盛期ルネサンス）*David*（彫刻『ダビデ像』）*The Last Judgment*（絵画『最後の審判』※システィーナ礼拝堂の祭壇に描かれたフレスコ画）the Sistine Chapel（システィーナ礼拝堂 ※ローマ教皇の公邸であるバチカン宮殿にある礼拝堂）*The Pietà*（彫刻『ピエタ』※サン・ピエトロ大聖堂）St. Peter's Basilica（サン・ピエトロ大聖堂 ※カトリック教会の総本山）the House of Medici（メディチ家 ※パトロン）

🔊 136　『叫び』で知られる北欧の鬼才

Edvard Munch　エドヴァルド・ムンク（1863–1944）

［édvɑːrd múŋk］［**エ**Dヴァー D　ムンGK］★スペルとギャップ！

Edvard Munch was a Norwegian painter of the expressionist and symbolist schools. The tortured face from his painting *The Scream* has become an iconic image with worldwide popularity. Munch dreaded inheriting a psychological illness that ran in his family. He developed his distinctive style by striving to depict his emotional and psychological state. This practice of "soul-painting" matured into a style in which he produced profoundly meaningful and often disturbing works of expressionism.

□ expressionist：表現派の　□ symbolist：象徴主義の　□ tortured：ひどく苦しんだ、苦悶の　□ iconic：アイコン的な　□ worldwide：世界規模の　□ dread：～をひどく恐れる　□ psychological：精神の　□ run in *one's* family：～の家系に遺伝する　□ distinctive：独特の　□ strive to ～：～することを目指す　□ depict：～を描く　□ profoundly：深く　□ disturbing：不安をそそる

訳 エドヴァルド・ムンクは表現主義派と象徴主義派に属するノルウェーの画家。その絵画『叫び』に描かれた苦悶の表情は、世界中に知れ渡るアイコン的イメージになった。ムンクは自らの家族に遺伝する精神病を受け継ぐことをひどく恐れていた。自身の情緒的・精神的状態を描くことを目指す中で、独特の表現法を切り開いていった。こうした「魂の絵」の実践が一つの表現法に結実し、それによりムンクは深い意味のこもった、しばしば不安をそそる表現主義の作品を生み出した。

関連キーワード expressionism（表現主義）　symbolism（象徴主義）　*The Scream*（絵画、版画『叫び』※油絵、版画など複数のバージョンが存在）　*Vampire*（絵画『吸血鬼』※複数のバージョンが存在）　*Anxiety*（絵画『不安』）　*Dance of Life*（絵画『生命のダンス』）

🔊137　一目でわかる独特な人物表現

Amedeo Modigliani　アメデオ・モディリアーニ（1884–1920）

［à:medɛ́:ɔ moudì:ljá:ni］［アーメ**デー**オ　モウディー**リャー**ニ］★アクセント注意！

Amedeo Modigliani was an Italian-Jewish modernist painter and sculptor whose style was made distinctive by the elongation of subjects' faces, necks and figures. From 1906, he lived and worked in Paris, where he began exhibiting sculptures and became acquainted with Pablo Picasso, Constantin Brancusi and other early 20th-century innovators. His modernist style achieved great popularity, but only after his death of lung disease at age 35.

□ sculptor：彫刻家　□ distinctive：独特の　□ elongation：伸ばすこと、伸長　□ sculpture：彫刻　□ acquainted with ～：～と知り合いである

訳 アメデオ・モディリアーニはイタリア系ユダヤ人のモダニズムの画家兼彫刻家。画題の人物の顔や首、姿を伸ばしたことで、その表現法は独特なものになった。1906年以降はパリを生活と仕事の場にし、この地で彫刻を展示し始め、パブロ・ピカソやコンスタンティン・ブランクーシなど、20世紀前半の革新者と知り合った。モディリアーニのモダニズムの表現法は大変な人気を博したが、それは彼が肺病により35歳で死去してからようやくのことだった。

関連キーワード the School of Paris（エコール・ド・パリ、パリ派）　*Gypsy Woman with Baby*（絵画『赤ん坊を抱くジプシー女』）　*Woman with Blue Eyes*（絵画『青い目の女』）　*Portrait of Jean Cocteau*（絵画『ジャン・コクトーの肖像』）　*Montparnasse 19*（映画『モンパル

ナスの灯』 ※モディリアーニの伝記映画)

◁◁ 138 印象派の代表格

Claude Monet クロード・モネ (1840-1926)

[klóːd mounéi] [KローD モウネイ] ★つづりとギャップ！ アクセント注意！

Claude Monet was a French painter who founded the French impressionist movement. His painting *Impression, Sunrise* inspired the name for this movement, in which the artist tries to depict personal sensory impressions of the subject rather than an objective image. The painting was exhibited in 1874 in the first of the independent exhibitions mounted by Monet and other participants as an alternative to the overwhelmingly dominant Salon de Paris. Monet is known for repeatedly painting the same landscape subjects, such as the water lily ponds at his home in Giverny, in various seasons and lighting situations.

□ impressionist：印象派（の） □ depict：〜を描く □ sensory：感覚的な □ objective：客観的な □ (be) mounted：開かれる、催される □ overwhelmingly：圧倒的に □ dominant：支配力を持つ □ repeatedly：繰り返し □ water lily：スイレン □ lighting：(絵画などで対象に当たる) 光、照明

訳 クロード・モネは、フランス印象主義運動の基礎を築いたフランスの画家。彼の絵画『印象・日の出』は、この運動の名称の発案につながった。客観的イメージより、画題についての個人の感覚的印象を描くことを芸術家が目指す運動である。その絵画は1874年、圧倒的な支配力を持つサロン・ド・パリに代わるものとしてモネとその他の参加者によって開かれた独立展覧会の第1回に展示された。ジヴェルニーの自邸にあるスイレンの池など、同じ風景を、季節や対象に当たる光を変えて繰り返し描いたことで知られている。

関連キーワード impressionism（印象主義） *Impression, Sunrise*（絵画『印象・日の出』 ※「印象派」の由来となった作品） *Woman with a Parasol — Madame Monet and Her Son*（絵画『『散歩、日傘をさす女性』） *Water Lilies*（絵画 [作品群] 『睡蓮』） Giverny（ジヴェルニー ※パリの郊外。モネがスイレンの池を作った地） Salon de Paris（サロン・ド・パリ ※フランスの公式美術展覧会。官展としてスタートしたが、1881年以降は民間開催となっている）

◁◁ 139 現代にも息づく芸術思想

William Morris ウィリアム・モリス (1834-96)

[wíljəm mɔ́ːris] [**ウィ**リャM **モー**リS]

William Morris, one of the most significant cultural figures of Victorian Britain, is best known today as an architect and furniture designer. During his lifetime, however, he was most recognized as a poet, author and translator of classical literature. He influenced such a diverse range of fields that his legacy cannot be simply categorized. It includes such accomplishments as the design of the Morris Chair, still popular today; contributions to the Arts and Crafts movement; the preservation of traditional British architecture and textile manufacturing methods; and the development of fantasy fiction.

□ architect：建築家　□ diverse：多様な　□ legacy：遺産　□ categorize：～を分類する　□ accomplishment：業績、偉業　□ preservation：保存　□ architecture：建築　□ textile：織物　□ fantasy fiction：幻想小説

訳 ウィリアム・モリスは、ヴィクトリア時代のイギリスで最も重要な文化人で、今日では何より建築家兼家具デザイナーとして知られる。しかし生前には、詩人、著述家、そして古典文学の翻訳者として最も広く認識されていた。モリスはこのように多様な分野に影響を及ぼしたので、その遺産をどこかに分類することなど到底できない。遺産としては、今日でも人気のあるモリスチェアのデザイン、アーツ・アンド・クラフツ運動への貢献、イギリスの伝統的な建築や織物製造法の保存、幻想小説の開拓などの業績が挙げられる。

関連キーワード the Arts and Crafts Movement（アーツ・アンド・クラフツ運動 ※生活と芸術を一致させようとするモリスの思想） Morris & Co.（モリス商会） Morris Chair（モリスチェア） "Strawberry Thief"（「いちご泥棒」※モリスのテキスタイル・デザインを代表する柄） *The Wood Beyond the World*（小説『世界のかなたの森』※モリスによるファンタジー） Charles Rennie Mackintosh（チャールズ・レニー・マッキントッシュ ※建築家・デザイナー。アーツ・アンド・クラフツ運動のメンバー）

◁€ 140 近代建築の父

Frank Lloyd Wright　フランク・ロイド・ライト（1867–1959）

[frǽŋk lɔ́id ráit] [Fランk ロイD ライT]

Frank Lloyd Wright was an American architect who designed more than 1,000 structures during a career of seven decades. He pioneered "organic architecture," in which artificial structures are designed to achieve harmony between human beings and their natural surroundings. His most famous work is the house "Fallingwater," widely regarded as the best work ever by an American architect. He was also an innovative urban planner and interior designer. He designed numerous offices, churches, schools, skyscrapers, hotels and museums. Some have been listed as UNESCO World Heritage Sites.

□ architect：建築家　□ organic：有機的な　□ surroundings：環境　□ urban planner：都市プランナー　□ numerous：おびただしい数の　□ skyscraper：超高層ビル

訳 フランク・ロイド・ライトはアメリカの建築家。70年に及ぶ職業生活の間、1000を

超える建築物を設計した。「有機的建築」を開拓し、これは人間と自然環境との調和を実現するような人工の構造物を設計するものである。ライトの最も有名な作品は「落水荘」という家で、アメリカの建築家による作品としては史上最高のものと広く見なされている。彼は革新的な都市プランナーであり、インテリア・デザイナーでもあった。おびただしい数の事務所や教会、学校、超高層ビル、ホテル、美術館を設計した。その一部はユネスコ世界遺産のリストに加えられている。

関連キーワード UNESCO World Heritage Site（ユネスコ世界遺産）organic architecture（有機的建築）Fallingwater（「落水荘」※世界遺産。ライトが手掛けた米ペンシルベニア州の建築物。元は個人の邸宅）carport（カーポート ※ライトが命名）

---

141 盛期ルネサンス三大巨匠の一角

Raphael ラファエロ（1483-1520）

[rǽfiəl]［ラフィアL］ ★日本語とギャップ アクセント注意！

Raphael was an Italian painter and architect who is recognized as one of the three greatest artists of the High Renaissance, the others being Leonardo da Vinci and rival Michelangelo. Raphael's best work is noted for its natural yet innovative composition and extreme clarity of form. Although he died at the relatively young age of 37, he was very productive. He worked for two popes, and his body of work includes numerous religious masterpieces, including his most famous fresco, *The School of Athens*, painted on the walls of one of the Raphael Rooms in the Vatican Museums within the Apostolic Palace.

□ architect：建築家 □ noted for 〜：〜で名高い □ innovative：革新的な □ composition：構図 □ clarity：鮮明さ □ productive：多作の □ pope：教皇 □ body of work：主要作品、全作品 □ numerous：おびただしい数の □ masterpiece：傑作 □ fresco：フレスコ画 □ the Vatican Museums：バチカン美術館 □ Apostolic Palace：ローマ教皇の宮殿

訳 ラファエロは画家兼建築家で、盛期ルネサンスの三大芸術家の一人として知られている。残りはレオナルド・ダ・ヴィンチ、ミケランジェロである。ラファエロの最高傑作は、自然でありながらも革新的な構図と、極度に鮮明なフォルムで名高い。37歳という比較的若い年齢で死去したが、彼は極めて多作だった。2人の教皇のために働き、主要作品にはおびただしい数の宗教的傑作が含まれる。ローマ教皇の宮殿内、バチカン美術館の「ラファエロの間」の一室の壁に描かれた最も有名な彼のフレスコ画『アテナイの学堂』も、その一つである。

関連キーワード the High Renaissance（盛期ルネサンス）*The Wedding of the Virgin*（絵画『聖母の婚礼』）*The School of Athens*（絵画『アテナイの学堂』）Neoplatonism（新プラトン主義）the Raphael Rooms（「ラファエロの間」※ラファエロと弟子たちによるフレスコ画が展示されているバチカン宮殿内の4つの部屋の総称）

Le Corbusier　ル・コルビュジェ（1887-1965）

[lə kɔ̀ːrbuːzjéi]［ラ　コーブージュ**エイ**］★日本語とギャップ！

Le Corbusier was the professional name of Charles-Édouard Jeanneret, a Swiss-French architect, furniture designer and urban planner who helped pioneer modern architecture. Like his near-contemporary Frank Lloyd Wright, Le Corbusier had an extraordinarily long and productive career spanning more than half a century. He designed numerous buildings in Europe, the Americas, India and Japan, 17 of which have been designated UNESCO World Heritage Sites.

□ professional name：職業上の仮名　□ architect：建築家　□ urban planner：都市プランナー　□ contemporary：同時代人　□ productive：多作の　□ span：～に及ぶ、～にわたる　□ numerous：おびただしい数の　□ the Americas：南北アメリカ　□ designate：～を指定する

訳　ル・コルビュジェは、スイス出身のフランスの建築家、家具デザイナー、都市プランナーにして、近代建築の開拓を助けたシャルル＝エドゥアール・ジャヌレの職業上の仮名。ほぼ同時代人と言えるフランク・ロイド・ライトと同じように、ル・コルビュジェは半世紀以上に及ぶ、格別に長く多作の職業生活を送った。ヨーロッパや南北アメリカ、インド、日本のおびただしい数の建物を設計し、うち17はユネスコ世界遺産に指定されている。

関連キーワード　urban planning（都市計画）　UNESCO World Heritage Site（ユネスコ世界遺産）　Villa "Le Lac"（レマン湖の小さな家 ※スイスにあるル・コルビュジェ建築。世界遺産）　Villa Savoye（サヴォア邸 ※フランスのポワシーにあるル・コルビュジェ建築。世界遺産）　Notre-Dame du Haut（ロンシャンの礼拝堂 ※Our Lady of the Heightsとも。フランスのロンシャンにあるル・コルビュジェ建築。世界遺産）　Frank Lloyd Wright（フランク・ロイド・ライト ※アメリカの建築家。「三大巨匠」の1人）　Ludwig Mies van der Rohe（ルートヴィヒ・ミース・ファン・デル・ローエ ※ドイツの建築家。「三大巨匠」の1人）

Pierre–Auguste Renoir　ピエール＝オーギュスト・ルノワール
（1841-1919）

[piéər ɔːgúst rénwɑːr]［ピ**エ**アー　オー**グ**ST　**レ**ンワー］★日本語とギャップ！

Pierre-Auguste Renoir was a leading painter in the emergence of the impressionist movement. His style is notable for his use of vibrant light and saturated color in an attempt to communicate his personal impressions of the subject. After numerous rejections by influential Paris galleries, he joined with several other impressionists to organize the first formal impressionist exhibition in 1874. He was the progenitor of several generations of artists, including sons Pierre and Jean, an actor and filmmaker, respectively, and grandson Claude, a cinematographer.

□ emergence：出現 □ the impressionist movement：印象派運動 □ notable for ～：～の点で特筆される □ vibrant：きらめく、脈動する □ saturated：鮮明な、染み込んだ □ numerous：おびただしい数の □ rejection：拒むこと、却下 □ influential：影響力のある □ progenitor：先祖 □ filmmaker：映画監督、映像作家 □ respectively：それぞれ □ cinematographer：映画カメラマン

[訳] ピエール＝オーギュスト・ルノワールは印象主義運動の出現を先導した画家。その表現法は、画題についての自分個人の印象を伝えるために、きらめく光と鮮明な色を使った点が特筆される。彼はパリの影響力ある画廊から何度も拒まれた末に、他の印象主義者数人と組んで、1874年に印象主義の最初にして公式な展覧会を企画した。ルノワールは数世代続く芸術家の父および祖父だった。息子として、それぞれ俳優と映画監督のピエールとジャン、孫に映画カメラマンのクロードがいる。

関連キーワード impressionism（印象主義） the Impressionist movement（印象派運動） *Bal du moulin de la Galette*（絵画『ムーラン・ド・ラ・ギャレットの舞踏会』） *The Little Girl with the Blue Ribbon*（絵画『イレーヌ・カーン・ダンヴェール嬢』） *Girls at the Piano*（絵画『ピアノに寄る少女たち』） Japonisme（ジャポニズム ※仏語） Pierre Renoir（ピエール・ルノワール ※長男。舞台・映画の俳優） Jean Renoir（ジャン・ルノワール ※次男。映画監督） Claude Renoir（クロード・ルノワール ※孫。映画カメラマン）

🔈144 闇を照らす「レンブラント光線」

Rembrandt レンブラント（1606-1669）

[rémbrænt]［**レ**MBランT］

Rembrandt was a painter and printmaker of the baroque period, and perhaps the greatest painter of the Dutch Golden Age. His unparalleled talents included the ability to incorporate narrative elements into paintings and to render human subjects with great sensitivity and insight. His use of lighting to enhance the mood and realism of a piece was so distinctive that photographers today refer to certain dramatic lighting techniques as “Rembrandt lighting.” He is also credited with transforming the medium of etching from a practical illustration technique into a true form of art.

□ printmaker：版画家 □ the baroque period：バロック期 □ the Dutch Golden Age：オランダ黄金時代 □ unparalleled：比類ない □ incorporate ～ into ...：～を…に組み込む □ narrative：物語の □ render：～を描写する、～を表現する □ sensitivity：感性 □ insight：洞察力 □ lighting：（絵画などで対象に当たる）光、照明 □ enhance：～を高める □ realism：写実性、写実主義 □ distinctive：独特の □ transform：～を変容させる □ medium：表現手段 □ etching：エッチング、銅版画

[訳] レンブラントはバロック期の画家兼版画家で、おそらくはオランダ黄金時代で最も偉大な画家だった。その比類ない才能は、物語の要素を絵画に組み込み、豊かな感性と洞察力で画題としての人間を描写する能力などに表れた。作品の雰囲気と写実

性を高める目的での光の使用法は極めて独特だったために、今日の写真家は特定の劇的な照明法を「レンブラント光線」と呼んでいる。また、エッチングという表現手段を実用的な図解技術から真の芸術形態へと変容させた功績も認められている。

関連キーワード baroque（バロック様式） the Dutch Golden Age（オランダ黄金時代 ※オランダの科学技術、芸術が隆盛を極めた17世紀を指す） Rembrandt lighting（レンブラント光線、レンブラント・ライト） *The Night Watch*（絵画『夜警』） *The Anatomy Lesson of Dr. Nicolaes Tulp*（絵画『テュルプ博士の解剖学抗議』） *The Sampling Officials*（絵画『織物商組合の幹部たち』） self-portrait（自画像 ※レンブラントは多くの自画像を残している）

◁◎ 145 近代彫刻の傑作『考える人』

Auguste Rodin オーギュスト・ロダン（1840-1917）

［ɔːgúst roudǽn］［オーグST　ロウダン］★アクセント注意！

Auguste Rodin was a French sculptor who departed from the formulaic classical styles of the 19th century to become the key figure in the emergence of modern sculpture. His distinctive talent produced emotionally expressive, flowing human figures, many of which are popularly known to this day. His masterpiece *The Thinker* has become a universally recognized iconic image, widely imitated, modified, satirized and admired. Other major works include *The Kiss* and *The Gates of Hell*.

□ sculptor：彫刻家　□ formulaic：型にはまった　□ emergence：出現　□ distinctive：独特の　□ expressive：表現の豊かな　□ popularly：広く、多くの人によって　□ masterpiece：傑作　□ universally：あまねく、普遍的に　□ iconic：アイコン的な　□ modify：〜を改変する　□ satirize：〜を風刺する

訳 オーギュスト・ロダンはフランスの彫刻家で、型にはまった19世紀の古典様式から脱却し、近代彫刻出現の立役者になった。その独特な才能は、感情豊かで流れるような人体像を生み出し、その多くは今日に至るまで広く知られている。ロダンの傑作『考える人』は、あまねく認識されるアイコン的イメージになり、幅広く模倣されたり、改変されたり、風刺されたり、賞賛されたりしている。主要な作品としてはほかに、『接吻』や『地獄の門』などがある

関連キーワード *The Gates of Hell*（彫刻『地獄の門』※ダンテの叙事詩『神曲』に着想を得た） *The Thinker*（彫刻『考える人』※『地獄の門』の一部を抜き出したもの） *The Kiss*（彫刻『接吻』） Camille Claudel（カミーユ・クローデル ※弟子、愛人。才能ある彫刻家だったが、ロダンとの破局後に統合失調症を発症、生涯を精神病院でおくった）

■ クラシック音楽 ···

◁)) 146 『魔王』で知られる歌曲王

Franz Schubert フランツ・シューベルト （1797–1828）

［frǽnts ʃúːbərt］［Fラン TS　シューバー T］

Franz Schubert was a 19th-century Austrian composer who wrote over 1500 works including symphonies, sacred music, and operas. The greatest percentage of his works were made for piano and solo voice. He is famous for music such as "Erlkönig" and "Ave Maria". He was a child prodigy and ended his tragically short life at the age of 31.

□ symphony：交響曲　□ sacred music：宗教音楽　□ solo voice：独唱　□ child prodigy：神童

訳 フランツ・シューベルトは交響曲や宗教音楽、オペラを含む1500超の作品を書いたオーストリアの作曲家。作品の大半はピアノと独唱のために作られた。「魔王」や「アヴェ・マリア」などの楽曲でよく知られている。神童であり、31歳で悲劇的なまでに短い生涯を終えた。

関連キーワード lied（歌曲 ※発音は [liːd]。複数形は lieder [liːdər]）　"Erlkönig"（歌曲「魔王」※ゲーテの詩に曲を付けたもの）　*Trout Quintet*（ピアノ五重奏『ます』）　"Ave Maria"（歌曲「アヴェ・マリア」）　"Serenade"（歌曲「セレナード」）

◁)) 147 ロマン派を代表する作曲家

Robert Schumann ロベルト・シューマン （1810–56）

［rábərt ʃúːmɑːn］［ラバー T　シューマーン］ ★日本語とギャップ！

Robert Schumann was a German composer considered to be one of the best of the romantic period. Schumann composed music for piano for much of his career, but later made orchestral works, songs, and even one opera. His wife Clara Schumann, an eminent pianist and composer, constantly helped with his work. He is known for his close friendship with German composer Johannes Brahms. The *Piano Concerto in A minor* and *Kinderszenen ("Scenes from Childhood")* are among his most popular works.

□ the romantic period：ロマン派時代　□ orchestral work：管弦楽曲　□ eminent：著名な

訳 ロベルト・シューマンは、ロマン派時代の最高峰の一人と見なされるドイツの作曲家。職業生活の大半を通じ、ピアノのための楽曲を作曲したが、後に管弦楽曲や歌曲、さらに1本のオペラまで作っている。著名なピアニストで作曲家でもある妻のクララ・シューマンは、常に彼の仕事を助けた。彼はドイツの作曲家ヨハネス・ブラームスと固い友情で結ばれていたことで知られている。『ピアノ協奏曲 イ短調』と『子供の情景』は、シューマンの最も人気が高い作品に数えられる。

関連キーワード romanticism（ロマン主義） *Piano Concerto in A minor*（『ピアノ協奏曲イ短調』） *Kinderszenen*（ピアノ曲集『子供の情景』） "Träumerei"（ピアノ曲「トロイメライ」※英語圏では"Dreaming"とも。『子供の情景』の収録曲） Clara Schumann（クララ・シューマン ※妻。著名なピアニスト） Johannes Brahms（ヨハネス・ブラームス ※シューマンが才能を絶賛した弟子。シューマンの死後も遺族を見守った）

🔊 148　華麗なるウィーンの「ワルツ王」

Johann Strauss II　ヨハン・シュトラウス2世（1825–1899）

[jóuhɑːn stráus ðə sékənd]　[**ヨ**ウハーン　ST**ラ**uS　ðァ　セカンD]

Johann Strauss II, also known as Johann Strauss Jr., was a composer from Austria. He composed over 500 works including polkas, operettas, and waltzes. Among his most notable compositions are *The Blue Danube* and *The Emperor Waltz.* He made so many popular Viennese waltzes that he is known as "the Waltz King". His father Johann Strauss was considered as one of the pioneers of Viennese waltz, along with Joseph Lanner.

□ polka：ポルカ　□ operetta：オペレッタ　□ waltz：ワルツ　□ notable：有名な、目立った　□ composition：楽曲

訳 ヨハン・シュトラウス・ジュニアとしても知られるヨハン・シュトラウス2世は、オーストリア出身の作曲家。ポルカ、オペレッタ、ワルツを含む500超の作品を作曲した。最も有名な楽曲として、『美しく青きドナウ』や『皇帝円舞曲』が挙げられる。人気の高いウィンナ・ワルツを数多く手掛けたことから、「ワルツ王」と呼ばれている。父のヨハン・シュトラウス1世は、ヨーゼフ・ランナーと共に、ウィンナ・ワルツの先駆者と見なされている。

関連キーワード Viennese waltz（ウィンナ・ワルツ） *The Blue Danube*（ワルツ『美しく青きドナウ』） *The Emperor Waltz*（ワルツ『皇帝円舞曲』） Johann Strauss I.（ヨハン・シュトラウス1世 ※父。著名な音楽家。彼以降、シュトラウス家からは多くの音楽家が誕生した） Joseph Lanner（ヨーゼフ・ランナー ※「ウィンナ・ワルツの祖」と位置づけられる。シュトラウスの父、ヨハン・シュトラウス1世とは熾烈なライバル関係にあった）

🔊 149　繊細な調べの背景に愛国心と望郷の念

Frederic Chopin　フレデリック・ショパン（1810–1849）

[frédəriːk ʃóupæn]　[F**レ**ダリーK　**ショ**パン]　★つづりとギャップ！

Frederic Chopin was a Polish composer during the romantic period. His over 200 works are written for piano, and are noted for their delicateness and technical difficulty. Among his popular piano pieces are "Revolutionary Etude" and the "Minute Waltz." Since Chopin left his homeland Warsaw in his early adulthood, patriotism and nostalgia became the main themes of his works. He longed to return home; however, his wish was not realized while he was alive.

□ the romantic period：ロマン派時代　□ noted for ～：～で有名な　□ etude：練習曲　□ patriotism：愛国心　□ nostalgia：望郷の念　□ long to ～：～することを切望する

訳 フレデリック・ショパンはロマン派時代のポーランドの作曲家。その200を超える作品はピアノのために書かれ、繊細さと技術上の難しさで知られている。人気の高いピアノ曲として、「革命のエチュード」や「小犬のワルツ」が挙げられる。ショパンは成人早期に故郷のワルシャワを離れたため、愛国心と望郷の念は彼の作品の主要なテーマとなった。彼は帰郷を切望していたが、存命中にその願いが叶うことはなかった。

関連キーワード　romanticism（ロマン主義）　"Revolutionary Etude"（ピアノ曲「革命のエチュード」※1831年のロシア軍による故郷ワルシャワへの侵攻を受けて作曲されたと言われる）　"Minute Waltz"（ワルツ「小犬のワルツ」※邦題は原題のフランス語に忠実だが、英語では「小犬」よりも「1分間」のワルツとして知られる）　"Farewell"（ピアノ曲『別れの曲』）　"Heroic Polonaise"（ポロネーズ『英雄ポロネーズ』）　polonaise（ポロネーズ ※ポーランドの民族音楽。多くのポロネーズを残していることはショパンの愛国心の表れと言われる）　mazurka（マズルカ ※ポーランドの民族音楽。ポロネーズ同様、ショパンは多くのマズルカを作曲している）　George Sand（ジョルジュ・サンド ※フランス人作家。ショパンと交際していた時期がある）

◁× **150**　『春の祭典』、伝説の不協和音

Igor Stravinsky　イーゴリ・ストラヴィンスキー（1882–1971）

[íːgɔːr strəvínski]　[**イ**ーゴー　ST ラ**ヴィ**ンS キ]　★日本語とギャップ！

Igor Stravinsky was a Russian-born modernist orchestral composer who produced an ever-developing body of work throughout his long life, but he is still most well-known as the composer of 1913's *The Rite of Spring*. This breakthrough work's infamous dissonance and ever-changing rhythms, coupled with a ballet choreographed and danced by the legendary Vaslav Nijinsky, created such discomfort that it caused an audience riot when first performed in Paris. However, Stravinsky's musical expression was restless, and he developed as the foremost exponent of neoclassicism, which was, broadly speaking, a reaction against modernist dissonance.

□ modernist：モダニスト　□ orchestral：管弦楽の、オーケストラの　□ ever-developing：進化し続ける、絶え間なく進化する　□ body of work：全作品、主要作品　□ breakthrough：画期的な　□ infamous：ひどい、悪名高い　□ dissonance：不協和音　□ coupled with ～：～と相まって　□ ballet：バレエ　□ choreograph：～を振り付ける　□ legendary：伝説的な　□ discomfort：不快感　□ riot：騒動　□ restless：絶えず変化する　□ foremost：随一の、一番先の　□ exponent：唱導者、主導者　□ neoclassicism：新古典主義

イーゴリ・ストラヴィンスキーは、ロシア生まれでモダニストのオーケストラ作曲家であり、その長い生涯を通じて、進化し続ける作品を生み出した。しかし何より1913年の『春の祭典』の作曲者として、今でもよく知られている。この画期的な作品のひどい不協和音と常に変わり続けるリズムは、伝説的なヴァーツラフ・ニジンスキーが振り付けて踊ったバレエと相まって、強い不快感を醸したことから、初めてパリで上演された際には聴衆による騒動を引き起こした。しかしストラヴィンスキーの音楽表現は絶えず変化し、新古典主義の唱導者、大まかに言えばモダニスト的不協和音に対する反動の随一の唱導者へと彼は変化を遂げた。

関連キーワード *The Rite of Spring*（バレエ音楽『春の祭典』） *The Firebird*（バレエ音楽『火の鳥』） *Petrushka*（バレエ音楽『ペトルーシュカ』） Vaslav Nijinsky（ヴァーツラフ・ニジンスキー ※世界的な名声を博したロシアのバレエダンサー。『春の祭典』の振り付けを担当） Coco Chanel（ココ・シャネル ※フランスのファッション・デザイナー。一時期恋愛関係にあった）

🔊 **151** クラシック界屈指のメロディーメーカー

Pyotr Ilyich Tchaikovsky
ピョートル・イリイチ・チャイコフスキー（1840-93）
[pjɔ́ːtər ílitʃ tʃaikɔ́ːfski]［**ピョ**ーター **イ**リチ チャイ**コ**ー FSキ］

Pyotr Ilyich Tchaikovsky, a 19th-century Russian romantic composer, was musically inclined from an early age later receiving formal Western music education. He wrote his first orchestral piece in his mid-20's. At times, he was at odds with the Mighty Five, contemporary Russian composers bent on developing a nationalistic style. His career, however, culminates in a style that is clearly personally charged, internationally admired yet still Russian, and timelessly popular. Heralded as being quite melodious, while sometimes employing either western or Russian folk/folk-style melodies, his works are even more so for his harmony by musicians.

□ inclined：〜の才能がある □ at times：時には □ at odd with 〜：〜と対立して、〜と争って □ the Mighty Five：「ロシア5人組」 □ contemporary：同時代の □ bent on 〜：〜を決意している □ nationalistic：民族主義的な、国家主義的な □ culminate in 〜：〜に結実する、ついに〜になる □ timelessly：いつまでも、永遠に □ (be) heralded as 〜：〜として歓迎される、〜として称賛される □ melodious：耳に心地良い、美しい旋律を持つ □ harmony：和音、ハーモニー

訳 19世紀ロシアのロマン派の作曲家ピョートル・イリイチ・チャイコフスキーは、幼い頃から音楽の才能を持ち、後に正式な西洋音楽の教育を受けた。20代半ばで最初のオーケストラ作品を書いた。彼は時に、「ロシア5人組」という民族主義的な表現法を編み出す決意を固めた同時代のロシア人作曲家たちと対立した。しかしながら、その職業生活は、間違いなく個性豊かで、国際的に称賛されながらもロシアらしく、そして時を超えた大衆性を持つ表現法に結実している。彼の作品は、西洋もしくはロシアの民謡や民謡風の旋律を時に用いながら耳に大変心地良いと称賛されている

が、演奏家らが織りなすハーモニーとなるとなおさらでそうある。

関連キーワード *Swan Lake* (バレエ音楽『白鳥の湖』)　*The Nutcracker* (バレエ『くるみ割り人形』)　*Piano Concerto No. 1* (協奏曲『ピアノ協奏曲第1番』)　the Mighty Five (「ロシア5人組」※the Five、the New Russian Schoolなどとも。チャイコフスキーと同時代のロシアの作曲家、ムソルグスキー、ボロディン、キュイ、バラキレフ、リムスキー＝コルサコフから成る。民族主義的志向が強く、チャイコフスキーとは反目し合っていたと言われる)

◁×152　交響曲『新世界より』

Antonin Dvorak　アントニン・ドヴォルザーク (1841–1904)

[ántɔnjìn dvórʒɑ:k]　[**アント**ニュイン　D**ヴォ**ージャーK]　★つづり・日本語とギャップ！

Antonin Dvorak was a Czech composer who is known for his ingenious translation of Czech national spirit into the language of romantic-era classical music. He often incorporated the rhythms and aesthetic feeling of Moravian and Bohemian folk music into his numerous compositions for chamber music, orchestras, choral productions and operas. His close friendship with Johannes Brahms helped Dvorak develop as a composer and find a publisher for his work, including the *Slavonic Dances*, which first attracted worldwide attention to Czech music.

□ ingenious：独創的な　□ language：伝達手段、言語　□ romantic-era：ロマン派時代の　□ incorporate ～ into ...：～を…に組み込む　□ aesthetic：美的な、美の　□ numerous：おびただしい数の　□ composition：楽曲　□ chamber music：室内楽　□ choral：合唱用の　□ publisher：出版社　□ worldwide：世界規模の

訳 アントニン・ドヴォルザークはチェコの作曲家で、チェコ人の民族精神をロマン派時代のクラシック音楽という伝達手段へと独創的な形で変換したことで知られる。しばしばモラヴィアとボヘミアの民謡のリズムや美的情感を、室内楽やオーケストラ、合唱曲、オペラ向けのおびただしい数の楽曲に組み込んだ。ヨハネス・ブラームスと固い友情で結ばれていたことは、ドヴォルザークが作曲家として成長する助けとなり、チェコ音楽に初めて世界規模の注目を集めた『スラヴ舞曲集』などの作品の出版社を見つけることにも役立った。

関連キーワード *Symphony No. 9, From the New World* (交響曲『交響曲第9番「新世界より」』)　*Slavonic Dances* (舞曲集『スラヴ舞曲集』)　Johannes Brahms (ヨハネス・ブラームス ※ドヴォルザークの才能を見出し、世に出る後押しをした)

◁×153　唯一無二の透明感

Claude Debussy　クロード・ドビュッシー (1862–1918)

[klɔ́:d dèbjusí:]　[K**ロー**D　デビュ**シー**]　★日本語とギャップ！

Claude Debussy was a French composer whose compositional

work was somewhat guided by the ideas of another French composer, his friend Erik Satie. As Debussy's music developed, he became known as the first of the musical impressionists, since his music attempted to apply the abstract impressionistic techniques used by the contemporary artists he admired. Consequently, his emotionally expressive music used harmony in ways which were novel in Western music at the time. A century later we still often hear Debussy's evocative compositions, such as "Clair de Lune," used in movies.

□ guided by ～：～に影響される、～に導かれる　□ impressionist：印象主義者　□ abstract：抽象的な　□ impressionistic：印象派の　□ contemporary：同時代の　□ consequently：その結果　□ emotionally：情緒的に　□ expressive：表現の豊かな　□ evocative：喚起力のある　□ composition：楽曲

訳 クロード・ドビュッシーはフランスの作曲家で、その作曲作品は、同じくフランスの作曲家である友人のエリック・サティの発想に幾分か影響を受けていた。その音楽作品が発展していくにつれ、ドビュッシーは音楽における最初の印象主義者として知られるようになった。というのも、楽曲では彼が敬愛する同時代の芸術家によって使われる印象主義の抽象的な技法を用いる試みがなされていたからである。その結果、ドビュッシーの情緒的で表現豊かな楽曲では、当時の西洋音楽では珍しい形で和音が使われた。1世紀後も私たちは「月の光」など、ドビュッシーの喚起力ある楽曲が映画の中で使われているのをしばしば耳にする。

関連キーワード　impressionism（印象主義）　*Two Arabesques*（ピアノ曲『2つのアラベスク』）　"Clair de Lune"（ピアノ曲「月の光」）　"La Fille aux cheveux de lin"（ピアノ曲「亜麻色の髪の乙女」）　Erik Satie（エリック・サティ ※『ジムノペディ』などの作品で知られる仏クラシック音楽界の異端児）

🔊 **154**　ミュージカル『ウエスト・サイド物語』も手掛けた

Leonard Bernstein　レナード・バーンスタイン（1918-90）

[lénərd bə́ːrnstain]　[レナーD　バーンＳタイン]

Leonard Bernstein was an American conductor, composer, pianist and major public personality. As a composer, he created important works for orchestra, ballet, chorus, opera, chamber music, religious music, films, and Broadway musicals, including *West Side Story* and *Candide*. He was the music director of the New York Philharmonic, a role in which he made significant innovations in both recording technology and television broadcasts on music education for young people. He was also a skilled pianist, who often conducted piano concertos while playing.

□ conductor：指揮者　□ personality：有名人　□ ballet：バレエ　□ chamber music：室内楽　□ innovation：革新、新機軸　□ skilled：優れた、熟練の

[訳] レナード・バーンスタインはアメリカの指揮者、作曲家、ピアニストで、大変な有名人だった。作曲家としては、オーケストラやバレエ、合唱、オペラ、室内楽、宗教音楽、映画、さらには、『ウエスト・サイド物語』や『キャンディード』といったブロードウェイ・ミュージカルなど、重要な作品を生み出した。ニューヨーク・フィルハーモニックの音楽監督であり、その職務において、録音技術にも、若年層向けの音楽教育関連テレビ放送にも、目覚ましい革新をもたらした。優れたピアニストでもあり、しばしば弾きながらピアノ協奏曲を指揮した。

[関連キーワード] the New York Philharmonic（ニューヨーク・フィルハーモニック ※アメリカ人初の同楽団音楽監督を務めた） *West Side Story*（ミュージカル『ウエスト・サイド物語』） *Candide*（ミュージカル『キャンディード』） Herbert von Karajan（ヘルベルト・フォン・カラヤン ※ライバルとしてよく比較された同時代のスター指揮者。） Gustav Mahler（グスタフ・マーラー ※バーンスタインはマーラー再評価の功労者と見なされている）

155 「交響曲の父」

Franz Joseph Haydn フランツ・ヨーゼフ・ハイドン（1732-1809）

[frǽnts dʒóuzəf háidn]［Fランts ジョウザF ハイDン］★日本語とギャップ！

Franz Joseph Haydn was an Austrian composer who played a key role in the development of chamber music, and is known as the "father" of the classical symphony and string quartet. Working on the remote estate of his wealthy patrons, the Esterhazy family, he remained relatively isolated from popular influences of his day, despite the widespread popularity of his own music. This isolation may account for some of the originality of his genius. He was a teacher of Beethoven.

□chamber music：室内楽 □symphony：交響曲 □string quartet：弦楽四重奏曲 □patron：後援者 □isolate：～を切り離す、～を分離する □widespread：広範な □isolation：孤立状態 □originality：個性、独創性

[訳] フランツ・ヨーゼフ・ハイドンはオーストリアの作曲家で、室内楽の発展に重要な役割を果たし、古典交響曲と弦楽四重奏曲の「父」として知られる。裕福な後援者エステルハージ家の辺ぴな地所で働いていたことから、楽曲の広範な人気にもかかわらず、当時の大衆による影響からは、どちらかと言うと遮断されていた。この孤立状態が、ハイドンの才能における個性の一部を説明するものかもしれない。彼はベートーヴェンの師だった。

[関連キーワード] *Symphony No. 94 (Surprise)*（『交響曲第94番「驚愕」』） *Symphony No. 45 (Farewell)*（『交響曲第45番「告別」』） *Trumpet Concert*（『トランペット協奏曲』） Ludwig van Beethoven（ルートヴィヒ・ヴァン・ベートーヴェン ※ハイドンに師事） the Esterhazy family（エステルハージ家 ※ハイドンが楽長として仕えた、ハンガリーの大地主一族）

クラシック音楽愛好家の中には、Josephを［jóuzef］［ヨウゼF］とドイツ語読みする人も多い。

[🔈156] 音楽家が崇拝する音楽家

Johann Sebastian Bach

ヨハン・ゼバスティアン・バッハ（1685-1750）

[jóuhɑːn sibǽstʃən bɑ́ːk]［**ヨ**ウハーン　シ**バ**Sチャン　**バ**ーK］

★日本語とギャップ！　アクセント注意！

Generally regarded as one of the greatest musical geniuses ever, Johann Sebastian Bach was a prolific German composer of the baroque period. His extensive body of original work includes major innovations that enriched the full range of instrumental and vocal music. He was a keyboardist, and wrote extensively for the organ, as well as hundreds of vocal pieces ranging from songs to The *St. Matthew Passion*. The versatility and originality of his works have made Bach an essential founding figure in the development of classical music.

□prolific：多作の　□extensive：広範囲に及ぶ　□body of work：全作品、主要作品　□innovation：新機軸　□enrich：～を豊かにする　□instrumental music：器楽　□vocal music：声楽　□keyboardist：鍵盤楽器奏者　□extensively：大々的に、広範囲にわたって　□versatility：多方面にわたること、多能　□originality：独創性

[訳] 史上最も偉大な音楽の天才の一人と広く見なされるヨハン・ゼバスティアン・バッハは、バロック時代における多作のドイツ人作曲家。広範囲に及ぶその独創的な作品群は、あらゆる種類の器楽と声楽を豊かにした重要な新機軸を含む。バッハは鍵盤楽器奏者で、オルガンのための作品を幅広く書き、さらには歌曲から『マタイ受難曲』に至る何百もの声楽曲を書いた。その作品が多方面にわたり、独創性を持っていることにより、バッハはクラシック音楽発展の礎を築いた核心的な人物となった。

関連キーワード J.S. Bach（J・S・バッハ ※略称。一族が輩出した多くのバッハ姓の音楽家と区別するためによく使われる） the baroque period（バロック時代） fugue（フーガ ※バッハが多くの作品を残した楽曲形式） *The St. Matthew Passion*（声楽曲『マタイ受難曲』） *Mass in B minor*（声楽曲『ミサ曲 ロ短調』） "Air on the G String"（管弦楽曲「G線上のアリア」）

[🔈157] イタリア・オペラの巨匠

Giacomo Puccini ジャコモ・プッチーニ（1858-1924）

[dʒɑ́ːkɔːmɔː puːtʃíːni]［**ジャ**ーコーモー　プー**チ**ーニ］

Giacomo Puccini was an Italian composer who created some of opera's most notable masterpieces, including *Tosca* and *La Boheme*. Puccini often wrote his operas in the post-Romantic style of "verismo" (realism) set in everyday life, as opposed to mythical. Despite this, they were usually filled with passion and tragedy. These dramatic elements, along with his distinct vocal melodies, place Puccini among opera's all-time greats.

☐notable：著名な、注目に値する ☐masterpiece：傑作 ☐verismo：現実主義、リアリズム ※イタリア語 ☐realism：真実主義、写実主義 ☐(be) set in ～：（舞台を）～に設定された ☐as opposed to ～：～とは対照的に ☐mythical：神話的な ☐tragedy：悲劇 ☐distinct：独特な ☐vocal：声楽の、声の ☐all-time：いつの世も変わらない、これまでで一番の ☐great：巨匠、偉大な人

[訳] ジャコモ・プッチーニはイタリアの作曲家で、『トスカ』や『ラ・ボエーム』を含むオペラの最も著名な傑作のいくつかを生み出した。プッチーニはしばしば神話的なものとは対照的な日常生活の中に設定された「ヴェリズモ」（真実主義）というポスト・ロマン派の様式でオペラを書いた。にもかかわらず、そのほとんどが情熱と悲劇に満ちていた。これらの劇的な要素は、独特な声楽の旋律と共に、プッチーニをいつの世も変わらない巨匠の一人に位置づけている。

関連キーワード *Tosca*（オペラ『トスカ』） *La Boheme*（オペラ『ラ・ボエーム』） *Madama Butterfly*（オペラ『蝶々夫人』） *Turandot*（オペラ『トゥーランドット』） verismo（ヴェリズモ ※19世紀末から20世紀初めのイタリアで発生したリアリズム運動。オペラ作品にも影響を与えた）

🔈158 「絶対音楽」への強いこだわり

Johannes Brahms ヨハネス・ブラームス（1833-97）

[jouhá:nis brá:mz]［ヨウ**ハ**ーニS B**ラ**ーMZ］

Johannes Brahms was a German conductor and leading composer in the late Romantic period. He is often categorized as the third in a line of greats, chronologically following Johann Sebastian Bach and Ludwig van Beethoven. Indeed, the stylistic link to Beethoven was so pronounced that the conductor Hans von Bulow referred to Brahms' *First Symphony* as "Beethoven's Tenth." However, Brahms' music came in many forms, from sonatas to symphonies, from a gentle lullaby to his lively Gypsy-inspired the *Hungarian Dances*. Many of his tunes are still instantly recognizable today, more than a century after his death.

☐conductor：指揮者 ☐be categorized as ～：～に分類される ☐great：巨匠、偉大な人 ☐chronologically：年代順に ☐stylistic：様式の ☐sonata：ソナタ ☐symphony：交響曲 ☐lullaby：子守歌 ☐lively：活気あふれる ☐Gypsy-inspired：ジプシーに着想を得た ☐instantly：一瞬で ☐recognizable：認識できる、見分けがつく

[訳] ヨハネス・ブラームスはドイツの指揮者で、後期ロマン派時代の先導的作曲家。年代順にはヨハン・セバスチャン・バッハ、ルートヴィヒ・ヴァン・ベートーヴェンに続く巨匠の系譜の3番目にしばしば位置づけられる。実際、ベートーヴェンとの様式面でのつながりはよく言及されるところで、指揮者のハンス・フォン・ビューローがブラームスの「交響曲第1番」を「ベートーヴェンの（交響曲）第10番」と呼んだほどである。とはいえブラームスの楽曲の形式は多岐にわたっており、それはソナタから交響曲にまで、また優しい子守歌からジプシーに着想を得た活気あふれる『ハンガリー舞曲』にまで及ぶ。彼の旋律の多くは、死後1世紀以上経た今日でも、一瞬で

それと認識できる。

関連キーワード the romantic period（ロマン派時代） "Three Bs"（「三大B」※Bのイニシャルを持つクラシック音楽界の三大巨匠。バッハ、ベートーヴェン、ブラームスを指す） *Symphony No. 1 in C minor*（交響曲「交響曲第1番」） *Hungarian Dance No. 5*（舞曲「ハンガリー舞曲第5番」※「ハンガリー舞曲集」中の最も有名な作品） absolute music（絶対音楽 ※音楽以外の何かを表現するための音楽ではなく「音楽そのものを表現する音楽」。ブラームスは絶対音楽主義の代表的作曲家と位置づけられる）

> ブラームスと同時代に活躍したドイツの指揮者Hans von Bulow（ハンス・フォン・ビューロー）は、ブラームスの『交響曲第1番』を Beethoven's Tenth (Symphony)（ベートーヴェンの［交響曲］第10番）と称した。ベートーヴェンが生涯に書いた交響曲は9番まで。つまり、ビューローの言葉は、ブラームスこそベートーヴェンの後継者にふさわしいという称賛である。

🔊 159　音楽を芸術へと高めた楽聖

Ludwig van Beethoven

ルートヴィヒ・ヴァン・ベートーヴェン（1770-1827）

［lúdvig væn béitouvən］［**ル**Dヴィ G　ヴァン　**ベイ**トウヴァン］ ★日本語とギャップ！

Ludwig van Beethoven was a German composer in the transitional period between the classical and romantic eras. With his powerful and emotional style of music, Beethoven changed the concept of composers as artists rather than artisans making music for the nobility. He started suffering hearing loss in his 20s. Incredibly, many of his greatest works were composed after he had completely lost his hearing. His *Symphony No. 9* is one of the most popular symphonies in the world.

□ transitional period：移行期　□ the classical and romantic eras：古典派・ロマン派時代　□ artisan：職人　□ nobility：貴族階級　□ incredibly：信じがたいことに　□ symphony：交響曲

訳 ルートヴィヒ・ヴァン・ベートーヴェンは、古典派時代からロマン派時代移行期の、ドイツの作曲家。力強く、感情に訴えるその音楽スタイルで、作曲家の概念を「貴族階級のために音楽を作る職人」から「芸術家」へと変えた。ベートーヴェンは20代のころから聴力を失い始めた。信じがたいことだが、彼の最高傑作の多くは、完全に聴力を失った後に作曲されたものである。『交響曲第9番』は、世界で最も人気の高い交響曲である。

関連キーワード the classical period（古典派時代） the romantic period（ロマン派時代） *Symphony No. 3 ("Eroica")*（『交響曲第3番「英雄」』） *Symphony No. 5 ("Fate")*（『交響曲第5番「運命」』） *Symphony No. 6 ("Pastoral")*（『交響曲第6番「田園」』） *Symphony No. 9 ("Choral")*（『交響曲第9番「合唱付き」』） Franz Joseph Haydn（フランツ・ヨーゼフ・ハイドン ※師）

[🔊160] 作曲家として評価は死後のもの

Gustav Mahler グスタフ・マーラー（1860–1911）

[gústɑːf mάːlər]［グSター F　マーラー］

Gustav Mahler was an Austrian-Jewish romantic composer now famous for his emotionally charged symphonies but best-known as a conductor during his lifetime. Early 20th-century Europe was particularly anti-romantic and anti-Semitic, thus much of the recognition for his work came decades after his death. However, Mahler was valued as a highly accomplished conductor for the Vienna Court Opera, New York's Metropolitan Opera and the New York Philharmonic Orchestra. A number of his pieces have now been featured in big-budget movies, propelling him beyond just the classical scene and into pop culture.

□ symphony：交響曲　□ conductor：指揮者　□ anti-romantic：反ロマン主義の　□ anti-Semitic：反ユダヤ主義の　□ recognition：真価を認めること、価値の評価　□ be valued：高く評価される、尊重される　□ accomplished：優れた、熟達した　□ propel：～を押し出す　□ scene：領域

[訳] グスタフ・マーラーは、オーストリア系ユダヤ人のロマン派の作曲家で、現在では感情をかき立てる交響曲で有名だが、生前は指揮者として最もよく知られていた。20世紀初頭のヨーロッパは、極めて反ロマン派的かつ反ユダヤ主義的だった。そのため、彼の作品に対する評価の多くは、彼の死から数十年後になされた。しかしマーラーは、ウィーン宮廷歌劇場やニューヨークのメトロポリタン歌劇場、ニューヨーク・フィルハーモニー交響楽団の、非常に熟達した指揮者としては尊重されていた。今では数多くの作品が巨額予算を投じた映画に使われており、それによって彼は、単なるクラシック音楽の領域を越えて、ポップカルチャーにまで押し出された。

[関連キーワード] *Symphony No. 2 (the Resurrection Symphony)*（『交響曲第2番』） *Symphony No. 5*（『交響曲第5番』）※特に人気が高い *Das Lied von der Erde*（交響曲『大地の歌』） "Adagietto"（「アダージェット」※『交響曲第5番』の第４楽章。単独で演奏されることも多い、マーラー作品の中でも特に人気の高い楽曲） *Death in Venice*（映画『ベニスに死す』※「アダージェット」が印象的に使われている） the Vienna Court Opera（ウィーン宮廷歌劇場 ※芸術監督を務めた） New York's Metropolitan Opera（メトロポリタン歌劇場 ※芸術監督を務めた） the New York Philharmonic（ニューヨーク交響楽団 ※芸術監督を務めた）

Wolfgang Amadeus Mozart

ヴォルフガング・アマデウス・モーツァルト（1756-91）

［wúlfgæŋ ǽmədéiəs móutsɑːrt］［**ウ**LFギャンG　アマ**デ**イアS　**モ**ウツァーT］
★つづり・日本語とギャップ！

Wolfgang Amadeus Mozart, an Austrian composer of the classical period, is considered to be one of the greatest composers in history. Extremely prolific, he produced over 600 pieces of music before his death at a very young 35. His most famous works are *The Marriage of Figaro*, an opera critically acclaimed as a masterpiece; *Eine Kleine Nachtmusik*, a serenade published posthumously missing an original second minuet; *Piano Sonata No. 11*, of which the last movement, "Alla Turca," a rondo, is particularly recognizable around the world; and *Don Giovanni*, another opera widely regarded as one of the greatest ever.

□ prolific：多作の　□ critically acclaimed：高く評価される、絶賛された　□ serenade：セレナード、セレナーデ　□ posthumously：死後に　□ minuet：メヌエット　□ movement：楽章　□ rondo：ロンド　□ recognizable：なじみ深い、認識できる

訳 ヴォルフガング・アマデウス・モーツァルトは古典派時代のオーストリアの作曲家で、史上最も偉大な作曲家の一人と考えられている。極めて多作で、35歳という非常に若い年齢で死去するまでに、600を超える楽曲を生み出した。モーツァルトの最も有名な作品は次の通り。傑作と絶賛されるオペラ『フィガロの結婚』。第2楽章のメヌエットが抜け落ちた状態で死後に出版されたセレナード『アイネ・クライネ・ナハトムジーク』。とりわけ世界的になじみ深い最後の楽章、ロンド「トルコ行進曲」を含む『ピアノソナタ第11番』。史上最高水準の作品と広く見なされているもう一つのオペラ『ドン・ジョヴァンニ』である。

関連キーワード　*The Marriage of Figaro*（オペラ［・ブッファ］『フィガロの結婚』）　*Eine kleine Nachtmusik*（セレナード『アイネ・クライネ・ナハトムジーク』）　*Piano Sonata No. 11 ("Alla Turca")*（ピアノソナタ『ピアノソナタ第11番［トルコ行進曲］』）　*Requiem*（「レクイエム」※三大レクイエムの一つに数えられる）　*Don Giovanni*（オペラ『ドン・ジョヴァンニ』）　Antonio Salieri（アントニオ・サリエリ ※モーツァルトとの確執が有名な宮廷楽長）　Constanze Mozart（コンスタンツェ・モーツァルト ※妻）　*Amadeus*（映画『アマデウス』※モーツァルトとサリエリの確執を中心に描いた）

Maurice Ravel　モーリス・ラヴェル（1875-1937）

［mɔ́ːris rəvél］［**モ**ーリS　ラ**ヴェ**L］★アクセント注意！

Maurice Ravel was a French composer known for his meticulously

crafted piano pieces, operas and ballets, including *Boléro*. While he is considered one of the foremost impressionists, along with his contemporary Claude Debussy, he is most highly regarded for his musical arrangement abilities and considered an unparalleled master of orchestration.

□ meticulously：綿密に、細心の注意を払って　□ piano piece：ピアノ曲　□ ballet：バレエ音楽　□ foremost：主要な、一番先の　□ contemporary：同時代人　□ arrangement：編曲　□ unparalleled：比類のない　□ orchestration：オーケストレーション、管弦楽法

📖 モーリス・ラヴェルは綿密に作り上げられたピアノ曲やオペラ、また『ボレロ』などのバレエ音楽で知られるフランスの作曲家。同時代人のクロード・ドビュッシーと共に主要な印象主義者の一人と見なされているが、何よりその編曲の能力で高く評価され、並ぶ者のないオーケストレーションの達人とされている。

関連キーワード *Boléro*（バレエ『ボレロ』）*Daphnis et Chloé*（バレエ『ダフニスとクロエ』）*Pictures at an Exhibition (orchestral arrangements)*（組曲『展覧会の絵』※ムソルグスキー作のピアノ組曲。ラヴェルの編曲による管弦楽版の人気が非常に高い）"Pavane pour une infante défunte"（ピアノ曲「亡き王女のためのパヴァーヌ」※自身で編曲した管弦楽版の人気も高い）

🔊 **163** 時代に翻弄(ほんろう)されたロシアの巨星

Sergei Rachmaninoff セルゲイ・ラフマニノフ（1873-1943）

[səːrɡéi rɑːkmáːnənɔ̀ːf]［サーゲイ　ラーKマーナノーF］
★日本語とギャップ！　アクセント注意！

Sergei Rachmaninoff was a Russian conductor, composer and virtuoso pianist. The premiere of his first symphony, which took place in St. Petersburg in 1897, was a dismal failure, although the piece was later reassessed and regarded as a dynamic representation of the Russian symphonic tradition. Rachmaninoff subsequently suffered a psychological collapse and composed little for the next three years. He came back and gained critical acclaim for later works including *Symphony No. 2*. However, after the Russian Revolution of 1917, Rachmaninoff went into a self-imposed exile and composed relatively few works, expressing that he had lost the drive to compose after losing his country.

□ conductor：指揮者　□ virtuoso：名手の、巨匠風の　□ premiere：初演　□ symphony：交響曲　□ St. Petersburg：サンクトペテルブルク　※ロシアの都市　□ dismal：惨たんたる　□ be reassessed：再評価される　□ subsequently：その後　□ psychological collapse：精神崩壊　□ acclaim：称賛　□ self-imposed exile：自主亡命　□ drive：動機、衝動

📖 セルゲイ・ラフマニノフはロシアの指揮者・作曲家にして、名ピアニスト。1897年にサンクトペテルブルクで行われた彼の最初の交響曲の初演は、ひどい失敗に終わった。もっともその作品は後に再評価され、ロシアの交響曲の伝統を生き生きと

表現したものと見なされた。ラフマニノフはその後、精神崩壊に陥り、それから3年にわたってほとんど作曲ができなかった。復帰すると、『交響曲第2番』を含め、その後の作品は批評家に称賛された。しかし、1917年のロシア革命の後、ラフマニノフは自主亡命者となり、作った曲は比較的少なく、祖国を失ってからは作曲する動機を失ったと語っている。

関連キーワード *Piano Concerto No. 2*（協奏曲『ピアノ協奏曲第2番』）　*Symphony No. 2*（交響曲『交響曲第2番』 ※特に第3楽章の人気が高い）　Vladimir Ashkenazy（ヴラディーミル・アシュケナージ ※ソ連出身の20世紀後半を代表するピアニスト、指揮者。ピアニストとしては、難度が高いことで知られるラフマニノフ作品の名手）

🔊 164　交響詩の父は超絶技巧のピアニスト

Franz Liszt　フランツ・リスト（1811–1886）

［frǽnts líst］［Fラ́ンTS　リ́ST］

Franz Liszt was a Hungarian composer during the romantic era. In addition to being a virtuoso pianist, known for his flamboyant playing style, he was also a prolific composer. A member of the ultra-modern New German School, his technical innovations and imaginative approach to composing, including evoking other nonmusical works of art through symphonic poems, influenced many other forward-looking 19th-century composers. He is regarded as one of the greatest pianists of all time.

□ the romantic era：ロマン派時代　□ virtuoso：名手の、巨匠風の　□ flamboyant：華麗な　□ prolific：多作の　□ ultra-modern：超現代的な、最先端の　□ innovation：革新、新機軸　□ imaginative：創意に富む、想像の　□ evoke：〜をほうふつさせる、〜を呼び起こす　□ forward-looking：前向きな、先進的な　□ of all time：空前絶後の

訳　フランツ・リストはロマン派時代のハンガリーの作曲家。華麗な演奏スタイルで知られる名ピアニストだったことに加え、多作な作曲家でもあった。（当時）最先端の新ドイツ学派に属しており、技法上の革新、そして交響詩の中で音楽以外の芸術作品をほうふつとさせるなどの創意に富む作曲アプローチは、他の先進的な19世紀の作曲家の多くに影響を及ぼした。リストは空前絶後の偉大なピアニストの一人と見なされている。

関連キーワード　the New German School（新ドイツ楽派 ※リストはその代表格）　symphonic poem（交響詩 ※文学や絵画などから得られたイメージを音楽で表現することを試みた管弦楽曲のジャンル。リストが名付け親）　*Orpheus, symphonic poem No. 4*（交響詩『交響詩第4番「プロメテウス」』）　*Prometheus , symphonic poem No. 5*（交響詩『交響詩第5番「プロメテウス」』）　*La Campanella*（ピアノ曲「ラ・カンパネラ」）　*Love Dream*（ピアノ曲『愛の夢』 ※*Dream of Love* とも）

165 「文化人」として絶大な影響を及ぼす

Richard Wagner リヒャルト・ワーグナー（1813-83）

[rítʃərd wǽgnər]［リチャー D　ワGナー］★日本語とギャップ！

Richard Wagner was a German composer best known for revolutionizing opera by using all the artistic elements at his disposal, such as music, poetry and dance, to create a "total work of art." A signature Wagnerian attribute is his use of leitmotifs, or musical motifs that represent characters, themes or emotions. His legacy is fraught with controversy, however, due to his music's frequent use by the Nazi Party, and even Adolf Hitler himself attending some of Wagner's productions. His most recognizable piece, "Ride of the Valkyries" was famously used in Francis Ford Coppola's film *Apocalypse Now.*

□ revolutionize：～に大変革をもたらす　□ at *one's* disposal：～の意のままに　□ signature：特徴的な、典型的な　□ Wagnerian：ワーグナーの　□ attribute：属性、特質　□ leitmotif：ライトモチーフ ※音楽用語　□ musical motif：楽想　□ legacy：遺産　□ be fraught with ～：～がつきまとう、～を伴う　□ controversy：議論、論争　□ production：（劇などの）公演　□ recognizable：特徴的な、認識できる

[訳] リヒャルト・ワーグナーはドイツの作曲家。「総合芸術」を作り上げようと、音楽、詩、舞踏といったすべての芸術的要素を意のままに使ってオペラに大変革をもたらしたことで何よりよく知られる。ワーグナーの特徴的な属性として、ライトモチーフの使い方、つまり人物や主題、感情を表す楽想の使い方が挙げられる。しかしワーグナーの遺産には議論がつきまとう。これはナチス党により楽曲が頻繁に使われたこと、さらにアドルフ・ヒトラーその人までがワーグナーの作品の公演を鑑賞したことによる。最も特徴的な作品「ワルキューレの騎行」はよく知られるように、フランシス・フォード・コッポラの映画『地獄の黙示録』で使われた。

[関連キーワード] Wagnerian（[名詞] ワーグナー崇拝者、[形容詞] ワーグナー風の、ワーグナー的な） *Tannhäuser*（オペラ『タンホイザー』） *Der Ring des Nibelungen*（『ニーベルングの指輪』※ワーグナーの楽劇4部作） "Ride Of The Valkyries"（「ワルキューレの騎行」※『ニーベルングの指環』4部作の2作目『ワルキューレ』第3幕に登場） music drama（楽劇） Ludwig II（ルートヴィヒ2世 ※第4代バイエルン国王。ワーグナーに心酔） Adolf Hitler（アドルフ・ヒトラー ※ワーグナーの信奉者として知られる） Cosima Wagner（コジマ・ワーグナー ※2人目の妻。フランツ・リストの娘）

Wagnerは上記のほか、[vá:gnər]［ヴァー Gナー］とも発音される。

■ ポピュラー音楽

🔈166 「サッチモ」と慕われたジャズのパイオニア

Louis Armstrong ルイ・アームストロング（1901-71）

[lú:i á:rmstrɔ̀:ŋ] [**ル**ーイ　**ア**ー MSTローンG]

Louis Armstrong was a celebrated jazz musician and trumpet player. He is considered a major founding figure in jazz music, and was also a singer, composer and actor. Born in New Orleans, Armstrong later moved to Chicago, where he performed in bands and as a solo act. He is best known for the song "What a Wonderful World," which features his unique, gravelly singing voice.

□ celebrated：著名な、世に知られた　□ founding figure：創始者　□ composer：作曲家　□ New Orleans：ニューオーリンズ ※米ルイジアナ州の都市。ジャズ発祥の地としても知られる　□ as a solo act：ソロで ※この場合の act はミュージシャン、芸人、俳優など舞台に上がる人のこと　□ gravelly：（声が）しゃがれた

[訳] ルイ・アームストロングは著名なジャズ・ミュージシャン、トランペット奏者。ジャズ音楽における重要な創始者と見なされており、歌手、作曲家、俳優でもあった。ニューオーリンズで生まれたアームストロングは、後に移ったシカゴでバンドやソロで演奏した。その独特のしゃがれた歌声が際立つ曲「この素晴らしき世界」で最もよく知られている。

[関連キーワード] Satchmo（サッチモ ※愛称） "What a Wonderful World"（曲「この素晴らしき世界」） *High Society*（映画『上流社会』※自身の役で出演。ビング・クロスビー、フランク・シナトラらと共演）

🔈167 世界的に成功した白人ラッパーの代表格

Eminem エミネム（1972-）

[éminèm] [**エ**ミネM]

Eminem, or Marshall Mathers, is an American rapper and one of the highest-selling recording artists in the world. He is a controversial figure in music due to his angry and violent lyrics, many of which are sung in the persona of "Slim Shady." In 2002, he starred in the semi-autobiographical film *8 Mile*. His song "Lose Yourself" from that film won an Academy Award in the Best Original Song category.

□ rapper：ラッパー　□ controversial：物議を醸す、賛否の分かれる　□ lyrics：歌詞　□ persona：人格　□ star in ～：～に主演する　□ semi-autobiographical：半自伝的な

[訳] エミネムことマーシャル・マザーズはアメリカのラッパーで、世界で最も売れているレコーディング・アーティストの一人。「スリム・シェイディ」という人格によって歌われることの多い、怒りに満ちた激しい歌詞のため、音楽界では賛否の分かれる人物である。2002年には、半自伝的映画『8 Mile』に主演した。その映画からの曲「ルーズ・ユアセルフ」は、歌曲賞部門でアカデミー賞を受賞した。

[関連キーワード] rap music（ラップ音楽） Slim Shady（スリム・シェイディ ※エミネムの別人格） *The Marshall Mathers LP*（アルバム『ザ・マーシャル・マザーズ・LP』 ※第2作目のアルバム。ソロ・シンガーによるアルバム売り上げの最多記録としてギネスブックに認定された） *8 Mile*（映画『8 Mile』 ※半自伝的映画。エミネム本人が主演） "Lose Yourself"（曲「ルーズ・ユアセルフ」 ※映画『8 Mile』の主題歌。アカデミー歌曲賞受賞）

Eminemの本名はMarshall Bruce Mathers III（マーシャル・ブルース・マザーズ3世）。彼はその本名をチョコレート菓子M&M's（エム・アンド・エムズ）に掛けて「M&M」と略すようになった。この略称を早口で言ったときの音を文字化したのが、芸名Eminem（エミネム）の由来だと言われている。

168 ロック界を代表する名ギタリスト

Eric Clapton エリック・クラプトン（1945- ）

[érik klǽptɑn]［**エ**リK K**ラ**Pタン］

British guitarist and singer, Eric Clapton, started his career moving through a string of blues and rock bands, before finally going solo. He is widely regarded as one of the best guitar players in the world, and is the only person to have been inducted into the Rock and Roll Hall of Fame three times. He is probably best known for the song "Layla" and his later Top-40 hit "Tears in Heaven," which was written in response to the death of his 4-year-old son.

□ go solo：単独で行動する、ソロで活動する □ be inducted into the Hall of Fame：殿堂入りをする □ Top-40：トップ40の ※「チャートの上位40位に入るような」という意味。チャートの40位はポピュラー音楽のヒットの目安となっている。 □ in response to ～：～に反応して、～を受けて

[訳] イギリスのギタリスト、歌手、エリック・クラプトンは、ブルースやロックのバンドを渡り歩いてそのキャリアを始め、最終的にソロになった。彼は世界最高のギター奏者の一人として広く認められており、ロックの殿堂入りを3度果たした唯一の人物である。おそらく、「いとしのレイラ」や、4歳だった息子の死を受けて書かれた後年のトップ40ヒット曲「ティアーズ・イン・ヘヴン」によって最もよく知られている。

[関連キーワード] blues rock（ブルースロック ※ロックの一ジャンル） The Yardbirds（ザ・ヤードバーズ ※1960年代前半に在籍したイギリスのロック・バンド） Cream（クリーム ※クラプトンが1960年代後半に在籍したイギリスのロック・バンド） Derek and the Dominos（デレク・アンド・ザ・ドミノス ※クラプトンが1970年代の初めにアメリカで結成したロック・バンド） "White Room"（曲「ホワイト・ルーム」 ※クリーム時代のヒット曲） "Layla"（曲「いとしのレイラ」 ※デレ

ク・アンド・ザ・ドミノス時代のヒット曲）"Tears in Heaven"（曲「ティアーズ・イン・ヘヴン」※ソロ曲。グラミー賞の最優秀レコード賞などを受賞）"Change the World"（曲「チェンジ・ザ・ワールド」※ソロ曲。グラミー賞の最優秀レコード賞などを受賞）

🔊 169　珠玉の名曲「ホワッツ・ゴーイン・オン」

Marvin Gaye　マーヴィン・ゲイ（1939–84）

[máːrvin géi]［マーヴィン　ゲイ］

Born in Washington D.C., American singer Marvin Gaye signed with Motown Records in 1961. He went on to write numerous hit songs such as "Ain't No Mountain High Enough" and the chart-topping "I Heard It through the Grapevine." His protest song and album, "What's Going On," was written against America's involvement in the Vietnam War, and was notable as a direct attempt to raise political consciousness rather than just sing about love. In 1984, he was fatally shot by his father a day before his 45th birthday.

□ sign with ～：～と契約を結ぶ　□ chart-topping：チャート1位の　□ notable：重要な、注目に値する　□ political consciousness：政治意識　□ be fatally shot：射殺される、銃によって致命傷を負う

訳 ワシントンD.C.生まれのアメリカの歌手、マーヴィン・ゲイは1961年にモータウン・レコードと契約した。その後「エイント・ノー・マウンテン・ハイ・イナフ」やチャート1位になった「悲しいうわさ」など、数多くのヒット曲を書いた。プロテスト・ソングでありアルバムでもある「ホワッツ・ゴーイン・オン」は、アメリカのベトナム戦争介入への抗議として書かれたが、恋愛について歌うよりも、政治意識を高めようという直接的な試みとして注目すべきものだった。1984年、45歳の誕生日の前日、ゲイは父親によって射殺された。

関連キーワード "Ain't No Mountain High Enough"（曲「エイント・ノー・マウンテン・ハイ・イナフ」）"What's Going On"（曲「ホワッツ・ゴーイン・オン」）"Let's Get It On"（曲「レッツ・ゲット・イット・オン」）"I Heard It through the Grapevine"（曲「悲しいうわさ」）"Mercy Mercy Me (The Ecology)"（曲「マーシー・マーシー・ミー」）Motown Records（モータウン・レコード ※ソウル、R&Bの名門レコード・レーベル。ゲイは同レーベルの代表的アーティストの一人）

🔊 170　グランジで90年代のロック・シーンを変えた

Kurt Cobain　カート・コバーン（1967–94）

[káːrt koubéin]［カート　コウベイン］★日本語とギャップ！

Kurt Cobain was the Seattle-born lead-singer and songwriter for the band Nirvana. Their 1991 hit "Smells Like Teen Spirit"

popularized a new genre of music called grunge. Cobain's music and lyrics changed the face of popular music, bringing many previously underground and independent styles onto the radio. Cobain was never really comfortable with his fame. This discomfort, coupled with substance abuse and depression, led him to commit suicide in 1994. After his death, he was inducted into the Rock and Roll Hall of Fame.

□ Seattle-born：シアトル生まれの ※シアトルは米北西部のワシントン州にある都市 □ popularize：～を世に広める、～を大衆化する □ grunge：グランジ □ lyrics：歌詞 □ change the face of ～：～の様相を一変させる □ underground：アンダーグランドの ※主流に属するものではないという意味 □ independent：インディーズの、独立系の □ discomfort：不快感、苦痛 □ substance abuse：薬物乱用 □ depression：うつ病 □ commit suicide：自殺する □ be inducted into the Hall of Fame：殿堂入りをする

[訳] カート・コバーンは、バンド「ニルヴァーナ」のシアトル生まれのリード・シンガーでソングライター。このバンドの1991年のヒット曲「スメルズ・ライク・ティーン・スピリット」は、グランジと呼ばれる新しい音楽ジャンルを世に広めた。コバーンの音楽と歌詞は、それまでアンダーグラウンドやインディーズのものだったさまざまなスタイルをラジオにもたらし、ポピュラー音楽の様相を一変させた。コバーンは自身の名声に決して慣れることがなかった。この苦痛が薬物乱用やうつ病と相まって、1994年の自殺へとつながった。死後、コバーンはロックの殿堂入りをした。

[関連キーワード] Nirvana（ニルヴァーナ） "Smells Like Teen Spirit"（曲「スメルズ・ライク・ティーン・スピリット」 ※ニルヴァーナの代表曲） *Nevermind*（アルバム『ネヴァーマインド』） alternative rock（オルタナティヴ・ロック ※alt-rockと略されることも。商業主義的なメインストリームの音楽に対する反発を起点としたロック。ニルヴァーナの商業的な成功は、オルタナティヴ・ロックの立ち位置を変えた出来事でもあった） grunge（グランジ ※オルタナティヴ・ロックの一ジャンル。ニルヴァーナはその代表格だった。ボロボロのジーンズにネルシャツ、といったグランジ系アーティストに見られるファッション・スタイルを称する場合もある） Courtney Love（コートニー・ラブ ※妻でミュージシャン、女優） Foo Fighters（フー・ファイターズ ※コバーンの死後、ニルヴァーナのドラマー、デイブ・グロールが結成したロック・バンド）

🔈171 伝説のフォーク・デュオを経てソロへ

Paul Simon ポール・サイモン（1941-）

[pɔ́ːl sáimən]［ポーL サイマン］

Paul Simon's popularity began in the late 1960s as one half of the duo Simon & Garfunkel, whose songs "The Sound of Silence" and "Bridge over Troubled Water" became internationally famous. After Simon & Garfunkel broke up, Simon's solo career was refreshed in the 1980s by the song "You Can Call Me Al," as well as his later hit "Graceland."

□ break up：解散する、決別する　□ be refreshed：回復する、再び活気づく

[訳] ポール・サイモンの人気は、サイモン&ガーファンクルというデュオの片割れとして1956年に始まり、このデュオの「サウンド・オブ・サイレンス」や「明日に架ける橋」といった楽曲は世界的に有名になった。サイモン&ガーファンクルの解散後、「コール・ミー・アル」やその後のヒット曲「グレイスランド」によって、サイモンのソロ・キャリアは1980年に再び活気づいた。

[関連キーワード] Simon & Garfunkel（サイモン&ガーファンクル） Art Garfunkel（アート・ガーファンクル ※サイモン&ガーファンクル時代の相棒） "The Sound of Silence"（曲「サウンド・オブ・サイレンス」※サイモン&ガーファンクル時代のヒット曲。アルバムのタイトルでもある） "Bridge over Troubled Water"（曲「明日に架ける橋」※サイモン&ガーファンクル時代のヒット曲。アルバムのタイトルでもある） "Mrs. Robinson"（曲「ミセス・ロビンソン」※サイモン&ガーファンクル時代のヒット曲） *Graceland*（アルバム『グレイスランド』※ソロ・アルバム。グラミー賞の最優秀アルバム賞などを受賞。同名の収録曲もグラミー賞最優秀レコード賞を受賞） "You Can Call Me Al"（曲「コール・ミー・アル」※ソロ・シングル曲。アルバム『グレイスランド』の収録曲）

172 シナトラ一家を率いた希代のエンターテイナー

Frank Sinatra フランク・シナトラ（1915-98）

[frǽŋk sinɑ́:trə]［F**ラ**ンGK　シ**ナ**ーTラ］★アクセント注意！

American singer Frank Sinatra started his career as a frontman for swing bands, but it was his solo work that made him most famous. Sinatra is best known as the velvety-voiced singer of hits such as "New York, New York" and "My Way," along with many, many others. He also appeared in numerous films, including the original version of *Ocean's 11* in 1960. He is considered one of the main members of the "Rat Pack" — an unofficial group of entertainers who often appeared together on stage and in films.

□ frontman：フロントマン、ボーカリスト ※最も目立つ人物のこと。バンドの場合は大抵、ボーカリストを指す　□ swing band：スウィング・バンド ※スウィング・ジャズを演奏するバンド　□ velvety-voiced：（ビロードのように）滑らかな声の

[訳] アメリカの歌手フランク・シナトラは、スウィング・バンドのボーカリストとしてキャリアを始めたが、彼を最も有名にしたのはソロ活動だった。「ニューヨーク・ニューヨーク」「マイ・ウェイ」ほか、多数のヒット曲の滑らかな声の歌い手として最もよく知られている。彼は1960年のオリジナル版『オーシャンと十一人の仲間』をはじめとする多くの映画にも出演した。彼は、ステージや映画で頻繁に共演したエンターテイナーたちによる非公式グループ「ラット・パック」の中心メンバーの一人と見なされている。

[関連キーワード] "New York New York"（曲「ニューヨーク・ニューヨーク」） "My Way"（曲「マイ・ウェイ」） The Rat Pack（ラット・パック、シナトラ一家 ※シナトラを中心としたエンターテイナー集団。日本語では「シナトラ一家」と訳されることが多い） Sammy Davis Jr.（サミー・デイヴィ

ス・ジュニア ※歌手、俳優。シナトラー家の主要メンバー） Dean Martin（ディーン・マーティン ※俳優、歌手。シナトラー家の主要メンバー） Ocean's Eleven（映画『オーシャンと十一人の仲間』 ※1960年のオリジナル版） Nancy Sinatra（ナンシー・シナトラ ※娘。1960年代の人気歌手。フランク・シナトラともデュエットをしている） "Somethin' Stupid"（曲「恋のひとこと」 ※シナトラが娘のナンシーとデュエットしたヒット曲）

🔊 173　元祖「不良ロッカー」

Mick Jagger　ミック・ジャガー（1943- ）

[mík dʒǽgər]［ミK　ジャガー］

Mick Jagger is a British singer-songwriter, frontman and founder member of the band The Rolling Stones. His rock'n'roll swagger and bad-boy reputation helped make the Rolling Stones famous both in Britain and in the United States, with songs such as "Gimme Shelter" and "(I Can't Get No) Satisfaction." Contrary to his anti-establishment reputation, he accepted a knighthood in 2002 for his services to popular music.

□ frontman：フロントマン ※最も目立つ人物のこと。バンドの場合は大抵、ボーカリストを指す □ swagger：自信たっぷりな態度、強気な態度　□ bad-boy：不良少年の、不良っぽい　□ contrary to ～：～に反して　□ anti-establishment：反体制の　□ knighthood：ナイト爵

訳 ミック・ジャガーはイギリスのシンガー・ソングライターで、バンド「ザ・ローリング・ストーンズ」のフロントマンであり創設メンバー。彼のロックンロール的威勢と不良という評判は、ローリング・ストーンズが「ギミー・シェルター」や「サティスファクション」といった曲で英米両国において名を上げるのに役立った。反体制的との評判に反し、2002年にはポピュラー音楽への功績について、ナイト爵を受けている。

関連キーワード　The Rolling Stones（ザ・ローリング・ストーンズ ※通称「ストーンズ」。ジャガーはそのボーカリスト）　Keith Richards（キース・リチャーズ ※ストーンズのギタリスト）　Charlie Watts（チャーリー・ワッツ ※ストーンズのドラマー）　Ron Wood（ロン・ウッド ※ストーンズのギタリスト）　the British Invasion（ブリティッシュ・インヴェイジョン ※ストーンズやビートルズなどイギリスのバンドがアメリカの音楽シーンを席巻した1960年代の現象のこと）　"Gimme Shelter"（曲「ギミー・シェルター」 ※ストーンズの曲）　"(I Can't Get No) Satisfaction"（曲「サティスファクション」 ※ストーンズの曲）　"Paint It, Black"（曲「黒くぬれ！」 ※ストーンズの曲）

🔊 174　ポップ界の帝王

Michael Jackson　マイケル・ジャクソン（1958-2009）

[máikəl dʒǽksn]［マイカL　ジャKSン］

Michael Jackson started his career as the youngest member of The Jackson Five group, which featured him and his brothers. The group's most famous songs include "I'll Be There" and

"ABC." However, it was Michael Jackson's solo work that earned him the nickname the "king of pop." His *Thriller* album remains the bestselling album of all time, and helped him become one of the best-known entertainers in the world. His unique dance moves, including his famous "moonwalk," also changed the face of stage performance for many future artists.

□of all time：史上～の、空前の　□change the face of ～：～の様相を一変させる、～の方法を大きく変える

[訳] マイケル・ジャクソンは自身と兄たちを前面に押し出したグループ、「ザ・ジャクソン5」の最年少メンバーとしてキャリアをスタートさせた。同グループの最も有名な曲には「アイル・ビー・ゼア」「ABC」などがある。しかし、マイケル・ジャクソンに「キング・オブ・ポップ」というニックネームをもたらしたのは、彼のソロ活動だった。アルバム『スリラー』は依然として史上最も売れているアルバムであり、ジャクソンが世界で最もよく知られるエンターテイナーの一人となるのに役立った。有名な「ムーンウォーク」をはじめとする独特なダンスの動きも、多くの後世のアーティストにとって、ステージでのパフォーマンスの様相を一変させるものとなった。

関連キーワード the "king of pop"（「キング・オブ・ポップ」） The Jackson 5（ザ・ジャクソン5 ※The Jackson Fiveとも） "I'll Be There"（曲「アイル・ビー・ゼア」※ジャクソン5のヒット曲） "ABC"（曲「ABC」※ジャクソン5のヒット曲） "Billie Jean"（曲「ビリー・ジーン」※ソロでのヒット曲） "Beat It"（曲「今夜はビート・イット」※ソロでのヒット曲） "Thriller"（曲「スリラー」※ソロでのヒット曲。この曲を収録した世界的大ヒットアルバムのタイトルでもある） moonwalk（ムーンウォーク） Neverland (Ranch)（ネバーランド［・ランチ］※かつてジャクソンがカリフォルニア州に所有していた自宅兼遊園地） Janet Jackson（ジャネット・ジャクソン ※妹。人気シンガー）

🔊175 女性ロッカーの草分け

Janis Joplin ジャニス・ジョプリン（1943-70）

[dʒǽnis dʒɑ́plin]［ジャニS　ジャPリン］

Known for her unique, blues-inspired vocals and aggressive style, Janis Joplin would eventually become known as the "first lady of rock'n'roll." Best remembered for her songs "Piece of My Heart" and "Me and Bobby McGee," she passed away before completing her second solo album in 1970.

□blues-inspired：ブルースに触発された、ブルースに着想を得た　□first lady：（女性の）第一人者　□pass away：死去する、他界する

[訳] 独特のブルースに触発されたボーカルと攻撃的なスタイルで知られるジャニス・ジョプリンは、やがて「ロックンロールの女性第一人者」として知られるように

なった。「ピース・オブ・マイ・ハート」や「ミー・アンド・ボビー・マギー」という曲で最もよく記憶されているジョップリンは、1970年、2枚目のソロ・アルバムを完成させる前に他界した。

関連キーワード *Pearl*（アルバム『パール』※ジョップリンの死の翌年、遺作として発売された） *Me and Bobby McGee*（曲「ミー・アンド・ボビー・マギー」※ソロ・アルバム『パール』からのヒットシングル。カバー曲） Big Brother and the Holding Company（ビッグ・ブラザー＆ザ・ホールディング・カンパニー ※ソロ活動以前に在籍していたバンド） *Cheap Thrills*（アルバム『チープ・スリル』※ビッグ・ブラザー＆ザ・ホールディング・カンパニーのアルバム） "Piece of My Heart"（曲「ピース・オブ・マイ・ハート」※アルバム『チープ・スリル』の収録曲。カバー曲） *The Rose*（映画『ローズ』※ベット・ミドラーが演じた破滅的な主人公はジョップリンがモデル） Bette Midler（ベット・ミドラー ※アメリカの歌手、女優。映画『ローズ』で主演）

🔊 176 カントリー界出身のポップ・クイーン

Taylor Swift テイラー・スウィフト（1989- ）

[téilər swíft] [テイラー　Sウィ FT]

Taylor Swift started her career at 14 as the youngest singer-songwriter to be signed by Sony/ATV Music. Despite her youth, her first album spent 157 weeks on the Billboard charts, and Swift continues to be a top-selling artist on both country music and pop charts. She is on the list of the top-selling artists of all time due to the success of songs such as "Shake It Off" and "I Knew You Were Trouble." She is well known for writing her songs from personal experiences, especially her past romances.

□ singer/songwriter：シンガー・ソングライター　□ Billboard charts：ビルボード誌のチャート ※ビルボード誌はアメリカの音楽業界誌。毎週発表されるそのチャートには世界的な影響力がある □ romance：恋愛

訳 テイラー・スウィフトは14歳の時、ソニー ATVミュージックが契約した最年少のシンガー・ソングライターとしてキャリアを始めた。その若さにもかかわらず最初のアルバムは157週にわたってビルボード誌のチャートにランクインし、スウィフトはカントリー音楽とポップスの両チャートで売れっ子アーティストであり続けている。「シェイク・イット・オフ」や「トラブル」といった曲の成功によって、史上最も売れたアーティストのリストに名を連ねている。彼女は個人的な経験、特に過去の恋愛から着想を得た曲を書くことでよく知られる。

関連キーワード "Shake It Off"（曲「シェイク・イット・オフ」） "I Knew You Were Trouble"（曲「トラブル」） *1989*（アルバム『1989』） Grammy favorite（グラミー賞の常連 ※2021年4月現在、テイラーはグラミー賞を11回受賞している）

Miles Davis マイルス・デイヴィス（1926-91）

［máilz déivis］［**マ**イ**L**Z **デ**イヴィ S］ ★日本語とギャップ！

Miles Davis was a massively influential and innovative American trumpeter. His search for new ways of artistic expression led him to embrace the emerging style known as cool jazz — music with a subdued atmosphere — at the beginning of his career. He later experimented with musical scales, or modes as they were known, and in doing so created a whole new approach to, and genre of, jazz — modal jazz. Throughout his career Davis played with varying groups of musicians, and his genre-defining, bestselling 1959 album *Kind of Blue* is a modal jazz masterpiece that also features another still-popular giant of jazz, saxophonist John Coltrane.

□ massively：とてつもなく、甚だしく　□ innovative：革新的な、創造力に富む　□ embrace：〜を取り入れる、〜を受け入れる　□ emerging：新たな、新興の　□ subdued：抑えた、抑制の効いた　□ musical scale：音階　□ mode：旋法、モード　□ modal jazz：モード・ジャズ、モーダル・ジャズ　□ varying：さまざまな　□ genre-defining：ジャンルを特徴づける ※ここでは「モード・ジャズというジャンルを代表する（作品）」という意味　□ still-popular：現在も人気のある　□ saxophonist：サクソフォーン奏者、サックス奏者

訳 マイルス・デイヴィスは、とてつもない影響力と創造力に富んだアメリカのトランペット奏者。キャリア初期、芸術表現の新しい方法の探究は、クール・ジャズ（抑制の効いた雰囲気の音楽）として知られる新たなスタイルの採用へと彼を導いた。後には音階（モードとして知られていた）の実験を試みたが、その中で、ジャズに対する全く新しいアプローチにして全く新しいジャンルを生み出した。それがモード・ジャズである。キャリアを通じて、デイヴィスはさまざまな音楽家たちのグループと演奏をした。ジャンルを特徴づける1959年の大ヒットアルバム『カインド・オブ・ブルー』は、モード・ジャズの傑作であり、もう一人の今なお人気があるジャズ界の大物、サックス奏者のジョン・コルトレーンが客演している。

関連キーワード *Kind of Blue*（アルバム『カインド・オブ・ブルー』※ジャズ名盤ランキングの常連） cool jazz（クール・ジャズ ※ジャズの演奏スタイルの一つ。デイヴィスはその創始者と見なされることもある） modal jazz（モード・ジャズ ※1950年代から60年代を通して流行したジャズの演奏スタイル。デイヴィスの『カインド・オブ・ブルー』はその最高傑作と位置づけられている） John Coltrane（ジョン・コルトレーン ※サックス奏者。デイヴィスとのグループ活動、録音に多く参加） Cannonball Adderley（キャノンボール・アダレイ ※サックス奏者。1950年代にデイヴィスのグループ、録音に多く参加） Bill Evans（ビル・エヴァンス ※ジャズ・ピアニスト。ツアー・バンド、『カインド・オブ・ブルー』の録音などに参加。白人であるエヴァンスの起用は反発も招いたが、デイヴィスはエヴァンスの才能を重視した） Herbie Hancock（ハービー・ハンコック ※ジャズ、フュージョンなど幅広いジャンルで活躍するピアニスト、作曲家。デイヴィスとは主に1960年代に共演）

Bob Dylan ボブ・ディラン (1941–)

[báb dílən]［バB **ディ**ラン］

Bob Dylan is an American folk singer and songwriter. Early in his career, in the 1960s, his anti-establishment lyrics made many in the music industry see him as an outsider writing "protest music." However, he is now credited with bringing folk music into the landscape of pop. He is best known for songs such as "Blowin' in the Wind," "The Times They Are a-Changin'" and "Like a Rolling Stone." In 2016, he was awarded the Nobel Prize for Literature for his poetic body of work.

2章　文化・芸術　ポピュラー音楽

□ anti-establishment：反体制の　□ outsider：部外者、よそ者　□ be credited with ～：～を高く評価される、～の功績があると考えられている　□ landscape：風景、領域　□ pop：ポピュラー音楽、ポップス　□ poetic：詩の　□ body of work：作品群、一連の作品

訳 ボブ・ディランはアメリカのフォーク歌手、ソングライター。キャリアの初期の1960年代には、その反体制的な歌詞のせいで、音楽業界の多くの人が彼のことを「プロテスト音楽」を作るよそ者と見ていた。それが今では、フォークをポピュラー音楽の領域にもたらした功績で評価されている。「風に吹かれて」「時代は変る」「ライク・ア・ローリング・ストーン」といった曲で最もよく知られる。2016年には、詩の作品群に対してノーベル文学賞を授与された。

関連キーワード "Blowin' in the Wind"（曲「風に吹かれて」）"Like a Rolling Stone"（曲「ライク・ア・ローリング・ストーン」）"The Times They Are a-Changin'"（曲「時代は変る」※同名アルバムのタイトル曲）"Knockin' on Heaven's Door"（曲「天国への扉」）"Don't Think Twice, It's All Right"（曲「くよくよするなよ」）*The Freewheelin' Bob Dylan*（アルバム『フリーホイーリン・ボブ・ディラン』）*Highway 61 Revisited*（アルバム『追憶のハイウェイ61』）talking blues（トーキングブルース ※フォークやカントリー音楽で見られるスタイル。歌詞をメロディーに乗せるのではなく、語るように歌う。初期のディランの特徴的スタイル）The Band（ザ・バンド ※カナダ人とアメリカ人のメンバーから成る伝説のロック・バンド。ディランのバックバンドを務めていた時期がある）the Nobel Prize in (/for) Literature（ノーベル文学賞 ※2016年受賞。ディランが沈黙していたため、受賞拒否などさまざまな憶測を呼び、一時は騒動となった）

Beyoncé ビヨンセ (1981–)

[biːjánsei]［ビーヤンセイ］

Beyoncé Knowles, better known as Beyoncé, started her singing career with the pop group Destiny's Child. However, it is her solo work that launched her into superstardom with songs such as "Halo," "Crazy in Love" and "Run the World." In 2014, she was listed as the highest-earning musician in history, and is considered by many to be one of the most powerful women in the music industry today.

□ superstardom：スーパースターの地位、スーパースターであること

🔊 ビヨンセとしての方がよく知られているビヨンセ・ノウルズは、その歌手生活をポップ・グループのデスティニーズ・チャイルドでスタートさせた。しかしながら、「ヘイロー」「クレイジー・イン・ラブ」「ラン・ザ・ワールド」といった曲でビヨンセをスーパースターにしたのは、彼女のソロ活動である。2014年、ビヨンセは史上最も多く稼いだミュージシャンとして名前が挙がり、今日では音楽業界で最も影響力のある女性の一人と多くの人から見なされている。

関連キーワード "Halo"（曲「ヘイロー」）"Crazy in Love"（曲「クレイジー・イン・ラブ」）"Run the World (Girls)"（曲「ラン・ザ・ワールド」）Destiny's Child（デスティーニーズ・チャイルド ※ビヨンセがかつて在籍したアメリカの女性音楽グループ）Jay-Z（ジェイ・Z ※アメリカの人気ラッパー、音楽プロデューサー。夫）

🖋 ビヨンセのニックネーム「クイーン・ビー」は女王のようなその圧倒的存在感を表している。Queen Bey（女王ビヨンセ ※BeyはBeyoncéのBey）とqueen bee（女王蜂）とを掛けている。

🔊 **180** 女性ジャズ歌手御三家の一人

Ella Fitzgerald エラ・フィッツジェラルド（1917–1996）
[élə fitsdʒérəld]［エラ　フィTSジェラLD］

Born in 1917, Ella Fitzgerald was a singer, and a major figure in jazz throughout her career. She was particularly well-known for singing "scat" — improvised vocals that use nonsense syllables, allowing the singer to solo in a similar way to a musical instrument. Fitzgerald appeared in many films and television broadcasts, and her performances with artists such as Duke Ellington and Louis Armstrong brought her music to a wide audience.

□ improvised：即興の　□ nonsense：意味のない、ナンセンスな　□ syllable：音節　□ solo：独奏する、ソロパートを務める　□ in a similar way to ～：～とよく似た方法で

🔊 1917年生まれのエラ・フィッツジェラルドは歌手であり、そのキャリアを通してジャズ界の重要人物だった。特に「スキャット」（歌い手が楽器のようにソロパートを務めることを可能にする、意味のない音節を用いた即興のボーカル）で歌うことで有名だった。フィッツジェラルドは多くの映画やテレビ放送にも出演したが、デューク・エリントンやルイ・アームストロングといったアーティストたちとの共演は、彼女の音楽を幅広い聴衆に届けることになった。

関連キーワード Lady Ella（レディ・エラ ※ニックネーム） the "first lady of jazz"（「ジャズ界の第一人者」） scat singing（スキャット ※彼女の武器） "A-Tisket, A-Tasket"（曲「ア・ティスケット・ア・タスケット」） "Cheek to Cheek"（曲「チーク・トゥ・チーク」） "Someone to Watch over Me"（曲「サムワン・トゥ・ウォッチ・オーバー・ミー」） Billie Holiday（ビリー・ホリデイ ※女性ジャズ歌手御三家としてフィッツジェラルドと並び称される） Sarah Vaughan（サラ・ヴォーン ※女性ジャズ歌手御三家としてフィッツジェラルドと並び称される） Louis Armstrong（ルイ・アームストロング ※フィッツジェラルドと共演したジャズ界の大物。アルバムも複数共作している） Duke Ellington（デューク・エリントン ※フィッツジェラルドと共演したジャズ、ポピュラー音楽界の大物）

🔊 **181** ソウル界のゴッドファーザー

James Brown ジェームス・ブラウン（1933-2006）

[dʒéimz bráun]［ジェィMZ Bラウン］

Among the many nicknames James Brown has received, the most enduring is the "godfather of soul." Brown started by singing gospel, but soon moved into R&B. His popularity grew due to his unmistakable voice and energetic performances, while his songs "Papa's Got a Brand New Bag" and "It's a Man's Man's Man's World" were Number 1 hits on the R&B chart. He is also regarded as one of the creators of the musical genre funk.

□ enduring：長続きする、持続性のある □ godfather：親分、名付け親 □ gospel：ゴスペル（音楽） □ R&B：リズム・アンド・ブルース、R&B □ unmistakable：間違えようのない、紛れもない □ energetic：エネルギッシュな、精力的な

訳 ジェームス・ブラウンに付けられた多くのニックネームの中で最も息が長いのが「ソウル界のゴッドファーザー」である。ブラウンはゴスペルを歌うことで出発したが、すぐにリズム・アンド・ブルースに進出した。彼のものだとすぐに分かる声と、エネルギッシュなパフォーマンスによってブラウンの人気は高まり、「パパのニュー・バッグ」「マンズ・マンズ・ワールド」といった曲はR&Bチャートの1位になった。彼はファンクという音楽ジャンルの生みの親の一人とも見なされている。

関連キーワード R&B（R&B、リズム・アンド・ブルース ※ブラック・ミュージックの一ジャンル） funk（ファンク ※ブラック・ミュージックの一ジャンル） the "godfather of soul"（「ソウル界のゴッドファーザー」） "Papa's Got a Brand New Bag"（曲「パパのニュー・バッグ」） "It's a Man's Man's Man's World"（曲「マンズ・マンズ・ワールド」） "Get Up I Feel Like Being a Sex Machine"（曲「セックス・マシーン」） The J.B.'s（ザ・JBズ ※ブラウンのバック・バンドだが、バンド単独でも活動した。ファンク界を牽引するアーティストが多く在籍した）

Aretha Franklin アレサ・フランクリン（1942-2018）

[ærí:θə frǽŋklin]［ア**リ**ーθ ァ　F**ラ**ンGK**リ**ン］

Born in 1942, Aretha Franklin's career as a singer spanned many decades. Songs such as "Respect" and "(You Make Me Feel Like) A Natural Woman," are among some of the most famous R&B songs in history. Her records continued to sell steadily throughout her life. She has been an inspiration for black people and her peers in the industry. After her death in 2018, she was awarded a Pulitzer Prize Special Citation for her contributions to American music and culture.

□ span：〜に及ぶ　□ steadily：着実に、堅実に　□ inspiration：鼓舞する人（もの）　□ peer：同等の人、同僚　□ Pulitzer Prize Special Citation：ピューリッツァー賞特別賞

訳 1942年に生まれたアレサ・フランクリンの歌手としてのキャリアは何十年にも及んだ。「リスペクト」や「ナチュラル・ウーマン」といった楽曲は、史上最も有名なR&B作品に名を連ねている。フランクリンのレコードはその生涯を通じて堅実に売れ続けた。フランクリンは黒人や（音楽）業界の同業者たちにとって鼓舞する存在となっている。2018年の死の後、アメリカの音楽と文化に対するその功績に対し、ピューリッツァー賞の特別賞が贈られた。

関連キーワード the "queen of soul"（「ソウルの女王」）　"Chain of Fools"（曲「チェイン・オブ・フールズ」※代表的ヒット曲）　"Respect"（曲「リスペクト」※オーティス・レディングのヒット曲のカバー。オリジナルより売れた）　" (You Make Me Feel Like) A Natural Woman"（曲「ナチュラル・ウーマン」※キャロル・キングとジェリー・ゴフィンの共同作詞・作曲作品）　"I Say a Little Prayer"（曲「小さな願い」※ディオンヌ・ワーウィックのヒット曲のカバー）　gospel（ゴスペル ※音楽の一ジャンル。宗教音楽）　Pulitzer Prize Special Citation（ピューリッツァー賞特別賞 ※ピューリッツァー賞は報道、文学、音楽分野の功績に対して授与されるアメリカの賞）

Prince プリンス（1958-2016）

[príns]［P**リ**ンS］

Born in Minneapolis, Minnesota, Prince was a singer and songwriter whose work spanned multiple genres of music. He became widely recognized for his considerable vocal range and virtuosity on the guitar as well as his experimentation in musical genres, fashion and gender expression. He is best known for early songs such as "Purple Rain" and "Little Red Corvette," but he continued to write hits up until his accidental death in 2016 due to an overdose of the painkiller fentanyl.

□ considerable：かなりの、相当な　□ vocal range：声域　□ virtuosity：高度な技術、名人技　□ experimentation：実験　□ gender：（主に社会的、文化的な意味での）性、ジェンダー　□ overdose：（薬剤・麻薬などの）過量摂取、過剰摂取　□ painkiller：痛み止め、鎮痛剤　□ fentanyl：フェンタニル

[訳] ミネソタ州ミネアポリスに生まれたプリンスは、その作品が複数の音楽ジャンルに及んだシンガー・ソングライター。広い声域と高度なギター技術や、音楽ジャンル、ファッション、ジェンダー表現における実験で広く評価された。「パープル・レイン」「リトル・レッド・コルヴェット」といった初期の曲で最もよく知られているが、鎮痛剤フェンタニルの過量摂取によって2016年に事故死するまで、ヒット曲を書き続けた。

関連キーワード "Purple Rain"（曲「パープル・レイン」※アルバム［主演映画のサウンドトラック］のタイトルでもある） *Purple Rain*（映画『プリンス／パープル・レイン』※自ら主演した自伝的映画） "Little Red Corvette"（曲「リトル・レッド・コルヴェット」） "When Doves Cry"（曲「ビートに抱かれて」） "Let's Go Crazy"（曲「レッツ・ゴー・クレイジー」） *1999*（アルバム『1999』） *Around the World in a Day*（アルバム『アラウンド・ザ・ワールド・イン・ア・デイ』） The Revolution（ザ・レヴォリューション ※全盛期の1980年代を共にしたバックバンド） the Minneapolis sound（ミネアポリス・サウンド ※1970年代の終わりから80年代中頃まで大きな盛り上がりを見せた音楽ジャンル。プリンスはその中心人物だった）

184 古き良きアメリカ文化のアイコン

Elvis Presley エルヴィス・プレスリー（1935-77）

［élvis présli］［**エ**Lヴィ S　P**レ**Sリ］

Elvis Presley is one of the most important figures in the history of popular music. So much so that he is often referred to by his nickname: The King of Rock'n'Roll. Presley was instrumental in popularizing rock and roll, and his stage performances were considered scandalous by conservative critics — a fact which only made him more popular with young audiences. His hit songs include "Can't Help Falling in Love," "Jailhouse Rock" and "Viva Las Vegas," and he was also popular as an actor, appearing in 31 films.

□ so much so that ～：あまりにそうなので～、非常にそうなので～　□ instrumental in ～：～に貢献して、～に尽力して　□ popularize：～を大衆化する、～を世に広める　□ scandalous：不道徳な、スキャンダラスな

[訳] エルヴィス・プレスリーはポピュラー音楽史上最も重要な人物の一人。あまりにも重要なので、しばしば「ロックンロールの王様」というニックネームで言及される。プレスリーはロックンロールを世に広めることに貢献したが、ステージでのパフォーマンスは保守的な批評家たちから不道徳なものと見なされた。ただしそのこ

とは若い観客たちの間で彼を一層人気者にしただけだった。ヒット曲には「好きにならずにいられない」「監獄ロック」「ラスベガス万才」などがある。彼はまた31本の映画に出演し、俳優としても人気が高かった。

関連キーワード　The King（キング ※ニックネーム）　the "king of rock'n'roll"（「ロックンロールの王様」、「キング・オブ・ロックンロール」）　"Love Me Tender"（曲「ラヴ・ミー・テンダー」※同タイトルの出演映画もある。映画の邦題は『やさしく愛して』）　"Jailhouse Rock"（曲「監獄ロック」※同タイトルの主演映画もある）　"Hound Dog"（曲「ハウンド・ドッグ」）　"Can't Help Falling in Love"（曲「好きにならずにいられない」）　"Viva Las Vegas"（曲「ラスベガス万才」※同タイトルの主演映画もある）　"My Way"（曲「マイ・ウェイ」）　*Blue Hawaii*（映画『ブルー・ハワイ』※主演映画）　Graceland（グレイスランド ※テネシー州メンフィスにあるプレスリーの元邸宅。音楽ファンにとっての聖地）　the ducktail（ダックテイル ※the duck's tailとも。初期のプレスリーのトレードマークだった髪型）　jumpsuit（つなぎ、ジャンプスーツ ※プレスリーは派手な装飾を施してステージ衣装にしていた。キャリア晩年のトレードマーク）　The Ed Sullivan Show（「エド・サリヴァン・ショー」※アメリカのテレビの人気バラエティー番組。エルヴィスの出演回は伝説となっている）

　Presleyの発音は「プレスリ」が正しいとされるが、「s」を濁らせて「プレズリ」と発音するネイティブ・スピーカーも一定数いる。

🔊**185**　レノンも敬愛した「ロックンロールの父」

Chuck Berry　チャック・ベリー（1926–2017）

[tʃʌ́k béri]　[**チャ**K　ベリ]

　Sometimes called the "father of rock'n'roll," Charles Edward Anderson Berry, aka Chuck Berry, was a pioneer. Showiness, pomp, swagger, and exhibitionism in addition to guitar solos are what he added to the genre. Case in point, he was inducted to the Rock and Roll Hall of Fame for contributions to the music and stage. According to John Lennon, "If you tried to give rock'n'roll another name, you might call it 'Chuck Berry'." His song "Johnny B. Goode" is on NASA's Voyagers' golden records.

□ aka ～：別名～、またの名を～ ※ also known as の略　□ showiness：人目を引くこと、派手さ　□ pomp：華やかさ　□ swagger：自信たっぷりな態度、強気な態度　□ exhibitionism：自己顕示癖　□ case in point：適例として、典型的な例として　□ the Rock and Roll Hall of Fame：ロックの殿堂　□ NASA：（米）航空宇宙局、NASA ※ National Aeronautics and Space Administration の略　□ Voyager：ボイジャー ※ 1970年代にNASAが打ち上げた無人宇宙探査機。1号と2号がある。地球の人類や文明の存在を伝える試みとして、音や映像を収録した金色のレコード盤を搭載していた

訳　時に「ロックンロールの父」と称され、またの名をチャック・ベリーというチャールズ・エドワード・アンダーソン・ベリーは先駆者である。派手さ、華やかさ、自信たっぷりな態度、自己顕示癖は、ベリーがギターソロと共にこの音楽ジャンルにもたらしたものである。そのいい事例として、ベリーは音楽と演奏への貢献でロックの殿堂入りをした。ジョン・レノンによれば、「もしロックンロールに別の名前を付ける

としたら、『チャック・ベリー』かもしれない」とのことである。ベリーの曲「ジョニー・B.グッド」はNASAボイジャー号のゴールデンレコードに収録されている。

[関連キーワード] the “father of rock’n’roll”（「ロックンロールの父」） “Johnny B. Goode”（曲「ジョニー・B.グッド」） “Sweet Little Sixteen”（曲「スウィート・リトル・シックスティーン」） “Roll Over Beethoven”（曲「ロール・オーバー・ベートーヴェン」） “Rock and Roll Music”（曲「ロックンロール・ミュージック」） the duckwalk（ダックウォーク ※ベリーの特徴的なギター演奏スタイル。腰を曲げて低い位置にギターを構え、前進しながら演奏する） the Rock and Roll Hall of Fame（ロックの殿堂 ※ベリーは殿堂入りした最初のアーティスト）

186 時代を駆け抜けたサイケなギター・ヒーロー

Jimi Hendrix　ジミ・ヘンドリックス（1942-70）

[dʒími héndriks]［**ジ**ミ　**ヘ**ンDリKS］

Jimi Hendrix was an American singer and guitar player who is considered a pioneer of rock music and one of the most influential guitar players in history. Although his career only lasted a few years, he headlined at the Woodstock festival in 1969. It was not only his blues-inspired playing that made him famous, but the innovative ways in which he used overdriven guitar sounds and feedback. These techniques paved the way for the sounds of rock guitar today.

□headline：～の主役となる　□blues-inspired：ブルース（音楽）の影響を受けた　□overdriven guitar sound：オーバードライブ（で歪ませた）ギターの音色 ※ギターのアンプに過度の負担をかけたり、専用のエフェクターを用いたりすることで得られる歪(ひず)んだ音色　□feedback：フィードバック ※ハウリングのようなノイズ　□pave the way for ～：～の道を開く、～の下地を作る

[訳] ジミ・ヘンドリックスは、ロックの先駆者の一人であり史上最も影響力のあるギタリストの一人と見なされている、アメリカの歌手でギタリスト。そのキャリアはわずか数年というものだったが、1969年のウッドストック・フェスティバルでヘッドライナーを務めた。彼が有名になったのはブルースの影響を受けた演奏だけでなく、オーバードライブで歪ませたギターの音色やフィードバックを用いた革新的な手法のおかげでもあった。

[関連キーワード] psychedelic rock（サイケデリック・ロック ※ロックの一ジャンル） “Purple Haze”（曲「パープル・ヘイズ」） “Voodoo Child (Slight Return)”（曲「ヴードゥー・チャイルド（スライト・リターン）」） *Are You Experienced*（アルバム『アー・ユー・エクスペリエンスト?』） *Electric Ladyland*（アルバム『エレクトリック・レディランド』 Electric Lady Studios（エレクトリック・レディ・スタジオ ※ニューヨークにある有名な録音スタジオ。元はヘンドリックスのスタジオだった） The Jimi Hendrix Experience（ザ・ジミ・ヘンドリックス・エクスペリエンス ※ヘンドリックス全盛期のバンド） the Rock and Roll Hall of Fame（ロックの殿堂 ※ザ・ジミ・ヘンドリックス・エクスペリエンス名義で殿堂入り） Woodstock Music and Art Festival（ウッドストック・フェスティバル ※1969年8月、米ニューヨーク州で開催された伝説の野外コンサート。ヘンドリックスも出演）

David Bowie　デヴィッド・ボウイ（1947–2016）

［déivid bóui］［**デ**イヴィ D　**ボ**ウイ］

David Bowie was a British singer and songwriter, and a principal figure in the rise of glam rock and helped broaden the scope of pop music more generally. His ever-changing sound and style influenced thousands of other musicians. In the 1970s, he released several hit songs as his androgynous alter ego Ziggy Stardust. These include "Starman" and "Ziggy Stardust." Later, he would experiment with pop music, industrial and many other styles. He was also an actor in a number of films, including the 1980s classic *Labyrinth*, and a role as Nikola Tesla in *The Prestige*.

□ glam rock：グラムロック　□ scope：範囲、領域　□ pop music：ポピュラー音楽、ポップ・ミュージック　□ ever-changing：絶え間なく変わる、変幻自在の　□ androgynous：中性的な　□ alter ego：分身　□ industrial：インダストリアル（・ミュージック）※ 1970 年代に台頭した前衛的な音楽

訳 デヴィッド・ボウイはイギリスのシンガー・ソングライターであり、グラムロックの台頭においては主役であり、ポピュラー音楽の領域をより一般に広げる助けとなった。絶え間なく変わるその音楽とスタイルは他の多くのミュージシャンに影響を与えた。1970年代には、彼の中性的な分身、ジギー・スターダストとして数曲のヒット曲を発表した。それには「スターマン」や「ジギー・スターダスト」が含まれる。その後、ポピュラー音楽やインダストリアルほか多くのスタイルを試行した。俳優としても多くの映画に出演し、その中には1980年代の名作『ラビリンス／魔王の迷宮』や『プレステージ』でのニコラ・テスラ役が含まれている。

関連キーワード **glam rock**（グラムロック ※1970年代に流行したロックの一ジャンル。演奏者のメイクや服装など、見せ方も重要な要素）　**Ziggy Stardust**（ジギー・スターダスト ※グラムロック時代にボウイが演じた架空のロック・アーティスト）　*The Rise and Fall of Ziggy Stardust and the Spiders from Mars*（アルバム『ジギー・スターダスト』）　**"Starman"**（曲「スターマン」）　**"A Space Oddity"**（曲「スペイス・オディティ」※同タイトルのアルバムもある）　**"Changes"**（曲「チェンジス」）　**"Heroes"**（曲「ヒーローズ」※同タイトル（邦題は『英雄夢語り（ヒーローズ）』）のアルバムもある）　**"Let's Dance"**（曲「レッツ・ダンス」※同タイトルのアルバムもある）　**the Rock and Roll Hall of Fame**（ロックの殿堂）　*The Man Who Fell to Earth*（映画『地球に落ちて来た男』）　*Merry Christmas, Mr. Lawrence*（映画『戦場のメリークリスマス』※大島渚監督作品。坂本龍一とも共演）　*Labyrinth*（映画『ラビリンス／魔王の迷宮』）　*The Prestige*（映画『プレステージ』※2006年公開。ボウイがニコラ・テスラを演じた）

Bono ボノ（1960– ）

[bóunou]［ボウノウ］

Born Paul David Hewson, Bono is best known as the lead singer for the Irish band U2. His voice and lyrics have driven the popularity of songs such as "With or Without You," "Desire" and "Beautiful Day." He has also been involved in many charity and social-justice projects, most of them dealing with poverty in African countries.

□ lyrics：歌詞　□ social-justice：社会的正義の、社会的公正を求める　□ poverty：貧困

訳　ポール・デヴィッド・ヒューソンとして生まれたボノは、アイルランドのバンドU2のリード・シンガーとして最もよく知られる。彼の声と歌詞は「ウィズ・オア・ウィズアウト・ユー」「ディザイアー」「ビューティフル・デイ」といった曲の人気に拍車をかけてきた。ボノは多くの慈善プロジェクトや社会的公正を求めるプロジェクトに携わっている。そのほとんどがアフリカ諸国の貧困に関するものである。

関連キーワード　U2（U2 ※アイルランドのロック・バンド。ボノはそのボーカル）　The Edge（ジ・エッジ ※U2のギタリストで、多くの楽曲をボノと共作している）　Larry Mullen, Jr.（ラリー・マレン・ジュニア ※U2のドラマー）　Adam Clayton（アダム・クレイトン ※U2のベーシスト）　*War*（アルバム『WAR（闘）』）　*The Joshua Tree*（アルバム『ヨシュア・トゥリー』）　*Rattle and Hum*（アルバム『魂の叫び』）　Achtung Baby（アルバム『アクトン・ベイビー』）　"Sunday Bloody Sunday"（曲「ブラディ・サンデー」）　"New Year's Day"（曲「ニュー・イヤーズ・デイ」）　"With or Without You"（曲「ウィズ・オア・ウィズアウト・ユー」）　"Desire"（曲「ディザイアー」）　Paradise Papers（パラダイス文書 ※2017年に公表された個人や企業のタックス・ヘイヴン〔租税回避地〕取引に関する文書。名前が掲載された著名人の中にボノが含まれていたことが話題となった）

Buddy Holly バディ・ホリー（1936–59）

[bʌ́di hʌ́li]［バディ　ハリ］

Born in Texas in 1936, Buddy Holly became one of the most popular musicians and songwriters in the United States. Despite his relatively short career, he is considered one of the pioneers of rock and roll. Holly is best known for songs such as "Peggy Sue" and "That'll Be the Day," which were both major radio hits in the late 1950s. Holly's career was cut short due to a tragic plane crash which also claimed the lives of two other well-known musicians — Richie Valens and The Big Bopper — in 1959.

□ be cut short：急に終わらされる、早めに終わらされる　□ tragic：悲劇的な、悲惨な　□ claim

the life of ～：～の命を奪う

[訳] 1936年テキサス州に生まれたバディ・ホリーは、アメリカで最も人気のあるミュージシャン、ソングライターとなった。比較的短いキャリアにもかかわらず、ホリーはロックンロールの先駆者の一人と見なされている。ホリーは「ペギー・スー」や「ザトル・ビー・ザ・デイ」で一番よく知られているが、どちらも1950年代後半のラジオで大ヒットした曲だった。彼のキャリアは悲劇的な飛行機墜落事故のせいで1959年に突如終わりを迎えた。その事故はほかにも、リッチー・ヴァレンズとJ.P. "ビッグ・ボッパー" リチャードソンという2人の有名なミュージシャンの命を奪った。

[関連キーワード] "Peggy Sue"（曲「ペギー・スー」） "That'll Be the Day"（曲「ザトル・ビー・ザ・デイ」） The Crickets（ザ・クリケッツ ※ホリーが結成したロック・バンド） Richie Valens（リッチー・ヴァレンズ ※ヒット曲「ラ・バンバ」で知られる人気ミュージシャン。ホリーと共に事故の犠牲となった） The Big Bopper（J・P・"ビッグ・ボッパー" リチャードソン ※ホリーと共に事故の犠牲となったミュージシャン） the Rock and Roll Hall of Fame（ロックの殿堂 ※死後、1986年に殿堂入り）

190 映画の大ヒットで人気再燃

Freddie Mercury フレディ・マーキュリー（1946-91）

[frédi mə́ːrkjəri]［Fレディ マーキャリ］

Freddie Mercury was the charismatic lead singer for the British rock band Queen. He was known for his incredible vocal range, while Queen's music and lyrical contents sometimes approached that of a stage musical or opera. Songs such as "Bohemian Rhapsody" and "We Are the Champions," both of which were written by Mercury, are perfect examples. But Mercury was especially celebrated for his larger-than-life performances on stage. He was flamboyant, theatrical, sometimes shocking and always entertaining.

□charismatic：カリスマ的な、カリスマ性のある □incredible：驚くべき、とてつもない □vocal range：声域 □lyrical：歌詞の □stage musical：ミュージカル □be celebrated for ～：～で知られている、～で有名である □larger-than-life：力強い、堂々とした □flamboyant：華やかな、きらびやかな □theatrical：演劇的な、芝居がかった

[訳] フレディ・マーキュリーはイギリスのロック・バンド、クイーンのカリスマ的リード・シンガーだった。マーキュリーはその驚異的な声域で知られ、クイーンの音楽と歌詞の内容はミュージカルやオペラのそれに近づくことがあった。彼が書いた「ボヘミアン・ラプソディ」や「伝説のチャンピオン」といった曲はその完璧な例である。しかしマーキュリーは、ステージでの力強いパフォーマンスがとりわけ有名だった。華やかで演劇的、時には衝撃的、そして常に楽しませる存在だった。

[関連キーワード] Queen（クイーン） Brian May（ブライアン・メイ ※クイーンのギタリスト） Roger Taylor（ロジャー・テイラー ※クイーンのドラマー） John Deacon（ジョン・ディー

コン ※クイーンのベーシスト）"Killer Queen"（曲「キラー・クイーン」※クイーン時代の曲）"We Are the Champions"（曲「伝説のチャンピオン」※クイーン時代の曲）"We Will Rock You"（曲「ウィ・ウィル・ロック・ユー」※クイーン時代の曲）"Bohemian Rhapsody"（曲「ボヘミアン・ラプソディ」※クイーン時代の曲）"I Was Born To Love You"（曲「ボーン・トゥ・ラヴ・ユー」※ソロ曲）*Queen*（アルバム『戦慄の王女』※クイーン時代の作品）*A Night at the Opera*（アルバム『オペラ座の夜』※クイーン時代の作品）*Innuendo*（アルバム『イニュエンドウ』※クイーン時代の作品）*Mr. Bad Guy*（アルバム『Mr.バッド・ガイ』※ソロ・アルバム）*Bohemian Rhapsody*（映画『ボヘミアン・ラプソディ』※世界的に大ヒットした2018年の映画。マーキュリーの伝記的内容）AIDS（エイズ、後天性免疫不全症候群 ※acquired immune deficiency syndromeの略。マーキュリーの死因はその影響による気管支肺炎だった）

🔊**191** 　レゲエ・カルチャーのアイコン的存在

Bob Marley　ボブ・マーリー（1945-81）

[báb mά:*r*li]［バB　マーリ］

Hailing from Jamaica, Bob Marley is best known for bringing the genre of reggae into the world of pop music in the 1960s and 70s. His distinctive sound and voice have become emblematic of Jamaican culture. In the late 1970s, after being wounded in an assassination attempt, Marley moved to London, and continued his career there. "No Woman, No Cry" and "I Shot the Sheriff" are just two of the many songs that made him popular.

□ hail from ～：～の出身である　□ reggae：レゲエ　□ distinctive：独特な　□ emblematic：象徴の　□ assassination attempt：暗殺未遂

訳 ジャマイカ出身のボブ・マーリーは、1960年代と70年代に、レゲエというジャンルをポピュラー音楽の世界にもたらしたことで最もよく知られている。その独特な音楽と声はジャマイカ文化の象徴となっている。70年代後半、暗殺未遂事件で負傷した後、彼はロンドンに移り、活動を続けた。「ノー・ウーマン、ノー・クライ」と「アイ・ショット・ザ・シェリフ」は彼を有名にした数ある曲のほんの一部である。

関連キーワード reggae（レゲエ ※ユネスコの無形文化遺産）The Wailers（ザ・ウェイラーズ ※ジャマイカのレゲエ・バンド。マーリーが仲間たちと結成したバンドを前身とする。1970年代から80年代初めにかけてはボブ・マーリー＆ザ・ウェイラーズとして活動）Rastafarianism（ラスタファリアニズム ※ジャマイカの宗教的思想運動。Rastafari movement（ラスタファリ運動）とも。マーリーは1960年代に改宗）"No Woman, No Cry"（曲「ノー・ウーマン、ノー・クライ」）"One Love"（曲「ワン・ラヴ」）"I Shot the Sheriff"（曲「アイ・ショット・ザ・シェリフ」）

Paul McCartney　ポール・マッカートニー（1942– ）

[póːl məkáːrtni]［ポーL　マカーTニ］

Paul McCartney is a British singer and songwriter, best known for being a member of The Beatles. McCartney's solo career has also had numerous chart-toppers, including collaborations such as "Ebony and Ivory" with Stevie Wonder, and "The Girl Is Mine" with Michael Jackson. McCartney was given a knighthood in 1997, and today he is one of the wealthiest musicians in the world.

□ numerous：数多くの、非常に多くの　□ chart-topper：ヒットチャートのトップにあるもの、大ヒット作品　□ collaboration：共同作品、合作　□ knighthood：ナイト爵

訳　ポール・マッカートニーはイギリスのシンガー・ソングライターであり、「ザ・ビートルズ」のメンバーだったことで最もよく知られている。ソロとしてのキャリアでも、スティーヴィー・ワンダーとの「エボニー・アンド・アイボリー」、マイケル・ジャクソンとの「ガール・イズ・マイン」といった共同作品を含む数多くの大ヒット曲がある。マッカートニーは1997年にナイト爵を授与されており、今日、世界で最も裕福なミュージシャンの一人である。

関連キーワード　The Beatles（ザ・ビートルズ　※ポピュラー音楽史上最高峰のロック・バンドと称えられる。マッカートニーは主にボーカルとベースを担当した。1970年に解散）　John Lennon（ジョン・レノン　※ビートルズではボーカルとリズム・ギターを主に担当）　George Harrison（ジョージ・ハリスン　※ビートルズでは主にリード・ギターを担当）　Ringo Starr（リンゴ・スター　※ビートルズでは主にドラムスを担当）　Beatlemania（ビートルマニア　※熱狂的なビートルズ・ファン）　Liverpool（リヴァプール　※ビートルズの出身地として有名なイギリスの都市）　Beat music（ビート・ミュージック　※Merseybeat（マージービート）とも。1960年代に大流行したリヴァプール発のロック・サウンド。ビートルズはその代表格だった。日本では「リバプール・サウンド」とも）　the British Invasion（ブリティッシュ・インヴェイジョン　※ビートルズやローリング・ストーンズなどイギリスのバンドがアメリカの音楽シーンを席巻した1960年代の現象のこと）　Lennon-McCartney（レノン＝マッカートニー　※ビートルズの多くの楽曲で使われている作詞・作曲者のクレジット。マッカートニーとジョン・レノンとの共同名義だが、どちらかが単独で作詞・作曲を手掛けた場合にもこのクレジットが使用された）　"Yesterday"（曲「イエスタデイ」　※ビートルズの曲。作詞・作曲はマッカートニーが手掛けた）　"Hey Jude"（曲「ヘイ・ジュード」　※ビートルズの曲。作詞・作曲はマッカートニーが手掛けた）　"Let It Be"（曲「レット・イット・ビー」　※ビートルズの曲。作詞・作曲はマッカートニーが手掛けた。同タイトルのアルバムもある）　Wings（ウイングス　※マッカートニーと妻のリンダを中心に結成されたバンド）　*Band on the Run*（アルバム『バンド・オン・ザ・ラン』　※ポール・マッカートニー&ウイングスのアルバム）　Linda McCartney（リンダ・マッカートニー　※死別した最初の妻。写真家でウイングスのメンバーでもあった）　Stella McCartney（ステラ・マッカートニー　※マッカートニーとリンダの次女。ファッションデザイナーとして成功している）

マッカートニーをはじめ、ビートルズの元メンバーは、ex-Beatle（元ビートルズ［の］）という言葉と共によく紹介される。一人の場合は「ex-Beatle」と単数形になっている点がポイント。例えばニュースなら、Ex-Beatle Paul McCartney has announced a new world tour.（元ビートルズのポール・マッカートニーが新たなワールド・ツアーを発表しました）といった具合に使われる。

🔊**193**　最強の自己プロデュース力で第一線に君臨

Madonna　マドンナ（1958- ）

［mədánə］［マダナ］

Madonna is an American-born singer, songwriter and actress whose career has deeply influenced pop music. She has been hailed for her ability to change her sound and look to fit the times while still producing chart-topping hits. Songs such as "Like a Prayer" and "Erotica" dealt with taboo or controversial subjects in both their lyrics and videos. As of 2018, she was the wealthiest woman in the music industry, and is respected for having kept tight control over her own career and business.

□ be hailed for ～：～でもてはやされる、～を称賛される　□ chart-topping：ヒットチャートの1位にある　□ taboo：タブー　□ controversial：議論を引き起こす、物議を醸している　□ lyrics：歌詞　□ as of ～：～現在、～の時点で　□ keep tight control over ～：～を厳しく管理する、～を厳しくコントロールする

訳　マドンナはアメリカ生まれの歌手、ソングライター、女優で、そのキャリアはポピュラー音楽に深く影響を与えた。いまだにチャートの1位をとるヒット曲を生み出しながら、自身の音楽や外見を時代に合わせて変化させる能力を称賛されてきた。「ライク・ア・プレイヤー」や「エロティカ」といった曲では、歌詞でもビデオでも、タブーとされる題材や物議を醸す題材を扱った。2018年の時点でマドンナは音楽業界における最も裕福な女性であったが、自身のキャリアとビジネスを厳しく管理してきたことで尊敬を集めている。

関連キーワード　"Like a Virgin"（曲「ライク・ア・ヴァージン」※同タイトルのアルバムもある）　"Material Girl"（曲「マテリアル・ガール」）　"Papa Don't Preach"（曲「パパ・ドント・プリーチ」）　"Like a Prayer"（曲「ライク・ア・プレイヤー」※同タイトルのアルバムもある。十字架を燃やすなど、ビデオの内容が物議を醸した）　"Vogue"（曲「ヴォーグ」）　"Erotica"（曲「エロティカ」※過激な性描写を含むプロモーション・ビデオが物議を醸した。同名のアルバムもある）　*Madonna: Truth or Dare*（映画『イン・ベッド・ウィズ・マドンナ』※ドキュメンタリー）　*Evita*（映画『エビータ』※ミュージカル映画。主演）

Neil Young ニール・ヤング（1945- ）

[níːl jʌ́ŋ]［ニーⅬ　ヤンG］

Neil Young is a Canadian-born rock singer and songwriter. His unique high-toned singing and range of music styles have made him popular for many years. He is probably best known for the song "Heart of Gold," which rose to No. 1 on American music charts in 1972. Other hits include the songs "Old Man" and "Harvest Moon." Over the years he has performed both as a solo act and with a number of groups including Buffalo Springfield and Crosby, Stills, Nash and Young.

□ high-toned：声の調子が高い、高い調子の

 ニール・ヤングはカナダ生まれのロック・シンガーソングライター。独特の高い調子の歌声と音楽スタイルの幅広さは長年にわたり彼を人気者にしてきた。ヤングは、1972年にアメリカの音楽チャートで1位を獲得した曲「孤独の旅路」で、おそらく最もよく知られているだろう。ほかにも「オールド・マン」や「ハーヴェスト・ムーン」といったヒット曲がある。ヤングは長年の間、ソロとして、またバッファロー・スプリングフィールドやクロスビー、スティルス、ナッシュ＆ヤングといった複数のグループで活動してきた。

関連キーワード Buffalo Springfield（バッファロー・スプリングフィールド ※ヤングが在籍したアメリカのロック・バンド） Crosby, Stills, Nash & Young（クロスビー、スティルス、ナッシュ＆ヤング ※短期間ギタリストとして在籍。ヤングが加入する前のバンド名は「クロスビー、スティルス＆ナッシュ」） Crazy Horse（クレイジー・ホース ※ヤングのバック・バンド。バンド単独でも活動） "Heart of Gold"（曲「孤独の旅路」） "Old Man"（曲「オールド・マン」） "Harvest Moon"（曲「ハーヴェスト・ムーン」※同タイトルのアルバムもある） "Only Love Can Break Your Heart"（曲「オンリー・ラヴ・キャン・ブレイク・ユア・ハート」） "Rockin' in the Free World"（曲「ロッキン・イン・ザ・フリー・ワールド」） *Everybody Knows This Is Nowhere*（アルバム『ニール・ヤング・ウィズ・クレイジー・ホース』） *Harvest*（アルバム『ハーヴェスト』） *Freedom*（アルバム『フリーダム』） the Rock and Roll Hall of Fame（ロックの殿堂）

Rihanna リアーナ（1988- ）

[riǽnə]［リアナ］★づづりとギャップ！

Rihanna is a multiple-award-winning pop artist whose music has sold over 250 million records. Born in Barbados, Rihanna's early music was influenced by her Caribbean roots, but today she is better known for her wide vocal range and R&B-influenced danceable tunes. Her singles "Umbrella" and "Diamonds," among others, have been major international hits.

□ record：レコード ※ここではディスクなどを含む、再生可能な音声や画像等の記録を指す □ Barbados：バルバドス ※カリブ海、西インド諸島の島国 □ Caribbean：カリブ海の □ roots：ルーツ □ vocal range：声域 □ R&B-influenced：R&B (リズム・アンド・ブルース) の影響を受けた、R&B色の強い □ danceable：ダンス向きな、ダンサブルな □ tune：曲

訳 リアーナは多くの賞を受賞しているポップ・アーティストで、2億5000万を超えるレコードを売り上げている。バルバドスで生まれたリアーナの初期の音楽は、自身のカリブ海のルーツの影響を受けていたが、現在の彼女は、幅広い声域とR&B色の強いダンサブルな曲でより知られている。中でも、シングル曲「アンブレラ」や「ダイヤモンズ」は世界的な大ヒットとなった。

関連キーワード *Good Girl Gone Bad* (アルバム『グッド・ガール・ゴーン・バッド』 ※出世作) **Loud**(アルバム『ラウド』) **"Umbrella"** (曲「アンブレラ」) **"Don't Stop the Music"** (曲「ドント・ストップ・ザ・ミュージック」) **"Diamonds"** (曲「ダイヤモンズ」) **"Only Girl (In the World)"** (曲「オンリー・ガール (イン・ザ・ワールド)」 **Jay Z** (ジェイ・Z ※アメリカのラッパー、音楽プロデューサー。音楽業界の大物。リアーナをデビュー当時から支援し、コラボレーションも多い) **Chris Brown**(クリス・ブラウン ※アメリカの人気歌手で元交際相手。2009年、ブラウンのリアーナに対するドメスティック・バイオレンスが発覚し大きなニュースとなった)

🔊**196** ロック・ギタリストのアイコン

Keith Richards キース・リチャーズ (1943-)

[kíːθ rítʃərdz] [**キー**-θ **リチャ**ーDZ]

As one of the founding members of British rock group The Rolling Stones, Keith Richards has been a guitarist, backing vocalist and co-writer of most of their songs. He and Mick Jagger formed the band in 1962 and have been playing to sold-out venues ever since. Richards is known for his unadorned and direct guitar style. He is regarded by many as having helped to create the anti-establishment image of the rock'n'roller.

□ backing vocalist：バック・ボーカリスト □ venue：(コンサート) 会場 □ unadorned：飾り気のない □ direct：率直な、ストレートな □ anti-establishment：反体制的な

訳 イギリスのロック・グループ「ザ・ローリング・ストーンズ」の創設メンバーの一人であるキース・リチャーズは、ギタリスト、ボーカリスト、そして彼らの曲のほとんどの共作者である。彼とミック・ジャガーは1962年にこのバンドを結成し、以来、完売状態の客席に向かって演奏を続けてきた。リチャーズはその飾り気のない率直なギター・スタイルで知られる。彼は、ロックンローラーの反体制的なイメージを創り上げるのに一役買った人物と多くの人から見なされている。

関連キーワード **The Rolling Stones**(ザ・ローリング・ストーンズ ※通称「ストーンズ」。リチャーズはそのギタリスト) **Mick Jagger** (ミック・ジャガー ※ストーンズのボーカリスト) **Charlie Watts** (チャーリー・ワッツ ※ストーンズのドラマー) **Ron Wood** (ロン・ウッド ※ストーンズの

ギタリスト） the British Invasion（ブリティッシュ・インヴェイジョン ※ストーンズやビートルズ
などイギリスのバンドがアメリカの音楽シーンを席巻した1960年代の現象のこと）"Gimme Shel-
ter"（曲「ギミー・シェルター」※ストーンズの曲）"(I Can't Get No) Satisfaction"（曲「サティ
スファクション」※ストーンズの曲）"Paint It, Black"（曲「黒くぬれ！」※ストーンズの曲）*Pi-
rates of the Caribbean*（『パイレーツ・オブ・カリビアン』※人気映画シリーズ。リチャーズは、ジョ
ニー・デップ演じる海賊ジャック・スパロウの父親役で出演）

◁》197 社会の不条理と戦うポップ・クイーン

Lady Gaga　レディー・ガガ（1986- ）

[léidi gá:gà:]［**レ**イディ　**ガ**ーガー］

Lady Gaga is perhaps best known for her songs "Poker Face" and "Bad Romance," but her career has seen many changes over the years. The American artist is a singer, songwriter and actress, who has focused on building a fan base of often marginalized and disaffected young people who Gaga affectionately calls her "Little Monsters." She has won 11 Grammy Awards, and is an active proponent of LGBTQ and other causes.

□ fan base：ファン層　□ marginalized：取り残された、のけ者にされた　□ disaffected：不満
を抱いた　□ affectionately：愛情をこめて、親しみをこめて　□ Grammy Award：グラミー賞 ※
アメリカの権威ある音楽賞　□ proponent：支持者、擁護者　□ LGBTQ：性的マイノリティー、
LGBTQ ※アルファベットはそれぞれ lesbian（レズビアン）、gay（ゲイ）、bisexual（バイセクシャル）、
transgender（トランスジェンダー）、queer（クィア）またはクエスチョニング（questioning）を表す　□
cause：大義、運動

訳 レディー・ガガはおそらく「ポーカー・フェイス」や「バッド・ロマンス」といった曲
で最もよく知られているが、そのキャリアは年月と共に多くの変化を経てきた。歌
手であり、ソングライターであり、女優でもあるこのアメリカのアーティストは、自
身が愛情を込めて自分の「リトル・モンスターズ」と呼ぶ、のけ者にされがちな不満
を抱えた若者たちをファン層とすることに心を傾けてきた。彼女は11のグラミー賞
を受賞しており、性的マイノリティーその他の運動の熱心な擁護者である。

関連キーワード "Poker Face"（曲「ポーカー・フェイス」）"Bad Romance"（曲「バッド・
ロマンス」）"Born This Way"（曲「ボーン・ディス・ウェイ」※同タイトルのアルバムもある）*The
Monster*（アルバム『ザ・モンスター』）*A Star Is Born*（映画『アリー／スター誕生』※アカデミー
主演女優賞ノミネート）Little Monsters（リトル・モンスターたち ※ガガが自身のファンに付けた
呼び名）

◁》198 歌い継がれる不朽のメッセージ

John Lennon　ジョン・レノン（1940-80）

[dʒán lénən]［**ジャ**ン　**レ**ナン］

John Lennon was a singer and songwriter, and one of the

founding members of The Beatles. Together with Paul McCartney, he wrote or co-wrote most of the songs that made them famous. After the Beatles broke up, Lennon went on to have a hugely successful solo career, which included hits such as "Imagine." He is also well-known for his music and art projects he performed with his wife, Yoko Ono. In 1980, Lennon was murdered outside his New York home by an obsessed fan.

□ hugely：極めて、非常に　□ obsessed：狂信的な

訳 ジョン・レノンはシンガー・ソングライターで、「ザ・ビートルズ」の創設メンバーの一人でもあった。ポール・マッカートニーと共に、彼らを有名にした曲のほとんどを書き、共作した。ビートルズの解散後も、「イマジン」のようなヒット曲を出すなど、ソロ活動を大成功させた。妻のオノ・ヨーコと手掛けた音楽や芸術のプロジェクトでもよく知られている。1980年、レノンはニューヨークの自宅の外で、狂信的なファンによって殺害された。

関連キーワード The Beatles（ザ・ビートルズ ※ポピュラー音楽史上最高峰のロック・バンドと称えられる。レノンは主にボーカルとリズム・ギターを担当した。1970年に解散） Paul McCartney（ポール・マッカートニー ※ビートルズでは主にボーカルとベースを担当） George Harrison（ジョージ・ハリスン ※ビートルズでは主にリード・ギターを担当） Ringo Starr（リンゴ・スター ※ビートルズでは主にドラムスを担当） the British Invasion（ブリティッシュ・インヴェイジョン ※ビートルズやローリング・ストーンズなどイギリスのバンドがアメリカの音楽シーンを席巻した1960年代の現象のこと） Beatlemania（ビートルマニア ※熱狂的なビートルズ・ファン） "Please Please Me"（曲「プリーズ・プリーズ・ミー」※ビートルズの大ヒット曲。作詞・作曲はレノンが手掛けた。同名のアルバムもある） "A Hard Day's Night"（曲「ア・ハード・デイズ・ナイト」※ビートルズの大ヒット曲。作詞・作曲はレノンが手掛けた） Yoko Ono（オノ・ヨーコ ※日本出身の前衛芸術家、音楽家。レノンの2人目の妻） Plastic Ono Band（プラスティック・オノ・バンド ※レノンとオノ・ヨーコが結成したバンド） *John Lennon/Plastic Ono Band*（アルバム『ジョンの魂』※ビートルズ解散後に出したソロ・アルバム） "Imagine"（曲「イマジン」※ソロ作品。発表時の作詞・作曲のクレジットはレノンだったが、後にオノ・ヨーコに。同タイトルのアルバムもある） "Happy Xmas (War Is Over)"（曲「ハッピー・クリスマス（戦争は終った）」※反戦歌でありながらクリスマス・ソングの定番でもある） "Give Peace a Chance"（曲「平和を我等に」※プラスティック・オノ・バンド名義） *Double Fantasy*（アルバム『ダブル・ファンタジー』※ジョン・レノン＆オノ・ヨーコのアルバム） the Dakota（ダコタ・ハウス ※the Dakota Apartmentsとも。レノン殺害事件の現場となったニューヨーク市内の高級集合住宅） Mark Chapman（マーク・チャップマン ※ジョン・レノン殺害犯。レノンの狂信的ファンだった）

◁€ 199 グラミー賞の常連、R&B界の大物

Stevie Wonder スティーヴィー・ワンダー（1950- ）

［stíːvi wʌ́ndər］［Sティーヴィ　ワンダー］

Stevie Wonder is an American musician, singer, songwriter and

producer, whose work has had a deep effect on the development of R&B and popular music. Wonder became blind at six weeks old, but developed into a musical prodigy. His first single "Fingertips," which he wrote at age 13, made him the youngest artist ever to have a chart-topping hit. Songs such as "Higher Ground," "Superstition" and "I Just Called to Say I Love You," continued to make him a household name.

□R&B：リズム・アンド・ブルース、R&B　□musical prodigy：天才音楽家　□chart-topping：チャートのトップにある　□household name：おなじみの名前、誰もが知る有名人

[訳] スティーヴィー・ワンダーは、その作品がR&Bやポピュラー音楽の発展に深い影響を与えたアメリカのミュージシャン、歌手、ソングライター、プロデューサー。ワンダーは生後6週間の時に視力を失ったが、天才音楽家に成長した。13歳の時に書いた初めてのシングル曲「フィンガーティップス」で、彼は最年少のチャート1位獲得アーティストとなった。その後も「ハイアー・グラウンド」「迷信」「心の愛」といった曲によって、彼は誰もが知る有名人であり続けた。

[関連キーワード] R&B（リズム・アンド・ブルース ※ブラック・ミュージックの一ジャンル） Motown Records（モータウン・レコード ※ソウルやR&Bの名門レコード・レーベル。ワンダーは代表的な所属アーティスト） Little Stevie Wonder（リトル・スティーヴィー・ワンダー ※子ども時代の音楽活動で使われていた芸名） "Superstition"（曲「迷信」） "Higher Ground"（曲「ハイアー・グラウンド」） "I Just Called to Say I Love You"（曲「心の愛」） *Talking Book*（アルバム『トーキング・ブック』※ヒット曲「迷信」収録） *Innervisions*（アルバム『インナーヴィジョンズ』※1974年のグラミー賞最優秀アルバム賞受賞。ヒット曲「ハイアー・グラウンド」ほかを収録） clavinet（クラビネット ※「迷信」などで使用されたワンダー愛用の電子鍵盤楽器。1970年代のポピュラー音楽に欠かせない特徴的な音色を持つ） ROP（未熟児網膜症 ※retinopathy of prematurityの略。ワンダーが視力を失った原因）

ワンダーが所属するレコード・レーベル「モータウン・レコード（Motown Records）」は、ジャクソン5、ダイアナ・ロス、スモーキー・ロビンソン&ザ・ミラクルズ、マーヴィン・ゲイなど、そうそうたるアーティストを輩出したブラック・ミュージックの老舗。Motownとは Motor townの略で、レーベル誕生の地、米ミシガン州デトロイトの愛称。デトロイトはフォード・モーター、ゼネラルモーターズ（GM）などの自動車産業で栄えた地。モータウン・レコードは大手レコード会社による買収・売却を経て、その拠点をミシガンからロサンゼルス、ニューヨークへと移している。

🔊 **200**　ニューヨークを舞台にした映画と言えば…

Woody Allen　ウディ・アレン（1935- ）

［wúdi ǽlən］［**ウ**ディ　**ア**ラン］

Woody Allen is an American film director, actor and comedian, best known for his romantic comedies such as *Annie Hall*, *Bullets Over Broadway* and *Mighty Aphrodite*. Allen often directs and stars in his own films, and is famous for his dialogue style, which features realistic stammering and uncertainty. During his long career, he has written or directed more than 50 films.

□ star：主役を務める　□ dialogue：対話　□ realistic：本物のような　□ stammering：口ごもること、しどろもどろになること　□ uncertainty：疑い、不確実性　□ write：〜の脚本を書く

🔳 ウディ・アレンはアメリカの映画監督、俳優、喜劇役者で、『アニー・ホール』や『ブロードウェイと銃弾』、『誘惑のアフロディーテ』などのロマンチック・コメディーで最もよく知られる。アレンはしばしば自身の映画の監督と主演を務め、リアルなしどろもどろの話し方や、不確実感を特徴とするその対話スタイルで知られる。長いキャリアの中で、彼は50本超の映画の脚本を書き、監督をした。

関連キーワード　*Annie Hall*（映画『アニー・ホール』）　*The Purple Rose of Cairo*（映画『カイロの紫のバラ』）　*Bullets Over Broadway*（映画『ブロードウェイと銃弾』）　*Mighty Aphrodite*（映画『誘惑のアフロディーテ』）

🔊 **201**　監督でも俳優でも大御所

Clint Eastwood　クリント・イーストウッド（1930- ）

［klínt íːstwud］［K**リ**ンT　**イ**ーSTウD］

Clint Eastwood is an American actor and film director who first made his name starring in Westerns and action films, such as *A Fistful of Dollars* and *Dirty Harry*. His tough-guy characters were a hit with audiences, and his star continued to rise when he moved into directing and producing. Very unusually, he won Academy Awards for Best Director for two films — *Unforgiven* and *Million Dollar Baby* — that he was also nominated as Best Actor for.

□ make *one's* name：名声を得る　□ star：主役を務める　□ Western：西部劇　□ tough-guy：不屈の男のような、タフガイの　□ star：星、運勢

🔳 クリント・イーストウッドはアメリカの俳優、映画監督で、当初は『荒野の用心棒』や『ダーティハリー』などの西部劇やアクション映画に主演して名声を得た。彼の演じたタフガイは観客の人気を博したが、監督および製作業に進出してからも、そ

の運勢は上向き続けた。非情に珍しいことに、彼はアカデミー賞の監督賞を2本の映画で受賞した。それは『許されざる者』と、主演男優賞にもノミネートされた『ミリオンダラー・ベイビー』のことである。

関連キーワード Spaghetti Western（マカロニ・ウエスタン ※イタリアやスペインなどヨーロッパで作られた西部劇。イーストウッドは駆け出しの頃、多くのマカロニ・ウエスタン作品に出演した） *Dirty Harry*（『ダーティハリー』※「ダーティハリー」ことハリー・キャラハン刑事はイーストウッドの当たり役で、刑事ものアクション映画の金字塔的作品となった） "Go ahead, make my day."（「やれるもんならやってみろ」※イーストウッドの最も有名なセリフ。「ダーティハリー」シリーズの4作目、*Sudden Impact*より。銃を手にした強盗と対峙する場面） .44 Magnum（44マグナム、44口径マグナム銃 ※ダーティハリー愛用の銃として有名） *A Fistful of Dollars*（映画『荒野の用心棒』） *Unforgiven*（映画『許されざる者』※主演、監督、製作。アカデミー賞の作品賞、監督賞ほか受賞） *Mystic River*（映画『ミスティック・リバー』※監督、製作のほか音楽も担当） *Million Dollar Baby*（映画『ミリオンダラー・ベイビー』 ※監督、出演。アカデミー賞をはじめ多くの賞を受賞） Carmel-by-the-Sea（カーメル・バイ・ザ・シー（市）、カーメル ※米カリフォルニア州モントレー郡内。1986年から88年まで市長を務めた）

🔊 **202** 伝説の西部劇俳優

John Wayne　ジョン・ウェイン（1907–79）

[dʒán wéin]［ジャン　ウェイン］

John Wayne was an American movie star in the 20th century who also directed and produced numerous films. Born as Marion Morrison, he later acquired the nickname "Duke." He appeared in over 100 films and won the Academy Award for Best Actor in 1969 for playing a tough sheriff in *True Grit*. Many consider him as the ultimate masculine icon in Hollywood for his successful roles as stern cowboys and stoic war heroes.

☐ sheriff：保安官　☐ ultimate：究極の　☐ masculine：男性的な　☐ stern：いかめしい、強面の　☐ stoic：冷静な、平然とした

訳 ジョン・ウェインは20世紀のアメリカの映画スターで、数多くの映画の監督、製作も手掛けた。マリオン・モリソンとして生まれた彼には、後に「デューク」のニックネームが付いた。100本を超える映画に出演したが、1969年には『勇気ある追跡』でタフな保安官を演じて、アカデミー主演男優賞を受賞した。強面のカウボーイや冷静な戦争の英雄といった当たり役のおかげで、彼をハリウッドにおける究極の男性像と見なす人々も多い。

関連キーワード "Duke"（デューク ※愛称） Western（西部劇映画） *Stagecoach*（映画『駅馬車』）） *Red River*（映画『赤い河』） *She Wore a Yellow Ribbon*（映画『黄色いリボン』）） *True Grit*（映画『勇気ある追跡』※アカデミー主演男優賞受賞、ゴールデングローブ主演男優賞〔ドラマ部門〕受賞）

Orson Welles オーソン・ウェルズ（1915-85）

［ɔ́ːrsn wélz］［**オー**Ｓン　**ウェ**ＬＺ］

Orson Welles was an American film director, radio producer and actor. Born in 1915, he became notorious for his 1938 radio-drama production based on the H. G. Wells novel *The War of the Worlds*. Parts of the broadcast were performed as radio news, which reportedly left some listeners believing that aliens had really landed on Earth. When it comes to film, Welles' first movie is often considered his best — *Citizen Kane* is regarded as one of the best films ever made.

□ notorious：(悪い意味で) 有名な、悪名高い　□ reportedly：伝えられるところによれば　□ when it comes to ～：～に関しては

訳 オーソン・ウェルズはアメリカの映画監督、ラジオプロデューサー、俳優。1915年生まれのウェルズは、Ｈ・Ｇ・ウェルズの小説『宇宙戦争』を基にした1938年のラジオドラマで有名になってしまった。放送の一部がラジオニュースの形で演じられ、伝えられるところによれば、そのせいで本当に宇宙人が地球に降り立ったと思い込むリスナーもいたという。映画に関しては、最初の映画が彼の最高傑作と見なされることが多い。その作品『市民ケーン』は、史上最高の映画の一つとされている。

関連キーワード *Citizen Kane* (映画『市民ケーン』※ウェルズの初監督作品にして代表作。自ら主演し、制作、(共同) 脚本も手掛けた) "ROSEBUD" (「ローズバッド」※rosebudは「バラのつぼみ」の意。『市民ケーン』の鍵を握る言葉として有名) *The Third Man* (映画『第三の男』※ウェルズの演技が高く評価される作品) *The War of the Worlds* (ラジオドラマ『宇宙戦争』※Ｈ・Ｇ・ウェルズのSF小説を基にしたラジオドラマ。あまりの臨場感から火星人が本当に攻めてきたと思い込んだリスナーが続出し、全米各地でパニックを引き起こした) The Mercury Theatre (マーキュリー劇場 ※ウェルズが仲間と立ち上げた劇団) Rita Hayworth (リタ・ヘイワース ※2人目の妻。アメリカの人気俳優だった)

Benedict Cumberbatch ベネディクト・カンバーバッチ（1976-）

［bénədikt kʌ́mbərbæ̀tʃ］［**ベ**ナディ**K**Ｔ　**カ**ンバーバチ］★アクセント注意！

Benedict Cumberbatch is an English actor whose acting career has taken him from theater, to radio, television and film. He earned international recognition when he played a modern Sherlock Holmes in a BBC television series titled *Sherlock*. His performance as cryptanalyst Alan Turing in the 2014 hit film *The Imitation Game* garnered critical acclaim, which brought him an Academy Award nomination for Best Actor.

訳 ベネディクト・カンバーバッチは、その俳優としてのキャリアを、劇場からラジオ、テレビ、映画へと広げてきたイギリスの俳優。『SHERLOCK（シャーロック）』というタイトルの連続テレビ番組で現代版シャーロック・ホームズを演じ、国際的に認められた。2014年のヒット映画『イミテーション・ゲーム／エニグマと天才数学者の秘密』での暗号解読者アラン・チューリング役の演技は批評家たちから絶賛され、アカデミー賞の主演男優賞にノミネートされた。

関連キーワード　Sherlock（テレビドラマ『SHERLOCK（シャーロック）』※イギリスのテレビドラマ）　Sherlock Holmes（シャーロック・ホームズ ※当たり役）　Martin Freeman（マーティン・フリーマン ※イギリスの俳優。『SHERLOCK（シャーロック）』でカンバーバッチ演じるシャーロックの相棒、ジョン・ワトソンを演じる）　*The Imitation Game*（映画『イミテーション・ゲーム／エニグマと天才数学者の秘密』）

🔊 **205**　スラップスティック・コメディーの王様

Buster Keaton　バスター・キートン（1915–85）

[bʌ́stər kíːtn]　[バSター　キーTン]

Buster Keaton was an American actor and film director known as one of the most active people in the early days of film. He was a comedian in many films in the 1920s and is often acknowledged as a silent film actor, but he continued to star in movies up to the 1960s. He was also a stunt performer and used a lot of slapstick comedy. In many films, he kept a straight face, earning him the nickname "The Great Stone Face." In his later career, Keaton worked with his long-time rival Charlie Chaplin in *Limelight*.

訳 バスター・キートンは、映画の黎明期に最も活躍した人物の一人として知られるアメリカの俳優、映画監督。1920年代には多くの映画で喜劇を演じており、しばしばサイレント映画の俳優とされるが、1960年代まで映画に出演を続けた。アクロバット俳優でもあり、ドタバタ喜劇的要素をよく用いた。多くの映画で真面目くさった顔を貫き、「偉大なる無表情」というニックネームを頂戴した。キャリアの後半では『ライムライト』で、長年のライバルだったチャーリー・チャップリンと共演した。

関連キーワード　slapstick comedy（スラップスティック・コメディー、ドタバタ喜劇 ※体を張って笑いを取るタイプのコメディー）　"The Great Stone Face"（「偉大なる無表情」 ※ニックネーム。奇妙な行いと真顔とのコントラストを持ち味とすることから）　*Sherlock Jr.*（映画『キートンの探偵学入門』）　*The General*（映画『キートン将軍』）　*Limelight*（映画『ライムライト』）　Charlie Chaplin（チャールズ［チャーリー］・チャップリン ※イギリス出身の喜劇王。ほぼ同時期に活躍したライバル）

206 「大物俳優の妻」から本格派俳優へ

Nicole Kidman　ニコール・キッドマン（1967- ）

[nikóul kídmən]［ニ**コ**ゥL　**キ**Dマン］

Nicole Kidman is an Australian-born actor who has appeared in dozens of films and television shows and seems to have a knack for choosing unexpected directors and scripts. Although she has received only four Academy nominations — including one Best Actress win, for *The Hours* — Kidman's acting ability has led her to work with such respected directors as Stanley Kubrick, who directed her in the film *Eyes Wide Shut*. Recently, she has turned to television as both actor and executive producer of such acclaimed series as *Big Little Lies* and *The Undoing*.

□ have a knack for ～：～の才能がある　□ script：原稿、脚本　□ nomination：推薦を受けること　□ win：勝利、（競争などでの）成功　※ここでは「受賞」の意　□ executive producer：制作総指揮者　□ acclaimed：称賛されている、評価されている

訳 ニコール・キッドマンは数多くの映画やテレビ番組に出演しているオーストラリア生まれの俳優で、思いもよらない監督や脚本を選ぶ才能の持ち主のようである。アカデミー賞では4回のノミネート（そのうち1回は『めぐりあう時間たち』で主演女優賞を受賞）にとどまっているものの、その演技力のおかげで、尊敬される監督と仕事をしてきた。例えば『アイズ ワイド シャット』で彼女に演技をつけたスタンリー・キューブリックのような監督である。キッドマンは近年、『ビッグ・リトル・ライズ ～セレブママたちの憂うつ～』や『Undoing』といった好評を得たシリーズの出演者および制作総指揮者として、テレビにも進出している。

関連キーワード　*To Die For*（映画『誘う女』※ゴールデングローブ主演女優賞 [ミュージカル・コメディ部門] 受賞）　*Eyes Wide Shut*（映画『アイズ ワイド シャット』※当時の夫、トム・クルーズと共演。監督スタンリー・キューブリック）　*Moulin Rouge!*（映画『ムーラン・ルージュ』※ゴールデングローブ主演女優賞 [ミュージカル・コメディ部門] 受賞）　*The Hours*（映画『めぐりあう時間たち』※ヴァージニア・ウルフを演じ、アカデミー、ゴールデングローブ両賞で主演女優賞を受賞）　*Big Little Lies*（テレビ・シリーズ『ビッグ・リトル・ライズ ～セレブママたちの憂うつ～』※主演、製作総指揮）　*The Undoing*（テレビ・シリーズ『フレイザー家の秘密』※主演、共同製作）　Tom Cruise（トム・クルーズ ※俳優。元夫）　Keith Urban（キース・アーバン ※人気カントリー歌手。夫）

207 完璧主義の鬼才監督

Stanley Kubrick　スタンリー・キューブリック（1928-99）

[stǽnli kjúːbrik]［S**タ**ンリ　**キュ**ーBリK］

Stanley Kubrick was an American director and film producer considered by many to be one of the greatest filmmakers in history. Early in his career, Kubrick relocated to the U.K. and created most of his films from there. Many

2章　文化・芸術

映画

of Kubrick's films were considered controversial, such as *A Clockwork Orange,* which was pulled from theaters in the U.K. due to an outcry over the film's violence. However, *The Shining* became a defining film in the horror genre, just as *2001: A Space Odyssey* became a defining film for science fiction.

□ filmmaker：映画監督、映像作家　□ controversial：論争の、物議を醸す　□ theater：映画館　□ outcry：叫び声、激しい抗議　□ defining：定義となるような、典型的な　□ science fiction：サイエンスフィクション、SF

訳 スタンリー・キューブリックは、アメリカの映画監督、製作者で、史上最も偉大な映画作家の一人と多くの人から見なされている。キャリアの初期にイギリスに移住し、ほとんどの映画を同国で作った。キューブリックの映画の多くは問題作と見なされた。例えば、映画の暴力性に対する激しい抗議のため、イギリスの映画館から引き上げられた『時計じかけのオレンジ』などがそうである。だが『2001年宇宙の旅』がSFの代表的映画になったのと全く同様に、『シャイニング』はホラー分野の代表的な映画になった。

関連キーワード *A Clockwork Orange*（映画『時計じかけのオレンジ』※キューブリックは監督、脚本、製作）　*2001: A Space Odyssey*（映画『2001年宇宙の旅』※SF映画の金字塔）　monolith（モノリス ※『2001年宇宙の旅』に登場する謎の物体。地球上にある日突然出現したという設定）　Arthur C. Clarke（アーサー・C・クラーク ※「SF御三家」の一角を成すイギリス出身の作家。小説『2001年宇宙の旅』の作者。映画版の共同脚本家としてもクレジットされている）　*The Shining*（映画『シャイニング』※スティーヴン・キングの同名小説の映画化。ジャック・ニコルソンの怪演で知られる。キューブリックは監督、共同脚本、製作）　*Dr. Strangelove or: How I Learned to Stop Worrying and Love the Bomb*（映画『博士の異常な愛情（または私は如何にして心配するのを止めて水爆を愛するようになったか）』※キューブリックは監督、共同脚本、製作）　*Lolita*（映画『ロリータ』※キューブリックは監督を務めた）　*Full Metal Jacket*（映画『フルメタル・ジャケット』※キューブリックは監督、共同脚本、製作）　*Eyes Wide Shut*（映画『アイズ ワイド シャット』※完成試写会の5日後にキューブリックが急死したため、遺作となった。監督、共同脚本、製作を手掛けた）

> 1962年の映画『ロリータ』は、ウラジーミル・ナボコフの同名小説を原作とし、脚本もナボコフが手掛けている。原作小説は、Lolita complex（ロリータ・コンプレックス、ロリコン）の由来にもなっている。Lolita（ロリータ）とは、作中で主人公の中年男性を翻弄する美少女Dolores（ドロレス）の愛称である。

🔊 **208**　「世界のクロサワ」

Akira Kurosawa　黒澤明（1910–98）

[akíra kùərəsáwə]　[アキラ　クラサワ]

Akira Kurosawa was a Japanese director and scriptwriter best known for films such as *Seven Samurai* and *Ran*. However, Kurosawa, who often worked with the actor Toshiro Mifune,

gained his biggest international acclaim for the film *Rashomon*. The film is used as an example in film classes and literature classes around the world due to its innovative narrative structure, which tells the same story from four differing points of view. *Rashomon* won the coveted Golden Lion Award at the Venice Film Festival in 1951.

□ scriptwriter：脚本家 □ acclaim：称賛 □ example：手本、模範 □ innovative：斬新な、革新的な □ narrative structure：物語構造 □ point of view：視点 □ coveted：熱望された、誰もが欲しがる □ Golden Lion Award：金獅子賞 ※ヴェネツィア国際映画祭の最高賞 □ Venice Film Festival：ヴェネツィア国際映画祭 ※ Venice International Film Festival とも。イタリアのヴェネツィアで毎年開催される国際的な映画祭

訳 黒澤明は、『七人の侍』や『乱』などの映画で最もよく知られる日本の映画監督、脚本家。しかし、俳優の三船敏郎としばしば仕事をした黒澤が最大の国際的称賛を得た映画は、『羅生門』だった。この映画は、同じ話を4つの異なる視点から語る斬新な物語構造を持つため、世界中の映画や文学の授業で手本として使われている。『羅生門』は1951年、ヴェネツィア国際映画祭で羨望の的である金獅子賞を受賞した。

関連キーワード *Rashomon*（映画『羅生門』※監督、共同脚本）*Seven Samurai*（映画『七人の侍』※監督、共同脚本）*Yojimbo*（映画『用心棒』※監督、共同脚本）*Kagemusha*（映画『影武者』※監督、共同脚本、共同製作）*Ran*（映画『乱』※監督、共同脚本）Toshiro Mifune（三船敏郎 ※黒澤作品の常連俳優。『用心棒』『七人の侍』ほかに出演）the Academy Honorary Award（アカデミー特別賞 ※1990年に受賞）*The Magnificent Seven*（映画『荒野の七人』※黒澤の『七人の侍』をリメイクした西部劇）*A Fistful of Dollars*（映画『荒野の用心棒』※黒澤の『用心棒』が下敷きとされるマカロニ・ウエスタン。主演クリント・イーストウッド）

◁× 209 「クール・ビューティー」の代名詞

Grace Kelly グレース・ケリー（1929-82）
[gréis kéli] [Gレイs ケリ]

Grace Kelly was an American movie star in the 1950s. In her short acting career, she was in stage productions and on television, eventually moving to films. Her acting in the movie *Mogambo*, in which she co-starred with Clark Gable, made her a star. She went on to star in several films, winning an Academy Award for Best Actress for her role in *The Country Girl*. Kelly's renowned cool beauty made her Alfred Hitchcock's ultimate heroine in movies such as *Rear Window*. In 1956, at the pinnacle of her popularity, she quit acting and became the princess of Monaco when she married Prince Rainier III of Monaco.

□ stage production：舞台作品 □ co-starred with ~：~と共演する □ renowned：有名な、名高い □ cool beauty：クール・ビューティー、気品のある美しさ □ ultimate：最高の、究極

🔢 グレース・ケリーは1950年代のアメリカの映画スター。短い俳優としてのキャリアの中で、舞台作品やテレビ番組に出演し、最終的には映画へと移行した。クラーク・ゲーブルと共演した映画『モガンボ』での演技は彼女をスターにした。その後も何本かの映画に出演したケリーは、『喝采』で演じた役でアカデミー主演女優賞を受賞した。その名高い気品のある美しさによって、ケリーは『裏窓』などの作品の中で、アルフレッド・ヒッチコックの究極のヒロインとなった。1956年、人気の絶頂期に、ケリーはモナコ公レーニエ3世と結婚し、演技の世界から引退した。

関連キーワード cool beauty（クール・ビューティー ※icy beauty（氷のような美しさ）とも。ケリーの代名詞でもある） *Mogambo*（映画『モガンボ』※ゴールデングローブ助演女優賞受賞） *Dial M for Murder*（映画『ダイヤルMを廻せ！』※アルフレッド・ヒッチコック監督、制作） *Rear Window*（映画『裏窓』※アルフレッド・ヒッチコック監督による傑作サスペンス） *The Country Girl*（映画『喝采』※アカデミー、ゴールデングローブ両賞で主演女優賞受賞） Alfred Hitchcock（アルフレッド・ヒッチコック ※イギリスの映画監督、プロデューサー。お気に入りだったケリーを複数の作品に起用した） Princess of Monaco（モナコ公国公妃） Rainier III, Prince of Monaco（モナコ公レーニエ3世 ※夫） the Kelly bag（ケリー・バッグ ※フランスのブランド、エルメスの人気バッグ。元々は別の商品名で売られていた。1950年代に、ケリーが妊娠中の腹部をこのバッグで隠した写真が世に出回り、人気に火が付いた）

🔊 210 ヌーヴェルヴァーグの旗手

Jean–Luc Godard　ジャン＝リュック・ゴダール（1930– ）

［ʒάːŋ ljúk goudáːr］［**ジャーン**G　**リュ**K　ゴウ**ダー**］★つづりとギャップ！

Jean-Luc Godard is a French-Swiss film director and screenwriter who started his career as a film critic. Fed up with what he felt was the rather boring state of French cinema, he decided to make his own movies. His first film, *Breathless*, became an example of what critics would call "French New Wave" cinema, breaking many of the stylistic traditions of French cinema. Godard continues to make films that are challenging and politically-minded.

□ (be) fed up with ～：～に嫌気がさす、～にうんざりする　□ example：代表的な例　□ stylistic：様式の　□ challenging：挑戦的な、思考を刺激する　□ politically-minded：政治に関心のある、政治志向の

🔢 ジャン・リュック・ゴダールはフランス系スイス人の映画監督、脚本家で、映画評論家としてキャリアを開始した。かなり退屈だと感じていたフランス映画の状況に嫌気が差したゴダールは、自分の映画を作ることを決意。最初の映画『勝手にしやがれ』は、フランス映画の様式における伝統の多くを破り、評論家たちが「ヌーヴェルヴァーグ」映画と呼ぶことになるものの代表例となった。ゴダールは挑戦的で政治志向の映画を作り続けている。

[関連キーワード] French New Wave（ヌーヴェルヴァーグ ※1950年代後半から1960年代の中頃にかけて、フランスの映画界で起きた運動。商業主義に批判的な若手作家らによる、作家性の強い作品が多く生まれた。ゴダールやフランソワ・トリュフォーはその代表格） *Breathless*（映画『勝手にしやがれ』※仏語の原題*À Bout de Souffle*が用いられることも） *Pierrot le Fou*（映画『気狂いピエロ』※日本語タイトルには『ピエロ・ル・フ』が用いられることも） *Every Man for Himself*（映画『勝手に逃げろ／人生』※仏語の原題*Sauve qui peut (la vie)*が用いられることも） Francois Truffaut（フランソワ・トリュフォー ※ヌーヴェルヴァーグを代表する映画監督の一人） Jean-Paul Belmondo（ジャン＝ポール・ベルモンド ※フランスを代表する俳優の一人。『勝手にしやがれ』『気狂いピエロ』など、ゴダールの代表作に主演） Jean Seberg（ジーン・セバーグ ※アメリカの俳優。『勝手にしやがれ』で、ヌーヴェルヴァーグの顔的存在となった） Anna Karina（アンナ・カリーナ ※最初の妻。初期のゴダール作品に多く出演したデンマーク出身の俳優）

🔈211 疎外感、孤独、思春期をアンニュイに描く

Sofia Coppola ソフィア・コッポラ（1971-）

[soufíə kápələ]［ソウ**フィ**ア **カ**パラ］

Sofia Coppola is an American filmmaker known for her signature stylish cinematography. She has directed several hit films, including *The Virgin Suicides*, *Lost in Translation* and *Marie-Antoinette*. She is also highly acclaimed as a screenwriter and won an Oscar for best original screenplay for *Lost in Translation*, a movie that also earned her a nomination for best picture as well as a historic nomination for best director — the first American woman to do so. Before deciding to make her own, she acted in several films, including *The Godfather Part III*, directed by her father and legendary filmmaker Francis Ford Coppola.

□filmmaker：映画監督、映像作家 □signature：特徴的な、持ち味の □stylish：洗練された、おしゃれな □cinematography：映画撮影術 □be highly acclaimed：高く評価される □screenwriter：映画脚本家 □Oscar：オスカー像 ※アカデミー賞受賞者が受け取る像。受賞を意味する □screenplay：映画脚本 □legendary：伝説的な

[訳] ソフィア・コッポラは、持ち味である洗練された映画撮影術で知られる、アメリカの映像作家。『ヴァージン・スーサイズ』『ロスト・イン・トランスレーション』『マリー・アントワネット』といった映画を監督した。コッポラは映画脚本家としても高く評価されており、『ロスト・イン・トランスレーション』で、アカデミー賞の脚本賞を受賞した。同作で彼女は作品賞にもノミネートされ、またアメリカ人女性で初めて監督賞にノミネートされるという歴史的快挙も果たした。自分の映画を作ることを決意する前に、彼女は数本の映画に出演しているが、その中には父親であり伝説的な映像作家、フランシス・フォード・コッポラが監督した『ゴッドファーザー Part III』も含まれている。

[関連キーワード] *The Virgin Suicides*（映画『ヴァージン・スーサイズ』※監督、脚本） *Lost in Translation*（映画『ロスト・イン・トランスレーション』※監督、脚本、共同製作。アカデミー脚本賞、

ゴールデングローブ作品賞のほか、多数の映画賞を受賞） *Marie-Antoinette*（映画『マリー・アント
ワネット』※監督、脚本、共同製作） *The Beguiled*（映画『The Beguiled ／ビガイルド 欲望のめざ
め』※監督、脚本、共同製作） *The Godfather Part III*（映画『ゴッドファーザー PART III』※父、
フランシス・フォード・コッポラの監督作品。演者として参加したが、演技を酷評されてしまう） Francis
Ford Coppola（フランシス・フォード・コッポラ ※父。「ゴッドファーザー」シリーズなどで知られ
る有名映画監督） Roman Coppola（ロマン・コッポラ ※兄。映画監督）

🔊 **212**　「ゴッドファーザー」三部作を手掛けた巨匠

Francis Ford Coppola　フランシス・フォード・コッポラ（1939- ）

[frǽnsis fɔ́ːrd kápǝlǝ]　[Fランシ S　フォー D　カパラ]

Francis Ford Coppola is an American filmmaker and director, who has won an astonishing five Academy Awards and six Golden Globes. He is best known for *The Godfather* trilogy, which defined the modern-day gangster film. His Vietnam-era film *Apocalypse Now* — an adaptation of the Joseph Conrad novella *Heart of Darkness* — surprised audiences with its vivid portrayal of the war.

□ filmmaker：映画監督、映像作家　□ astonishing：びっくりさせるような、驚異的な　□ trilogy：
三部作　□ gangster：ギャング　□ apocalypse：啓示書、黙示録　□ Vietnam-era：ベトナム戦
争時代の　□ adaptation：脚色、翻案　□ novella：短編小説 ※イタリア語　□ vivid：鮮やかな、生々
しい　□ portrayal：描写

訳 フランシス・フォード・コッポラはアメリカの映像作家、監督で、その映画は、実に
5つのアカデミー賞と6つのゴールデングローブ賞を獲得している。コッポラは、現
代のギャング映画のあり方を決定づけた「ゴッドファーザー」三部作で最もよく知
られる。ベトナム戦争時代の映画『地獄の黙示録』（ジョゼフ・コンラッドの小説『闇
の奥』の翻案）は、戦争の生々しい描写で観客を驚かせた。

関連キーワード *The Godfather* trilogy（「ゴッドファーザー」三部作） *The Godfather*（映
画『ゴッドファーザー』※監督、共同脚本。アカデミー作品賞、監督賞ほか多数受賞） *The Godfa-
ther Part II*（映画『ゴッドファーザー PART II』※監督、共同脚本、共同製作。アカデミー作品賞、監
督賞ほか多数受賞） *The Godfather Part III*（映画『ゴッドファーザー PART III』※監督、共同脚本、
製作） *Apocalypse Now*（映画『地獄の黙示録』※監督、共同脚本、製作ほか。ゴールデングローブ
監督賞ほか受賞） the Corleone family（コルレオーネ・ファミリー、コルレオーネ家 ※「ゴッド
ファーザー」三部作に登場する架空の一族、または一族を核とするマフィア） Mario Puzo（マリオ・
プーゾ ※『ゴッドファーザー』原作小説の作者。映画版の脚本もコッポラと共同で手掛けた） "Love
Theme from The Godfather"（曲「ゴッドファーザー愛のテーマ」※おなじみのテーマ
曲） Nino Rota（ニーノ・ロータ ※イタリアの作曲家。「ゴッドファーザー愛のテーマ」を手掛け
た） *Heart of Darkness*（小説『闇の奥』※ジョゼフ・コンラッドの小説。『地獄の黙示録』の原
作） Sofia Coppola（ソフィア・コッポラ ※娘。映画監督） Roman Coppola（ロマン・コッ
ポラ ※息子。映画監督）

Sean Connery ショーン・コネリー（1930-2020）

[ʃɔ́ːn kɑ́nəri] [**ショーン カ**ナリ]

Sean Connery's name, for many people, will always be connected to James Bond. He first found fame playing the 007 hero between 1962 and 1983, starting with the film *Dr. No*. The Scottish-born actor was known for his rugged good looks, unique voice and on-screen charisma. Even in his later career, he took on lead roles in everything from thrillers such as the medieval murder-mystery *The Name of the Rose*, to the drama of Gus Van Sant's *Finding Forrester*.

2章 文化・芸術 映画

□ Scottish-born：スコットランド生まれの　□ rugged：起伏の多い、いかつい　□ on-screen：スクリーン上に現れる　□ charisma：魔術的魅力、カリスマ性　□ take on 〜：〜を引き受ける　□ thriller：スリルを与えるもの、スリラー　□ murder-mystery：殺人ミステリー　□ drama：劇 ※ play よりも堅い内容のものを指すことが多い

📖 **訳** 多くの人の中で、ショーン・コネリーの名は、これからもずっとジェームズ・ボンドと結び付けられることだろう。コネリーは映画『007 ドクター・ノオ』を皮切りに、1962年から1983年にかけて「007」シリーズの主人公を演じたことで最初の名声を得た。スコットランド生まれのこの俳優は、苦み走った容姿と独特な声、スクリーン上に漂うカリスマ性で知られた。キャリア晩年においても、あらゆる作品で主役を担い、それは中世を舞台にした殺人ミステリー『薔薇の名前』のようなスリラー作品から、ガス・ヴァン・サントのドラマ『小説家を見つけたら』に及んだ。

関連キーワード　the James Bond film series（映画「007」シリーズ ※イアン・フレミングのスパイ小説を映画化した人気シリーズ）　James Bond（ジェームズ・ボンド ※「007」シリーズの主人公。コネリーは初代ボンドとして7本の映画に出演。歴代ボンド俳優の中でも人気が高い）　*Dr. No*（映画『007 ドクター・ノオ』※「007」シリーズ第1作目）　*From Russia with Love*（映画『007 ロシアより愛をこめて』※「007」シリーズ第2作目）　*Goldfinger*（映画『007 ゴールドフィンガー』※「007」シリーズ第3作目）　*Thunderball*（映画『007 サンダーボール作戦』※「007」シリーズ第4作目）　*You Only Live Twice*（映画『007は二度死ぬ』※「007」シリーズ第5作目）　"Bond. James Bond."（「ボンド。ジェームズ・ボンドだ」※名前を尋ねられたときの、ジェームズ・ボンドの答え方。よく物まねもされる）　*The Name of the Rose*（映画『薔薇の名前』）　*The Untouchables*（映画『アンタッチャブル』※アカデミー、ゴールデングローブ両賞で助演男優賞を受賞）

✒️ コネリーの当たり役ジェームズ・ボンドは英国の情報機関「MI6」ことMilitary Intelligence 6（軍事情報活動第6部）に所属するスパイ。コードネームの「007」は英語では [ダブロウ**セ**Vン] のように発音される。「ゼロゼロセブン」ではない。

Martin Scorsese　マーティン・スコセッシ（1942- ）

[máːrtən skɔːrsési]［**マー**タン　S コー**セイ**シ］★つづり・日本語とギャップ！

Martin Scorsese is an American director known for his down-and-dirty urban films, featuring main characters with complex, morally gray motivations. Perhaps the best example of this comes in Scorsese's early film *Taxi Driver*, which won the Palme d'Or at the Cannes Film Festival. He returned frequently to the crime genre with films like *Goodfellas, Gangs of New York* and *The Irishman.* However, he has also gained notoriety in other genres, including the black comedy *The Wolf of Wall Street*, which won actor Leonardo DiCaprio a Golden Globe for Best Actor.

□ down-and-dirty：ありのままの、粗野な　□ morally：道徳的に、道義的に　□ gray：どっちつかずの、グレーゾーンの　□ motivation：動機　□ the Palme d'Or：パルム・ドール ※カンヌ国際映画祭の最高賞　□ genre：ジャンル　□ notoriety：悪評、評判、有名　□ black comedy：ブラック・コメディー

訳 マーティン・スコセッシは、複雑かつ道義的に正しいと言い切れない動機により行動する主人公を描いた、赤裸々な都会派映画で知られる。その最たる例は、カンヌ映画祭でパルム・ドールを受賞した初期の映画、『タクシードライバー』だろう。スコセッシは『グッドフェローズ』や『ギャング・オブ・ニューヨーク』、『アイリッシュマン』のような、犯罪映画の分野にしばしば立ち返った。しかし、俳優のレオナルド・ディカプリオにゴールデングローブ主演男優賞をもたらしたブラック・コメディー『ウルフ・オブ・ウォールストリート』など、他のジャンルでも評判を得ている。

関連キーワード *Taxi Driver*（映画『タクシードライバー』※監督）　*Raging Bull*（映画『レイジング・ブル』※監督）　*Goodfellas*（映画『グッドフェローズ』※監督、共同脚本）　*Gangs of New York*（映画『ギャング・オブ・ニューヨーク』※監督、共同製作。ゴールデングローブ監督賞受賞）　*The Irishman*（『アイリッシュマン』※Netflixオリジナル映画。監督、共同製作）　*The Wolf of Wall Street*（『ウルフ・オブ・ウォールストリート』※監督）　"Bad"（曲『バッド』※マイケル・ジャクソンの1980年代の大ヒット曲。スコセッシはミュージックビデオを監督）　Robert De Niro（ロバート・デ・ニーロ ※『タクシードライバー』など、スコセッシ作品の常連俳優）　Leonardo DiCaprio（レオナルド・ディカプリオ ※『ギャング・オブ・ニューヨーク』『ウルフ・オブ・ウォールストリート』など、スコセッシ作品の常連俳優）

 Scorseseの読み方は、スコセッシ本人が［Sコーセシ］だと述べているが、［Sコーセイジ］のように発音する人も多い。

Meryl Streep　メリル・ストリープ（1949- ）

[mérəl stríːp]［**メ**ラL　ST**リー**P］

Meryl Streep is an American actor who holds the record for the

most Academy Award nominations in history, making her one of the most famous actors in the world. Streep first became popular after her role in the divorce drama *Kramer vs. Kramer*. Following that, she distinguished herself in a variety of performances that showed her versatility, including taking on well-known historical figures such as Julia Child in *Julie & Julia*, as well as Margaret Thatcher in *The Iron Lady*.

□nomination：推薦を受けること □divorce：離婚 □drama：劇 ※playよりも堅く、真面目な内容のものを指すことが多い □distinguish *oneself*：卓越する、目覚ましい働きをする □versatility：融通がきくこと、多才 □take on ～：～を引き受ける

[訳] メリル・ストリープはアメリカの俳優。史上最多のアカデミー賞ノミネート数という記録を持ち、それにより世界有数の著名な俳優となっている。ストリープは離婚ドラマ『クレイマー、クレイマー』での役で最初に有名になった。その後は、『ジュリー&ジュリア』のジュリア・チャイルドや『マーガレット・サッチャー 鉄の女の涙』のマーガレット・サッチャーといった有名な歴史上の人物を演じるなど、多才ぶりを示すさまざまな演技で目覚ましい活躍をした。

[関連キーワード] *Kramer vs. Kramer*（映画『クレイマー、クレイマー』※ストリープに最初のアカデミー賞［助演女優賞］をもたらした） Sophie's *Choice*（映画『ソフィーの選択』※アカデミー、ゴールデングローブ両賞で主演女優賞を受賞） *Julie & Julia*（映画『ジュリー&ジュリア』※実在した料理研究家ジュリア・チャイルドを演じ、ゴールデングローブ主演女優賞［ミュージカル・コメディ部門］を受賞） *The Iron Lady*（映画『マーガレット・サッチャー 鉄の女の涙』 ※元英首相マーガレット・サッチャーを演じ、アカデミー、ゴールデングローブ両賞の主演女優賞のほか、サッチャーの母国、英国のアカデミー賞でも主演女優賞を受賞） the Cecil B. DeMille Award（セシル・B・デミル賞 ※ゴールデングローブ賞の中の一部門。エンターテインメント業界への貢献に対して贈られる功労賞。2017年に受賞）

🔊216 娯楽超大作からシリアスな人間ドラマまで

Steven Spielberg スティーヴン・スピルバーグ（1946-）

［stíːvən spíːlbəːrg］［Sティーヴァン Sピーしバー G］★アクセント注意！

Steven Spielberg is an American director — one of the most widely recognized in Hollywood — as well as a major producer. His name is synonymous with 1970s and '80s blockbusters such as *Jaws*, *E.T. the Extra-Terrestrial* and *Raiders of the Lost Ark*. But after finding fame in big-budget adventure movies, he went on to direct celebrated dramas such as *Schindler's List* and *The Post*. He is also renowned for co-founding the production companies Amblin Entertainment and DreamWorks Pictures.

□synonymous：同義の、同じ意味の □blockbuster：（映画や本など）大ヒット作品 ※元々は第二次世界大戦で使用された大型爆弾を指した □big-budget：大型予算の、多額の予算を投じた □

go on to ～：次に～する　□celebrated：有名な　□drama：劇　※play よりも堅く、真面目な内容のものを指すことが多い　□renowned：名高い　□co-found：～を共同で設立する

訳 スティーヴン・スピルバーグは、ハリウッドで最も広く知られるアメリカの映画監督の一人であり、大物プロデューサーでもある。その名は『ジョーズ』や『E.T.』、『レイダース／失われたアーク《聖櫃》』といった1970年代・80年代の大ヒット作の代名詞となっている。しかし、大型予算の冒険映画で名声を得ると、スピルバーグは『シンドラーのリスト』や『ペンタゴン・ペーパーズ／最高機密文書』といった名高いドラマ作品の監督に取り組んだ。彼は、映画製作会社アンブリン・エンターテインメントとドリームワークスの共同設立者としても知られている。

関連キーワード　*Jaws*（映画『ジョーズ』※監督）　*Close Encounters of the Third Kind*（映画『未知との遭遇』※監督・脚本）　*E.T. the Extra-Terrestrial*（映画『E.T.』※監督、製作）　*Raiders of the Lost Ark*（映画『レイダース／失われたアーク《聖櫃》』※監督。「インディー・ジョーンズ」シリーズの第1作目）　Indiana Jones（インディー・ジョーンズ　※「インディー・ジョーンズ」シリーズの主人公。考古学者。ハリソン・フォードの当たり役）　*Schindler's List*（『シンドラーのリスト』※監督、製作）　George Lucas（ジョージ・ルーカス　※映画監督、プロデューサー。仕事仲間、良き友人でありライバル）　John Williams（ジョン・ウィリアムズ　※アメリカの作曲家『ジョーズ』「スター・ウォーズ」シリーズ、『未知との遭遇』ほか、スピルバーグ監督作品の音楽を多数手掛ける）　Amblin Entertainment（アンブリン・エンターテインメント　※アメリカの映画・テレビ製作会社）　DreamWorks Pictures（ドリームワークス　※アメリカの映画会社）

◀》217　**愛すべき映画オタク**

Quentin Tarantino　クウェンティン・タランティーノ（1963- ）

［kwéntn tὰerəntíːnou］［KウェンTン　タランティーノウ］

Quentin Tarantino is an American director who famously started his career after working in a video rental shop, where he became fascinated with low-budget B-movies and other kinds of non-mainstream film. He is known for his unusual directing and writing style, which often takes its influence from these types of film. His movies *Pulp Fiction* and *Kill Bill Vol. 1* were major box-office hits around the world because of their offbeat writing and sometimes comedic use of violence.

□fascinated with ～：～に魅了される　□B-movie：B級映画　□non-mainstream：主流ではない、マイナーな　□box-office hit：ヒット作、大当たり　※興行的な成功のニュアンス　□offbeat：型破りな　□writing：筆致　□comedic：喜劇的な

訳 クウェンティン・タランティーノはアメリカの映画監督で、よく知られているように、レンタルビデオ店で働いた後にキャリアを始めた。レンタルビデオ店では、低予算のB級映画やその他のマイナーな映画の魅力に取りつかれた。タランティーノは監督・脚本の独特なスタイルで知られているが、そこにはそうしたタイプの映画から受けた影響がしばしば認められる。映画『パルプ・フィクション』と『キル・ビル』は、脚本の型破りな筆致と、時に喜劇的な暴力の扱い方によって、世界中で大ヒット

作となった。

関連キーワード *Reservoir Dogs*（映画『レザボア・ドッグス』※監督、脚本、出演）*Pulp Fiction*（映画『パルプ・フィクション』※監督、脚本、出演）*Kill Bill: Vol.1*（映画『キル・ビル』※監督、脚本、出演。続編もあり。）*Once Upon a Time in Hollywood*（映画『ワンス・アポン・ア・タイム・イン・ハリウッド』※監督、脚本、共同製作）

🔊 **218** 社会を風刺し、庶民に寄り添った喜劇王

Charlie Chaplin　チャールズ・チャップリン（1889–1977）

[tʃɑ́ːrli tʃǽplin]［**チャー**リ　**チャ**Ｐリン］

Charlie Chaplin was an English comic actor who became one of the best-known film actors in history. A master of physical comedy, Chaplin started working in the silent era of film after moving to California. He often wrote, directed, starred in and even composed the music for his own films, such as *Modern Times* and *The Great Dictator*. His "tramp" persona — with the signature bowler hat, cane and narrow mustache — is a classic image of early Hollywood film. In the 1950s, accused of being pro-communist, Chaplin was forced to leave the United States, and he settled in Switzerland. Later, Hollywood invited him back with open arms again and awarded him with an Honorary Academy Award in 1972.

□ physical comedy：体を張ったコメディー　□ star：主役を務める　□ tramp：放浪者　□ persona：登場人物、人　□ signature：特徴的な、典型的な　□ bowler hat：山高帽　□ cane：ステッキ　□ mustache：口ひげ　□ classic：伝統的によく知られた　□ pro-communist：親共産主義者の、容共的な　□ with open arms：もろ手を挙げて、温かく　□ Honorary Academy Award：アカデミー名誉賞

訳 チャーリー（チャールズ）・チャップリンはイギリスの喜劇役者で、史上最も有名な映画俳優の一人になった。体を張ったコメディーの達人だったチャップリンは、カリフォルニアに移住し、サイレント映画時代に活動を始めた。『モダン・タイムズ』や『独裁者』といった自身の映画のために脚本を書き、監督し、主役を務め、作曲することさえしばしばあった。彼の演じた特徴的な山高帽とステッキ、ちょびひげの「放浪者」役は、初期ハリウッド映画の古典的なイメージである。1950年代、親共産主義的であるとの非難を受けたチャップリンは、アメリカからの出国を余儀なくされ、スイスに移住した。その後、1972年になって、ハリウッドはチャップリンを再び温かく迎え入れ、アカデミー名誉賞を授与した。

関連キーワード *The Kid*（映画『キッド』※監督、脚本、製作、音楽、主演）*Modern Times*（映画『モダン・タイムズ』※監督、脚本、製作、共同音楽、主演）*The Great Dictator*（映画『独裁者』※監督、脚本、製作、音楽、主演）*Limelight*（映画『ライムライト』※監督、脚本、製作、共同音楽、主演）"Eternally"（曲「エターナリー」※チャップリンの作曲による『ライムライト』の主題歌。映画音楽の名曲）

　妥協のない過激な役作りで知られる

Robert De Niro　ロバート・デ・ニーロ（1943- ）

［rábərt də níərou］［ラバーⓉ　ダ　ニアロウ］

Robert De Niro is an American actor greatly respected by critics for his ability to transform himself in a role. From an Italian gangster in *The Godfather II* to the radicalized cabbie of *Taxi Driver*, De Niro has created numerous memorable characters. Later in his career, films such as *Analyze This* and *Meet the Parents* proved that De Niro could also do comedy. In 2016, U.S. President Barack Obama awarded him with the Presidential Medal of Freedom for his contributions to American culture.

□ transform：(外形・様子など) ～を一変させる　□ radicalize：～を過激化させる　□ cabbie：タクシー運転手　□ numerous：おびただしい数の

訳 ロバート・デ・ニーロはアメリカの俳優で、役柄にはまるよう自分自身の姿を変える能力ゆえに批評家たちから大きな敬意を払われている。『ゴッドファーザー PART II』のイタリア系マフィアから『タクシードライバー』の過激なタクシー運転手に至るまで、デ・ニーロはおびただしい数の忘れがたい人物を生み出してきた。キャリア後半では『アナライズ・ミー』や『ミート・ザ・ペアレンツ』などの映画が、デ・ニーロにはコメディーもできることを証明した。2016年には合衆国大統領バラク・オバマが、アメリカ文化への貢献をたたえて大統領自由勲章を彼に授与した。

関連キーワード *The Godfather Part II*（映画『ゴッドファーザー PART II』※アカデミー助演男優賞受賞）　*The Deer Hunter*（映画『ディア・ハンター』）　*Raging Bull*（映画『レイジング・ブル』※アカデミー、ゴールデングローブ両賞で主演男優賞を受賞）　*Taxi Driver*（映画『タクシードライバー』）　*Analyze This*（映画『アナライズ・ミー』）　*Meet the Parents*（映画『ミート・ザ・ペアレンツ』）　Martin Scorsese（マーティン・スコセッシ ※映画監督。デ・ニーロはスコセッシ作品の常連俳優）　method acting（メソッド演技法）　The Actors Studio（アクターズ・スタジオ ※ニューヨークの名門俳優養成所。多くの有名俳優を輩出。デ・ニーロもその一人）

　『理由なき反抗』の衝撃

James Dean　ジェームズ・ディーン（1931-55）

［dʒéimz díːn］［ジェイMZ　ディーン］

James Dean was a young American actor, known for his lead roles in the films *East of Eden* and *Rebel Without a Cause*. While he was famous for his good looks and youth, he was also one of the youngest actors to be admitted to the respected Actors Studio school, where he studied method acting. Sadly, his career was cut short due to a car accident in 1955, when Dean was only 24.

□ lead role：主役　□ looks：顔立ち、美貌　□ method acting：メソッド演技法

[訳] ジェームズ・ディーンは映画『エデンの東』や『理由なき反抗』の主役を演じたことで知られるアメリカの若手俳優だった。整った顔立ちと若さで有名ではあったが、定評あるアクターズ・スタジオへの入学を非常に若くして許可された俳優の一人でもあり、ここではメソッド演技法を学んだ。悲しいことだが、1955年の自動車事故で、ディーンのキャリアははかなくも断たれた。弱冠24歳の時だった。

[関連キーワード] *East of Eden*（映画『エデンの東』※ジョン・スタインベックの同名小説の映画化）*Rebel Without a Cause*（映画『理由なき反抗』）*Giant*（映画『ジャイアンツ』）The Actors Studio（アクターズ・スタジオ ※ニューヨークの名門俳優養成所）method acting（メソッド演技法 ※アクターズ・スタジオで確立された演劇理論）

the James Dean of ～（～界のジェームズ・ディーン）は、各界のスター的存在に対する褒め言葉としてかつてはよく使われた。憂いを秘めた端正な顔立ちの男性がその対象。若かりし頃にthe James Dean of jazz（ジャズ界のジェームズ・ディーン）ともてはやされたのは、ジャズ・トランペッター、歌手のChet Baker（チェット・ベーカー）だ。

🔊221 賞レースの常連俳優

Leonardo DiCaprio　レオナルド・ディカプリオ（1974-）

[lìːənάːrdou dikǽpriou]［リーア**ナ**ードウ　ディ**キャ**Pリオウ］

Leonardo DiCaprio is an American actor whose career has risen steadily since his breakout role at the age of 19 in the film *What's Eating Gilbert Grape*. His popularity then exploded worldwide when he was cast in one of the highest-grossing films of all time — *Titanic*. The critical and box-office success of films such as *Inception*, *The Great Gatsby* and *The Revenant* show that his appeal is still strong. DiCaprio is also active in a number of charities, and he is particularly vocal about environmental issues.

□ steadily：着々と　□ breakout：人気が出た、ブレークした　□ highest-grossing：最高の興行収益を上げた　□ box-office success：興行的な成功、大ヒット　□ be vocal about ～：～についてはっきり発言している

[訳] レオナルド・ディカプリオはアメリカの俳優で、そのキャリアは、19歳の時にブレークをもたらした映画『ギルバート・グレイプ』での役以来、着実に積み上がってきた。さらに、史上最高興行収益を上げた映画『タイタニック』に出演すると、その人気は世界的規模で爆発した。『インセプション』、『華麗なるギャツビー』、『レヴェナント：蘇えりし者』といった映画における批評家からの好評と興行的な成功は、彼の訴求力が今も強いことを示している。ディカプリオは数々の慈善事業でも活発に活動しており、特に環境問題についてはっきりした主張をしている。

[関連キーワード] *What's Eating Gilbert Grape*（映画『ギルバート・グレイプ』）*Titanic*（映画『タイタニック』）*Inception*（映画『インセプション』）*The Great Gatsby*（映画『華麗なるギャ

ツビー』） *The Revenant*（映画『レヴェナント：蘇えりし者』※アカデミー主演男優賞、ゴールデングローブ主演男優賞（ドラマ部門）ほか多数受賞）

222 端正な顔立ちとエキセントリックな役柄のミスマッチ

Johnny Depp ジョニー・デップ（1963-）

[dʒάni dép]［ジャニ　デP］

Johnny Depp is an American actor whose name is nearly synonymous today with that of his most famous character — Captain Jack Sparrow from the *Pirates of the Caribbean* film franchise. Depp is among the highest-grossing, and highest-paid, actors in the world. He has been the lead actor in dozens of films and is well-known for his strange or madcap performances of characters such as the Mad Hatter in *Alice in Wonderland*, or the murderous London barber in *Sweeney Todd*.

□ synonymous：同義の、同じ意味の　□ film franchise：映画シリーズ　□ highest-grossing：最高の興行収益を上げた　□ highest-paid：最も稼いだ、最も高給取りの　□ lead actor：主演俳優　□ madcap：無軌道な、無鉄砲な　□ murderous：残忍な、残虐な

[訳] ジョニー・デップはアメリカの俳優。その名は今日、彼の演じた最も有名な人物—映画シリーズ『パイレーツ・オブ・カリビアン』のジャック・スパロウ船長—の名前とほぼ同義になっている。デップは世界で最高の興行収益を上げ、最も稼ぐ俳優の一人である。数多くの映画で主演俳優を務め、『アリス・イン・ワンダーランド』のマッドハッターや『スウィーニー・トッド フリート街の悪魔の理髪師』のロンドンの残忍な理髪師といった登場人物の、奇妙さや無軌道さを表す演技で定評がある。

関連キーワード *Edward Scissorhands*（映画『シザーハンズ』※知名度を世界的なものにした出世作） the Pirates of the Caribbean series（映画「パイレーツ・オブ・カリビアン」シリーズ） Captain Jack Sparrow（ジャック・スパロウ ※『パイレーツ・オブ・カリビアン』シリーズでデップが演じる海賊。デップの当たり役） *Charlie and the Chocolate Factory*（映画『チャーリーとチョコレート工場』） *Alice in Wonderland*（映画『アリス・イン・ワンダーランド』） *Sweeney Todd*（映画『スウィーニー・トッド フリート街の悪魔の理髪師』※ゴールデングローブ主演男優賞［ミュージカル・コメディ部門］受賞） Tim Burton（ティム・バートン ※デップは『シザーハンズ』を始め『チャーリーとチョコレート工場』、『アリス・イン・ワンダーランド』など、バートン作品の常連俳優）

223 フランス映画界の大御所

Catherine Deneuve カトリーヌ・ドヌーヴ（1943-）

[kǽθərin dənə́ːv]［キャθァリン　ダナーV］★日本語とギャップ！

Catherine Deneuve is a French actor who is considered to be one of Europe's finest. Her breakthrough arrived with the 1964 French musical *The Umbrellas of Cherbourg*, and she quickly became a darling of French cinema. But it was her involvement in 1965's *Repulsion* that got her noticed in the United States. A prolific actor, she is much respected for her grace and poise on screen. She also became well-known as the face of L'Oréal, and for her frequent collaborations with Yves Saint Laurent as costume designer in some of her films.

□ breakthrough：躍進の突破口　□ darling：寵児　□ involvement：深く関わること　□ prolific：多作の　□ poise：物腰、態度　□ collaboration：共同作業

訳　カトリーヌ・ドヌーヴはフランスの俳優で、ヨーロッパ最高の演じ手の一人とされている。その躍進の突破口は1964年のフランスのミュージカル『シェルブールの雨傘』によって訪れ、彼女はたちまちフランス映画の寵児となった。ただし、アメリカで彼女が知られるきっかけとなったのは、1965年の『反撥』への出演だった。ドヌーヴは多作な俳優で、スクリーン上での優雅さや物腰で高い評価を得ている。さらにロレアル社の顔としても、またいくつかの映画で衣装デザイナーを務めたイヴ・サンローランとの多くの共同作業でも、よく知られるようになった。

関連キーワード　*The Umbrellas of Cherbourg* (映画『シェルブールの雨傘』) *Repulsion* (映画『反撥』) Belle de Jour (映画『昼顔』) *Indochine* (映画『インドシナ』) Yves Saint Laurent (イヴ・サンローラン ※著名なファッション・デザイナーで、彼が創設したブランド名前でもある。サンローランは、映画『昼顔』などで衣装を担当。ドヌーヴはサンローラン・ブランドのショーや化粧品広告などに登場した) L'Oréal (ロレアル ※フランスの大手化粧品会社。ドヌーヴは同社の広告塔を務めた) Roger Vadim (ロジェ・ヴァディム ※著名なフランス人映画監督。元パートナー) Marcello Mastroianni (マルチェロ・マストロヤンニ ※20世紀のイタリアを代表する俳優。元パートナー)

🔊 **224**　欧州映画界を代表した二枚目俳優

Alain Delon　アラン・ドロン（1935- ）

［ɑːlǽŋ dəlɔ́ːŋ］［アーランG　ダローンG］★つづりとギャップ！

Alain Delon is a French actor who became known as a sex symbol in the 1960s. He appeared in both French and Italian films, such as *The Samurai* and *The Leopard*. His performance in *Purple Noon*, based on the novel *The Talented Mr. Ripley*, helped him become a major star. Delon moved to the U.S., but most of his efforts to break into the Hollywood industry failed. He eventually returned to France, where he continued to be a huge star.

□ sex symbol：性的な魅力のある有名人、セックスシンボル　□ break into ～：～に進出する

訳　アラン・ドロンは1960年代にセックスシンボルとして知られるようになったフランスの俳優。『サムライ』や『山猫』など、フランス・イタリア両方の映画に出演した。小説『太陽がいっぱい』を原作とする映画『太陽がいっぱい』での演技によって、彼は大スターになった。ドロンはアメリカに移住したが、ハリウッドの映画業界に進

177

出するための努力のほとんどは失敗に終わった。ドロンは結局フランスに戻り、大スターの座を維持した。

[関連キーワード] *The Samurai*（映画『サムライ』） *The Leopard*（映画『山猫』） *Purple Noon*（『映画『太陽がいっぱい』） *Borsalino*（映画『ボルサリーノ』）

225 アンチヒーローから狂気の権化まで

Jack Nicholson ジャック・ニコルソン（1937- ）

[dʒǽk níkəlsn] [ジャK ニカLSン]

Jack Nicholson is an American actor who is best known for his offbeat and sometimes unstable characters. His first break came in the film *Easy Rider*, but as Nicholson's fame grew, he wanted to do roles that would challenge him. Films such as *One Flew Over the Cuckoo's Nest* and *The Shining* showed that he could walk the line between sympathy and menace in his roles. He has won two Academy Awards for Best Actor and is the most nominated male actor in the history of the Awards.

□ offbeat：型破りな □ unstable：情緒不安定な □ break：幸運、転換点 □ challenge：～の能力を試す □ walk a line between ～ and . . .：～と…の境界線上を歩く □ menace：脅威

[訳] ジャック・ニコルソンは、型破りな、時に情緒不安定な役柄の演技で最もよく知られるアメリカの俳優。最初にブレイクしたのは映画『イージー・ライダー』でだったが、ニコルソンは名声が高まるにつれ、自分の能力を試すような役を演じたいと望むようになった。『カッコーの巣の上で』や『シャイニング』などの映画は、ニコルソンが役柄の中で共感と脅威の境界線を歩くことができることを証明した。彼はアカデミー賞の主演男優賞を2回勝ち取り、この賞の歴史上、最もノミネート回数が多い男優である。

[関連キーワード] *Easy Rider*（映画『イージー・ライダー』） *One Flew Over the Cuckoo's Nest*（映画『カッコーの巣の上で』※アカデミー、ゴールデングローブ両賞で主演男優賞受賞） *The Shining*（映画『シャイニング』） *Terms of Endearment*（映画『愛と追憶の日々』※アカデミー、ゴールデングローブ両賞で助演男優賞受賞） *Batman*（映画『バットマン』） *As Good as It Gets*（映画『恋愛小説家』※アカデミー、ゴールデングローブ両賞で主演男優賞受賞） New Hollywood（アメリカン・ニューシネマ ※the American New Waveとも。1960年代から1980年代初頭に台頭した若手映像作家、俳優らによるムーブメント。『イージー・ライダー』、『カッコーの巣の上で』はその代表的作品。ニコルソン自身もムーブメントを牽引（けんいん）した俳優の一人）

226 ダーク・ファンタジーの巨匠

Tim Burton ティム・バートン（1958- ）

[tím bə́ːrtn] [ティM バーTン]

Tim Burton is an American director and writer best known for his

strange and gothic films, which are often darkly funny. He kicked off his career with the 1988 hit *Beetlejuice*, which was closely followed by the dark fantasy of *Edward Scissorhands*. His film adaptation of *Alice In Wonderland*, starring Johnny Depp as the Mad Hatter, earned more than \$1 billion at the box office. He has also produced a number of famous stop-motion animated films, such as *The Corpse Bride* and *The Nightmare Before Christmas*.

□ gothic：ゴシック（趣味）の、怪奇的な　□ darkly：どことなく　□ kick off ～：～を始める　□ film adaptation：映画化、映画版　□ star：～を呼び物にする、～を主役にする　□ box office：チケット売上、興行収入 ※本来は「切符売り場」の意　□ stop-motion：コマ撮り

訳 ティム・バートンは奇妙なゴシック映画で最もよく知られるアメリカの映画監督、作家で、その作品にはどことなくユーモアがあるものが多い。バートンは1988年のヒット作『ビートルジュース』でキャリアをスタートさせ、それから間を置かずにダーク・ファンタジーの『シザーハンズ』が続いた。ジョニー・デップがマッドハッター役で主演した『不思議の国のアリス』の映画版は、10億ドル超の興行収入を上げた。彼はまた、『ティム・バートンのコープスブライド』や『ナイトメアー・ビフォア・クリスマス』といった有名なコマ撮りのアニメ映画を何本も製作している。

関連キーワード *Beetlejuice*（映画『ビートルジュース』※監督）　*Batman*（映画『バットマン』※監督）　*Edward Scissorhands*（映画『シザーハンズ』※監督、共同原案、共同製作）　*Alice in Wonderland*（映画『アリス・イン・ワンダーランド』※監督、共同製作）　*The Corpse Bride*（映画『ティム・バートンのコープスブライド』※共同監督、共同製作）　*The Nightmare Before Christmas*（映画『ナイトメアー・ビフォア・クリスマス』※原案、共同製作）

🔊 **227** 「フランス版モンロー」と称された小悪魔

Brigitte Bardot　ブリジット・バルドー（1934- ）

[briʒíːt baːrdóu]［BリジーT　バードウ］★アクセント注意！　つづりとギャップ！

Brigitte Bardot is a French actor famous for her sexy-but-empowered roles, considered edgy for the audiences of the 1960s. Although her film career lasted only 21 years, Bardot had roles in 47 films before retiring in 1973. Films such as *Le Mépri* and *Viva Maria!* made her famous both in France and abroad. She also released several songs, including the French-language song "Bonnie and Clyde." Following her retirement from film, Bardot gained some notoriety as an animal rights activist.

□ sexy-but-empowered：セクシーでありながら力のある、セクシーでありながら自立心のある　□ edgy：斬新な、先端を行く　□ retirement：引退　□ notoriety：悪評、評判、有名　□ animal rights activist：動物愛護運動家

訳 ブリジット・バルドーは、セクシーでありながら自立心のある役柄で有名になった

フランスの俳優。そうした役柄は1960年代の観客には斬新なものと見なされた。映画界でのキャリアはわずか21年にすぎないが、バルドーは1973年に引退するまでに47の映画で役を演じた。『軽蔑』や『ビバ！マリア』などの映画がバルドーをフランス・海外の両方で有名にした。彼女はフランス語の歌「ボニーとクライド」を含む何曲かの歌もリリースした。映画界からの引退後は、動物愛護運動家として有名になった。

関連キーワード BB（「ベベ」※愛称。頭文字が B.B.であることから、同じ発音で「赤ん坊」を意味するフランス語 bébéと掛けている） *Le Mépris*（映画『軽蔑』※仏語。英語圏では*Contempt*がタイトルとして使われることも） *Viva Maria!*（映画『ビバ！マリア』） Serge Gainsbourg（セルジュ・ゲンズブール ※フランスの歌手、俳優。音楽活動での共演多数） "Bonnie and Clyde"（『ボニーとクライド』※ゲーンズブールとのデュエット曲） "Je t'aime... moi non plus"（曲「ジュ・テーム・モワ・ノン・プリュ」※ゲーンズブールとのデュエット曲。過激な内容から、当初はお蔵入りになった問題作） Roger Vadim（ロジェ・ヴァディム ※バルドーの出演作品を多く手掛けた、フランスの著名監督。最初の夫）

🔊 **228** 最強の「善良なアメリカ人」俳優

Tom Hanks トム・ハンクス（1956- ）

[támhǽŋks]［タM　ハンGKS］

Tom Hanks is an American actor famous for dramatic and comedic performances that have earned him worldwide popularity. Early films such as *Splash* and *Big* put him on the radar as a comedy actor, but it was the more serious roles, such as those in the films *Philadelphia*, *Forrest Gump*, *Saving Private Ryan* and *Captain Phillips*, that turned him into a household name, and won him two Academy Awards.

□ on the radar：注目されて　□ household name：おなじみの名前、有名人

訳 トム・ハンクスはアメリカの俳優。世界的な人気を獲得する原因となったドラマチックかつ笑いを誘う演技で有名である。『スプラッシュ』や『ビッグ』などの初期の映画は、コメディー俳優としてのハンクスに注目させるものだったが、『フィラデルフィア』や『フォレスト・ガンプ』、『プライベート・ライアン』、『キャプテン・フィリップス』などでのもっとシリアスな役は彼を有名にし、2つのアカデミー賞をもたらした。

関連キーワード *Splash*（映画『スプラッシュ』） *Big*（映画『ビッグ』） *Philadelphia*（映画『フィラデルフィア』※アカデミー主演男優賞受賞） *Forrest Gump*（映画『フォレスト・ガンプ』※アカデミー主演男優賞受賞） *Saving Private Ryan*（映画『プライベート・ライアン』） *The Da Vinci Code*（映画『ダ・ヴィンチ・コード』） *Captain Phillips*（映画『キャプテン・フィリップス』） COVID-19（新型コロナウイルス感染症 ※coronavirus disease 2019の略。2020年3月、ハンクスは妻リタと共に感染したが、その後回復。有名人の感染者がまだ少なかった時期でもあり、大きなニュースになった）

Alfred Hitchcock　アルフレッド・ヒッチコック（1899-1980）

［ǽlfred hítʃkɑk］［アLFレD　ヒチカK］

Alfred Hitchcock was an English director best known for making suspense films. He is sometimes called "the master of suspense," and his movies, such as *Rear Window* and *Vertigo*, used plot twists and innovative camera techniques that audiences had never seen before. The 1960 film *Psycho* made use of multiple short edits in its famous "shower scene" to give the murder a sense of speed and disorientation. It also was one of the first films to kill its main character early in the narrative, leaving the audience "stranded" with the killer.

□ suspense：サスペンス、不安　□ plot twist：話の展開、どんでん返し　□ innovative：斬新な、革新的な　□ multiple：多数の、たくさんの　□ disorientation：幻惑、方向感覚を失うこと　□ narrative：物語　□ leave ～ stranded：～が困っているのを放置する

訳 アルフレッド・ヒッチコックはサスペンス映画を作ったことで最もよく知られるイギリスの映画監督。ヒッチコックは時に「サスペンスの巨匠」と呼ばれ、『裏窓』や『めまい』といった作品のように、どんでん返しや、それまで観客が見たこともないような斬新な撮影技術を用いた。1960年の映画『サイコ』は、有名な「シャワーの場面」で短いカット割りを何度も使用し、殺人事件にスピード感と幻惑効果をもたらした。同作はまた、主要登場人物を物語の序盤で死なせ、観客を殺人鬼を前に「立ち往生」させる映画の先駆けにも数えられた。

関連キーワード *Rebecca*（映画『レベッカ』※アカデミー作品賞受賞）*Dial M for Murder*（映画『ダイヤルMを廻せ！』）*Rear Window*（映画『裏窓』）*Psycho*（映画『サイコ』）*The Birds*（映画『鳥』）*Vertigo*（映画『めまい』）*Alfred Hitchcock Presents*（テレビ番組「ヒッチコック劇場」※1955年放送開始。1962年からはThe Alfred Hitchcock Hourとして65年まで放送された。ヒッチコック自身も案内役として出演。テーマ曲も有名になった）cameo appearance（カメオ出演 ※ヒッチコックは自身の作品にカメオ出演することで有名だった）

River Phoenix　リヴァー・フェニックス（1970-93）

［rívər fíːniks］［リヴァー　フィーニKS］

River Phoenix was a young American actor that first grabbed the public's eye in the film *Stand by Me* — the Rob Reiner adaptation of Stephen King's short story "The Body." His career was short but bright, including an appearance as the young Indiana Jones in *Indiana Jones and the Last Crusade* and starring next to Keanu Reeves in Gus Van Sant's film *My Own Private Idaho*. Sadly, he died at age 23 of a drug overdose while filming *Dark Blood*.

□ grab：～をつかむ、～をひったくる　□ Rob Reiner：ロブ・ライナー ※アメリカの映画監督　□ adaptation：適合、翻案　□ "The Body"：「スタンド・バイ・ミー」※スティーヴン・キングの短編小説。日本語タイトルが原題と大きく異なる　□ appearance：出演　□ star：共演する　□ Keanu Reeves：キアヌ・リーヴス ※人気俳優　□ Gus Van Sant：ガス・ヴァン・サント ※アメリカの映画監督　□ overdose：(薬剤の) 過剰摂取

訳 リヴァー・フェニックスは、最初に映画『スタンド・バイ・ミー』で人々の目を引いたアメリカの若い俳優だった。同作はスティーヴン・キングの短編小説「ザ・ボディー」のロブ・ライナーによる翻案作品である。フェニックスのキャリアは短くも輝かしいもので、『インディ・ジョーンズ／最後の聖戦』で若き日のインディアナ・ジョーンズとして出演したり、ガス・ヴァン・サントの映画『マイ・プライベート・アイダホ』でキアヌ・リーヴスと共演するなどした。悲しいことに、彼は『ダーク・ブラッド』の撮影中、薬物の過剰摂取により23歳で死去した。

関連キーワード　*Stand by Me*（映画『スタンド・バイ・ミー』※スティーヴン・キングの短編小説 "The Body"［日本語タイトル「スタンド・バイ・ミー」］の映画化作品）　*Indiana Jones and the Last Crusade*（映画『インディ・ジョーンズ／最後の聖戦』※若き日のインディを演じた）　*My Own Private Idaho*（映画『マイ・プライベート・アイダホ』）　*Dark Blood*（映画『ダーク・ブラッド』※遺作）　Joaquin Phoenix（ホアキン・フェニックス ※弟。アカデミー、ゴールデングローブ両賞で主演男優賞を受賞するなど、主演級の実力派俳優としての地位を築いている）

🔊**231**　イタリア映画界の巨匠

Federico Fellini　フェデリコ・フェリーニ（1920–93）

[fedəríːkou fəlíːni]［フェダ**リ**ーコウ　ファ**リ**ーニ］

Federico Fellini was an Italian film director whose unique style and sometimes avant-garde approach to cinema make him one of the most famous directors in the world. His 1960 film *La Dolce Vita* is regarded by some to be one of the greatest films ever made, winning the Palme D'Or at the Cannes Film Festival. Other films such as *8½* are surreal and dreamlike. He has been a major influence on many directors and his name is used in connection with exaggerated fantastic or dreamlike elements in film and art.

□ avant-garde：前衛的な　□ the Palme d'Or：パルム・ドール ※カンヌ国際映画祭の最高賞　□ surreal：超現実的な　□ dreamlike：夢のような　□ influence：影響を及ぼす人物、影響力のある人物　□ exaggerated：誇大な　□ fantastic：空想的な

訳 フェデリコ・フェリーニはイタリアの映画監督。独特の表現法と、映画に対する時に前衛的なアプローチによって、世界で最も著名な監督の一人になった。1960年の映画『甘い生活』は史上第一級の映画と一部では目され、カンヌ映画祭でパルム・ドールを受賞している。ほかに『8 1/2』といった超現実的で夢を思わせる映画もある。フェリーニは大勢の映画監督に影響を及ぼした人物であり、その名は映画や芸術における誇大な空想や夢想の要素との関連で用いられている。

関連キーワード　La Strada（映画『道』※監督、共同脚本）　*La Dolce Vita*（映画『甘い生活』※

監督、共同脚本) *8½*(映画『8 1/2』※英語の読みはeight and a half、日本語は「はっか　にぶんのいち」。監督、共同脚本) *Amarcord*(映画『フェリーニのアマルコルド』※監督、共同脚本) Giulietta Masina(ジュリエッタ・マシーナ ※俳優で妻。『道』をはじめ、フェリーニ作品にも出演) Marcello Mastroianni(マルチェロ・マストロヤンニ ※20世紀のイタリアを代表する俳優。『甘い生活』『8 1/2』などのフェリーニ作品で主演) Nino Rota(ニーノ・ロータ ※イタリアの作曲家。フェリーニ作品の音楽を多く手掛ける) Cinecittà(チネチッタ ※フェリーニ作品をはじめ多くの名作が撮影されたイタリアの映画撮影所。映画界の聖地)

232 独特のせりふ回しは物まねの定番ネタ

Marlon Brando マーロン・ブランド(1924-2004)

[mɑ́ːrlən brǽndou] [**マ**ーラン　B**ラ**ンドウ]

American actor Marlon Brando had his first major break playing Stanley Kowalski in the 1951 film version of *A Streetcar Named Desire*. He is also well-known for his titular role in Francis Ford Coppola's 1972 film *The Godfather*. Brando had studied "the method" form of acting before it had become familiar to the general public, and his unusual, almost mumbled way of delivering lines made him stand out from other actors of the time. He won two Academy Awards for Best Actor.

□break:幸運、転換点　□titular:タイトルの由来となった、(登場人物が) 作品のタイトルとなった　□"the method" form of acting:「メソッド」式演技法 ※method acting (メソッド演技法) のこと　□mumbled:不明瞭な、聞き取りにくい　□lines:せりふ　□stand out from ～:～と違って目立つ、～と一線を画す

[訳] アメリカの俳優マーロン・ブランドは、1951年の映画版『欲望という名の電車』でスタンリー・コワルスキーを演じて、最初の大きな成功を手にした。フランシス・フォード・コッポラの1972年の映画『ゴッドファーザー』での、タイトルに使われた(ゴッドファーザーの)役でもよく知られている。彼は「メソッド」式演技法を一般の人によく知られるようになる以前に学んでおり、その独特の、ほぼ不明瞭とも言えるせりふ回しによって、当時の他の俳優たちの中で際立っていた。ブランドはアカデミー賞の主演男優賞を2回受賞した。

関連キーワード *A Streetcar Named Desire*(映画『欲望という名の電車』) *On the Waterfront*(映画『波止場』※アカデミー主演男優賞受賞) *The Godfather*(映画『ゴッドファーザー』※アカデミー、ゴールデングローブで主演男優賞受賞) *Apocalypse Now*(映画『地獄の黙示録』※フランシス・フォード・コッポラ監督作品) Elia Kazan(エリア・カザン ※俳優、演出家、映画監督。ブランドの育ての親的存在) method acting(メソッド演技法 ※ブランドはこの演技法を実践し成功した俳優の代表格)

Morgan Freeman　モーガン・フリーマン（1938- ）

[mɔ́ːrgən fríːmən]［**モ**ーガン　**F**リーマン］

Morgan Freeman is an American actor whose deep, commanding voice and magnetic presence on screen have made him famous around the world. While he started acting in the 1960s, it was the 1989 film *Driving Miss Daisy* that made him famous and brought him the Academy Award nomination for Best Supporting Actor. Since then, Freeman has appeared in numerous box-office hits such as *The Shawshank Redemption*, the Dark Knight Trilogy of Batman films and *Million Dollar Baby*.

□ commanding：威厳のある　□ magnetic：人を引き付ける　□ acting：俳優業　□ appear：出演する　□ numerous：おびただしい数の　□ box-office hit：大ヒット

訳 モーガン・フリーマンはアメリカの俳優。その深く威厳ある声と、人を引き付けて離さないスクリーン上での存在感によって、世界的に有名になった。1960年代に俳優業を始めたフリーマンだが、彼を有名にし、アカデミー助演男優賞のノミネートをもたらしたのは、1989年の映画『ドライビング Miss デイジー』だった。それ以来、フリーマンは『ショーシャンクの空に』や、バットマン映画の「ダークナイト三部作」、『ミリオンダラー・ベイビー』といった、多数の大ヒット作品に出演している。

関連キーワード *Driving Miss Daisy*（映画『ドライビング Miss デイジー』）　*The Shawshank Redemption*（映画『ショーシャンクの空に』）　*Seven*（映画『セブン』）　*Million Dollar Baby*（映画『ミリオンダラー・ベイビー』※アカデミー助演男優賞受賞）　*Invictus*（映画『インビクタス／負けざる者たち』※ネルソン・マンデラを演じた）　"The Dark Knight Trilogy"（「ダークナイト三部作」※「ダークナイト・トリロジー」とも。数あるバットマン映画の中で、クリストファー・ノーランが監督した*Batman Begins*［『バットマン・ビギンズ』］、*The Dark Knight*［映画『ダークナイト』］、*The Dark Knight Rises*［『ダークナイト・ライジング』］を指す）

Audrey Hepburn　オードリー・ヘプバーン（1929-93）

[ɔ́ːdri hépbəːrn]［**オ**ーDリ　**ヘP**バーン］

Audrey Hepburn was a widely loved British actor who appeared in films from the 1950s to the 1980s. Her role with Gregory Peck in the film *Roman Holiday* launched her into stardom and earned her an Academy Award. A string of other hits followed, including the film *Breakfast at Tiffany's*, for which she was also nominated for Best Actress. Later in life, she became a UNICEF Goodwill Ambassador and worked toward ending poverty in Africa.

□ launch ~ into . . . : ~を…に送り出す　□ stardom：スターダム、スターの座　□ a string of ~：一連の~　□ goodwill ambassador：親善大使　□ poverty：貧困

訳 オードリー・ヘプバーンは広く愛されたイギリスの俳優で、1950年代から1980年代にかけて映画に出演していた。映画『ローマの休日』でグレゴリー・ペックを相手に演じた役柄により、ヘプバーンはスターダムに躍り出て、アカデミー賞を受賞した。主演女優賞でノミネートもされた映画『ティファニーで朝食を』を含め、その後ヒット作が相次いだ。後半生では、ユニセフ親善大使になり、アフリカで貧困を撲滅するために活動した。

関連キーワード *Roman Holiday*（映画『ローマの休日』※アカデミー主演女優賞、ゴールデングローブ主演女優賞受賞［ドラマ部門］受賞）*Sabrina*（映画『麗しのサブリナ』）*Breakfast at Tiffany's*（映画『ティファニーで朝食を』）"Monn River"（曲「ムーン・リヴァー」※『ティファニーで朝食を』の中でヘプバーンが歌い人気を博した）*My Fair Lady*（映画『マイ・フェア・レディ』）*Wait Until Dark*（映画『暗くなるまで待って』）UNICEF Goodwill Ambassador（ユニセフ親善大使）

🔊 **235**　「現代女性」の体現者

Katherine Hepburn　キャサリン・ヘプバーン（1907–2003）

[kǽθərin hépbə̀ːrn]　[**キャ**θァリン　**へ**Pバーン]

Katherine Hepburn was an American actor whose third film, *Morning Glory*, delivered her first Academy Award. Considered outspoken and overly assertive for a woman at the time, Hepburn's middle years of filmmaking suffered because audiences considered her arrogant and unfeminine. But, in time, the public came to see her as the embodiment of the progressive modern woman, and later films such as *The African Queen* and *On Golden Pond* returned her to fame.

□ outspoken：積極的に発言する、率直な　□ overly：過度に　□ assertive：主張のはっきりした　□ suffer：低迷する　□ arrogant：傲慢な　□ unfeminine：女らしくない　□ embodiment：体現　□ progressive：進歩的な

訳 キャサリン・ヘプバーンはアメリカの俳優で、3本目の映画『勝利の朝』で初のアカデミー賞を受賞した。当時の女性としては積極的に発言し、はっきり主張しすぎると見られていたヘプバーンは、映画製作人生の中盤は不振に陥った。というのも観客が彼女を傲慢で女らしくないと見なしたからである。しかしやがて、人々はヘプバーンを進歩的な現代女性の体現者として見るようになり、『アフリカの女王』や『黄昏』といった後年の映画は彼女に再び名声をもたらした。

関連キーワード *Morning Glory*（映画『勝利の朝』※アカデミー主演女優賞受賞）*The African Queen*（映画『アフリカの女王』）*Guess Who's Coming to Dinner*（映画『招かれざる客』※アカデミー主演女優賞受賞）*The Lion in Winter*（映画『冬のライオン』※アカデミー主演女優賞受賞）*On Golden Pond*（映画『黄昏』※アカデミー主演女優賞受賞）

「ボギー」と呼ばれた男

Humphry Bogart　ハンフリー・ボガート（1899-1957）

［hʌ́mfri bóuɡɑːrt］［ハMFリ　ボウガーT］

Humphry Bogart was an American actor whose performances and distinctive voice have made him a film legend. Bogart, often referred to by his nickname "Bogie," is best known for his role as Rick Blaine in 1943's *Casablanca*, which won an Academy Award for best picture. But it was his role in *The African Queen* that won him the Oscar for Best Actor. In 1945, he married his co-star Lauren Bacall, and they remained married until his death in 1957.

□ distinctive：独特な □ legend：伝説的人物　□ Oscar：オスカー ※アカデミー賞受賞者に与えられる黄金像　□ co-star：共演者

訳　ハンフリー・ボガートは、その演技と独特な声で映画界の伝説になったアメリカの俳優。しばしば「ボギー」の愛称で呼ばれたボガートは、1943年の『カサブランカ』でのリック・ブレイン役で最もよく知られ、映画はアカデミー賞の作品賞を受賞した。しかし彼に主演男優賞でオスカーを勝ち取らせたのは『アフリカの女王』での役柄だった。1945年に彼は共演者のローレン・バコールと結婚、1957年に死去するまで添い遂げた。

関連キーワード　Bogie（「ボギー」※愛称）　*Casablanca*（映画『カサブランカ』）　*The African Queen*（映画『アフリカの女王』※アカデミー主演男優賞受賞）　Philip Marlowe（フィリップ・マーロウ ※ボガートの当たり役）　Raymond Chandler（レイモンド・チャンドラー ※小説家。探偵フィリップ・マーロウの生みの親）　Lauren Bacall（ローレン・バコール ※4人目の妻。当時ハリウッドのスターだった）　trench coat（トレンチコート ※襟を立てたボガートの着こなしが流行した）

『パラサイト…』でアジア映画初の快挙

Bong Joon Ho　ポン・ジュノ（1969- ）

［bóːŋ dʒún ho］［ボーンG　ジュン ホ］ ★日本語とギャップ！

Bong Joon-Ho is a renowned South Korean filmmaker who sacrificed comfort and an income to pursue his craft. It paid off, as his film *Parasite* won four Oscars at the 92nd Academy Awards. *Parasite* was the first ever non-English film to win Best Picture, the Academy's highest prize, and it also won the 72nd Cannes Film Festival's highest award, the Palme d'Or. It is the second film ever to win both honors. Through his passion and tenacity, Bong has opened the eyes and hearts of many moviegoers to the long-existent richness of international films.

□ renowned：名高い　□ filmmaker：映画監督、映像作家　□ sacrifice：犠牲にする　□ craft：

技術、技能　□ pay off：報われる、利益を生む　□ Oscar：オスカー　※アカデミー賞受賞者に与えられる黄金像　□ the Palme d'Or：パルム・ドール　※カンヌ国際映画祭の最高賞　□ tenacity：粘り強さ　□ moviegoer：映画好き、よく映画に行く人　□ long-existent：長らく存在する

訳　ポン・ジュノは韓国の名高い映画監督で、自らの技術を追求するために快楽や収入を犠牲にした。その犠牲も、映画『パラサイト 半地下の家族』が第92回アカデミー賞で4つのオスカーを獲得して報われた。『パラサイト』はアカデミー賞の最高賞である作品賞を勝ち取った史上初の非英語の映画で、第72回カンヌ国際映画祭でも最高賞のパルム・ドールを獲得した。同作はこの両方の栄誉を受けた史上2番目の映画である。ポンはその情熱と粘り強さによって、ずっと存在していた外国映画の豊かさへと多くの映画好きの目を開き、心を向けさせた。

関連キーワード　*Parasite*（映画『パラサイト 半地下の家族』※監督、共同脚本、共同製作。はアカデミー賞の作品賞、監督賞、脚本賞、国際長編映画賞を受賞。カンヌ国際映画再のパルム・ドールを受賞）　*The Host*（映画『グエムルー漢江の怪物ー』）

🔊 238　クールで骨太なアンチヒーロー

Steve McQueen　スティーブ・マックイーン（1930-80）

［stíːv məkwíːn］［SティーV　マKウィーン］

Steve McQueen was an American actor whose career started out in Western television shows and films, including *The Magnificent Seven*, the well-known Hollywood Western remake of Akira Kurosawa's *Seven Samurai*. But it was his cool, bad-boy image that gained him fame in the 1960s, in films such as *The Thomas Crowne Affair* and *Bullitt*. He was also well-known as a motorcycle and race car enthusiast and often did his own stunt-driving in his films.

□ television show：テレビ番組　□ bad-boy：異端児、時代の反逆者　□ enthusiast：熱狂者　□ stunt-driving：カースタント、カーアクション

訳　スティーブ・マックイーンはアメリカの俳優で、そのキャリアは西部劇のテレビ番組や映画から始まった。それらの中には黒澤明の『七人の侍』をハリウッド西部劇にリメイクした、有名な『荒野の七人』がある。しかし1960年代にマックイーンに名声をもたらしたのは、『華麗なる賭け』や『ブリット』といった映画の中での冷徹な異端児というイメージだった。彼はオートバイやレーシングカーの熱狂的愛好家としてもよく知られ、映画ではしばしば、カースタントを自身でこなした。

関連キーワード　*The Magnificent Seven*（映画『荒野の七人』※黒澤明監督の『七人の侍』のリメイク作品）　*The Great Escape*（映画『大脱走』）　*The Thomas Crowne Affair*（映画『華麗なる賭け』）　*Bullitt*（映画『ブリット』）　*The Towering Inferno*（映画『タワーリング・インフェルノ』）

異色のドキュメンタリー映画監督

Michael Moore　マイケル・ムーア（1954- ）

[máikəl múər]［**マ**イカL　**ム**アー］

Michael Moore is an American filmmaker and documentary maker who is highly regarded for his unblinking and progressive takes on American culture, and for his often-sarcastic filmmaking style. He is probably best known for the film *Bowling for Columbine* — a film response to the high-school shooting massacre in Columbine, Colorado, and its impact on the country. Named by *Time* magazine as one of the world's most influential people, his films have looked at such topics as the environment, globalization and weapon ownership.

□ filmmaker：映画監督、映像作家　□ documentary maker：ドキュメンタリー作家　□ unblinking：ひるまない、大胆不敵な　□ progressive：進歩的な　□ take on 〜：〜についての見解　□ often-sarcastic：しばしば辛辣な、辛辣になりがちな　□ filmmaking：映画作り　□ shooting massacre：銃乱射事件　□ globalization：グローバル化　□ ownership：所有（権）

訳 マイケル・ムーアはアメリカの映画作家、ドキュメンタリー作家。アメリカ文化に関する大胆不敵で進歩的な見解や、しばしば辛辣な映画製作スタイルで高く評価されている。ムーアはおそらく、『ボウリング・フォー・コロンバイン』で最もよく知られている。同作はコロラド州コロンバインの高校で起きた銃乱射事件と国に及ぼした影響に対する、映画による応答だった。『タイム』誌に世界で最も影響力のある一人として名を挙げられた彼の映画は、環境やグローバル化、武器の所有といった主題に目を向けてきた。

関連キーワード *Bowling for Columbine*（映画『ボウリング・フォー・コロンバイン』※アカデミー長編ドキュメンタリー映画賞受賞） **the Columbine High School massacre**（コロンバイン高校銃乱射事件 ※1999年、米コロラド州ジェファーソン州コロンバインにある、コロンバイン高校で発生した銃乱射事件。起きた事件） **National Rifle Association of America**（全米ライフル協会 ※NRAと略されることが多い。銃愛好家、製造業者の団体。銃規制に反対する圧力団体でもある。映画『ボウリング・フォー…』の中で、会長、会員が突撃取材を受けた） *Fahrenheit 9/11*（映画『華氏911』） **George W. Bush**（ジョージ・W・ブッシュ ※第43代アメリカ合衆国大統領。『華氏911』での取材対象） *Sicko*（映画『シッコ』）

永遠のセックスシンボル

Marilyn Monroe　マリリン・モンロー（1926-62）

[mǽrəlin mənróu]［**マ**ラリン　マン**ロ**ウ］★アクセント注意！

Marilyn Monroe was an American movie star, model and singer as well as one of the best-known sex symbols of the 1950s. Her blond hair, curves and whispery voice made her famous in films such as *Gentlemen Prefer Blondes* and *The Seven Year Itch*. She also famously performed the Happy Birthday song in her signature style for U.S. President John F. Kennedy. Her brief career and tragic death in 1962 made her one of the most famous icons of the period.

□ sex symbol：性的な魅力のある有名人、セックスシンボル　□ blond：ブロンドの、金髪の　□ curves：曲線美　□ whispery：ささやくような　□ signature：特徴的な、典型的な　□ tragic：悲劇的な　□ icon：象徴、偶像

訳 マリリン・モンローはアメリカの映画スター、モデル、歌手で、1950年代における最も有名なセックスシンボルの一人だった。そのブロンドの髪と曲線美、ささやくような声によって、『紳士は金髪がお好き』や『七年目の浮気』などの映画で有名になった。よく知られるように、モンローはアメリカ大統領ジョン・F・ケネディのために、その特徴的なスタイルで「ハッピーバースデー」の歌を歌った。短いキャリア、そして1962年の悲劇的な死ゆえに、彼女はこの時代の最も著名なアイコンの一人になった。

関連キーワード **sex symbol**（セックスシンボル）　*Gentlemen Prefer Blondes*（映画『紳士は金髪がお好き』）　*Bus Stop*（映画『バス停留所』）　*The Seven Year Itch*（映画『七年目の浮気』）　*Some Like It Hot*（映画『お熱いのがお好き』）※ゴールデングローブ主演女優賞［ミュージカル・コメディ部門］受賞　"I Wanna Be Loved by You"（曲『お熱いのがお好き』、「あなたに愛されたいの」※日本語のタイトルはこの曲が歌われた映画のタイトルから）　**Joe DiMaggio**（ジョー・ディマジオ ※球界の大スターだった。モンローの2人目の夫）　**John F. Kennedy**（ジョン・F・ケネディ ※第35代アメリカ合衆国大統領。モンローと不倫関係にあった）　**Robert F. Kennedy**（ロバート・F・ケネディ ※ジョン・F・ケネディの実弟でケネディ政権の司法長官。兄同様、モンローと不倫関係にあったとされる）　"Happy Birthday, Mr. President"（「ハッピーバースデー・ミスタープレジデント」※1962年のケネディ大統領の誕生日パーティーでモンローによって歌われた。音声付き映像が残っている）

🔊 **241**　アフリカ系アメリカ人の視点で描き続ける

Spike Lee　スパイク・リー（1957- ）

[spáik líː]　[SパイK　リー]

Spike Lee is an American director known for making movies that deal with the lives and experiences of black Americans, including *Do the Right Thing* and *Mo' Better Blues*, and is an outspoken activist for civil rights and black issues. Lee was given an Academy Honorary Award in 2015 for his contributions to filmmaking, and his film *BlacKkKlansman* won the Oscar for Best Adapted Screenplay in 2019.

□ black American：アフリカ系アメリカ人、アメリカ黒人　□ outspoken：積極的に発言する、率直な　□ activist：活動家　□ civil rights：公民権　□ filmmaking：映画作り　□ Oscar：オスカー ※アカデミー賞受賞者に与えられる黄金像　□ screenplay：映画脚本

訳 スパイク・リーはアメリカの映画監督で、『ドゥ・ザ・ライト・シング』や『モ'・ベター・

ブルース』といった、アフリカ系アメリカ人の生活や経験を扱った映画を作ることで知られる。公民権や黒人問題について積極的に発言する活動家でもある。リーは2015年に映画作りにおける貢献に対してアカデミー名誉賞を授与され、また2019年には映画『ブラック・クランズマン』でアカデミー脚色賞を受賞した。

関連キーワード *Do the Right Thing*（映画『ドゥ・ザ・ライト・シング』）*Mo' Better Blues*（映画『モ'・ベター・ブルース』）*Jungle Fever*（映画『ジャングル・フィーバー』）*Malcolm X*（映画『マルコムX』）*BlacKkKlansman*（映画『ブラック・クランズマン』※アカデミー脚色賞受賞）*Academy Honorary Award*（アカデミー名誉賞 ※2015年に受賞）

🔊 242 ハリウッドで成功したアジア系俳優の先駆者

Bruce Lee ブルース・リー（1940–73）

［brúːs líː］［B**ルー**S **リー**］

Bruce Lee was an action-film star and martial artist born in San Francisco to parents from Hong Kong. He appeared in numerous films in both Hong Kong and the United States, such as *Fists of Fury* and *Enter the Dragon*. He is also well-known as a student of famous martial arts teacher Ip Man, and Lee would later go on to create his own style of kung fu. Lee's films and performances helped to change American perceptions of Asian actors.

□ martial artist：武術家 □ appear：出演する □ numerous：数多くの □ martial art：武術、格闘技 □ go on to ~：次に~する □ kung fu：カンフー □ perception：見方、認識

訳 ブルース・リーはアクション映画のスターで武術家。サンフランシスコで、香港出身の両親の間に生まれた。『ドラゴン怒りの鉄拳』や『燃えよドラゴン』など、香港とアメリカ両方で数々の映画に出演した。著名な武術師範イップ・マンの弟子としてもよく知られ、後年には独自のカンフーを生み出すことになる。リーの映画と演技は、アジア人俳優に対するアメリカ人の認識の変更に一役買った。

関連キーワード *The Green Hornet*（テレビ・シリーズ『グリーン・ホーネット』※1960年代のアメリカのテレビ番組。主人公の助手、カトー［Kato］を演じたリーは、鮮やかなアクションで一躍有名人になった）*Fists of Fury*（映画『ドラゴン怒りの鉄拳』）*Enter the Dragon*（映画『燃えよドラゴン』）*Game of Death*（映画『死亡遊戯』※リーはこの作品の撮影中に急逝し遺作となった）*Jeet Kune Do*（截拳道、ジークンドー ※リーが創設した武道）*Ip Man*（イップ・マン ※リーが入門した香港の武術家）*nunchaku*（ヌンチャク）*Brandon Lee*（ブランドン・リー ※息子。父同様俳優になったが、1993年、撮影中の事故により28歳で死去）

🔊 243 テレビ進出にも成功したカルト映画の巨匠

David Lynch デヴィッド・リンチ（1957– ）

［déivid líntʃ］［**デイヴィ**D **リン**チ］

David Lynch is American writer and director with a signature surrealist style.

Many of his movies, including *Eraserhead* and *Wild at Heart,* have achieved cult status. His biggest commercial success came with his primetime television series *Twin Peaks*, characterized by its eccentric characters and offbeat humor. *Twin Peaks* is widely considered one of the greatest television series of all time.

□ writer：脚本家　□ signature：特徴的な、典型的な　□ surrealist：シュールレアリスムの、超現実主義の　□ cult：カルト、熱中の対象　□ primetime：ゴールデンタイムの　□ television series：テレビの連続番組　□ characterize：〜を特徴づける　□ eccentric：エキセントリックな、常軌を逸した　□ offbeat：風変わりな

訳 デヴィッド・リンチは、特徴的な超現実的スタイルを持つアメリカの脚本家、監督。『イレイザーヘッド』や『ワイルド・アット・ハート』を含むその映画の多くは、カルト（映画）の地位を獲得している。リンチ最大の商業的成功は、ゴールデンタイムのテレビ番組『ツイン・ピークス』によってもたらされた。この番組はエキセントリックな登場人物や風変わりなユーモアを特徴としている。『ツイン・ピークス』は、史上最高の連続テレビ番組の一つと広く見なされている。

関連キーワード *Eraserhead*（映画『イレイザーヘッド』）　*Blue Velvet*（映画『ブルー・ベルベット』）　*Twin Peaks*（テレビ・シリーズ『ツイン・ピークス』※1990年代のアメリカのドラマ。その人気は社会現象となった）　Agent Dale Cooper（デール・クーパー捜査官　※『ツイン・ピークス』の主人公。FBIの特別捜査官。カイル・マクラクランが演じた）　"Damn good coffee."（「こりゃあうまいコーヒーだ」※『ツイン・ピークス』でのクーパーのセリフ。ドラマ放送当時、流行語になった）　*Wild at Heart*（映画『ワイルド・アット・ハート』※カンヌ国際映画祭パルム・ドール受賞）　*Mulholland Dr.*（映画『マルホランド・ドライブ』※カンヌ国際映画祭監督賞受賞）

🔊 **244**　「スター・ウォーズ」シリーズの生みの親

George Lucas　ジョージ・ルーカス（1944-　）

[dʒɔ́:rdʒ lú:kəs]［ジョージ　ルーカS］

George Lucas is an American film director whose name has become synonymous with adventure movies. Best known for his breakout hit *Star Wars*, which he both wrote and directed, Lucas went on to create and produce the Indiana Jones film *Raiders of the Lost Ark*. Numerous other major box-office hits soon followed, including several sequels to the two well-loved franchises. He also founded Industrial Light & Magic, which is now one of the foremost visual-effects companies in the world.

□ synonymous：同義の、同じ意味の　□ breakout hit：出世作　□ write：〜の脚本を書く　□ go on to 〜：次に〜　□ numerous：数多くの　□ box-office hit：大ヒット　□ sequel：続編　□ well-loved：広く愛される　□ franchise：（映画などの）シリーズ　□ foremost：主要な、一番先の　□ visual-effects：視覚効果

訳 ジョージ・ルーカスはアメリカの映画監督で、彼の名はアメリカの冒険映画と同義

となっている。ルーカスは自身が脚本を書き、監督した出世作『スター・ウォーズ』で最もよく知られ、その次にインディアナ・ジョーンズの登場する映画『レイダース／失われたアーク《聖櫃》』を考案・製作した。広く愛される2つのシリーズの続編数作を含め、数多くの他の大ヒット作が間を置かずに続いた。また、今では視覚効果の世界の主要な制作会社に数えられるインダストリアル・ライト&マジック社を設立した。

関連キーワード *American Graffiti*（映画『アメリカン・グラフィティ』※監督、脚本） *Star Wars*（映画『スター・ウォーズ』※監督、脚本） *Raiders of the Lost Ark*（映画『レイダース／失われたアーク《聖櫃》』※人気シリーズ「インディ・ジョーンズ」の第1作目 ※共同製作総指揮） Lucasfilm（ルーカスフィルム ※ルーカスが設立した映像製作会社。2012年からディズニーの傘下にある） "Indiana" Jones（インディアナ・ジョーンズ ※「インディ・ジョーンズ」シリーズの主人公） Industrial Light & Magic（インダストリアル・ライト&マジック ※ILMの略称で呼ばれることが多いアメリカの制作会社。2012年からディズニーの傘下にある）

🔊 245　ミレニアル世代のオピニオン・リーダー

Emma Watson　エマ・ワトソン（1990- ）

［émə wátsn］［エマ　ワTSン］

Emma Watson is an English actor who found stardom at 9 years of age when she was cast as Hermione Granger in the Harry Potter films. As a result, by the time she was in her late teens, Watson had become Hollywood's highest-paid female star and a household name. After the final film in the Harry Potter franchise was complete, Watson went on to star in many other major films such as *Noah* and Disney's *Beauty and the Beast*. She is also respected as an outspoken supporter of women's rights.

□ stardom：スターの座、スターダム　□ highest-paid：最も稼いだ、最も高給取りの　□ household name：有名人　□ franchise：（映画などの）シリーズ　□ go on to ～：次に～する　□ star：主役を務める　□ outspoken：積極的に発言する、率直な

訳 エマ・ワトソンはイギリスの俳優で、映画「ハリー・ポッター」シリーズのハーマイオニー・グレンジャーの役を与えられた9歳の時に、スターの座を射止めた。それにより、10代後半にはハリウッドで最も稼ぐ女性スターにして有名人になった。「ハリー・ポッター」シリーズの最終作が完成すると、『ノア 約束の舟』やディズニーの『美女と野獣』など、他の大作映画で何度も主役を務めた。ワトソンはまた、女性の権利の積極的な支持者として尊敬を集めてもいる。

関連キーワード the Harry Potter film series（映画「ハリー・ポッター」シリーズ） *Harry Potter and the Philosopher's Stone*（映画『ハリー・ポッターと賢者の石』※「ハリー・ポッター」シリーズの第1作目） Hermione Granger（ハーマイオニー・グレンジャー ※ワトソンが演じた「ハリー・ポッター」シリーズの登場人物。主人公ハリーの同級生で親友） *Noah*（映画『ノア 約束の舟』） *Beauty and the Beast*（映画『美女と野獣』※主役のベルを演じた） U.N. Women Goodwill Ambassador（国連親善大使） Millennials（ミレニアル世代 ※1981年以降に生まれ、2000年以降に20歳になった世代） Generation Y（ジェネレーションY、Y世代 ※「ミレニアル世代」とほぼ同義）

■ ファッション ··

Giorgio Armani ジョルジオ・アルマーニ（1934- ）

[dʒɔ́ːrdʒou ɑːrmɑ́ːni]［ジョージョウ　アー**マ**ーニ］

Giorgio Armani, one of the most celebrated designers of our time, is credited with pioneering red-carpet fashion and inventing power dressing. He rose from working as a window dresser at a department store in Milan to earning a great many industry accolades. His "unconstructed jacket," a reinvention of the classic blazer for men that featured a more relaxed fit, brought him great fame. Armani once described his signature approach to fashion as follows: "I was the first to soften the image of men, and harden the image of women."

□ our time：われわれの時代、現代　□ red-carpet fashion：レッドカーペット・ファッション ※授賞式のような華やかな場での出席者の装いを指す。来賓を迎える通路などに敷かれる赤いじゅうたんから　□ power dressing：パワードレッシング ※自身の地位や能力を示すための着こなしのこと　□ window dresser：ショーウィンドウの装飾家　□ accolades：称賛　□ unconstructed jacket：アンコンストラクテッド・ジャケット ※アルマーニの代名詞的紳士ジャケット　□ blazer：ブレザー　□ signature：特徴的な

訳 現代の最も有名なデザイナーの一人、ジョルジオ・アルマーニは、レッドカーペット・ファッションの道を切り開き、パワードレッシングを考案した功績を認められている。アルマーニは、ミラノのデパートのショーウィンドウ装飾家として身を起こし、業界の大絶賛を多く勝ち取るまでになった。伝統的な紳士用ブレザーの改造品で、よりゆったりしたフィット感を特長とした「アンコンストラクテッド・ジャケット」が、彼に大きな名声をもたらした。アルマーニはかつて、ファッションに対する自身の特徴的なアプローチを次のように表現した。「私は男性のイメージを和らげ、女性のイメージを硬化させた先駆けだ」

関連キーワード　Giorgio Armani（ジョルジオ・アルマーニ ※アルマーニが設立したファッション・ブランドのメイン・ライン）　Emporio Armani（エンポリオ・アルマーニ ※アルマーニ・ブランドのセカンド・ライン）　the unconstructed jacket（アンコンストラクテッド・ジャケット ※直訳は「非構築的ジャケット」。紳士用ジャケットの常識だった芯や肩パッドを使わないことで得られる、柔らかな線が魅力のジャケット。アルマーニの代名詞となった）　red-carpet fashion（レッドカーペット・ファッション）

Pierre Cardin ピエール・カルダン（1922-2020）

[piéər kɑːrdǽn]［ピ**エ**アー　カーダン］ ★アクセント注意！

Pierre Cardin was an avant-garde designer known for his

geometric shapes and motifs. Born in Italy but raised in France, he opened his own shop in 1950 and gained a strong reputation as a suit maker, later creating one of the first ready-to-wear "name" collections for women, soon followed by the first designer ready-to-wear collection for men. In the mid-1960s, his short tunics and use of vinyl helped launch the "Space Age" look. Cardin later began licensing his name for use on a great many products, including sunglasses.

□ avant-garde：前衛的な、斬新な　□ geometric：幾何学的な　□ ready-to-wear：既製服の　□ tunic：チュニック ※筒形のゆったりした服　□ vinyl：ビニ（ー）ル

訳 ピエール・カルダンは幾何学的な造形とモチーフで知られる前衛的デザイナー。イタリアで生まれフランスで育ったカルダンは、1950年に自身の店を開き、スーツ職人として確固たる評判を得ると、（デザイナーの）名を冠した女性用既製服コレクションとしては最初期のものの一つを世に送り出し、ほどなく男性用既製服の初のデザイナー・コレクションを発表した。1960年代中頃には、短いチュニックとビニルの使用が「スペースエイジ」ファッションの発表へとつながった。カルダンはその後、サングラスを含む数多くの製品に彼の名前の使用許可を与えるようになった。

関連キーワード　the "bubble dress"（バブルドレス ※カルダンの名を一躍有名にした1950年代の代表的コレクション）　the "Space Age" look（スペースエイジ・ファッション ※カルダンの前衛性を象徴する、1960年代中頃のコレクション）　haute couture（オートクチュール ※仏語。オーダーメイドで作られる一点物の高級服のこと）　ready-to-wear（既製服、プレタポルテ ※日本語ではファッション用語として「プレタポルテ」[仏語のprêt-à-porterより]を用いることが多い）

🔊 **248**　モード界に多様性の視点をもたらす

Yves Saint-Laurent　イヴ・サン＝ローラン（1936–2008）

[íːv sǽnlɔːráːŋ]　[イーＶ　サンローラーンＧ]　★つづりとギャップ！　アクセント注意！

Yves Saint-Laurent was a European fashion designer who has helped shape fashion from the 1960s to the present day. Born in Algeria, he left for Paris as a teenager to work for Christian Dior but, after being fired, ended up launching his own fashion labels. His adaptation of the tuxedo suit for women brought him great fame, as did his 1965 Mondrian Collection, an hommage to the work of several modernistic artists. Saint-Laurent was also well-known for his use of non-European cultural references and nonwhite models.

□ adaptation：改作　□ tuxedo：タキシード　□ hommage：敬意、オマージュ ※仏語　□ modernistic：現代的な、近代主義の　□ cultural references：文化的参照、文化的引用

訳 イヴ・サン＝ローランは、1960年代から今日までのファッションの形成に貢献して

きたヨーロッパのファッションデザイナー。アルジェリアに生まれ、10代の頃パリへと旅立ってクリスチャン・ディオールで働いたが、解雇された後に自身のファッション・レーベルを創設した。女性用にタキシードの上下を取り入れたことは、幾人かのモダンアートの作家の功績に対するオマージュだった1965年のモンドリアン・コレクションと同様に、彼に大きな名声をもたらした。サン＝ローランは、非ヨーロッパ圏からの文化的参照や非白人モデルを採用したことでも知られた。

関連キーワード　Yves Saint Laurent（イヴ・サンローラン ※1962年、サン＝ローランがパートナーのピエール・ベルジェと設立。アパレルのみならず、化粧品の分野でも確固たる地位を築いている）　Saint Laurent Paris（サンローラン・パリ ※現在のアパレル部門のブランド名。2012年に改称され、ファンから反発を招いた）　the YSL logo（YSLロゴ ※サン＝ローランのイニシャルを組み合わせたロゴ。ブランドのアイコンとして現在も多くの商品に使用されている）　the Mondrian Collection（モンドリアン・コレクション ※オランダの画家、ピエト・モンドリアンの世界観とファッションとを融合させた1965年のコレクション）　Christian Dior（クリスチャン・ディオール ※フランスを代表するファッションデザイナーの一人。無名の少年だったサン＝ローランの才能を見出し、モード界へと引き入れた）　Hedi Slimane（エディ・スリマン ※現在のファッション業界の重要人物の一人。1990年代にはメンズ・コレクションのディレクター、2012年から2016年には全コレクションを統括するクリエイティブ・ディレクターとして在籍。2012年の「サンローラン・パリ」への改称、ロゴの刷新では物議を醸した）

🔊 **249**　女性を解放した歴史的スーツ

Coco Chanel　ココ・シャネル（1883–1971）

[kóukou ʃənél]　[コウコウ　シャネ**L**]

Coco Chanel was a French fashion designer who garnered great fame with her trademark suits and little black dresses. Her revolutionary designs stressed comfort over the constraints of the fashion designs of the 1920s, and she popularized the color black, once only associated with mourning, as a chic color for evening wear. In the 1920s, she launched Chanel No. 5 — the first perfume to feature a designer's name. Chanel was the only fashion designer included in *Time* magazine's list as one of the 100 most influential people of the 20th century.

□ garner：〜を得る、〜を獲得する　□ little black dress：リトル・ブラック・ドレス ※丈が短く、シンプルな黒のドレス　□ constraint：拘束、束縛　□ mourning：喪服　□ chic：上品な、シックな　□ evening wear：夜の正装、イヴニング・ウエア

訳　ココ・シャネルは、トレードマークになっているスーツとリトル・ブラック・ドレスで大きな名声を博したフランスのファッションデザイナー。その革新的なデザインは、1920年代のファッション・デザインの締め付けよりも快適さを重視し、さらにシャネルは、かつては喪服を連想させるだけだった黒を、夜の正装のためのシックな色として普及させた。1920年代には、デザイナーの名前を冠したものとしては最初の香水、シャネルNo. 5を発売。シャネルは、20世紀で最も影響力の高い100人の

一人として、タイム誌のリストに入った唯一のファッションデザイナーだった。

関連キーワード Chanel（シャネル ※ブランド名） Chanel suits（シャネル・スーツ ※襟なしジャケットとタイト・スカートから成る女性用スーツ） the little black dress（リトル・ブラック・ドレス ※ミニ丈のシンプルな黒のドレス。ビジネスからフォーマルまで、着回しの利くアイテムとしてシャネルが提唱したと言われる。「黒は喪服の色」という固定観念を打ち破った） Chanel No. 5（シャネルNo. 5 ※シャネルを代表する香水）

◁× 250 デザインもビジネス手法も革命的

Christian Dior クリスチャン・ディオール（1905-1957）

[krístʃən dióːr]［Kリスチャン　ディオー］

Christian Dior was a French fashion designer whose opulent post-World War II creations helped re-establish Paris as the world's fashion capital. In 1946, he founded the house of Dior. The following year, he launched his collection, which was quickly christened as "the New Look." In 1949, Dior became the first couturier to arrange licensed production of his designs. His business practices along with his innovative designs made him the most successful fashion designer in the world. Dior's legacy continues to profoundly influence the fashion industry.

□ opulent：豪華な、ぜいたくな　□ post-World War II：第二次世界大戦後の　□ re-establish：〜を再建する、〜を復興する　□ house：（流行の最先端を行く）高級服メーカー ※ fashion house とも　□ be christened：命名される ※ christen の本来の意味は「〜に洗礼を施す、〜に洗礼名を付ける」　□ couturier：（婦人服の）洋裁師、クチュリエ ※仏語　□ licensed production：ライセンス生産、商標製品の生産　□ legacy：遺産、レガシー　□ profoundly：深く、大いに

訳 クリスチャン・ディオールはフランスのファッションデザイナーであり、彼の第二次世界大戦後の豪華な作品は、パリが世界のファッションの中心地として復権する力となった。1946年、彼は高級服メーカー、ディオールを創立した。その翌年、彼がコレクションを発表すると、それはたちまち「ニュールック」と命名された。1949年、ディオールは、自身のデザインのライセンス生産体制を作った最初のクチュリエとなった。そのビジネス手法と革新的なデザインにより、ディオールは世界で最も成功したファッションデザイナーとなった。ディオールの遺産はファッション業界に大きな影響を与え続けている。

関連キーワード Christian Dior（クリスチャン・ディオール ※ブランド名。単にDior（ディオール）とも） New Look（「ニュールック」※ディオールが発表した革命的コレクション。絞ったウエストにゆったりとしたフレアスカートが特徴） LVMH Moët Hennessy Louis Vuitton SE（LVMHモエ・ヘネシー・ルイ・ヴィトン ※LVMHとも。ディオールをはじめ、世界的なファッション・ブランドを傘下に多数擁する複合企業。本拠地はフランス） Hedi Slimane（エディ・スリマン ※現在のファッション業界の重要人物の一人。2000年から2007年にかけて、ディオールの男性ライン、ディオール・オムのディレクターを務めた才気溢れるファッションデザイナー） John Galliano（ジョン・ガリアーノ ※イギリスの著名ファッションデザイナー。1996年からクリスチャン・ディオールのデザイナーに就

任。人種差別発言で2011年に解任） Raf Simon（ラフ・シモンズ ※数々の有名ブランドでディレクターを歴任してきたベルギーのファッションデザイナー。2012年から15年までディオールの主任デザイナーを務める）

251 エシカルファッションの急先鋒

Stella McCartney ステラ・マッカートニー（1971-）

[stéla məkɑ́ːrtni]［Sテラ マカーTニ］

Stella McCartney is a British fashion designer best known for her eponymous label. Born to former Beatle Paul McCartney and musician, photographer and animal rights activist Linda McCartney, she is a staunch supporter of animal rights and a strict vegetarian. No leather or fur is used in any of her designs, with her shoes being made of vinyl or plastic and belts and bags made from fabric and raffia. In 2010, McCartney was tasked with the job of creating the Adidas sportswear designs for Great Britain's Olympic and Paralympic teams.

□ eponymous：創始者の名を冠した □ Beatle：ビートルズのメンバー ※一人の場合は単数形 □ animal rights activist：動物愛護運動家 □ staunch：確固たる、筋金入りの □ vinyl：ビニ（ー）ル □ raffia：ラフィア ※ラフィアヤシの葉を原料とする繊維 □ be tasked with ～：～の任務を負う、～を任される □ Adidas：アディダス ※ドイツに本拠を置く世界的なスポーツ用品メーカー

[訳] ステラ・マッカートニーは、その名を冠したレーベルで最もよく知られているイギリスのファッションデザイナー。ビートルズの元メンバー、ポール・マッカートニーと、ミュージシャン、写真家、動物愛護運動家のリンダ・マッカートニーの間に生まれた彼女は、動物の権利の筋金入りの擁護者であり、厳格な菜食主義者である。マッカートニーのデザインには革や毛皮は使用されておらず、靴はビニルやプラスチック、ベルトやバッグも布やラフィアで作られている。2010年、マッカートニーは、イギリスのオリンピック・チームとパラリンピック・チームのためのアディダス社製スポーツウエアの制作を委託された。

[関連キーワード] Stella McCartney（ステラ・マッカートニー ※ブランド名） ethical fashion（エシカルファッション ※直訳は「倫理的なファッション」。動物の権利の擁護のほかにも、環境への配慮、労働者の権利の保障など、生産から流通、消費まで、ファッションに関連するあらゆる過程で倫理性が重視される） faux leather（フェイクレザー、人工皮革 ※faux [fóu] は「人造の、人工の」を意味する仏語） Paul McCartney（ポール・マッカートニー ※イギリスの音楽家でビートルズの元メンバー。父） Linda McCartney（リンダ・マッカートニー ※イギリスの音楽家、写真家。母。動物愛護運動家としても有名だった）

Karl Lagerfeld カール・ラガーフェルド（1933-2019）

[káːrl láːgərfèld]［**カ**ーL　**ラ**ーガーフェLD］★アクセント注意！

Karl Lagerfeld was a German fashion designer, artist and photographer based in Paris. He collaborated on a variety of fashion and art related projects, most notably as creative director for the fashion house Chanel, a position he held from 1983 until his death. He was also creative director of the Italian fashion house Fendi along with his own label. He was known for making controversial remarks and for always sporting a white powdered ponytail, dark glasses, black jeans, fingerless gloves and high, starched collars.

□ collaborate：共同で行う、協力する　□ fashion house：高級服ブランド、高級服メーカー　□ make a controversial remark：問題発言をする ※ラガーフェルドは体型、人種、性別などに関する差別的な発言で、たびたび批判を受けていた　□ sport：～を身に着ける、～を着る　□ white powdered：白い粉をはたいた　□ ponytail：ポニーテイル　□ dark glasses：サングラス　□ fingerless gloves：指なし手袋　□ starched：糊のきいた

訳 カール・ラガーフェルドは、パリを拠点とした、ドイツのファッションデザイナー、アーティスト、写真家。さまざまなファッションやアート関連のプロジェクトに協力したが、最も注目すべきは、1983年から亡くなるまで、高級服ブランド、シャネルのクリエイティブ・ディレクターとして活動したことである。イタリアの高級服ブランド、フェンディや彼自身のレーベルのクリエイティブ・ディレクターでもあった。ラガーフェルドは、問題発言をすることで知られていたが、白い粉をはたいたポニーテイル、サングラス、ブラックジーンズ、指無し手袋、高さのある糊がきいた（付け）襟を常に身に着けていることでも有名だった。

関連キーワード Chanel（シャネル ※フランスの有名ブランド。1983年から没年までクリエイティブ・ディレクターを務めた。低迷期にあった同ブランドの復活劇に一役買った）　Fendi（フェンディ ※イタリアの有名ブランド。1960年代から没年まで、50年以上もデザイナーを務めた。2つの「F」を組み合わせた有名なブランド・ロゴもラガーフェルドによるデザイン）

スポーツ

🔊253 テニス界の人種の壁を破った先駆者

Arthur Ashe アーサー・アッシュ（1943-93）

[ɑ́ːrθər ǽʃ] [**ア**ーθァー **ア**シュ]

Arthur Ashe was a top American tennis player in the 1960s through '70s. He was the first black male to be selected for the United States Davis Cup team. He was also the first black player to win a Grand Slam singles title. In his career, he won three of the Grand Slam singles titles: Wimbledon, the U.S. Open, and the Australian Open. Ashe was known for his strong commitment to social causes. Even when he was diagnosed with AIDS, believed to have been contracted from a blood transfusion during a heart surgery, he stood up to raise public awareness and educate people about the disease.

□title：選手権、優勝者の肩書き □commitment：（主義・運動などへの）献身 □social cause：社会的大義 □be diagnosed with ～：～と診断される □be contracted from ～：～から感染する □blood transfusion：輸血 □heart surgery：心臓手術 □public awareness：社会の認識

[訳] アーサー・アッシュは、1960年代から70年代を通じてアメリカ・テニス界のトップ・プレーヤーだった。デビス・カップのアメリカ代表チームに選出された初の黒人男性で、グランドスラムのシングルスで優勝した最初の黒人選手でもあった。そのキャリアにおいて、ウィンブルドン選手権、全米オープン、全豪オープンという3つのグランドスラム大会のシングルスで優勝している。アッシュは社会的大義のため熱心に尽力したことで知られた。エイズと診断された時も（心臓手術の際の輸血により感染したと思われる）、この病気について、社会の認識を高め、人々を教育するべく立ち上がった。

[関連キーワード] the Davis Cup（デビス・カップ、デビス杯 ※男子テニスの国別対抗戦。テニス界のワールドカップと位置づけられることもある。アッシュはそのアメリカ代表チームに黒人選手として初めて選出された） the Grand Slam（グランドスラム ※プロテニスの場合は、四大国際大会［全豪オープン、全仏オープン、ウィンブルドン選手権、全米オープン］、またはその四大大会の全制覇を意味する） Arthur Ashe Stadium（アーサー・アッシュ・スタジアム ※全米オープンの試合会場のセンター・コート。1997年、キングの生前の功績を称え、命名された） AIDS（エイズ、後天性免疫不全症候群 ※acquired immune deficiency syndromeの略）

Muhammad Ali モハメド・アリ（1942-2016）

［muhǽməd ɑːlíː］［ムハマD　アーリー］★日本語とギャップ！　アクセント注意！

Muhammad Ali was an American boxer, considered as one of the greatest athletes of all time. Soon after becoming world heavyweight champion, he changed his name from Cassius Clay to Muhammad Ali when he converted to Islam. His legendary fight with George Foreman in Zaire was nicknamed The Rumble in the Jungle. Ali's famously witty and poetic prefight trash talk was unique and recognized by fans and opponents alike. Lines such as "Float like a butterfly, sting like a bee," elevated him to become a cultural icon. He was later diagnosed with Parkinson's disease.

□ heavyweight：ヘビー級の　□ convert to ～：～に改宗する　□ legendary：伝説的な　□ witty：気の利いた、ウィットに富んだ　□ poetic：詩的な、詩のような　□ prefight：試合前の、対戦前の　□ trash talk：トラッシュトーク　□ elevate ～ to . . .：～を…のレベルに押し上げる　□ be diagnosed with ～：～と診断される

訳 モハメド・アリは、史上最も偉大なアスリートの一人と見なされるアメリカ人ボクサーだった。ヘビー級の世界チャンピオンになった直後、彼はイスラムに改宗し、名前をカシアス・クレイからモハメド・アリに変えた。ザイールで行われたジョージ・フォアマンとの伝説的な対戦は「キンシャサの奇跡」という俗称を付けられた。ウィットに富み詩的なことで知られる試合前のトラッシュトークは独特で、ファンからも対戦相手からも同様に認められていた。「蝶のように舞い、蜂のように刺す」といったせりふは、彼を文化的アイコンにまで押し上げた。後年、アリはパーキンソン病と診断された。

関連キーワード Cassius Clay（カシアス・クレイ ※イスラムに改宗する前のリングネーム）"Float like a butterfly, sting like a bee."（「蝶のように舞い、蜂のように刺す」※アリの名言として知られるが、元々はトレーナーの言葉だったと言われている）trash talk（トラッシュトーク ※スポーツなどで相手をからかったり挑発したりする発言。アリの代名詞）conscientious objection（良心的兵役拒否 ※ベトナム戦争の真っただ中、アリは宗教的理由から徴兵を拒否した。それによって王座とライセンスを剥奪され、3年以上試合ができなかった）the Nation of Islam（ネーション・オブ・イスラム ※アリは同団体のスポークスマンだったマルコムXに傾倒し、メンバーとなった）the Rumble in the Jungle（「キンシャサの奇跡」※初の敗北を味わったアリがチャンピオンに返り咲いた、1974年の伝説の試合。キンシャサは試合が行われたザイール共和国［現・コンゴ共和国］の首都）George Foreman（ジョージ・フォアマン ※「キンシャサの奇跡」でアリの前に立ちはだかったチャンピオン）Parkinson's disease（パーキンソン病 ※ボクシングでの被弾の影響も指摘されている）

Serena Williams　セリーナ・ウィリアムズ（1981– ）

[səríːnə wíljəmz]　[サ**リ**ーナ　**ウィ**リャ MZ]

Serena Williams is an American professional tennis player, who has won multiple titles including 23 Grand Slam singles titles — the second highest number in history. At doubles tournaments, she plays with her sister Venus Williams, and together they have won 14 Grand Slam titles. She is one of the highest-paid female athletes in the world. Hailed as a living legend in tennis, Williams has inspired many young athletes, including rising star Naomi Osaka.

□ multiple：多数の　□ title：選手権、優勝者の肩書き　□ tournament：トーナメント　□ (be) hailed as ～：～としてもてはやされる　□ living legend：生きた伝説　□ inspire：～を刺激する、～に示唆を与える

🔢 セリーナ・ウィリアムズはアメリカのプロテニス選手で、23というグランドスラム大会でのシングルス優勝回数（歴代2位の数字）をはじめ、数多くのタイトルを獲得してきた。ダブルスのトーナメントでは姉のビーナス・ウィリアムズと組み、共にグランドスラムで14回優勝している。彼女は世界で最も獲得金額の多い女性アスリートの一人である。テニス界の生きた伝説ともてはやされるウィリアムズは、成長株の大坂なおみなど、大勢の若いアスリートに刺激を与えてきた。

関連キーワード　the Women's Tennis Association / WTA（女子テニス協会、WTA）　Grand Slam（グランドスラム）　Venus Williams（ビーナス・ウィリアムズ ※姉。妹のセリーナと共に、1990年代から女子テニス界をしたトップ・プレーヤー。姉妹で組んだダブルスでもタイトルを多数獲得。全盛期には主要大会の決勝が2人による姉妹対決となるケースが頻発した）　Nike（ナイキ ※スポンサーで、シューズやウエアなど商品でのコラボレーションも多数）　"Serena Slam"（「セリーナ・スラム」※2002年の全仏オープンから翌2003年の全豪オープンまで、グランドスラム［四大大会］を4大会連続で優勝した際に本人が命名。2015年にも再度達成した）

Tiger Woods　タイガー・ウッズ（1975– ）

[táigər wúdz]　[**タ**イガー　**ウ**ッ DZ]

Tiger Woods is an American professional golfer who has won 82 PGA Tour victories, matching the historic record set by Sam Snead. He has also won 15 major golf championships, second only to the legendary Jack Nicklaus, who won 18. After nearly a decade of unstable performance due to marital problems, injuries and numerous back surgeries, Woods staged a triumphant comeback, reclaiming his champion status by winning the PGA Tour Championship in 2018 and the Masters in 2019.

□ PGA Tour：PGAツアー（のトーナメント） □ championship：選手権大会 □ second only to ～：～に次いで2番目で □ legendary：伝説的な □ unstable：不安定な □ marital：結婚生活の □ numerous：おびただしい数の □ back surgery：腰部手術 □ stage：～を演出する □ triumphant：輝かしい、勝ち誇った □ reclaim：～を取り戻す

[訳] タイガー・ウッズはアメリカのプロゴルファーで、サム・スニードの打ち立てた歴史的記録と並ぶ、PGAツアー82勝を達成している。メジャー選手権での通算優勝回数は、18勝を果たした伝説的なジャック・ニクラウスに次ぐ15勝である。結婚生活の問題や負傷、再三の腰部手術のために10年近く不安定な成績が続いたが、2018年のPGAツアー選手権と2019年のマスターズの優勝でチャンピオンの地位を取り戻し、輝かしい復活劇を演出した。

関連キーワード the Grand Slam（グランドスラム ※男子プロゴルフの場合は、四大選手権［全英オープン、全米オープン、全米プロゴルフ選手権、マスターズ・トーナメント］、またはそれらの全制覇を意味する） PGA Tour（PGAツアー ※北米の各地を転戦する男子プロゴルフのトーナメント、またはそのツアートーナメントの運営団体を指す） Cablinasian（カブリナシアン ※ウッズが複雑な自らの人種的背景の説明として使った表現。Caucasian［白人の］の「ca」、black［黒人の］の「bl」、American Indian［アメリカ先住民の］の「in」、Asian［アジア人の］の「asian」を組み合わせた造語） Nike（ナイキ ※数あるスポンサー企業の代表格。ウッズが出演したコマーシャルでは、ゴルフ界の人種の壁に挑むメッセージで話題になった）

🔊257 全米オープン初優勝、涙の謝罪スピーチで人気者に

Naomi Osaka 大坂なおみ（1997- ）

[neióumi ousάkə]［ネイ**オ**ウミ オウ**サ**カ］★アクセント注意！

Naomi Osaka is a Japanese professional tennis player with a multi-ethnic background. Early in her career she played against top players, and in 2018 she beat Serena Williams to win the U.S. Open. She later won the Australian Open and has ranked as high as No. 1, becoming the world's highest-paid female athlete in 2020. Osaka is renowned for being shy and unassuming; however, she has recently become more outspoken and active against social injustice, especially racism.

□ multi-ethnic：多民族的な □ play against ～：～と対戦する □ renowned for ～：～で有名な □ unassuming：気取らない、生意気でない □ outspoken：積極的に発言する、率直に言う □ social injustice：社会的不公正 □ racism：人種主義、人種差別

[訳] 大坂なおみは、多民族的な背景を持つ日本のプロテニスプレーヤー。キャリアの早い段階で一流プレーヤーと対戦し、2018年にはセリーナ・ウィリアムズを制して全米オープンで優勝した。その後、全豪オープンで優勝して（世界ランキング）1位という高みに到達し、2020年には世界で最も年収の多い女性アスリートになった。大坂は、はにかみ屋で気取らないことで知られているが、最近では社会的不公正、特に人種差別について積極的に発言し、活動するようになった。

関連キーワード Serena Williams（セリーナ・ウィリアムズ ※史上最高の女子テニスプレーヤー

の1人。大坂の憧れであり、彼女を有名にした2018年の全米オープン決勝戦の対戦相手） **the Women's Tennis Association / WTA**（女子テニス協会、WTA） **aggressive baseliner**（アグレッシブベースライナー ※大坂のプレースタイル。コート後方から強打で攻撃するタイプのテニスプレーヤーのこと） **#BlackLivesMatter**（ブラック・ライヴズ・マター ※BLMとも。米ミネアポリスでの黒人男性ジョージ・フロイドの死亡事件に端を発して世界中に広がった反人種差別運動。大坂は、2020年の全米オープンで、人種差別の犠牲者の名前を印刷したマスクを着用することで運動への支持を表明した）

🔊 **258** スポーツ史に残る引退スピーチ

Lou Gehrig ルー・ゲーリッグ（1903–41）

[lú: gérig]［ルー　ゲリG］★つづりとギャップ！

Lou Gehrig was an American professional baseball player in the 1920s and 1930s who played for the New York Yankees for 17 years. He was a slugger, who along with teammates Babe Ruth and four other hitters were collectively known as "Murderers' Row." In 1939 doctors found he had amyotrophic lateral sclerosis (ALS), an incurable illness now known as Lou Gehrig's disease. The goodbye speech he gave on retiring from baseball due to ALS is known for the phrase he used to describe himself: "The luckiest man on the face of the earth."

□ slugger：強打者　□ hitter：打者、バッター　□ collectively：まとめて、集団で　□ amyotrophic lateral sclerosis：筋萎縮性側索硬化症 ※ ALS はその略　□ incurable：不治の　□ Lou Gehrig's disease：ルー・ゲーリッグ病 ※ ALS の別名

訳 ルー・ゲーリッグは、1920年代から1930年代にかけて活躍したアメリカのプロ野球選手で、ニューヨーク・ヤンキースで17年間プレーした。ゲーリッグは強打者で、チームメイトのベーブ・ルースほか4人の打者らと併せて「殺人打線」と称された。1939年、医師団は彼が、今日ではルー・ゲーリッグ病として知られる不治の病、筋萎縮性側索硬化症（ALS）に罹患していることを突き止めた。ALSのせいで球界を引退する際に行った別れのスピーチは、彼が自身を描写した「地球上で最も幸運な男」というフレーズで知られている。

関連キーワード **the New York Yankees**（ニューヨーク・ヤンキース ※大リーグの名門球団） **Babe Ruth**（ベーブ・ルース ※二枚看板としてヤンキースを共に支えたチームメイト） **Murderers' Row**（殺人打線 ※ゲーリッグ、ルースを中心とするヤンキースの強力打線） **amyotrophic lateral sclerosis**（筋萎縮性側索硬化症 ※ALSと略されることが多い） **Lou Gehrig's disease**（ルー・ゲーリッグ病 ※ALSの別名） **"I consider myself as the luckiest man on the face of the earth"**（「私は自分のことを、地球上で最も幸せな男だと思います」※ゲーリッグの引退式典でのスピーチ。リンカーンの歴史的名演説に掛けて"baseball's Gettysburg Address"［球界のゲティスバーグ演説］と称される）

Michael Schumacher　ミハエル・シューマッハ（1969- ）

[máikəl ʃúːmɑːkər]［マイカL　シューマーカー］★日本語とギャップ！

Michael Schumacher is a legendary German Formula One racecar driver. In his career he drove for Jordan Grand Prix, Benetton, Ferrari and finally Mercedes. He was F1 world champion Seven times and won 91 Grand Prix races. His ruthless desire to win sometimes led to criticism of his racing style, which could endanger other drivers on the course. He retired in 2012, then in 2013 received a severe head injury in a skiing accident from which he is still recovering.

□ legendary：伝説的な　□ ruthless：無慈悲な、非情な　□ endanger：〜を危険にさらす

訳 ミハエル・シューマッハは、ドイツの伝説的なF1ドライバー。キャリアを通じ、ジョーダン・グランプリ、ベネトン、フェラーリ、そして最後にはメルセデスでドライバーを務めた。シューマッハは世界チャンピオンに7回輝き、グランプリ・レースで91回優勝している。その非情までの勝利への執着は、コースで他のドライバーを危険にさらしかねないレーシングスタイルに対する批判を招くこともあった。彼は2012年に引退したが、2013年にはスキー中の事故で頭部に深刻な負傷を受け、今も全快していない。

関連キーワード Formula One（フォーミュラ1［ワン］、F1 ※Formula 1、F1とも。モータースポーツの一ジャンルで、規定の規格を守った車両［フォーミュラカー］によって競われる。または、自動車レースの最高峰に位置付けられるF1世界選手権のこと）Jordan Grand Prix（ジョーダン・グランプリ、ジョーダン ※1991年、シューマッハは同チームからF1初参戦を果たした）Benetton Formula（ベネトン・フォーミュラ、ベネトン ※1991年から95年まで在籍）Scuderia Ferrari（スクーデリア・フェラーリ、フェラーリ ※1996年から2006年までと一番長く在籍した）Mercedes AMG（メルセデスAMG、メルセデス ※2010年から12年まで在籍）Ralf Schumacher（ラルフ・シューマッハ ※元F1レーサー。弟）Mick Schumacher（ミック・シューマッハ ※息子。レーシングドライバー。2021年にF1デビュー予定）

 英語圏では、MichaelとSchumacherの読みはどちらも英語化されることが多い。

Michael Jordan　マイケル・ジョーダン（1963- ）

[máikəl dʒɔ́ːrdn]［マイカL　ジョーDN］

Michael Jordan is a retired American basketball player. He is often considered as the greatest basketball player ever and a

sports legend at the level of Babe Ruth in baseball. He played for 15 seasons and won six championships with the Chicago Bulls. He was nicknamed "Air Jordan" for his amazing slam dunk shots. Nike's Air Jordan shoes continue to sell, having been introduced in 1984. He currently owns the Charlotte Hornets NBA team and is estimated to be one the richest African-Americans.

□ championship：選手権大会　□ slam dunk shot：スラムダンク ※ボールを直接ゴールに放り込むダンクショットの中でも特に叩きつけるようなショットのこと

訳 マイケル・ジョーダンは、アメリカの元バスケットボール選手。史上最も偉大なバスケットボール選手であり、野球におけるベーブ・ルースと同レベルのスポーツ界の伝説的人物であるとしばしば見なされている。15シーズンプレーし、シカゴ・ブルズで6回の優勝を果たした。その素晴らしいスラムダンクから、「エア・ジョーダン」というニックネームを付けられた。1984年に発表されたナイキのシューズ「エア・ジョーダン」は売れ続けている。ジョーダンは現在、NBAチーム、シャーロット・ホーネッツのオーナーであり、最も裕福なアフリカ系アメリカ人の一人と推定されている。

関連キーワード NBA（NBA ※National Basketball Associationの略。北米の男子プロバスケットボール・リーグ）　the Chicago Bulls（シカゴ・ブルズ ※NBA屈指の人気チーム。途中、引退し大リーグに挑戦した時期を除き、1984年から98年まで在籍）　the Dream Team（ドリーム・チーム ※1992年バルセロナ・オリンピックにおけるアメリカの男子バスケットボール代表チームの愛称。史上初めて現役のNBA選手が参加。ジョーダンもその一人で、アメリカは金メダルを獲得した）　the Washington Wizards（ワシントン・ウィザーズ ※NBAのチーム。現役最後の2年を過ごした）　"Air Jordan"（「エア・ジョーダン」※ニックネーム。ジャンプの高さ、滞空時間の長さから）　Nike（ナイキ ※ジョーダンとのコラボレーションで大成功）　Air Jordan（エア・ジョーダン ※ジョーダンの名を冠したナイキのバスケットシューズのシリーズ。新商品が出るたびにその争奪戦は過熱し、社会問題に発展することもある）　the Charlotte Hornets（シャーロット・ホーネッツ ※NBAのチーム。引退後に買収しオーナーを務める）

🔊**261**　「最強」の評価をおとしめた数々のスキャンダル

Mike Tyson　マイク・タイソン（1966- ）

[máik táisn]［マイK タイSン］

At age 20, Mike Tyson won his first world heavyweight championship belt in boxing, remaining the champion for three years, and often winning fights by knockout in the first round. He is known for his ferocious fighting style, and often controversial actions — including being disqualified from a fight with Evander Holyfield for biting off a piece of his ear. Despite the shocking incident, many boxing fans and critics still think of Tyson, in his prime, as one of the greatest heavyweight boxers of all time. He was convicted of rape and spent almost three years in prison until

1995, eventually retiring in 2005.

□heavyweight：ヘビー級 □championship belt：チャンピオンベルト □by knockout：ノックアウトで、KOで □ferocious：猛烈な □controversial：論争の、物議を醸す □be disqualified from ～：～の資格を失う、～を失格になる □bite off ～：～をかみ切る、～を食いちぎる □in *one's* prime：～の最盛期に、～の全盛期に □be convicted of ～：～で有罪になる、～で有罪判決を受ける □rape：レイプ、性的暴行

[訳] マイク・タイソンは、20歳の時に初めて、ボクシングの世界ヘビー級選手権でチャンピオンベルトを獲得した。それからの3年間、多くは第1ラウンドでのKO勝ちに持ち込み、チャンピオンの座を維持した。タイソンは猛烈なファイトスタイルや、イベンダー・ホリフィールドとの対戦で、相手の耳の一部をかみ切り失格となったことなど、しばしば物議を醸す振る舞いで知られている。この衝撃的な事件にもかかわらず、多くのボクシング・ファンや評論家が、全盛期のタイソンを、史上最も偉大なヘビー級ボクサーであると今も考えている。彼は性的暴行で有罪判決を受け、1995年まで3年近く服役し、最終的には2005年に引退した。

関連キーワード Cus D'Amato（カス・ダマト ※多くのボクサーを育てたアメリカのボクシング・トレーナー。非行少年だったタイソンの才能を見抜き育てた。タイソンがプロデビューした年に死去） Don King（ドン・キング ※一時契約を結んでいた悪名高いボクシング・プロモーター。逆立った白髪と派手な服装で目を引く、ボクシング界の有名人） Evander Holyfield（イベンダー・ホリフィールド ※1997年の「耳噛み事件」での対戦相手。後に両者は和解している）

🔈262 ゴルフをメジャースポーツにした功労者

Jack Nicklaus ジャック・ニクラウス（1940-）

[dʒǽk níkləs]［ジャ K ニKラS］★つづり・日本語とギャップ！

Jack Nicklaus is a retired American professional golfer who dominated the world of golf from the 1960s to the 1980s. He won 117 professional tournaments and has won more major championships than Tiger Woods. In the 1960s, along with his rival Arnold Palmer, Nicklaus contributed to the growing popularity of golf in the United States. His books, including *Golf My Way* in 1974, and videos on how to play golf have been bestsellers.

□dominate：～に優位を占める □tournament：トーナメント □championship：選手権大会 □bestseller：ベストセラー

[訳] ジャック・ニクラウスはアメリカの元プロゴルファーで、1960年代から1980年代にかけてゴルフ界に君臨した。プロトーナメントで117勝を挙げており、メジャー選手権での優勝回数はタイガー・ウッズをしのぐ。1960年代にはライバルのアーノルド・パーマーと共にアメリカでのゴルフ人気の盛り上がりに寄与した。1974年刊の『ゴルフ マイ ウェイ』をはじめとする著書や、ゴルフのプレー法に関するビデオは、ベストセラーに名を連ね続けている。

関連キーワード "The Golden Bear"（「ゴールデン・ベア」※愛称。髪色がブロンドだったことから） Arnold Palmer（アーノルド・パーマー ※アメリカのプロゴルファーで長年のライバルだった。

人気ゴルファーとして共にプロゴルフ界をリードした）**Gary Player**（ゲーリー・プレイヤー ※南アフリカのプロゴルファー。1950年代から70年代に活躍。当時、ニクラウス、パーマーと共に、ゴルフ界の三大プレーヤーと言われた）**Golf My Way**（著書『ゴルフ マイ ウェイ』※ゴルフ教本の古典的名著に挙げられる）

🔊**263** サッカーの神様

Pelé ペレ（1940-）

［peiléi］［ペイ レイ］★アクセント注意！

The Brazilian footballer Pelé, widely considered to be soccer's greatest player ever, was a three-time World Cup winner, record goalscorer and probably the world's most famous athlete during his playing days. He was particularly admired for producing unexpected skills that tricked his professional opponents, making them look slow in contrast. Pelé became known as the king of soccer and when he retired from the game he used his fame for humanitarian purposes as a goodwill ambassador for UNICEF and UNESCO.

□ footballer：サッカー選手　□ record：記録的な　□ goalscorer：(サッカーなどの) 得点者、ゴール獲得者　□ playing days：(スポーツ選手の) 現役時代　□ trick：～をだます、～の不意をつく　□ in contrast：対照的に　□ humanitarian：人道的な　□ goodwill ambassador：親善大使　□ UNICEF：国連児童基金、ユニセフ　□ UNESCO：国際連合教育科学文化機関、ユネスコ

🔤 サッカー史上最も偉大なプレーヤーと広く見なされているブラジルのサッカー選手ペレは、ワールドカップでの優勝を3回勝ち取っている。記録的なゴール獲得者で、現役時代はおそらく世界で最も有名なアスリートだった。特に、プロの対戦相手を欺き、自分とは対照的に彼らをのろまに見せてしまう予想外のスキルを編み出して称賛された。ペレはサッカーの王様として知られるようになり、引退すると、ユニセフやユネスコの親善大使として、その名声を人道的な目的に役立てた。

関連キーワード the "king of soccer/football"（「サッカーの王様」）the little stop / paradinha（小休止、パラディーニャ ※paradinhaはポルトガル語。ペレの有名な得意技。ペナルティーキックを蹴る際のフェイント）Diego Maradona（ディエゴ・マラドーナ ※同時代のスター選手としてよく比較された。お互いにサッカー強豪国である母国を代表する存在だったため、メディアから対立をあおられることも多かった）

🔊**264** 伝説のプレー「神の手」

Diego Maradona ディエゴ・マラドーナ（1960-2020）

［diéigou mæ̀rədánə］［ディ**エ**イゴウ　マラ**ダ**ナ］

The instantly recognizable, barrel-chested Argentinian soccer player Diego Maradona had a 21-year professional career that

reached a pinnacle with World Cup success in 1986. Maradona was a phenomenal player who terrified the opposition with his aggressive strength, speed and skill. His strong desire to win was reflected not only in the passionate support of loyal fans, but also in an iconic moment when he illegally played the ball with his hand helping Argentina beat England — an action he described as the "Hand of God."

□ instantly：すぐに、一瞬にして　□ barrel-chested：がっしりした胸の　□ pinnacle：最高点、絶頂　□ phenomenal：驚くべき、驚異的な　□ terrify：〜を怖がらせる　□ passionate：激情の、激しい　□ iconic：象徴的な　□ illegally：違法に、反則して

🔊 一目見て誰なのか分かるほど胸板の厚いアルゼンチンのサッカー選手ディエゴ・マラドーナは、21年にわたるプロとしてのキャリアを持つ。その経歴は1986年のワールドカップでの成功で頂点に達した。マラドーナはその攻撃的な強さやスピード、スキルで対戦相手を震撼させる驚くべき選手だった。彼の勝利への強い執着は、献身的なファンの熱い支持だけでなく、ルールに違反してボールを手で扱い、アルゼンチンのイングランド打倒を助けた象徴的瞬間（マラドーナはこの行為を「神の手」と表現している）にも表れていた。

関連キーワード　"The Golden Boy"（「ゴールデン・ボーイ」※マラドーナのニックネーム。母国でのニックネーム"El Pibe de Oro"の英訳）　the "Hand of God"（「神の手」※ルール上の禁止されている手・腕を使った得点、または相手の得点を阻止する行為を指す。1986年のW杯でマラドーナが決めたゴールに由来）　Pelé（ペレ　※サッカー界の伝説としてよく比較される存在だった）

🔊 **265**　アルゼンチンが生んだサッカー界の至宝

Lionel Messi　リオネル・メッシ（1987- ）

[liənél mési]［リア**ネ**L　**メ**シ］

Lionel Messi is an Argentinian soccer player widely considered to be one of the greatest in history, as testified by his six FIFA Player of the Year awards. At 13 he moved to Europe to play for FC Barcelona in Spain and began playing for the first team at just 17. Messi is relatively short, but his close and speedy dribbling skills and unerringly accurate shooting means he is the all-time highest goalscorer for both his country and in Spanish soccer.

□ (be) testified：証明される　□ FIFA：国際サッカー連盟、FIFA　□ dribbling：ドリブル　□ unerringly：的を外さずに、的確に　□ all-time：いつの世も変わらない、これまでで一番の　□ goalscorer：（サッカーなどの）得点者、ゴール獲得者

🔊 リオネル・メッシは6回というFIFA年間最優秀選手の受賞歴が証明するように、歴史上最も偉大な人物に数えられるアルゼンチンのサッカー選手である。メッシは13歳の時、スペインのFCバルセロナでプレーするためにヨーロッパに渡り、わずか17歳の時に、この最初のチームでプレーを開始した。比較的背は低いが、その細かく素

早いドリブルのスキルと的確で正確なシュートは、彼が出身国とスペインのサッカーにとって史上最高のゴール獲得者であることを意味している。

関連キーワード **FIFA**（国際サッカー連盟、FIFA ※仏語Fédération Internationale de Football Associationより）　**FC Barcelona**（FCバルセロナ ※所属チーム。スペインのサッカー・リーグ「リーガ・エスパニョーラ」に属する）　**Diego Maradona**（ディエゴ・マラドーナ ※サッカー界の伝説。出身国が同じこともあり「マラドーナ2世」と称されることも多い）　**Cristiano Ronaldo**（クリスティアーノ・ロナウド ※ロナルドとも。ポルトガル出身のサッカー選手。同世代のトップ・プレーヤー同士、よく比較される）

🔊 **266** 「元祖・二刀流」のミスター・ベースボール

Babe Ruth　ベーブ・ルース（1895-1948）

[béib rúːθ]［ベイB　ルーθ］

Perhaps the most famous U.S. baseball player of all time, Babe Ruth played Major League Baseball from 1914 to 1935. He began his career as a left-handed pitcher, but became a superstar as an outfielder for the New York Yankees. During this time he set many records, including his long-standing record of 714 lifetime home runs, which was not broken until 1974. In American culture, he is regarded as one of the greatest sports stars of all time.

□ play Major League Baseball：大リーグでプレーする　□ left-handed：左利きの　□ outfielder：外野手　□ long-standing：長期にわたる

訳 おそらく史上最も著名なアメリカの野球選手であるベーブ・ルースは、1914年から1935年まで大リーグでプレーした。左投手としてキャリアを始めたが、ニューヨーク・ヤンキースの外野手としてスーパースターになった。この頃に数々の記録を打ち立て、その中には、1974年まで長いこと破られなかった生涯通算本塁打714本という記録がある。ルースはアメリカ文化において、史上最も偉大なスポーツ界のスターの一人と見なされている。

関連キーワード **Bambino**（バンビーノ ※ルースの愛称。イタリア語で「赤ちゃん」の意。Babe同様、ルースの童顔に由来する）　**Boston Red Sox**（ボストン・レッドソックス ※大リーグのチーム。1914年から19年に在籍）　**the Curse of the Bambino**（バンビーノの呪い ※チーム功労者のルースをトレードで放出したレッドソックスが、その後長らくワールドシリーズでの勝利から見放されたことから）　**New York Yankees**（ニューヨーク・ヤンキース ※大リーグのチーム。1920年から34年まで在籍）　**Boston Braves**（ボストン・ブレーブス ※大リーグのチーム。現在のチーム名はAtlanta Braves。1935年に在籍）　**Hank Aaron**（ハンク・アーロン ※1950年代から60年代にかけて活躍した大打者。1974年に、それまでの大リーグ記録だったルースの生涯通算本塁打数を抜いた）　*The Babe*（『夢を生きた男／ザ・ベーブ』 ※ルースの生涯を基にした1992年のヒット映画）

Jackie Robinson ジャッキー・ロビンソン (1919-72)

[dʒǽki rábinsən]［ジャキ　ラビンサン］

The first African American to play in U.S. Major League Baseball, Jackie Robinson is credited with "breaking the color line" in American sports, achieving major progress toward desegregation. Robinson did this by starting a Major League game with the Brooklyn Dodgers in 1947, a time when racial segregation was still mandated by numerous U.S. laws. He played in six World Series, and on six All Star teams, being named National League Most Valuable Player in 1949.

□ credited with ～：～という功績が認められている　□ color line：白人と黒人との境界線、肌の色による人種差別　□ desegregation：人種差別撤廃　□ racial segregation：人種隔離、人種差別　□ be mandated：命じられる　□ numerous：おびただしい数の　□ National League：ナショナル・リーグ、ナ・リーグ　□ most valuable player：最優秀選手、MVP

訳 アメリカの大リーグでプレーした最初のアフリカ系アメリカ人であるジャッキー・ロビンソンは、アメリカのスポーツにおける「白人と黒人の境界線を突破」し、人種差別撤廃への大きな前進を果たした功績を認められている。多くのアメリカの法律で依然として人種隔離が義務付けられていた1947年に、大リーグでの初めての試合をブルックリン・ドジャースで戦うことで、彼はこれを成し遂げた。ロビンソンはワールドシリーズに6回出場し、オールスター戦のチームに6回選出され、1949年にはナショナル・リーグのMVPに選ばれた。

関連キーワード Brooklyn Dodgers（ブルックリン・ドジャース ※大リーグのチーム。現在のチーム名はロサンゼルス・ドジャース。1947年から56年まで所属）　Jackie Robinson Day（ジャッキー・ロビンソン・デー ※毎年4月15日、大リーグでは、選手や関係者らがロビンソンの背番号「42」を付け、ロビンソンの功績を称える。4月15日は1947年にロビンソンが大リーグの試合に初めて出場した日）　the Jackie Robinson Award（ジャッキー・ロビンソン賞 ※大リーグの最優秀新人選手賞 [the Rookie of the Year Award。日本のプロ球界の「新人王」に相当] の別称）　Branch Rickey（ブランチ・リッキー ※ロビンソンをドジャースに招いた当時の球団会長。人種の壁を球界から撤廃するために尽力した人物として知られる）

第3章　歴史

語り継がれる名君から悪名高い独裁者まで、
歴史に名を残す 51 人のキーパーソン

ア タテュルク ～ **ワ** シントン

[🔊268] 近代トルコ建国の父

Mustafa Kemal Ataturk

ムスタファ・ケマル・アタテュルク (c. 1881-1938)

[mústəfə kəmɑ́:l ǽtətə̀:rk] [ムSタファ　カマーL　アタターK]

Mustafa Kemal Ataturk was the founder of the modern Republic of Turkey. He served as its first president, from 1923 until his death in 1938. Ataturk enacted broad and drastic reforms that modernized Turkey, transforming the declining former Ottoman Empire into a secular 20th-century republic. His sweeping reforms included a complete restructuring of Turkey's government, judiciary, military, economy, and education system. His accomplishments were recognized by the Turkish parliament in 1934, when it granted him the surname "Ataturk," which literally means "father of the Turks."

□ enact：～を法令化する、（法を）制定する　□ drastic：徹底的な、抜本的な　□ modernize：～を近代化する　□ transform：～を変革する　□ secular：非宗教的な、世俗的な　□ sweeping：広範囲に及ぶ　□ government：行政　□ judiciary：司法　□ accomplishment：業績　□ surname：姓　□ literally：文字通り

[訳] ムスタファ・ケマル・アタテュルクは近代トルコ共和国の建国者。1923年から1938年に死去するまで、初代大統領を務めた。トルコを近代化する広範で抜本的な改革を法令化し、衰退しつつあった旧オスマン帝国を世俗的な20世紀の共和国へと変革した。アタテュルクによる広範囲に及ぶ改革は、トルコの行政、司法、軍事、経済、教育その他のシステムの完全な再構築を含むものだった。その業績は1934年にトルコ議会に評価され、この時、議会は彼に「アタテュルク」という姓を与えた。これは、字義通りには「トルコ人の父」を意味する。

[関連キーワード] the Ottoman Empire（オスマン帝国 ※アタテュルクは1922年まで続いた同国の将軍だった） the Republic of Turkey（トルコ共和国 ※ケマルを建国の父とする共和政国家） Kemalism（ケマル主義 ※トルコ共和国建国の基盤となったイデオロギー。政教分離、民主化などを柱とする） the Turkish War of Independence（トルコ独立戦争）

[🔊269] 果てしなき野望と大遠征

Alexander the Great アレキサンダー大王 (356 B.C.–323 B.C.)

[æligzǽndər ðə gréit] [アリGザンダー　ðァ　GレイT] ★日本語とギャップ！

Alexander the Great was a king of the ancient Greek kingdom of Macedonia. He expanded Macedonia into Europe, Africa, and India, making him the conqueror of almost half of the known world at one point. His massive victories brought him recognition as being one of the best military leaders in history, and also spread Greek culture in the east. He founded many cities such as Alexandria in Egypt.

□ conqueror：征服者　□ at one point：ある時点で　□ massive：大きく重い、圧倒的な

訳 アレキサンダー大王は古代ギリシャの王国マケドニアの王。マケドニアをヨーロッパ、アフリカ、インドにまで拡大し、ある時点では既知の世界のほぼ半分の征服者となった。その圧倒的勝利は、史上最高の軍事指導者の一人であるとの評価をアレキサンダーにもたらし、またギリシャ文化を東方に広げることになった。彼はエジプトのアレクサンドリアをはじめとする数々の都市を興した。

関連キーワード　Alexander III（アレクサンドロス3世 ※アレキサンダー大王の正式名）　Macedonia（マケドニア王国 ※Macedonとも）　Iskandar（イスカンダル ※アラビア語ではこの名で呼ばれ、伝説の英雄として語り継がれている）　Alexandria（アレクサンドリア ※エジプト第2の都市。その名はアレキサンダー大王を起源とする）

3章
歴史

🔊 **270**　女性飛行士のパイオニア

Amelia Earhart　アメリア・イアハート（1897–1937）

[əmíːliə éərhɑːrt]［アミーリア　エアーハーT］

Amelia Earhart was an American female aviation pioneer in the 1920s and 1930s. She became the first woman to complete a transatlantic flight in 1932, emulating Charles Lindbergh who had made the journey in1927. Earhart set various flight records as she prepared to take on the enormous challenge of becoming the first woman to circumnavigate the globe. She set off in 1937, but fatefully her plane disappeared over the middle of the Pacific Ocean.

□ aviation：航空、飛行術　□ transatlantic：大西洋横断の　□ emulate：〜をまねる、〜に負けまいと努める　□ flight record：飛行記録　□ circumnavigate：〜を一周する ※本来は船で地球を一周するという意味　□ fatefully：宿命的に、破滅的に

訳 アメリア・イアハートは1920年代から1930年代にかけて活躍した、飛行術におけるアメリカの女性パイオニア。1932年に大西洋横断飛行を完遂した最初の女性になり、1927年にそれを果たしたチャールズ・リンドバーグと肩を並べた。イアハートは、地球を一周した最初の女性になるという大きな挑戦への準備を進める中で数々の飛行記録を打ち立てた。彼女は1937年に出発したが、彼女の乗った飛行機は宿命的に、太平洋中央部上空で消息不明になった。

関連キーワード　Charles Lindbergh（チャールズ・リンドバーグ ※史上初めて無着陸での大西洋単独飛行に成功した偉業で知られる）　the Wright Brothers（ライト兄弟 ※飛行機製作のパイオニアとされるアメリカの兄弟。兄Wilbur［ウィルバー］、弟Orville［オーヴィル］）

🔊271 繁栄期の大英帝国に君臨した黒衣の女王

Queen Victoria ヴィクトリア女王（1819-1901）

[kwíːn viktɔ́ːriə]［Kウィーン　ヴィKトーリア］

Queen Victoria was the monarch of Great Britain for 63 years. This period, known as the Victorian era, is associated with the Industrial Revolution and also, usually negatively, the queen and her attitudes. During her reign, Victoria was also given the title Empress of India, reflecting her status as the head of the largest political entity in the world, the British Empire. She wore black, in mourning for her husband Albert, until her own death almost 40 years later. Today, this melancholy association, extreme social inequality, and "Victorian attitudes" such as repressed sexuality are what she has come to represent.

□ monarch：君主、国王　□ Victorian：ヴィクトリア女王の、ヴィクトリア朝の　□ the Industrial Revolution：産業革命　□ negatively：否定的に　□ reign：治世、在位　□ empress：女帝、皇帝　□ entity：実体、存在　□ in mourning for ～：～の死を悼んで、～の喪に服して　□ melancholy：物悲しい、憂鬱な　□ inequality：不平等、不公平　□ repressed：抑圧された　□ sexuality：性

[訳] ヴィクトリア女王は63年にわたりイギリスの君主だった。ヴィクトリア時代として知られるこの時代は、産業革命と関連付けられ、また通常はよくない意味で女王とその考え方とも関連付けられる。ヴィクトリアはその治世において、世界最大の国家・大英帝国の元首という地位を受けて「インド皇帝」の称号も与えられていた。ヴィクトリアは夫アルバートの喪に服し、ほぼ40年後の自身の崩御まで黒い服を着用した。この物悲しい連想、極度の社会的不平等、また性の抑圧などの「ヴィクトリア朝的な考え方」は今日、彼女が象徴するものとなっている。

[関連キーワード] the Victorian era（ヴィクトリア時代） the House of Hanover（ハノーバー朝） Empress of India（インド皇帝［女帝］） Prince Albert（アルバート ※王配） the First Opium War（第一次アヘン戦争 ※the Opium War、the Anglo-Chinese Warとも） the Crimean War（クリミア戦争）

🔊272 啓蒙専制君主の代表格

Catherine the Great エカチェリーナ２世（1729-96）

[kǽθərin ðə gréit]［キャθァリン　ðァ　GレイT］★日本語とギャップ！

Catherine the Great was Empress of Russia from 1762 to 1796, a period of cultural revitalization and national expansion through conquest and diplomacy. During Catherine's reign, Russia rose in prominence to the status of a world power. Although Catherine modernized Russia in some respects, the economy and military remained dependent on feudalism, which led to numerous localized rebellions and set the nation on a course toward revolutionary war.

□ empress：女帝、皇后　□ revitalization：再生、再活性化　□ expansion：拡大　□ conquest：征服　□ diplomacy：外交　□ reign：治世、統治期間　□ prominence：目立つこと、傑出　□ power：大国、強国　□ modernize：〜を近代化する　□ in some respects：幾つかの点で　□ feudalism：封建制　□ numerous：数々の　□ localized：局所的な　□ rebellion：反乱　□ revolutionary：革命の

🟥**訳**　エカチェリーナ2世はロシアの女帝で、1762年から1796年という、文化の復興と、征服および外交を通じての国家拡大の時代にその座にあった。エカチェリーナ2世の治世下で、ロシアは世界強国の地位へと躍進した。彼女は幾つかの点でロシアを近代化したが、経済と軍事は封建制に依存したままであったため、局所的な反乱が頻発し、この国を革命戦争へと向かわせることになった。

関連キーワード　Catherine II（エカチェリーナ2世 ※エカテリーナ2世とも。英語圏ではCatherine the Greatが一般的）　the House of Holstein-Gottorp-Romanov（ホルシュタイン＝ゴットルプ＝ロマノフ家）　enlightened despotism（啓蒙専制君主制）　Peter III（ピョートル3世 ※夫）　the Partitions of Poland（ポーランド分割）　The State Hermitage Museum（エルミタージュ美術館 ※ロシア、サンクトペテルブルクにある国立美術館。エカチェリーナ2世の美術品コレクションの収蔵から始まった）

🔊**273**　慈善家として今もなお尊敬される「鉄鋼王」

Andrew Carnegie　アンドリュー・カーネギー（1835-1919）

[ǽndruː kάːrnigi]［アンドルー　カーニギ］

Andrew Carnegie was an American industrialist who emigrated from Scotland. He led the U.S. steel industry with his Carnegie Steel Company and was nicknamed the "Steel King." He sold his company to J. P. Morgan and became one of the richest Americans. His 1889 essay "The Gospel of Wealth" is considered a foundational document in the field of philanthropy. It includes one of his most famous quotes, "The man who dies thus rich dies disgraced." In addition to founding Carnegie Hall and Carnegie Mellon University, he financed the construction of over 2,500 public library buildings worldwide.

□ industrialist：実業家　□ emigrate：(他国に) 移住する　□ steel industry：鉄鋼業界、鉄鋼産業　□ gospel：福音 (書)　□ foundational：基礎を成す、基本的な　□ philanthropy：慈善、慈善活動　□ quote：名言　□ thus：これだけ、この程度まで ※引用部分は、原典ではパラグラフ最後の文で、前に述べた内容を受けている　□ disgraced：名誉を傷つけられた、屈辱を受けた　□ finance：〜の資金を出す

🟥**訳**　アンドリュー・カーネギーはアメリカの実業家で、スコットランドからの移民。自身のカーネギー鉄鋼会社によってアメリカの鉄鋼産業を牽引し、「鋼鉄王」と称された。カーネギーは会社をJ・P・モルガンに売却し、最も裕福なアメリカ人の一人となった。1889年の随筆「富の福音」は、慈善分野の基礎を成す文書と見なされている。

そこには、カーネギーの最も有名な名言「(それほどの) 金持ちとして死ぬのは不名誉な死に方である」も含まれている。カーネギー・ホールやカーネギーメロン大学を設立したのに加え、彼は世界中で2500もの公共図書館の館舎建設に資金提供をした。

関連キーワード **Carnegie Steel Company** (カーネギー鉄鋼会社 ※カーネギーが創業した鉄鋼会社) **J. P. Morgan** (J・P・モルガン ※米国の五大財閥の一つ「モルガン家」の創始者。カーネギー鉄鋼会社の買収を足掛かりに、米史上最大の鉄鋼会社USスチールを誕生させた) **U.S. Steel** (USスチール ※J・P・モルガンが設立した鉄鋼会社) **"The Gospel of Wealth"** (「富の福音」※1889年に発表されたカーネギーの執筆による雑誌記事。慈善活動について啓蒙する内容) **philanthropy** (慈善、フィランソロピー) **Carnegie Corporation of New York** (ニューヨーク・カーネギー財団 ※カーネギーが設立した慈善財団) **Carnegie Hall** (カーネギー・ホール ※ニューヨーク市マンハッタンにあるコンサートホール) **Carnegie Mellon University** (カーネギーメロン大学 ※米ペンシルベニア州ピッツバーグにある有名大学。芸術、人文、工学分野が特に有名) **Carnegie libraries** (カーネギー図書館 ※カーネギー財団の寄付金によって建てられた図書館の総称。カーネギーの慈善事業の中でも最大規模)

Carnegieの発音にはバリエーションがいくつかある。一般的なのは [kάːrnigi] [**カー**ニギ] や [kάːrnəgi] [**カー**ナギ] だが、バリエーションには [kɑːrnéigi] [カー**ネイ**ギ] というものまである。

🔊 **274** 「ハートのキング」のモデル

Charlemagne カール大帝 (742-814)

[ʃάːrləmèin] [**シャー**ラメイN] ★日本語とギャップ！

Sometimes referred to as the "father of Europe," Charlemagne was a monarch who ruled a large part of Western Europe during the early Middle Ages, and unified much of the continent for the first time since the rule of the Roman Empire. From 768, he ruled as King of the Franks. As the Frankish state expanded, he also became King of the Lombards in 774, and was crowned Roman Emperor from 800. As head of the Carolingian Empire, Charlemagne fostered a period of active medieval cultural and intellectual activity.

□ monarch：君主　□ unify：～を統一する　□ Frank：フランク人　□ Frankish：フランク人の　□ be crowned ～：(王位など) に就く　□ foster：～を育てる、～の発達を促す　□ medieval：中世の

訳 時に「ヨーロッパの父」と呼ばれるシャルルマーニュ (カール大帝) は、中世初頭に西ヨーロッパの広範な地域を支配した君主で、ローマ帝国による支配以降初めて、この大陸の大半を統一した。768年以降はフランク王として君臨。フランク国が拡大していく中で、774年にはランゴバルド王となり、800年からはローマ皇帝に就いた。シャルルマーニュはカロリング帝国の君主として、文化的・知的営みの活発な

中世の一時代を築いた。

関連キーワード Charlemagne (シャルルマーニュ ※Charles the Greatよりも一般的) Charles the Great (カール大帝 ※Charlesは「シャルル」よりも [tʃɑ́ːrlz]「**チャー** LZ」と英語読みされるのが英語圏では一般的) the Holly Roman Empire (神聖ローマ帝国) King of the Franks (フランク王) the Carolingian Empire (カロリング帝国) King of the Lombards (ランゴバルド王) the king of hearts (ハートのキング ※トランプの「ハートのキング」の絵柄はカール大帝がモデルとされている)

🔊275 古代ローマ史の主役

Gaius Julius Caesar
ガイウス・ユリウス・カエサル (100 B.C. –44 B.C.)

[géiəs dʒúːljəs síːzər] [**ゲイア**S **ジュー**リャS **シー**ザー] ★日本語とギャップ!

Gaius Julius Caesar was a Roman general and statesman who defeated the forces of the Roman republic in the civil war and became Emperor of Rome by 46 B.C. As a dictator over the former Republic, he instituted numerous reforms of governance and national institutions that helped prepare Rome for its era of imperial greatness. His near-total dictatorial power and his authoritarian rule, however, resulted in conspiratorial opposition. In 44 B.C., Julius Caesar was assassinated by a group of senators, some of whom hoped to restore the republic.

□ statesman：(指導的な) 政治家 □ forces：軍隊、軍勢 □ dictator：独裁者、独裁官 (ディクタトル) ※古代ローマの非常時における最高政務官 □ institute：(改革など) を始める □ numerous：数々の □ governance：統治 □ near-total：ほぼ完全な □ dictatorial：独裁的な □ authoritarian：権威主義的な □ conspiratorial：陰謀の □ be assassinated by ～：～に暗殺される □ senator：(古代ギリシャ・ローマの) 元老院議員

訳 ガイウス・ユリウス・カエサルはローマ内戦で共和政ローマの軍勢を打ち負かし、紀元前46年にはローマの皇帝になった、同国の将軍にして政治家。彼は先の共和国を支配する独裁官として、統治機構や国家制度の数々の改革に着手。そのことが、ローマが偉大な帝国の時代を迎える下地づくりを促進した。しかし完全独裁に近いその権力や権威主義的な統治は陰謀による妨害を招いた。紀元前44年、ユリウス・カエサルは共和政の復活を望む元老院議員らの一団に暗殺された。

関連キーワード "veni, vidi, vici"(「来た、見た、勝った」※ [**ウェー**ニ **ウィー**ディー **ウィー**キー]。古典ラテン語。カエサルが戦地から勝利の第一報として手紙に書いた言葉とされる) the Gallic Wars (ガリア戦争) Caesar's Civil War (ローマ内戦) Marcus Junius Brutus (マルクス・ユニウス・ブルトゥス ※ブルータスとも。裏切り者の代名詞になった部下) Cleopatra (クレオパトラ ※愛人関係にあった) "The die has been cast."(「賽は投げられた」※ローマ内戦の直前に言ったとされる。dieは「さいころ」) the Rubicon (ルビコン川 ※カエサルが「賽は投げられた」と言い放った場所。cross the Rubicon「ルビコン川を渡る」で「重大な決断を下す」という意味の成句にもなっている) triumvirate (三頭政治 ※古代ローマで敷かれた政治体制) Pompey (ポンペイウ

ス ※カエサルらと三頭政治を敷き、後に政敵となる） **Anthony**（アントニウス ※Mark Anthony［マルクス・アントニウス］とも。カエサルの部下） **Augustus**（アウグストゥス、オクタウィアヌス ※カエサルにとっては姪の息子。後継者でローマ帝国初代皇帝となった人物） **the Senate (of the Roman Republic)**（元老院） **the Julian calendar**（ユリウス暦） **Caesarean section**（帝王切開 ※C-sectionとも。カエサルがこの方法で生まれたことが由来とされる）

カエサルと言えば、死の間際に腹心の部下の裏切りを知って放ったとされる「ブルータス、お前もか」。ウィリアム・シェイクスピアの戯曲（*The Tragedy of*）*Julius Caesar*（『ジュリアス・シーザー』）の中のせりふとしても知られ、現代の英語圏でもラテン語の "Et tu, Brute?"［エテュー Bルーテ］の形で引用されることが多い。身近な人の裏切りを（しばしばユーモラスに）非難する一言としても有効だ。

🔊 276 禁酒法時代シカゴの陰の支配者

Al Capone アル・カポネ（1899–1947）

[ǽl kəpóun]［**ア**L　カ**ポ**ウン］★日本語とギャップ！　アクセント注意！

Al Capone was an American criminal gang leader who rose to prominence in Chicago during the era of Prohibition, when the distribution and sale of alcohol was largely banned and black markets and smuggling thrived. Capone and his "Chicago Outfit" gang initially enjoyed popular support as contributors to charity. They were treated leniently by corrupt local government and police until around 1929, when a massacre of rival gang members led to popular and official condemnation. Despite his involvement in gangland violence and murders, Capone was prosecuted and jailed on tax evasion charges in 1931.

□ criminal gang：犯罪組織、ギャング　□ prominence：目立つこと　□ Prohibition：禁酒法（時代）　□ black market：闇市場　□ smuggling：密輸　□ thrive：繁栄する、盛んになる　□ contributor：寄付者、貢献者　□ leniently：寛大に　□ corrupt：腐敗した　□ massacre：虐殺　□ condemnation：非難　□ gangland：犯罪組織の、暗黒街の　□ be prosecuted：起訴される　□ tax evasion：脱税

📖 アル・カポネはアメリカのギャングの頭目。アルコールの流通販売が大々的に禁止され、闇市場や密輸が盛んになった禁酒法時代にシカゴで注目される存在となった。カポネと「シカゴ・アウトフィット」のギャングは、当初は慈善事業への貢献者として市民から支持を受けていた。腐敗した地域政府や警察から寛大な扱いを受けていたが、それも1929年頃までだった。この年、敵対するギャングの構成員を虐殺したことで、市民と政府からの非難を招いたのだ。犯罪組織の暴力行為や殺人への関与にもかかわらず、カポネは脱税の容疑で1931年に起訴され、投獄された。

関連キーワード **Prohibition**（禁酒法時代） **the National Prohibition Act**（国家禁酒法 ※the Volstead Act［ボルステッド法］とも） **the Chicago Outfit**（シカゴ・アウトフィット ※禁酒法時代から現在にいたるまでシカゴに拠点を置くマフィア） **the Untouchables**（アンタッチャブル、

酒類取締局 ※禁酒法時代のアメリカの警察組織） the Alcatraz Federal Penitentiary（アルカトラズ連邦刑務所 ※凶悪犯が収容されることで知られた）

🔊277 「暴君」の代名詞

Caligula　カリグラ（12–41）

[kəlígjələ]［カ**リ**ギャラ］

Caligula is the nickname of the third Roman emperor, whose real name was Gaius Caesar Augustus Germanicus. Caligula is most famous — or perhaps infamous — for being a tyrant. He expanded and abused his power as emperor and, in legend at least, is known for having been cruel and depraved. It is difficult to say to what extent these stories are true. Caligula was eventually assassinated in a failed attempt to end the line of emperors in Rome.

□ infamous：悪名高い　□ tyrant：専制君主、暴君　□ legend：伝説、言い伝え　□ depraved：堕落した、倒錯した　□ be assassinated：暗殺される

訳 カリグラとは、第3代ローマ皇帝のあだ名で、本名はガイウス・カエサル・アウグストゥス・ゲルマニクスという。カリグラは何より、暴君であったことで有名だった——あるいは悪名高かった。皇帝として自らの権力を拡大および乱用し、少なくとも言い伝えでは、残酷で倒錯していたことで知られる。そうした話がどの程度まで真実かはわからない。カリグラは最後には暗殺された。暗殺はローマ皇帝の血統を絶やすための企てだったが、その目的は果たされなかった。

関連キーワード *Caligula*（戯曲『カリギュラ』 ※アルベール・カミュによる不条理三部作の一つ。カリグラの悪名高い残虐性を世に印象づけた作品。各国で舞台化されている）　Nero（ネロ ※同じく「暴君」として悪名高いローマ皇帝。カリグラにとっては妹の息子、つまり甥に当たる）

🔊278 「非暴力不服従」の象徴

Mahatma Gandhi　マハトマ・ガンディー（1869–1948）

[məhá:tmə gá:ndi:]［マ**ハ**ーTマ　**ガ**ーンディー］

Mahatma Gandhi was an Indian attorney, Indian nationalist and Hindu who protested British colonialism and strove to unite Hindus and Muslims in the effort toward Indian independence. He led the Indian National Congress Party and the Indian independence movement while living the simple life of his country's poor. Although he was not a government official, his vision of independence and unity inspired popular support for independence. Gandhi's symbolic decision to fast to encourage concessions to Muslims and Sikhs during post-independence unrest, led to his assassination in 1948 by a Hindu nationalist.

Today, Gandhi is a revered symbol of nonviolent civil disobedience and its effectiveness.

□ attorney：弁護士　□ nationalist：民族主義者、国家主義者　□ Hindu：ヒンドゥー教徒　□ colonialism：植民地主義　□ strive to ～：～しようと努力する　□ inspire：（結果など）を引き起こす　□ fast：断食する　□ concession：譲歩　□ Sikh：シーク教徒　□ unrest：（社会的な）不安、不穏状態　□ assassination：暗殺　□ revered：崇められている、尊敬されている

訳 マハトマ・ガンディーはインドの弁護士で、インド民族主義者でありヒンドゥー教徒でもあった。イギリス植民地主義に抗議し、インド独立に向けた取り組みの中でヒンドゥー教徒とイスラム教徒を一つにまとめようと奮闘した。政党「インド国民会議」とインド独立運動を率いる傍ら、自国の貧しい人々と同じ質素な生活を送った。公職にあったわけではないが、独立と統一という彼の構想は、人々の独立への支持を生み出した。独立後の混乱の中、イスラム教徒とシーク教徒への譲歩を促すために象徴的な判断として断食を行うが、それにより1948年、ヒンドゥー民族主義者に暗殺された。今日、ガンディーは非暴力不服従とその効果の象徴として崇められている。

関連キーワード Bapu（バープー ※「父さん」「パパ」を意味する愛称）　the Indian Independence movement（インド独立運動）　nonviolent civil disobedience（非暴力不服従）　the International Day of Non-Violence（国際非暴力デー ※10月2日。ガンディーの誕生日）　Jawaharlal Nehru（ジャワハルラール・ネルー ※ガンディーと共にインド独立運動を率いた指導者。独立したインドの初代首相）　Rabindranath Tagore（ラビンドラナート・タゴール ※インドの詩人・思想家。アジア人初のノーベル文学賞受賞者。ガンディーに「偉大なる魂」を意味する「マハトマ」の尊称を贈った人物）

🔊 **279** ピラミッド建造を命じたファラオ

Khufu　クフ　※生没年不明。治世 26th century B.C.

[kúːfuː]［**クーフー**］

Khufu was an Egyptian pharaoh who commissioned the construction of the Great Pyramid of Giza, one of the seven wonders of the world. Although details of his life and reign are sparse and uncertain, archaeological research has uncovered new evidence in recent years. It is likely that he came to power during his 20s, and that his pyramid took about 23 years to complete. The sheer scale of this project is a strong indication of his ability to command the people and resources of his nation.

□ pharaoh：ファラオ　□ commission：（芸術作品の制作など）を命じる　□ pyramid：ピラミッド　□ reign：治世、統治期間　□ sparse：まばらな、わずかな　□ archaeological 考古学の　□ uncover：～を発見する、～を明らかにする　□ come to power：権力の座に就く　□ sheer：全くの、まさにその ※大きさや程度を強調する形容詞　□ indication：指示、しるし

訳 クフは「世界の七不思議」の一つであるギザの大ピラミッドの建造を命じたエジプトのファラオ。その生涯と治世の詳細はわずかで不確かだが、近年では考古学調査のおかげで新しい証拠が発掘されている。恐らくクフは20代で権力の座に就き、そ

のピラミッドは完成までに23年を要した。この事業の規模そのものが、自国の民や資源を意のままにする彼の能力を示す強力なしるしである。

関連キーワード pharaoh（ファラオ ※古代エジプトの王の称号） necropolis（ネクロポリス ※古代に造られた巨大な共同墓地）） the Giza pyramid complex（ギザのピラミッド群 ※エジプトの都市ギザにある3基のピラミッドを指す） the Great Pyramid of Giza（ギザの大ピラミッド ※ギザのピラミッド群の中で最大のもの。クフ王の墓とされる） the Great Sphinx of Giza（ギザの大スフィンクス ※ギザのピラミッド群のそばにある） Egyptology（エジプト学 ※古代エジプトの遺跡や遺物を研究する学問分野）

🔊**280** 政治家でもあった伝説の「美女」

Cleopatra クレオパトラ（69 B.C.–30 B.C.）

[klìːəpǽtrə] [Kリーアパトラ]

Cleopatra was the last Ptolemaic monarch of Egypt, ruling from 52 to 31 B.C. She ruled in the authoritarian tradition of the followers of Alexander the Great, during Egyptian civil wars amid shifting alliances with Roman government and military leaders. After a naval defeat by Augustus, later known as the first Roman empire, she chose suicide to avoid public humiliation in Augustus' triumphal procession. Cleopatra's beauty, and the drama of her love affairs with Julius Caesar and Roman general Mark Antony inspired a popular celebrity status that endures to this day.

□ monarch：君主 □ authoritarian：権威主義的な □ follower：追随者、模倣者 □ amid：〜の真っただ中に □ alliance：同盟 □ naval：海軍の □ suicide：自殺 □ humiliation：屈辱、恥辱 □ triumphal procession：凱旋行進 □ inspire：（結果など）を引き起こす □ celebrity：著名人

訳 クレオパトラはエジプトのプトレマイオス朝最後の君主で、紀元前52年から31年にかけて君臨した。クレオパトラはエジプト内戦期、ローマ政府や軍指導層との揺れ動く同盟関係の中、アレキサンダー大王の信奉者たちの権威主義的な伝統にのっとって統治した。後に初代ローマ皇帝として知られることになるアウグストゥスに海戦で敗北すると、アウグストゥスの凱旋行進で公衆にさらされることを避けるため、自殺を選んだ。クレオパトラの美しさ、そしてユリウス・カエサルやローマ将軍マルクス・アントニウスとの恋愛ドラマは、彼女を今日に至るまで人気のある有名人の座にとどめている。

関連キーワード the Ptolemaic dynasty（プトレマイオス朝） Gaius Julius Caesar（ガイウス・ユリウス・カエサル ※［ガイウス・］ジュリアス・シーザーとも。愛人関係にあった） Anthony（アントニウス ※Mark Anthony［マルクス・アントニウス］とも。配偶者の一人。カエサルの部下だった） *Antony and Cleopatra*（戯曲『アントニーとクレオパトラ』※ウィリアム・シェイクスピア作）

Christopher Columbus

クリストファー・コロンブス（c. 1451–1506）

[krístəfər kəlámbəs]［K**リ**Sタファー　カ**ラ**M**バ**S］

Christopher Columbus was a Genoese explorer credited with discovering the Americas in 1492. Sailing west from Spain, he sought a sea route to Asia. He arrived at an island of the Bahamas, but understood it to be in or near Asia. He later explored the Caribbean, and discovered the coasts of South and Central America. He never clearly indicated an understanding that he had discovered a new continent. But his voyages opened an age of exploration, conquest, and colonization that led to the creation of the modern Western world.

□ Genoese：ジェノヴァ（人）の　□ (be) credited with ～：～という功績が認められている、～と信じられている　□ Americas：南・北・中央アメリカ、（南北）アメリカ大陸　□ understand：～と推測する　□ conquest：征服　□ colonization：植民地化

訳 クリストファー・コロンブスはジェノヴァの探検家で、1492年に南・北・中央アメリカを発見したとされる。スペインから西方に航海し、アジアへの海路を探し求めた。コロンブスはバハマ諸島の中の島に到達したが、その島がアジアかその近くにあるものだと推測した。その後、カリブ海を探検し、南米と中米の海岸を発見した。新しい大陸を発見したという見解をはっきり示したことはなかったが、彼の航海は、近代西洋世界の創造につながる探検と征服、植民地化の時代の幕を開けた。

関連キーワード　the Age of Discovery（大航海時代）　the New World（新大陸）　conquistador（コンキスタドール　※大航海時代にアメリカ大陸を探検・征服したスペインの探検家を指す言葉）　Columbus Day（コロンブス・デー、コロンブスの日　※10月の第2月曜日。アメリカの多くの州で祝日に制定されている。1492年10月12日のコロンブスのアメリカ大陸到着を記念するもの）

Constantine the Great　コンスタンティヌス大帝（c. 272–337）

[kánstəntì:n ðə gréit]［**カ**ンSタンティーン　ðァ　G**レイ**T］★日本語とギャップ！

Constantine the Great was a Roman emperor in the 4th century noted for his many social and religious reforms. He was the first Roman emperor to become a Christian and issued the Edict of Milan which legally recognized long-oppressed Christianity in the empire. Historically, his reign has been often seen as the turning point for Christianity in Europe. He also transferred the capital of the empire from Rome to Constantinople, today known as Istanbul.

□ (be) noted for ～：～で名高い　□ legally：法的に　□ long-oppressed：長い間抑圧されてき

た □reign：治世、統治期間 □turning point：転換点 □Christianity：キリスト教、キリスト教信仰

[訳] コンスタンティヌス大帝は数々の社会改革と宗教改革を行ったことで知られる4世紀のローマ皇帝。キリスト教徒になった最初のローマ皇帝で、長年抑圧されていたキリスト教を帝国内で法的に認めるミラノ勅令を発布した。歴史的には、その治世はヨーロッパにおけるキリスト教の転換点とみなされることが多い。彼はまた、帝都をローマから、今日ではイスタンブールとして知られるコンスタンティノープルに移した。

[関連キーワード] Constantine I（コンスタンティヌス1世 ※コンスタンティヌス大帝のこと） the Edict of Milan（ミラノ勅令） Constantinople（コンスタンティノープル ※現イスタンブール）

🔈283 日本にも縁(ゆかり)あるイエズス会の重要人物

Francis Xavier フランシスコ・ザビエル（c. 1506–52）

[frǽnsís zéiviə*r*]［Fランシ S ゼイヴィアー］★日本語とギャップ！

Francis Xavier was a Spanish Catholic missionary. He later co-founded the Society of Jesus whose members are called Jesuits. He is credited with establishing Christianity in various Asian countries where he worked and lived, including Japan which he first visited in 1549. After his death, he was beatified by the pope in 1619, then canonized in 1622.

□missionary：宣教師 □co-found：～を共同で設立する □Jesuit：ジェスイット、イエズス会士 □be beatified：列福される □the pope：ローマ教皇 □be canonized：列聖される

[訳] フランシスコ・ザビエルはスペインのカトリック宣教師。後にイエズス会を共同で設立し、そのメンバーはジェスイットと呼ばれる。彼はアジアのさまざまな国において、活動しながら生活し、キリスト教を敷いた。日本にも1549年に初めて訪れている。ザビエルは死後、ローマ教皇により1619年に列福され、1622年には列聖された。

[関連キーワード] the Catholic Church（カトリック教会） missionary（宣教師） the Society of Jesus（イエズス会） beautification（列福 ※カトリック教会において徳のある信者が、死後教皇に認められ福者の地位を与えられること） canonization（列聖 ※列福した信者が、教皇に聖人の地位を与えられること）

🔈284 中国統一を成し遂げた皇帝

Qin Shi Huang 始皇帝（259 B.C.–210 B.C.）

[tʃín ʃíː hwáŋ]［チン シー HワンG］

Qin Shi Huang was the first unifying leader of the whole of China, and founder of the Qin dynasty. He transformed Chinese government leadership from that of the "king" of a warring state

to that of a dynastic emperor, a paradigm that was to endure for two millennia. Among his standardizing and unifying reforms was the integration of disparate defensive structures into a single civil engineering project: the Great Wall of China. He was buried in a city-sized mausoleum with the Terracotta Army, now a UNESCO World Heritage Site.

□ transform：〜を変革する　□ warring：交戦中の　□ dynastic：王朝の、皇統の　□ paradigm：基本的な枠組み、パラダイム　□ millennia：1000年間、千年紀 ※ millenniumの複数形　□ standardize：〜を標準化する　□ integration：統合　□ disparate：共通点のない、異種類の　□ defensive structure：防衛施設　□ civil engineering：土木工学　□ mausoleum：広大壮麗な墓

 秦の始皇帝は中国の天下統一を果たした最初の指導者で、秦朝の開祖。中国の統治統率のあり方を、戦国の「王」のそれから、王朝の皇帝のそれへと変革した。この枠組みは以後2000年間続くこととなった。始皇帝が行った標準化および統一化の改革の1つに、雑多な防衛施設を単一の土木事業、万里の長城に統合したことが挙げられる。彼は都市ほどの大きさの墓に兵馬俑と共に埋葬され、現在それはユネスコの世界遺産となっている。

関連キーワード　Qin（秦）　the Great Wall of China（万里の長城）　the Terracotta Army（兵馬俑）　the Mausoleum of the First Qin Emperor（秦始皇陵および兵馬俑）　World Heritage Site（世界遺産）

 Qin Shi Huangは中国における始皇帝の呼称「秦始皇」に対応する表記。Huangは Huangdi [hwàŋdíː]［Hワン G ディー］とも。

🔊 285　仏教の開祖

Gautama Buddha　釈迦　※生没年不詳。5th century B.C. 頃か

[gɔ́ːtəmə búːdə]［ゴータマ　ブーダ］★日本語とギャップ！

The Buddha, known variously as Gautama Buddha, Siddhartha Gautama, Buddha Shakyamuni and other names, was a philosopher, spiritual teacher and ascetic meditator who founded the religion of Buddhism in ancient India. His teachings included spiritual training that moderated between the extremes of self-indulgence and austerity. According to tradition, he achieved ultimate enlightenment after a period of several years of meditation and self-discipline. He spent subsequent years traveling and sharing his ethical and spiritual teachings. He is worshipped as having transcended karma and the cycle of reincarnation, achieving the state of nirvana.

□ philosopher：哲学者　□ spiritual teacher：精神的な師、導師　□ ascetic：禁欲の、苦行の　□ meditator：瞑想者　□ moderate：調停役をする　□ extremes：極端な状態　□ self-indulgence：放縦、放逸　□ austerity：耐乏、禁欲　□ tradition：伝承　□ ultimate enlightenment：

究極の悟り、成道 ※菩薩が修行して悟りを開き、仏になること　□ meditation：瞑想　□ self- disci-
pline：自己修養　□ subsequent：それに続く　□ be worshipped：崇拝される　□ transcend：
〜を超越する　□ karma：カルマ、業　□ reincarnation：輪廻　□ nirvana：涅槃

訳　ゴータマ・ブッダ、シッダールタ・ゴータマ、釈迦牟尼仏などさまざまな名で知られ
るブッダは、古代インドで仏教を開いた哲学者、導師、修業および瞑想者。その教え
には、放縦と禁欲という極端な状態の中間を見つける精神修養などがあった。伝承
によるとブッダは数年間に及ぶ瞑想と自己修養の後に究極の悟りに達した。そして
それに続く年月を、旅をして倫理的、精神的な教えを伝えることに費やした。彼は
業と輪廻を超越し涅槃の境地に至ったとされ、崇拝の対象となっている。

関連キーワード　Buddhism（仏教）　Buddha（仏陀 ※「悟りを開いた者」。一般には釈迦を指す）
karma（カルマ、業 ※ヒンドゥー教・仏教用語）　Nirvana（涅槃、解脱 ※ヒンドゥー教・仏教用語）

3章
歴史

🔊 286　勇壮な姿で描かれる愛国の乙女

Joan of Arc　ジャンヌ・ダルク（c. 1412–31）

[dʒóun əv á:rk]　[ジョウン　アヴ　**アー**Ｋ]　★日本語とギャップ！

Joan of Arc was a 15th century French teenager known for her courageous
leadership. According to her testimony at a later inquisition, at the age of 12,
she saw visions of an angel and saints telling her to support the dauphin
Charles to free France from England. She led the French troops to free Orleans
in the Hundred Years' War, receiving the nickname "the Maid of Orleans."
After she was held captive by the Burgundians, she was accused of heresy and
burned to death. In 1920, she was canonized as a Roman Catholic saint. Joan
of Arc has been a popular subject in arts and pop culture.

□ courageous：勇気のある　□ testimony：証言　□ inquisition：審問、異端審問、宗教裁判　□
dauphin：王太子 ※フランス王国の王位継承権一位にある人物。the dauphin Charles（シャルル王太子）
は、後のフランス国王シャルル7世　□ troops：部隊、軍隊　□ maid：少女、乙女　□ be held
captive：捕虜になる、監禁される　□ be accused of 〜：〜の罪で告訴される　□ heresy：異教信
仰　□ be canonized：列聖される

訳　ジャンヌ・ダルクは15世紀フランスのティーンエージャーで、その勇気ある統率行
動で知られる。後年行われた異端審問でのジャンヌの証言によると、彼女は12歳の
時に天使と成人たちの幻視を得て、シャルル王太子を支えてフランスをイングラン
ドから解放せよと伝えられたという。百年戦争で、彼女は軍隊を率いてオルレアン
を解放し、「オルレアンの乙女」という愛称をつけられた。ブルゴーニュ人に捕虜に
された後、彼女は異教信仰の罪で告訴され、火あぶりにされた。1920年、ジャンヌ
はカトリック教会の聖人として列聖された。ジャンヌ・ダルクは芸術や大衆文化で
人気の高い題材である。

関連キーワード　"the Maid of Orléans"（「オルレアンの乙女」※愛称）　Charles VII（シャ
ルル7世 ※ジャンヌ・ダルクが忠誠を誓った王太子で、ジャンヌらの貢献によりフランス国王の座に就
く）　canonization（列聖）　Roman Catholic saint（カトリック教会の聖人）　heresy（異端、
異教信仰）

Joseph Stalin　ヨシフ・スターリン（1878–1953）

[dʒóuzəf stáːlin]　[ジョウザF　Sターリン]　★日本語とギャップ！

Joseph Stalin was a political leader of the Soviet Union, whose reign of terror marks the darkest period of the state's history. He introduced the first Five-Year Plan that quickly made the USSR into a leading industrial country. He ordered the Great Purge, in which over 700,000 citizens were killed. The industrial city of Stalingrad became famous for fighting off the Germans in World War II. He also adopted Marxism-Leninism as the official state ideology.

□ reign of terror：恐怖時代、恐怖政治　□ the USSR：ソビエト社会主義共和国連邦　※ Union of Soviet Socialist Republics の略　□ purge：粛清　□ fight off ～：～を撃退する　□ Marxism-Leninism：マルクス・レーニン主義　□ ideology：イデオロギー

訳　ヨシフ・スターリンはソビエト連邦の政治的指導者で、その恐怖政治は同国の歴史の最も暗い時代を意味する。スターリンは第一次五カ年計画を導入し、ソ連はたちまちのうちに有力な工業国へと変わった。彼は大粛清を命じ、それにより70万人を超える市民が命を奪われた。工業都市スターリングラードは、第二次世界大戦においてドイツ軍を撃退したことで有名になった。スターリンはまた、マルクス・レーニン主義を正式な国家イデオロギーとして導入した。

関連キーワード　Stalinism（スターリン主義）　the Five-Year Plans（五カ年計画）　the Great Purge（大粛清）　Marxism-Leninism（マルクス・レーニン主義　※レーニンがマルクス主義を自国の事情に合わせて発展させたもの。レーニンの死後、スターリンが提唱し国家の指導理念とした）　Stalingrad（スターリングラード　※名をスターリンにちなむ第二次世界大戦の激戦地。現在のヴォルゴグラード）

Spartacus　スパルタクス（?–71 B.C.）※生年不明

[spáːrtəkəs]　[Sパータカ S]　★アクセント注意！

Spartacus was a Macedonian soldier and military leader enslaved by Roman authorities who led an uprising of fellow slaves. He had plotted with several fellow gladiators to escape secretly to freedom. But when the plan was discovered, they led an open rebellion that developed into the Third Servile War of the Roman Republic. In modern literature, theater and film, Spartacus has been romanticized, without solid historical evidence, as a freedom fighter opposing the institution of slavery in particular and injustice in general.

□ (be) enslaved：奴隷にされる　□ authorities：政府、当局　□ uprising：蜂起、反乱　□ plot to ～：～する計画を立てる　□ gladiator：（古代ローマの）剣闘士　□ rebellion：反乱、謀反　□ be romanticized：空想的に描写される　□institution of slavery：奴隷制度

📖 スパルタクスはローマ政府によって奴隷にされたマケドニアの兵士であり、奴隷仲間たちの蜂起を率いた軍事指導者。何人かの剣闘士仲間と共に、ひそかに脱出して自由になる計画を企てた。しかし計画が露見すると、彼らは公然たる反乱を率いることになり、それは共和政ローマにおける第三次奴隷戦争へと発展した。現代の文学や戯曲、映画の中では、スパルタクスは特に奴隷制度に、また不公正全般に抵抗した自由の戦士として、確かな歴史的裏付けもなく空想的に描写されてきた。

関連キーワード the Third Servile War（第三次奴隷戦争　※「スパルタクスの乱」とも）　*Spartacus*（映画『スパルタカス』※スタンリー・キューブリックの監督作品）　*Spartacus*（バレエ『スパルタクス』※旧ソ連の作曲家アラム・ハチャトゥリアンの代表作）

🔊 **289**　中華民国の国父

Sun Yat-sen　孫文（1866-1925）
［sún jàːtsén］［**スン　ヤー**Ｔ**セン**］

Regarded among the greatest of the post-dynastic leaders of modern China, Sun Yat-sen was a physician and political leader who served as the provisional first president of the Republic of China and the Kuomintang, or Nationalist Party of China. He came to national power when he led the Xinhai Revolution that overthrew the Qing dynasty in 1911, leading to the founding of the Republic of China. He formed a fragile alliance with the Chinese Communist Party, but was not able to achieve full national unity. He was succeeded by Chiang Kai-shek.

□post-dynastic：王朝（滅亡）後の　※ここでの王朝は清王朝のこと　□provisional：臨時の　□come to power：権力の座に就く　□overthrow：～を転覆させる、～を打倒する　□fragile：壊れやすい、もろい　□alliance：同盟　□be succeeded by ～：～によって継承される

📖 （清）朝後の近代中国の指導者として最も偉大な指導者の一人と見なされている孫文は、医師、政治指導者で、中華民国の初代臨時大総統、および、中国国民党の初代党首を務めた。彼は1911年に清朝を倒した辛亥革命を指導して国家権力を握り、中華民国の建国を導いた。中国共産党ともろい同盟を結んだが、国としての完全な統一を達成することはできなかった。蒋介石が、孫文の後を継いだ。

関連キーワード the Republic of China（中華民国）　the Xinhai Revolution（辛亥革命 ※the Chinese Revolutionとも）　Chiang Kai-shek（蒋介石）　the Qing dynasty（清王朝）

 Sun Yat-senは「孫逸仙」に対応した呼び方。「逸仙」はあざな。

David　ダビデ（?-961 B.C.）※生年不明

［déivid］［デイヴィD］ ★日本語とギャップ！

David was the king of Israel and Judah at around the time 1000 B.C. A lot is written about him and his rule in the Old Testament. Among the many biblical stories is his legendary defeat, when still a young boy, of an enemy warrior, Goliath. David later became king and an important figure in Judaism, Christianity and Islam. Two-and-a-half thousand years after David's death, Michelangelo made a sculpture of him that is universally recognized as a symbol of strength and youthful beauty.

□ rule：支配、統治期間　□ the Old Testament：旧約聖書　□ biblical：聖書の、聖書に書かれている　□ defeat：打ち負かすこと　□ warrior：戦士　□ Judaism：ユダヤ教　□ universally：普遍的に　□ youthful：若々しい、若者らしい

訳 ダビデは紀元前1000年ごろのイスラエル・ユダ王国の王。旧約聖書にはダビデとその統治期間について多くのことが書かれている。そのあまたの聖書の物語の一つに、まだ少年だったころ、敵軍の戦士ゴリアテを打ち負かしたという伝説がある。後にダビデは王になり、ユダヤ教、キリスト教、イスラム教における重要人物となった。ダビデの死から2500年後、ミケランジェロが制作した彼の彫像は、強さと若者らしい美しさの象徴として広く知られている。

関連キーワード　King David（ダビデ王）　the Old Testament（旧約聖書 ※ダビデに関する記述がある）　Michelangelo's David（ミケランジェロ作のダビデ像 ※「ダビデ」の彫刻の中でも最も有名）　Goliath（ゴリアテ ※ダビデが倒したという伝説が残る巨人）　King Solomon（ソロモン王 ※息子）

Winston Churchill　ウィンストン・チャーチル（1874-1965）

［wínstən tʃɚ́ːrtʃil］［ウィンSタン　チャーチL］

Winston Churchill, the prime minister of the United Kingdom during World War II, was one of the victorious leaders of the Allies. This gave Churchill an enduring heroic status, with him symbolizing the "British Bulldog" spirit of determination that echoed in his morale-boosting wartime speeches. His way with words continued after the war, and his term "the Iron Curtain" was universally adopted to describe the Soviet Union and other countries in its sphere. However, Churchill's popularity was short-lived. His governing party lost the first postwar election and today his legacy is assessed more critically. Controversy over

Churchill's racism, imperialism and responsibility for the 1943 Bengal famine which caused 3 million deaths represent a damning indictment of him.

□victorious：勝利を収めた □the Allies：連合国、連合軍 □enduring：永続的な □heroic：英雄の □symbolize：～を象徴する □determination：決断力、意志の強さ □echo：響く、こだまする □morale-boosting：士気を高めるような □way with words：秀でた話術 □universally：世界的に □sphere：範囲、圏 □short-lived：短命な、長続きしない □governing party：与党 □legacy：功績 □be assessed：評価される □critically：批判的に □imperialism：帝国主義 □famine：飢饉 □damning：悪事を証明する、不利な □indictment：告発、批判

[訳] 第二次世界大戦中にイギリスの首相だったウィンストン・チャーチルは、連合国の戦勝指導者の一人。このことは不朽の英雄的地位を彼に与え、チャーチルは士気を鼓舞する戦時演説にもこだました、強い決断力という「イギリスのブルドッグ」精神の象徴となった。彼の卓越した話術は戦後も健在で、彼の言葉「鉄のカーテン」は、ソ連とその影響圏の国々を表す言葉として世界で取り入れられた。しかし、チャーチルの人気は長続きしなかった。彼の与党は戦後最初の選挙で敗れ、今日、彼の功績はより批判的に評価されている。チャーチルの人種差別主義、帝国主義、そして300万人の死を引き起こした1943年のベンガル飢饉の責任をめぐる論争は、彼に対する決定的な批判を象徴するものである。

[関連キーワード] "the Iron Curtain"（「鉄のカーテン」※チャーチルが冷戦時代における東西の緊張状態を表すために使った比喩） the "British Bulldog"（「イギリスのブルドッグ」※チャーチルのニックネーム） the Bengal famine of 1943（1943年のベンガル飢饉 ※1943年から翌年にかけて、当時イギリス領だったインドのベンガルで発生した大規模な飢饉）

🔊292 巨大帝国モンゴルの初代皇帝

Genghis Khan チンギス・ハン (c. 1162–1227)

[géŋgis kɑ́ːn] [ゲンGギS　カーン] ★日本語とギャップ！

Genghis Khan was the founder and first emperor of the Mongol Empire in the 13th century. His military victories stretched his empire to include areas of Russia, and parts of China, while his brutality left millions dead. Later his grandson Kublai Khan expanded the empire even further, making it the largest contiguous land empire in history.

□brutality：残忍さ、残虐性 □contiguous：地続きの □land empire：内陸帝国

[訳] チンギス・ハンは13世紀のモンゴル帝国の建国者で初代皇帝。軍事的勝利によって帝国はロシアや中国の一部に当たる地域を含むまでに拡大したが、彼の残忍さはおびただしい数の死者を出した。後に、孫のフビライ・ハンがこの帝国をさらに拡大し、モンゴル帝国は史上最大の地続きの内陸帝国となった。

[関連キーワード] the Mongol Empire（モンゴル帝国） Kublai Khan（フビライ・ハン ※

KublaiはKhubilaiとも。孫。モンゴル帝国第5代皇帝。元朝の初代皇帝）

🔊293 黄金のマスクで知られる少年王

Tutankhamun ツタンカーメン ※生没年不詳。在位 1354 B.C.–1345 B.C.

[tùːtɑːŋkáːmən] [トゥーターンGカーマン]

Tutankhamun was an ancient Egyptian pharaoh famous for his golden death mask and now often known by his nickname "King Tut." In the 1920s, the mask of Tutankhamun was discovered along with his mummy in the Valley of the Kings by the archaeologist Howard Carter. Subsequently, when some of Carter's helpers died, the mythical "curse of the pharaohs" story took hold. As a young king, Tutankhamun ordered many reforms during his reign and he also moved the capital from Akhetaten to Thebes

☐ pharaoh：ファラオ ☐ mummy：ミイラ ☐ archaeologist：考古学者 ☐ subsequently：その後 ☐ mythical：伝説の、神話の ☐ curse：呪い ☐ take hold：根付く ☐ reign：治世

訳 ツタンカーメンは、その黄金のデスマスクや、「タト王」という愛称で有名な古代エジプトのファラオ。1920年代に、ツタンカーメンのマスクはそのミイラと共に、王家の谷で考古学者のハワード・カーターによって発見された。その後カーターの助手数人が死亡したことで「ファラオの呪い」の伝説が定着した。若い王として、ツタンカーメンはその治世の間に数々の改革を命じ、また、都をアクエンアテンからテーベに移した。

関連キーワード pharaoh（ファラオ ※古代エジプトの王の称号） King Tut（タト王 ※英語圏で口語的に使われる愛称。TutはTutankhamunの略） Tutankhamun's mummy（ツタンカーメンのミイラ） the mask of Tutankhamun（ツタンカーメンの黄金のマスク） the curse of the pharaohs（ファラオの呪い） Akhenaten（アクエンアテン ※父。Amenhotep IV［アメンホテプ4世］とも） Egyptology（エジプト学） the Valley of the Kings（王家の谷） Howard Carter（ハワード・カーター ※ツタンカーメン王の墓を発見したイギリスのエジプト考古学者）

🔊294 第二次世界大戦、フランスの国民的英雄

Charles de Gaulle シャルル・ド・ゴール（1890–1970）

[tʃáːrlz də góul] [チャーLZ　ダ　ゴウL] ★日本語とギャップ！

Charles de Gaulle was a military commander and national leader of France following World War II, and a key political figure throughout the first half of the Cold War. A decorated World War I veteran, de Gaulle led a counterattack in 1940 against the German invasion of France. He refused to accept his government's submission to German occupation, and led the Free French Forces in exile during the war. He was leader of the postwar provisional government, and served intermittently in various leadership roles including prime minister until 1969.

□ commander：（軍の）司令官、（師団以下の）長　□ decorated：飾り立てた、勲章を授けられた　□ veteran：退役軍人、兵役経験者　□ counterattack：反撃　□ invasion：侵攻　□ submission：服従、降伏　□ forces：軍隊、軍勢　□ exile：亡命　□ postwar：戦後の　□ provisional：臨時の　□ intermittently：間欠的に、断続的に

訳 シャルル・ド・ゴールは軍司令官にして、第二次世界大戦後のフランスの国家指導者。また冷戦前半期を通じて重要な政治家であった。第一次世界大戦に従軍し勲章を授与されていたド・ゴールは、1940年にドイツ軍のフランス侵攻に対する反撃戦を指揮した。自身の政府がドイツ軍による占領に服従したことを受け入れず、戦中は亡命中の自由フランス軍を率いた。戦後の臨時政府の指導者であり、1969年まで務めた総理大臣も含め、さまざまな指導的役割を断続的に務めた。

関連キーワード Gaullism（ド・ゴール主義 ※ド・ゴールの政治イデオロギー）the Vichy regime（ヴィシー政権 ※第二次世界大戦中、ドイツ占領下のフランスに発足した政権）Free France（自由フランス ※第二次世界大戦中、ドイツによるフランス占領に反対して成立した組織。亡命政府）the Fifth French Republic（フランス第五共和政 ※ド・ゴールが発足させた政治体制。現在のフランスの共和政体のこと）Paris Charles de Gaulle Airport（パリ・シャルル・ド・ゴール空港）the Place Charles de Gaulle（シャルル・ド・ゴール広場）*The Day of the Jackal*（小説『ジャッカルの日』※イギリスの小説家フレデリック・フォーサイスの人気作。フィクションながらド・ゴール暗殺計画を題材としている）

🔊 **295** ローマ五賢帝の一人

Trajan　トラヤヌス（53–117）

［tréidʒən］［Tレイジャン］★日本語とギャップ！

Trajan was the emperor of Rome during a period of military conquest and expansion to its historic maximum territorial extent. His conquest of Dacia and annexation of the Nabataean Kingdom, Armenia and Mesopotamia led to a period of prosperity for Rome. He instituted major public works and social welfare policies, through which he earned a reputation as one of the Five Good Emperors. Trajan's Forum, Trajan's Market and Trajan's Column are among the large-scale building projects by which he reshaped the architecture of Rome.

□ conquest：征服　□ expansion：拡大　□ territorial：領土の　□ annexation：併合　□ prosperity：繁栄　□ institute：（改革など）を始める　□ public work：公共事業　□ social welfare：社会福祉　□ reshape：～を作り変える、～を塗り替える

訳 トラヤヌスはローマ帝国の武力征服の時代、歴史上最大領土に達した拡大の時代における皇帝。ダキア征服とナバテア王国、アルメニア、メソポタミアの併合は、ローマ繁栄の時代を導いた。トラヤヌスは大規模な公共事業や社会福祉政策を始め、それにより五賢帝の一人という評価を得るに至った。大規模な建設事業にはトラヤヌ

スのフォルム、トラヤヌスの市場、トラヤヌスの記念柱などがあり、それらにより彼はローマの建築の新生面を切り開くことになった。

関連キーワード Nerva（ネルウァ ※第12代ローマ皇帝。トラヤヌスを養子に迎える） Hadrian（ハドリアヌス ※従甥。継承者として養子に迎える） the Five Good Emperors（五賢帝）

> the Five Good Emperors（五賢帝）はローマ帝国の繁栄の時代に君臨した5人の皇帝。Nerva（ネルウァ [**ナー**ヴァ]）、Trajan（トラヤヌス [T**レ**イジャン]）、Hadrian（ハドリアヌス [**ヘ**イDリアン]）、Antoninus Pius（アントニヌス・ピウス [アンタ**ナ**イナS　**パ**イアS]）、Marcus Aurelius（マルクス・アウレリウス [**マー**カS　オ**リ**リアS]）を指す。

🔊296 その名は「裏切り者」の代名詞

Leon Trotsky レフ・トロツキー（1879-1940）

[líːən trátski]［**リ**ーアン　T**ラ**TSキ］★日本語とギャップ！

Born in Ukraine, Leon Trotsky was a revolutionary politician who developed an original variant of Marxism known as Trotskyism. He was arrested in 1898 for engaging in revolutionary activities, and exiled to Siberia, but escaped in 1902. He led the Bolshevik faction after the 1917 revolution, and held various leadership roles in subsequent pre-Stalinist Russian governments. As Stalin rose to power, Trotsky was again exiled, and became a major critic of Stalinism. He was murdered in Mexico City by a Russian secret agent.

□ revolutionary：革命の　□ variant：別形、変形　□ be exiled to ～：～に追放される、〜へ流刑になる　□ Bolshevik：ボリシェヴィキ　□ faction：派閥　□ subsequent：それに続く、後の　□ pre-Stalinist：スターリン以前の　□ rise to power：台頭する　□ Stalinism：スターリン主義　□ secret agent：秘密工作員

訳 ウクライナで生まれたレフ・トロツキーは、トロツキズムとして知られるマルクス主義の独自の変形版を発展させた革命政治家。1898年、トロツキーは革命活動に関わったために逮捕されシベリアへと追放されたが、1902年には逃亡した。1917年の（ロシア）革命の後はボリシェヴィキ派を率い、それに続くスターリン以前のロシア政府では指導的役割を歴任した。スターリンが台頭するとトロツキーは再び追放され、スターリン主義の有力な批判者となった。彼はメキシコ市でロシアの秘密工作員によって殺害された。

関連キーワード Trotskyism（トロツキズム ※トロツキーおよびその後継者の思想） Trotskyist（トロツキスト ※本来はトロツキー思想の影響を受けている者を指す。党の方針に従わない「反対分子」や「裏切者」を意味することもある） the Russian Revolution（ロシア革命） Vladimir Lenin（ウラジーミル・レーニン ※ソ連の初代最高指導者。レーニン存命中、トロツキーは後継者として有力視されていた） Joseph Stalin（ヨシフ・スターリン ※レーニンの死後、トロツキーを失脚に追い込み、後継者の座に就いた） Bolshevik（ボリシェヴィキ ※マルクス主義政党のロシア社会民主労働党から分派した派閥。レーニンらが率いた） Frida Kahlo（フリーダ・カーロ ※著名なメキシコ人画家。亡命先のメキシコでトロツキーを支援。愛人関係にあった）

Jesus of Nazareth　ナザレのイエス（c. 4 B.C.–c. 30 B.C.）

[dʒíːzəs əv nǽzərəθ]［ジーザS　アV　**ナ**ザラθ］★日本語とギャップ！

Jesus of Nazareth, or Jesus Christ, is the central figure in the Christian religion. Historically, it is likely that he was a real person — a Jewish preacher and healer who, over time, collected a group of followers. However, there are few hard historical facts available. In the Christian religion, Jesus is part of the Holy Family, considered to be the son of God and Mary, born to experience human suffering. He was punished for going against religious law, and executed by crucifixion.

□ preacher：伝道師　□ healer：治療する人、信仰療法を行う人　□ follower：追随者、弟子　□ hard：実証できる　□ be executed：処刑される　□ crucifixion：はりつけ、磔刑

訳 ナザレのイエス、またはイエス・キリストは、キリスト教における中心的人物である。歴史的には実在の人物だった可能性が高い。つまりユダヤ教の伝道師にして信仰療法を行う人で、いつしか一団の弟子を集めることになったのだろう。しかし、実証できる史実はほとんど得られていない。キリスト教では、イエスは聖家族の一員で、神とマリアの間の子であり、人間の苦しみを担うために生まれたとされる。彼は宗教的律法に違反したことで罰せられ、磔刑によって処刑された。

関連キーワード　the Old Testament（旧約聖書）　the New Testament（新約聖書）　the crucifixion of Jesus（イエスの磔刑）　the Resurrection（イエスの復活）　the Passion of Jesus（イエスの受難）　the Holy Family（聖家族 ※イエス、マリア、ヨセフから成る。キリスト教美術の主題の一つ）　Mary, mother of Jesus（マリア ※イエスの母）　Joseph（ヨセフ ※マリアの夫でイエスの養父）　Tiberius（ティベリウス ※ローマ皇帝）　Judas Iscariot（ユダ、イスカリオテのユダ）

Napoleon Bonaparte　ナポレオン・ボナパルト（1769-1821）

[nəpóuliən bóunəpàːrt]［ナ**ポ**ウリアン　**ボ**ウナパーT］

Napoleon Bonaparte was a French military commander during the French Revolutionary wars, and Emperor of the French from 1804 to 1814, and again briefly in 1815. During his military campaigns and his reign, he defeated numerous European armies and political coalitions including Austria, Prussia, Russia and Britain. His empire dominated Europe for a decade. He was finally defeated by a British-led coalition at the Battle of Waterloo in 1815 before being permanently exiled. Although spread by violent conquest, Napoleon's rule left a legacy of modernization

3章　歴史

and enlightened liberal governance.

□ commander：(軍の) 司令官、(師団以下の) 長　□ military campaign：軍事行動、軍事作戦　□ reign：治世、統治機関　□ numerous：数々の　□ coalition：連合　□ dominate：〜を支配する　□ be exiled：追放される、流刑に処される　□ legacy：遺産、後世に残る功績　□ modernization：近代化　□ enlightened：啓蒙された　□ governance：統治

訳 ナポレオン・ボナパルトはフランス革命戦争期におけるフランスの軍司令官で、1804年から1814年にかけて、また1815年にも短期的にフランス人民の皇帝であった。軍事行動中や在位中、ナポレオンは数々のヨーロッパ諸国の軍や、オーストリア、プロイセン、ロシア、イギリスなどによる政治同盟を打ち破った。ナポレオンの帝国は10年にわたりヨーロッパを支配下に置いた。彼は1815年のワーテルローの戦いでついにイギリスが率いる連合軍に敗北し、永久追放された。暴力的な征服によって広がったものではあれ、ナポレオンの統治は近代化と啓蒙的で自由主義的な統治という功績を残した。

関連キーワード Napoleon I（ナポレオン1世 ※皇帝即位後の称号）　the French Revolution（フランス革命）　the Napoleonic Wars（ナポレオン戦争）　the Napoleonic Code（ナポレオン法典）　Emperor of the French（フランス皇帝 ※より正確には「フランス人民の皇帝」）　the Battle of Waterloo（ワーテルローの戦い）　Saint Helena（セントヘレナ島）　the Rosetta Stone（ロゼッタ・ストーン ※エジプト遠征中のナポレオン軍によって発見された）　bicorn（二角帽子、ナポレオン帽）

🔊 299　明治政府が手本にしたドイツの鉄血宰相

Otto von Bismarck　オットー・フォン・ビスマルク（1815-98）

[átou van bízma:rk]［アトウ　ヴァン　ビZマーK］★日本語とギャップ！ アクセント注意！

Otto von Bismarck was a German politician and the first chancellor of the German Empire. He worked for many years for the unification of Germany and gained the nickname "the Iron Chancellor" for his ruthlessness. In government, he made a speech that became famous in which he explained that Germany must reach its goal by using "blood and iron." Nazi Germany named its Navy battleships Bismarck in his honor.

□ chancellor：(ドイツなどの) 首相　□ unification：統一　□ ruthlessness：非情さ、冷徹さ　□ battleship：戦艦　□ in someone's honor：〜の栄誉を称えて

訳 オットー・フォン・ビスマルクはドイツの政治家で、ドイツ帝国の初代首相。ドイツ統一のために長年働き、その非情さから「鉄血宰相」の異名を得た。首相在任中には、ドイツは「血と鉄」によって目的を達成しなくてはならないと説いた有名な演説を行った。ナチス・ドイツは彼の栄誉を称えて海軍戦艦をビスマルクと名付けた。

関連キーワード the German Empire（ドイツ帝国）　the Iron Chancellor（鉄血宰相 ※異名）　Blood and Iron (Speech)（鉄血演説）　William I（ヴィルヘルム1世 ※ドイツ帝国初代皇帝。ビルマルクを重用）　William II（ヴィルヘルム2世 ※ヴィルヘルム1世の孫で第3代皇帝。即

位後、対立したビスマルクを解任した） Bismarck（戦艦「ビスマルク」※ビスマルクの名を冠したナチス・ドイツ海軍の戦艦）

300 未曾有の独裁で歴史に名を残す

Adolf Hitler アドルフ・ヒトラー（1889-1945）

［ǽdɑlf hítlə*r*］［**ア**ダLF **ヒ**Tラー］

Adolf Hitler was the Austrian-born politician who became the leader of Germany's authoritarian Nazi Party, and the country's dictator when he established a totalitarian government. Hitler intended to make Germany the dominant power in Europe, and as a result, was key in starting World War II. Under Hitler, Germany invaded and took control of many European countries, and he was directly responsible for the Holocaust — the organized murder of 6 million Jewish people, along with many others that his regime considered inferior. Hitler committed suicide when he realized that Germany had lost the war.

□ authoritarian：権威主義的な □ totalitarian：全体主義の □ dominant：支配力を持つ □ power：大国、強国 □ take control of ～：～の支配権を握る □ regime：支配体制、政権 □ inferior：劣った、劣等の □ commit suicide：自殺する

[訳] アドルフ・ヒトラーはオーストリア生まれの政治家で、ドイツの権威主義的なナチス党の党首となり、全体主義政府を樹立して同国の独裁者となった人物。ドイツをヨーロッパの支配的強国にしようとした結果、第二次世界大戦を引き起こす主要素となった。ヒトラーの支配下で、ドイツはヨーロッパの多くの国々に侵攻してその支配権を握った。また彼はホロコースト、すなわち600万人のユダヤ人や政権が劣等と見なした人々の組織的殺害の直接の責任者であった。ヒトラーはドイツの敗戦を悟った時に自害した。

[関連キーワード] the Nazi Party（ナチス党 ※国家社会主義ドイツ労働者党のこと。ヒトラーはその党首だった） the Holocaust（ホロコースト） anti-Semitism（反ユダヤ主義） ethnic cleansing（民族浄化） genocide（大虐殺） fascism（ファシズム） Fuhrer（総統、指導者 ※ヒトラーの地位を表すドイツ語） the Third Reich（第三帝国） *Mein Kampf*（著書『我が闘争』※ドイツ語） the Axis powers（枢軸国） swastika（かぎ十字 ※ハーケンクロイツ［Hakenkreuz ドイツ語］とも。ナチス党がシンボル・マークとして用いたことから、20世紀以降はナチスの象徴と見なされることが多い） Rudolf Hess（ルドルフ・ヘス ※ナチス党幹部。副党首） Adolf Eichmann（アドルフ・アイヒマン ※ナチス党幹部。ホロコーストの中心的人物） Heinrich Himmler（ハインリヒ・ヒムラー ※ナチス党の親衛隊隊長および秘密国家警察長官として警察・諜報活動の権限を掌握） Joseph Goebbels（ヨーゼフ・ゲッベルス ※ナチス党幹部。政権のプロパガンダ担当） Eva Braun（エヴァ・ブラウン ※妻。ヒトラーと共に自害。2人はその直前に結婚した）

ロシアを列強の一員に押し上げた皇帝

Peter the Great　ピョートル大帝（1672-1725）

[píːtər ðə gréit]［ピーター　ðァ　Gレイ T］★日本語とギャップ！

Peter the Great ruled Russia during a period of growth and modernization from 1682 to 1725. Through military victories, he expanded the tsardom of Russia into a major European imperial power. This expansion brought new access to the Baltic and Black Seas, enabling the development of an imperial Russian navy. The first tsar to tour European countries, Peter instituted cultural reforms that replaced medieval social and government systems with modern European ones. He also founded and developed the city of Saint Petersburg, which remained the capital of Russia for two centuries until 1917.

□ modernization：近代化　□ tsardom：ツァーリ（ロシア皇帝）の治める国土、ツァーリ国　□ imperial power：帝国、帝政国家　□ expansion：拡大　□ institute：（改革など）〜を始める　□ medieval：中世の

訳 ピョートル大帝は1682年から1725年に至る成長と近代化の時代にロシアを統治した。ピョートルは軍事的勝利によって、ロシアというツァーリ国をヨーロッパの大帝政国家へと拡大した。この拡大によりバルト海や黒海へのルートを新たに得たことで、ロシア帝国海軍の発展を可能にした。ヨーロッパ各国を回った最初のツァーリであるピョートルは、中世の社会および統治制度を近代ヨーロッパのそれに置き換える文化面の改革を始めた。またサンクトペテルブルクという都市を築き、開発した。この都市は1917年まで200年の間、ロシアの首都だった。

関連キーワード　Peter I（ピョートル1世 ※ピョートル大帝のこと）　tsar（旧ロシア皇帝、ツァーリ ※czarのつづりも）　the House of Romanov（ロマノフ朝）　the Great Northern War（北方戦争）　Saint Petersburg（サンクトペテルブルク）

「太陽の沈まない国」の王

Philip II　フェリペ2世（1527-98）

[fílip ðə sékənd]［フィリP　ðァ　セカンD］★日本語とギャップ！

Philip II was the king of Spain, Portugal and Naples and Sicily. For the four years of his marriage to Mary I of England, he was also the king of England and Ireland. His empire stretched across Europe and included the Pacific islands of the Philippines which were named after him. The global size of the Spanish empire in the 16th century meant that it was always daytime in one or other parts of it, and so people called it "the empire on which the sun never sets."

□ global：地球規模の、広域の　□ daytime：昼間、昼

訳 フェリペ2世はスペイン、ポルトガル、ナポリ、シチリアの王。イングランドのメア

リー1世と結婚していた4年の間はイングランドとアイルランドの国王でもあった。フェリペ2世の帝国はヨーロッパ全土に広がり太平洋のフィリピン諸島をも取り込んだ。この諸島は彼にちなんで名付けられたものである。16世紀、スペイン帝国の規模は世界に広がり、帝国内のどこかは常に昼間であったため、人々はこの国を「太陽の沈まない帝国」と呼んだ。

関連キーワード the House of Habsburg（ハプスブルク家） the global empire（世界帝国） the Golden Century of Spain（スペイン黄金世紀） the Spanish Armada（スペイン無敵艦隊）"the empire on which the sun never sets"（太陽の沈まない帝国） the Philippines（フィリピン ※皇太子時代のフェリペの名に由来。旧スペイン植民地） Mary I of England（メアリー1世 ※イングランド女王。2番目の妻。不仲から別居）

303 自動車の大衆化に貢献

Henry Ford　ヘンリー・フォード（1863-1947）

［hénri fɔ́ːrd］［ヘンリ　**フォー**D］

Henry Ford was an American industrialist best known as the founder of Ford Motor Company. He was a pioneer of mass production and the assembly line system. He started making cars in his house, and later made the inexpensive Model T which was the first car that middle class people could afford. A total of 15 million Model T cars were sold as he became one of the most famous industrialists in the 20th century.

□ industrialist：実業家　□ pioneer：先駆者、草分け　□ mass production：大量生産　□ assembly line：(工場の) 組立ライン

訳 ヘンリー・フォードは、アメリカ人の実業家で、何よりフォード・モーター社の創業者として有名。彼は大量生産と組立ライン方式の先駆者だった。自宅で車の製造を始め、後に安価なT型フォードを作ったが、これは中産階級の人々にとって購入可能な初めての車だった。T型フォードは合計1500万台販売され、彼は20世紀の最も有名な実業家の一人になった。

関連キーワード Ford Motor Company（フォード・モーター社 ※フォード自動車とも。アメリカの自動車会社） Ford Model T（T型フォード ※自動車の大衆モデル第一号。） assembly line（組立ライン ※流れ作業にすることで大量スピード生産を可能にした革命的製造システム）

304 自身の離婚問題を発端に宗教改革を断行

Henry VIII　ヘンリー8世（1491-1547）

［hénri ði éitθ］［ヘンリ　ðィ　**エイ**Tθ］

King Henry VIII is probably the most famous of the British monarchs, not least because of the fact that he had a series of six wives, each one seemingly little more to him than a woman with whom he might produce a healthy male heir. His determination in this pursuit led to the beheading of two of his wives, and directly to the formation of the Protestant Church of England, when Henry split from Roman Catholicism so that he could divorce his first wife.

□ monarch：君主　□ not least：特に　□ seemingly：うわべは、見たところ　□ heir：相続人、跡取り　□ beheading：断頭、断首　□ Roman Catholicism：ローマカトリック教　□ divorce：～と離婚する

訳　ヘンリー8世は特に、立て続けに6人の妻を持ったという事実のせいで、イギリスの君主の中でおそらく最も著名である。どうやら彼にとっては、いずれの妻も、健康な男の跡取りをもうけることを可能にしてくれそうな女性にすぎないようだった。（その目的を）あくまで追い求めようとする彼の意地のために、妻のうち2人は斬首され、また直接的にはイギリス国教会が創設されることになった。ヘンリーが最初の妻と離婚することを可能にするべく、この時イングランドはローマカトリック教と決別している。

関連キーワード　the House of Tudor（チューダー朝）　the Church of England（イギリス国教会）　Anne Boleyn（アン・ブーリン　※2番目の妻）　Elizabeth I（エリザベス1世　※アン・ブーリンとの間に生まれた娘）　*The Other Boleyn Girl*（小説『ブーリン家の姉妹』※イギリスの作家フィリッパ・グレゴリーの歴史小説。映画化もされた）

🔊 **305**　アジアを欧州に紹介したベネチアの商人

Marco Polo　マルコ・ポーロ（1254-1324）

[máːrkou póulou]［マーコウ　ポウロウ］

Marco Polo was a Venetian merchant and explorer now best known for his accounts of epic travels through exotic lands in *The Travels of Marco Polo*. In 1271, he began a 24-year journey that included the Silk Road, then much of Asia and the Middle East before returning to his home in the Venetian Republic. His writings provided Europeans of his day with the first detailed descriptions of Yuan Dynasty China, Persia, India, Japan and other far-away places and cultures.

□ epic：雄壮な、大規模な　□ exotic：異国の、外国の　□ of *one's* day：同時代の　□ far-away：遠く離れた、はるかかなたの

訳　マルコ・ポーロは、今では『東方見聞録』の中で異国巡りの壮大な旅について語ったことで最もよく知られるベネチアの商人にして探検家。1271年に、24年間にわたる旅を始めた。（行き先は）シルクロードや、それからアジアと中東の大半の地域などで、彼はその後ベネチア共和国の故郷に戻った。彼の著作は同時代のヨーロッパ人に、元朝中国、ペルシャ、インド、日本、またその他の遠隔の地や文化に関し、初

めて詳しい説明を行うものだった。

関連キーワード the Republic of Venice（ベネチア共和国） the Silk Road（シルクロード） *The Travels of Marco Polo / Book of the Marvels of the World*（旅行記『東方見聞録』 ※マルコ・ポーロの口述を基に、イタリア人作家ルスティケロ・ダ・ピサがまとめた） Yuan Dynasty（元朝）

🔊 **306** ラテンアメリカ文化圏の英雄

Simon Bolivar シモン・ボリバル（1783–1830）

[sáimən búləvər]［**サ**イマン　バ**ラ**ヴァー］

Known to many as "el Libertador," or "the Liberator," Simon Bolivar was a Venezuelan military commander and political leader who led much of South and Central America to independence from the Spanish Empire. Through numerous battles against Imperial Spain, and by participating in widespread political organization throughout South America, he played a pivotal role in the independence of countries which would eventually become modern day Venezuela, Ecuador, Peru, Panama, Colombia and Bolivia, the last of which was named after him.

□ liberator：解放者　□ commander：（軍の）司令官、（師団以下の）長　□ numerous：おびただしい数の　□ participate in ~：~に参加する　□ widespread：広がった、広がりを見せる　□ pivotal：中枢の、極めて重要な　□ eventually：やがて、後に

訳 多くの人の間で「解放者」として知られるシモン・ボリバルは南米と中米の多くをスペイン帝国からの独立に導いたベネズエラの軍司令官にして政治指導者。ボリバルは帝国スペインとの数々の戦闘を通じ、また南米全体に広がった政治組織への参加によって、後にて今日のベネズエラ、エクアドル、ペルー、パナマ、コロンビア、ボリビアとなる国々（最後の一つは彼にちなんで名付けられた）の独立で極めて重要な役割を果たした。

関連キーワード el Libertador (/ the Liberator)（「解放者」※ボリバルの異名。前者はスペイン語）　Bolivia（ボリビア ※国名はボリバルに由来する。独立前はAlto Peru［アルト・ペルー］と呼ばれていた）　Antonio José de Sucre（アントニオ・ホセ・デ・スクレ ※ボリバルの部下。第2代ボリビア大統領。初代のボリバルは名目上の大統領だったため、真の初代大統領と位置づけられることも多い）　*The General in His Labyrinth*（小説『迷宮の将軍』 ※晩年のボリバルを描いた、ガブリエル・ガルシア・マルケスの歴史小説）

🔊 **307** 革命に散ったフランス最後の王妃

Marie Antoinette マリー・アントワネット（1755–93）

[mərí: æntwənét]［マ**リ**ー　アンTワ**ネ**T］

Marie Antoinette was the Austrian-born wife of King Louis XVI of France. Although her name was used in the infamous "affair of

the diamond necklace" theft, she was innocent of any wrongdoing. Nevertheless, since Marie Antoinette symbolized the monarchy's decadence, the public doubted her innocence and this affair contributed to the subsequent French Revolution. The revolution overthrew the monarchy and was a historical landmark for the advance of Western liberal ideas in Europe. However, the revolution was notoriously bloody, and like her husband Louis XVI, Marie Antoinette was executed by guillotine.

□ infamous：悪名高い、不名誉な　□ wrongdoing：悪事、不正　□ nevertheless：それにもかかわらず、とは言うものの　□ monarchy：君主制　※ the monarchy で君主や王族という意味にもなる　□ decadence：退廃、堕落　□ innocence：無実、潔白　□ subsequent：後の、その後の　□ overthrow：～を転覆させる、～を打倒する　□ landmark：(画期的な)出来事　□ notoriously：悪名高くも　□ be executed：処刑される　□ guillotine：ギロンチン、断頭台

訳　マリー・アントワネットはオーストリアで生まれ、フランス国王ルイ16世の妻だった。その名は悪名高い「首飾り事件」という窃盗事件に利用されたが、マリー・アントワネットは何の悪事も働いていなかった。それにもかかわらず、マリー・アントワネットは王族の堕落の象徴だったため、大衆は彼女の潔白を疑い、事件は後のフランス革命の一因となった。フランス革命は君主制を打倒し、ヨーロッパにおける西洋の自由主義的理念の進歩にとっては歴史的な出来事となった。しかし、革命は悪名高くも血なまぐさいものであり、マリー・アントワネットは夫のルイ16世同様、ギロチンで処刑された。

関連キーワード　the French Revolution（フランス革命）　the House of Bourbon（ブルボン家）　Louis XVI (of France)（ルイ16世　※夫。最後のフランス国王）　the affair of the diamond necklace（「首飾り事件」　※マリー・アントワネットの名が利用された詐欺事件。国民の王室に対する反感を決定的なものにした）　Maria Theresa（マリア・テレジア　※母。「女帝」と呼ばれることもある）　the House of Habsburg（ハプスブルク家）　guillotine（ギロチン）　the Place de la Concorde（コンコルド広場　※公開処刑が行われた場所。革命広場とも）

マリー・アントワネットの母は、オーストリアを近代的な中央集権国家に移行させた名門ハプスブルク家のマリア・テレジア。英語圏ではMaria Theresa(マリア・テレサ)と英語化されるのが一般的。発音は [məríə təréisə]［マリア　タレイサ］。

🔊**308**　ファシズムを構築した独裁者

Benito Mussolini　ベニート・ムッソリーニ（1883-1945）

[bəní:tou mùsəlí:ni]［バニートゥ　ムサリーニ］

Benito Mussolini, the leader of Italy's National Fascist Party, was a key figure in World War II. He became the prime minister of Italy in a coup, and afterward quickly expanded his power until Italy had become a one-party dictatorship. In 1940, Mussolini

made an agreement to support Germany and Japan in their military aims. By this agreement, known as the Tripartite Pact, the Axis powers were formed. Although the pact was aimed at deterring the USA from entering World War II, it was another key moment in its escalation.

□ coup：クーデター ※仏語 □ dictatorship：独裁国家 □ tripartite：三者間の □ the Axis powers：枢軸国 □ deter：～を阻止する □ escalation：拡大、激化

[訳] ベニート・ムッソリーニは、イタリアの国家ファシスト党の党首で、第二次世界大戦において鍵を握った人物。クーデターでイタリアの総理大臣となると一気に権力を拡大し、イタリアを一党独裁国家にした。1940年、ムッソリーニは軍事的な目的のためにドイツおよび日本を支援する協定を結んだ。三国同盟として知られるこの協定により枢軸国が形成された。この協定はアメリカの第二次世界大戦参戦を抑止するためのものだったが、大戦の激化を招く一つの重大な契機となった。

[関連キーワード] fascism（ファシズム） the National Fascist Party（ファシスト党） the Axis（枢軸国 ※第二次世界大戦の同盟国［日・独・伊］。the Axis powersとも） the Tripartite Pact（日独伊三国同盟） atheist（無神論者） totalitarianism（全体主義）

309 出エジプトを敢行したヘブライ人の指導者

Moses モーセ ※生没年不詳。13th century B.C. 頃か

［móuziz］［モウジZ］ ★日本語とギャップ！

Moses was a Hebrew prophet, teacher and leader who is thought to have lived in the 13th century B.C. Not only a key figure in Judaism, Moses also plays an integral part in a number of other faiths, including Christianity and Islam. In the Bible's Old Testament, the story goes that Moses freed his fellow Israelites, enslaved by the Egyptians, and led them across a miraculously parted Red Sea, and on a 40-year journey through the desert towards "the promised land." He did so in direct communication with God, performing miracles and receiving the Ten Commandments, which are fundamental in the practices of Judaism and Christianity. His story inspired the film classic *The Ten Commandments*, starring Charlton Heston.

□ Hebrew：ヘブライ人（の） □ prophet：預言者 □ Judaism：ユダヤ教 □ integral：（全体の一部分として）絶対必要な □ Old Testament：旧約聖書 □ story goes that ～：～ということらしい □ Israelite：イスラエル人 □ (be) enslaved：奴隷にされる □ miraculously：奇跡的に □ Red Sea：紅海 □ the promised land：約束の地 □ the Ten Commandments：十戒 □ inspire：～に着想を与える □ star：～を主役にする

[訳] モーセは紀元前13世紀に生きたとされるヘブライ人の預言者、教師、指導者。ユダヤ教における重要人物であるだけでなく、キリスト教やイスラム教を含む他の多くの宗教において肝要な役割を担っている。旧約聖書では、モーセはエジプト人によって奴隷にされた同胞のイスラエル人を解放し、彼らを率いて奇跡によって割れた紅

海を渡り、砂漠の中を40年間旅して「約束の地」に着いたことになっている。モーセは神との直接の対話によってこうしたことを行い、数々の奇跡を起こし、ユダヤ教やキリスト教の実践の土台をなす十戒を授かった。彼の逸話から、チャールトン・ヘストン主演の名作映画『十戒』が生まれた。

[関連キーワード] prophet（預言者） the Old Testament（旧約聖書） the Book of Exodus（「出エジプト記」※旧約聖書2番目の書） the Exodus（イスラエル人のエジプト出国） the Ten Commandments（十戒 ※モーセが神から与えられたとされる10の戒律） Mount Sinai（シナイ山 ※モーセが十戒を授かったとされる場所） *The Ten Commandments*（映画『十戒』※チャールトン・ヘストンがモーセを演じた1956年のアメリカ映画。海［紅海］が真っ二つに割れるシーンが有名）

🔈310 帝政末期のロシアで暗躍した怪僧

Grigori Rasputin グリゴリー・ラスプーチン（1869-1916）

[grigɔ́:ri ræspjú:tin]［Gリ**ゴ**ーリ　ラS**ピュ**ーティン］★日本語とギャップ！　アクセント注意！

Grigori Rasputin was a self-styled visionary and wandering monk who established a powerful influence on the family of Nicholas II, the last tsar of Russia. Rasputin traveled to St. Petersburg, where he exploited a unique personal talent for captivating church and political leaders. By 1906, he had established himself as a mystic healer trusted by Emperor Nicholas and Empress Alexandra to treat their only son, Alexei, a hemophiliac. Rasputin was assassinated in 1916 by a group of noblemen who opposed his strong influence over the royal family.

□self-styled：自称～　□visionary：予言者、幻視者　□wandering：さすらいの、放浪の　□monk：修道僧　□tsar：旧ロシア皇帝、ツァーリ　□exploit：～を（都合よく）利用する、～を生かす　□captivate：～を魅了する、～の心を奪う　□mystic：神秘的な　□healer：治療師、ヒーラー　□empress：皇后、女帝　□hemophiliac：血友病患者　□be assassinated：暗殺される　□nobleman：貴族

[訳] グリゴリー・ラスプーチンは、ロシア最後の皇帝ニコライ2世の家族に対して強い影響力を確立した、自称幻視者でさすらいの修道僧。ラスプーチンはサンクトペテルブルクを訪れ、そこで教会指導者や政治指導者たちを魅了する特異な才能を巧みに発揮した。1906年までには、ニコライ帝とアレクサンドラ皇后から、血友病患者である一人息子のアレクセイを治療する神秘的なヒーラーとして信頼される立場を確立した。1916年、ラスプーチンは彼が皇族に及ぼす強い影響力に反発した貴族の一団によって暗殺された。

[関連キーワード] the House of Romanov（ロマノフ朝） Nicholas II（ニコライ2世 ※Nikolai IIとも。ロマノフ朝第14代にして最後のロシア皇帝） Empress Alexandra（アレクサンドラ皇后 ※ロシア皇帝ニコライ2世の皇后。イギリスのヴィクトリア女王は母方の祖母に当たる） Anastasia Nikolaevna（アナスタシア・ニコラエヴナ ※ニコライ2世の第四皇女。ロマノフ一家が殺害された後も生存説が飛び交った）

[🔊311] アメリカ南北戦争、南軍の英雄

Robert E. Lee ロバート・E・リー（1807-70）

[rábərt íː líː]［ラバーT イー リー］

Robert E. Lee was an American soldier who led the Confederate States Army during the American Civil War. His army fought well against the Union until its surrender, and Lee earned a reputation as a skilled tactician. Today, in the United States, he remains a divisive figure, with some seeing him as a glorious hero and others seeing him as a symbol of racism because of the Confederacy's desire to preserve slavery.

□the Confederate States Army：（アメリカ南北戦争における）南軍、連合国軍 □the American Civil War：アメリカ南北戦争 □the Union：北軍 □skilled：熟練の □tactician：戦術家 □divisive：意見が分かれる □glorious：輝かしい、栄光の □the Confederacy：（南部）連合 □preserve：～を維持する □slavery：奴隷制（度）

[訳] ロバート・E・リーはアメリカ南北戦争で南軍を率いた米軍人。彼の軍は降伏まで北軍に善戦し、リーは熟練した戦術家としての評価を得た。今日アメリカで、リーは依然として意見が分かれる人物である。輝かしい英雄と見る人がいる一方で、奴隷制を維持することへの南部連合の執着を理由に、彼のことを人種差別の象徴と見る人もいるのである。

[関連キーワード] General Lee（リー将軍 ※アメリカ国内ではこう呼ばれることも多い） the American Civil War（アメリカ南北戦争 ※アメリカ国内では単にthe Civil War と言う。「アメリカ合衆国」と独立を宣言した南部11の州による「アメリカ連合国」との間で1861～65年の間続いた内戦） the Confederacy（アメリカ連合国、南部連合国、南軍） the Confederate States Army（連合国軍 ※通称「南軍」） Confederate battle flag（南部連合戦旗、南軍旗 ※南北戦争時代に南軍が用いた戦旗。現在では人種差別、奴隷制度の象徴と取られることもある） the Union（北部、北軍） Abraham Lincoln（エイブラハム・リンカーン ※リーと並ぶ南北戦争の主役。北軍の指揮を執った）

[🔊312] 南北戦争で分断された国の統一に尽力

Abraham Lincoln エイブラハム・リンカーン（1809-65）

[éibrəhæm líŋkən]［エイBラハM リンGカン］

Abraham Lincoln was the 16th president of the United States, who led the young nation safely through its most perilous crisis. Elected in 1860 from the antislavery Republican Party, he led the North to victory over the Southern Confederacy in the U.S. Civil War. He delivered his renowned Gettysburg Address in 1863 after a climactic battle. Lincoln helped end slavery with his Emancipation Proclamation and promoted the 13th Amendment to the U.S. Constitution, which outlawed the institution. He was assassinated in 1865 by Confederate sympathizer John Wilkes Booth.

□ perilous：危険に満ちた　□ antislavery：反奴隷制度の　□ the Southern Confederacy：南部連合国　□ the U.S. Civil War：アメリカ南北戦争　□ renowned：名高い　□ climactic：クライマックスの、最高潮の　□ slavery：奴隷制度　□ amendment：(憲法の) 修正条項　□ outlaw：〜を非合法化する　□ be assassinated by 〜：〜に暗殺される　□ Confederate：南部連合　□ sympathizer：支持者、同調者

訳 エイブラハム・リンカーンは第16代アメリカ合衆国大統領。この若い国を導き、その最大の危機を無事に乗り越えさせた。1860年、反奴隷制の共和党から (大統領に) 選出されながら、アメリカ南北戦争では北軍を率いて南部連合国に勝利した。決戦後の1863年には名高いゲティスバーグ演説を行った。リンカーンは奴隷解放宣言によって奴隷制度の廃止を促し、この制度を違法化する合衆国憲法修正条項第13条の成立を推し進めた。1865年、彼は南部連合の支持者であるジョン・ウィルクス・ブースによって暗殺された。

関連キーワード　the Republican Party (共和党)　the American Civil War (アメリカ南北戦争 ※米国内では単に the Civil War と呼ぶ)　the Union (北軍、北部)　slavery (奴隷制度)　the Emancipation Proclamation (奴隷解放宣言)　the Gettysburg Address (ゲティスバーグ演説)　Reconstruction (レコンストラクション ※1863年 [または1865年] 〜 1877年のアメリカ再建期)　the Mount Rushmore Memorial (ラシュモア山国立記念公園 ※リンカーンを含む4人の大統領の顔が山に彫刻されている)

リンカーンと言えば歴史に残るゲティスバーグ演説。Government of the people, by the people, for the people shall not perish from the Earth. (人民の人民による人民のための政治はこの地上から決して消え去ることはないだろう) という一文が特に有名。

◀◉ 313　「太陽王」と呼ばれた絶対君主

Louis XIV　ルイ 14 世 (1638-1715)

[lúːi ðə fɔːrtíːnθ]［ルーイ　ðァ　フォー**ティーン**θ］

Louis XIV was the king of France for 72 years beginning in 1643, the longest monarchical reign in European history. Known as the "Sun King," he applied the concept of the divine right of kings to consolidate his power over a formerly rebellious aristocracy. Working from his palace at Versailles, he built a system of a centralized state governed by a monarch with absolute power. He worked to eliminate feudalism and expand France's colonial possessions overseas. His system of consolidated kingly power remained in place until the French Revolution.

□ monarchical：君主の　□ reign：治世、統治期間　□ concept：概念　□ divine：神の、神授の　□ consolidate：〜を強固にする　□ rebellious：反抗的な　□ aristocracy：貴族政治、貴族　□ centralized state：中央集権国家　□ monarch：君主　□ eliminate：〜を除去する　□

feudalism：封建制　□ possessions：領地　□ kingly：王の　□ in place：正しい場所に、実施されて

訳 ルイ14世は1643年から72年間にわたってフランス王の地位にあり、その治世はヨーロッパの歴史上最も長かった。「太陽王」として知られたルイ14世は王権神授説という概念を使い、かつて反抗的だった貴族に対する権力を強固にした。ベルサイユにある自身の宮殿で執務し、絶対的な権力を持つ君主によって統治される中央集権国家の制度を確立した。封建制の消滅と、海外におけるフランス植民地の拡大に努めた。彼のつくった強固な王権の制度はフランス革命の時まで保たれた。

関連キーワード the House of Bourbon（ブルボン朝）　the Sun King（太陽王 ※その治世下でブルボン朝は最盛期を迎えたことから）　Cardinal Mazarin（マザラン枢機卿）　the Palace of Versailles（ベルサイユ宮殿）　absolute monarch（絶対君主）　the War of the Spanish Succession（スペイン継承戦争）　Louisiana（ルイジアナ ※アメリカの州名。ルイ14世にちなんで名づけられた）　the Hope Diamond（ホープダイヤモンド ※持ち主を不幸にするといういわく付きの巨大なブルー・ダイヤモンド。歴代の持ち主の中でも有名なのがルイ14世）

◆)) 314　歴代でも国民の高い人気を誇る大統領

Theodore Roosevelt　セオドア・ルーズベルト（1858–1919）

[θíːədɔ̀ːr róuzəvélt]　[θィーアドー　ロウザヴェ LT]　★アクセント注意！

Theodore Roosevelt served two terms as the 26th U.S. president, from 1901 to 1909. His initiatives included the regulation of industrial monopolies, establishment of extensive national parks, construction of the Panama Canal and projection of U.S. influence across the Pacific after the Spanish-American War. He is remembered for his tenacious optimism. He was shot during a 1912 campaign speech, but he survived, and continued speaking for 90 minutes with the bullet still lodged in his chest. His image is included in the Mount Rushmore National Memorial.

□ initiative：提案、構想　□ monopoly：独占　□ projection：投影　□ tenacious：粘り強い、頑強な　□ optimism：楽観主義　□ image：彫像

訳 セオドア・ルーズベルトは第26代米国大統領として、1901年から1909年までの2期にわたり、その任を務めた。ルーズベルトの構想には産業独占に対する規制や、広大な国立公園の設立、パナマ運河の建設、さらには米西戦争後、太平洋の向こう側にまでアメリカの影響力を到達させたことなどがある。ルーズベルトはその不屈の楽観主義で記憶されている。1912年の選挙運動での遊説中に銃撃されたが一命を取り留め、弾丸がまだ胸部にとどまっている状態で90分間話し続けた。彼の彫像は、ラシュモア山国立記念公園の中にある。

関連キーワード the Republican Party（共和党）　big stick diplomacy（棍棒外交 ※ルーズベルトの外交政策。"Speak softly and carry a big stick"［棍棒を携え、穏やかに話す］というルーズベルト自身の言葉から。軍事を含め、アメリカが積極的に介入し圧力をかけることで、他国の介入を妨げよ

うというもの） the Panama Canal（パナマ運河 ※建設事業に尽力した。周辺地域への欧州の干渉をけん制した棍棒外交の一例） the Nobel Peace Prize（ノーベル平和賞 ※アメリカ人初の受賞者。1906年、日露戦争の講和における功績に対して授与された） the Russo-Japanese War（日露戦争） the Spanish-American War（米西戦争 ※アメリカとスペイン帝国との間の戦争。これに勝利したアメリカは、スペインの領土［フィリピン、プエルトリコ、グアムほか］を獲得し、太平洋、カリブ海の覇権を得た） the Mount Rushmore Memorial（ラシュモア山国立記念公園 ※ルーズベルトはラシュモア山に彫刻された4人の大統領のうちの一人）

セオドア・ルーズベルトと言えば、英語圏ではteddy bear（テディベア）を連想する人も多い。あの愛らしい熊のぬいぐるみは、熊狩りに出かけたルーズベルトが、子熊（負傷した雌の熊という説も）を撃つことを拒んだというエピソードから誕生したとされる。TeddyはTheodoreの愛称。

315 世界恐慌下のアメリカ大統領

Franklin Roosevelt フランクリン・ルーズベルト（1882-1945）

[frǽŋklin róuzəvélt]［F**ラ**ンGKリン **ロ**ウザヴェLT］

Franklin Delano Roosevelt, or "FDR," was the 32nd U.S. president, serving from 1933 until his death in 1945. He won four presidential elections and led the United States through several key events of the 20th century, including the Great Depression and World War II. He is remembered in the U.S. for his administration's "New Deal" policies, which consolidated the power of the national government and expanded its powers of taxation and wealth redistribution. He was confined to a wheelchair throughout his adult life due to an illness that had paralyzed his legs.

□the Great Depression：世界恐慌 □administration：政権 □consolidate：～を強固にする □national government：中央政府 □taxation：徴税 □redistribution：再分配 □be confined to ～：～に限定される、～に閉じ込められている □wheelchair：車椅子 □paralyze：～をまひさせる

[訳] フランクリン・デラノ・ルーズベルト（またはFDR）は第32代米国大統領で、1933年から死去する1945年までその任を務めた。大統領選挙で4回勝利し、世界恐慌や第二次世界大戦をはじめとするいくつかの20世紀の重大な出来事の間、アメリカを率いた。アメリカ国内では、彼の政権の「ニューディール」政策で記憶されている。これは中央政府の権力を強固にし、徴税と富の再分配の力を拡大するものだった。彼は脚をまひさせる病気のために成人期を通じて車椅子生活を余儀なくされていた。

[関連キーワード] the Democratic Party（民主党） the Great Depression（世界恐慌） the New Deal（ニューディール政策 ※世界恐慌からアメリカ経済を回復させるための、ルーズベルト政権による一連の経済政策） Eleanor Roosevelt（エレノア・ルーズベルト ※妻でセオドア・ルーズベルトの姪。人権擁護の象徴的存在として知られる） the internment of Japanese Americans（日系アメリカ人の強制収容 ※第二次世界大戦中、ルーズベルト政権がアメリカ国内の日

系人や日本人移民に対して行った政策）

> 🖋 妻のエレノア・ルーズベルト（Eleanor Roosevelt〔**エレナー　ロ**ウザヴェ LT〕）は、女性やマイノリティーの権利拡大政策に政権内部から関わるなど、有能で進歩的なファーストレディーとして知られた。夫の死後にはアメリカの国連代表となって、世界人権宣言（Universal Declaration of Human Rights）の起草に携わり、採択でも中心的役割を果たした。

🔊**316**　プロテスタントの始祖

Martin Luther　マルティン・ルター（1483–1546）

[mάːrtən lúːθər]　[**マー**タン　**ルー**θァー]　★日本語とギャップ！

Martin Luther was a German monk and theologian who played a key role in launching the Reformation of the Roman Catholic Church, giving rise to Lutheranism. In his Ninety-five Theses of 1517, he argued against the Catholic practice of indulgences. He taught that individuals could access divinely revealed knowledge and spiritual salvation directly through personal faith, prayer and Bible study. He refused to renounce this challenge to Church authority and was excommunicated. His translation of the Bible into ordinary German helped spread and standardize Germany's national language.

□ monk：修道士　□ theologian：神学者　□ indulgence：免罪符、贖宥状　□ divinely：神の力で、神によって　□ (be) revealed：明らかにされた、啓示された　□ salvation：救済　□ renounce：～を放棄する　□ be excommunicated：破門される　□ standardize：～を標準化する　□ national language：国語、国民の共通言語

📘**訳** マルティン・ルターはドイツの修道士および神学者。ローマカトリック教会改革を始動させる上で重要な役割を演じ、ルター主義を生み出した。1517年の「95カ条の論題」において、免罪符（の発行）というカトリックの慣習を批判。個人は自身の信仰と祈り、そして聖書を学ぶことで、神の啓示した知と魂の救済を直接得ることができると説いた。ルターは教会の権威に対するこの異議申し立てを放棄することを拒み、破門された。彼が聖書を普通のドイツ語に翻訳したことで、ドイツの国民言語の普及と標準化が後押しされた。

関連キーワード　Lutheranism（ルター主義）　Lutheran Church（ルーテル教会、ルター派教会）　the Protestant Reformation（宗教改革）　Augustinian（アウグスティヌス会修道士 ※ルターは1505年から1521年の破門まで同会に所属）　the Ninety-five Theses（「95カ条の論題」※ルターが作成した、ローマ・カトリック教会を糾弾する内容の文書。この文書の発表が宗教改革の口火を切ることになった）　indulgences（免罪符、贖宥状）　Pope Leo X（ローマ教皇レオ10世 ※免罪符を販売。ルターの批判の対象。異端であるとしてルターを破門した）　the Diet of Worms（ヴォルムス帝国議会 ※ルターが破門を言い渡された舞台）　*On the Freedom of a*

3章
歴史

Christian（著書『キリスト者の自由』） Charles V（カール5世 ※神聖ローマ帝国のローマ皇帝、およびスペイン王。ヴォルムス帝国議会を召集した）

🔊317 ソ連の初代指導者

Vladimir Lenin ウラジーミル・レーニン（1870-1924）

［vlǽdimìə*r* lénin］［V**ラ**ディミアー **レ**ニン］★日本語とギャップ！

Vladimir Lenin was a Russian revolutionary who led the emerging Soviet Union. After playing a key role in the Bolshevik October Revolution of 1917, he consolidated Soviet power into a Marxist-Leninist state governed by the Russian Communist Party. Lenin's government encouraged some market-oriented economic reforms, but it also redistributed land and nationalized finance and industry. It promoted Communist revolution abroad and used mass assassination and concentration camps to suppress opposition at home. Under Lenin's leadership, the Soviet Union initiated its role in the geopolitical rivalry between itself and the United States.

□revolutionary：革命家 □emerging：新興の □consolidate：～を強固にする □market-oriented：市場志向の □redistribute：～を再分配する □nationalize：～を国有化する □assassination：暗殺 □concentration camp：強制収容所 □suppress：～を抑圧する □initiate：～を始める、～に着手する □geopolitical：地政学の □rivalry：張り合うこと

[訳] ウラジーミル・レーニンは新興のソビエト連邦を率いたロシアの革命家。ボリシェヴィキによる1917年の十月革命で重要な役割を果たし、その後はソビエトの権力を強固にして、ロシア共産党の統治するマルクス＝レーニン主義国家へと仕上げた。レーニンの政府はいくつかの市場志向の経済改革を推進したものの、土地の再分配や金融および産業の国有化も行った。海外での共産主義革命を後押しし、国内では反対派を押さえつけるために大量暗殺や強制収容所を利用した。レーニンの指導の下で、ソ連はアメリカとの地政学的な攻防を始めた。

[関連キーワード] communism（共産主義） the Russian Revolution（ロシア革命） Bolshevik（ボリシェヴィキ ※マルクス主義政党のロシア社会民主労働党から分派した派閥。レーニンらが率いた） Leninism（レーニン主義） Marxism-Leninism（マルクス・レーニン主義） the Soviet Union（ソビエト連邦） Leningrad / Saint Petersburg（レニングラード／サンクトペテルブルク） Karl Marx（カール・マルクス）

🔊318 アメリカ合衆国建国の父

George Washington ジョージ・ワシントン（1732-99）

［dʒɔ́ːrdʒ wɑ́ʃiŋtən］［**ジョ**ージ **ワ**シンGタン］

The first president of the United States of America, serving from

1789 to 1797, George Washington is popularly known by Americans as the "father of the country." He commanded American forces during the Revolutionary War and played a key role in the creation of the U.S. Constitution. A lifelong slave owner, he gave instructions in his will that slaves on his family property be freed after the death of his wife, Martha. She freed them before her death, in 1801. The Washington Monument in Washington D.C. memorializes the first president.

□ popularly：大衆的に、一般に　□ lifelong：一生の、終生の　□ property：地所　□ memorialize：～を記念する

[訳] アメリカ合衆国の初代大統領を1789年から1797年まで務めたジョージ・ワシントンは、アメリカ人からは「建国の父」としてよく知られている。アメリカ独立戦争でアメリカ軍を指揮し、合衆国憲法の制定において重要な役割を果たした。生涯にわたり奴隷所有者であった彼は遺言書の中で、家族の地所にいる1奴隷は自身の妻マーサの死後に解放せよと指示した。マーサは死去する前の1801年に奴隷たちを解放した。ワシントンD.C.のワシントンモニュメントは初代大統領を記念するものである。

[関連キーワード] the American Revolution（アメリカ独立革命） Washington D.C.（ワシントンD.C. ※District of Columbia［コロンビア特別区］の通称。コロンビア特別区の「コロンビア」はクリストファー・コロンブスに由来する） George Washington's axe（「ジョージ・ワシントンの斧」※桜の樹の伝説）

3章 歴史

第4章　現代

戦後、世界にインパクトを与え、
ニュースの主役となったキーパーソン47人

ア ームストロング ～ ロ ーマ教皇ヨハネ・パウロ2世

※人物の掲載順序は日本語表記の「姓」のアイウエオ順です。ただし、元々姓を持たない人物や、
　本書で採用している日本語表記に姓に該当するものがない人物を除きます。
※掲載されている内容は2021年4月現在のものです。

■ 現代 ···

🔊 **319** 月面を歩いた初めての人類

Neil Armstrong　ニール・アームストロング（1930-2012）

[níːl ɑ́ːrmstɔ̀ːŋ]［ニー L　アー MSTローンG］

Neil Armstrong, an American astronaut and aeronautical engineer, was the first person to walk on the moon. A U.S. Navy fighter pilot, Armstrong flew carrier-based jet aircraft during the Korean War. He joined the NASA Astronaut Corps in 1962. On the Gemini 8 mission in 1966, he performed the first docking of two spacecraft in orbit. On July 20, 1969, Armstrong and astronaut Buzz Aldrin landed their spacecraft on the moon. Upon setting foot on the lunar surface, Armstrong famously said: "That's one small step for [a] man, one giant leap for mankind."

□ astronaut：宇宙飛行士　□ aeronautical engineer：航空技師　□ fighter：戦闘機　□ carrier-based：艦載の　□ the NASA Astronaut Corps：NASA 宇宙飛行隊　□ docking：(宇宙船の)ドッキング　□ spacecraft：宇宙船　□ orbit：軌道　□ set foot on ～：～に足を踏み入れる　□ lunar：月の　□ famously：よく知られているように　□ one small step for [a] man：一人の人間にとって小さな一歩　※ [ ] 内の a は文法的に必要だが、実際のアームストロングの発言からは聞き取ることができなかった　□ leap：飛躍

訳 アメリカの宇宙飛行士で航空技師のニール・アームストロングは、月面を歩いた最初の人物。アメリカ海軍の戦闘機パイロットだったアームストロングは、朝鮮戦争中は艦載ジェット機に乗っていた。1962年にNASA宇宙飛行隊に加わり、1966年のジェミニ8号ミッションで、史上初めて軌道上で2機の宇宙船のドッキングを行った。1969年7月20日に、彼とバズ・オルドリン飛行士は宇宙船を月面に着陸させた。月面に降り立った瞬間にアームストロングがこう言ったことはよく知られている。「これは一人の人間にとっては小さな一歩だが、人類にとっては偉大な飛躍である」。

関連キーワード　NASA（アメリカ航空宇宙局、NASA ※the National Aeronautics and Space Administrationの略）　the Gemini Program（ジェミニ計画 ※Project Geminiとも。1960年代のNASAによる一連の有人宇宙飛行計画）　the Apollo Program（アポロ計画 ※Project Apolloとも。1960年代から70年代にかけての、NASAによる一連の月への有人宇宙飛行計画）　Apollo 11（アポロ11号 ※史上初めて人類を月へと送ったNASAの宇宙船。アームストロングが船長を務めた）　*A Man on the Moon*（写真『マン・オン・ザ・ムーン』※月面に立つ宇宙飛行士を撮影した有名な写真。アームストロングがオルドリン飛行士を撮影したもの）

Lee Iacocca　リー・アイアコッカ（1924-2019）

[líː àiəkóukə]［**リー**　アイア**コウカ**]

Lee Iacocca was an American automotive industry executive at Ford Motor Company and Chrysler Corporation. He was responsible for the development of the Ford Mustang, which has retained its popularity as an iconic American sportscar since the 1960s. He also led the development of the now forgotten Pinto, which gained a reputation as one of the most poorly made U.S. cars of the 1970s. Iacocca served as CEO of Chrysler from 1978 and chairman from 1979 until his retirement in 1992. He was praised for reviving the ailing company and for securing the largest amount of federal financial assistance ever given to a private corporation at that time.

□ executive：幹部、重役　□ retain：〜を保つ　□ iconic：象徴的な　□ gain a reputation：評価を得る　□ CEO：最高経営責任者　□ revive：〜を復活させる、〜をよみがえらせる　□ ailing：不振にあえぐ、経営難の　□ federal：連邦政府の

4章

現代

訳 リー・アイアコッカは、アメリカ自動車産業のフォード・モーター社とクライスラー社で重役を務めた。フォード・マスタングの開発に携わったが、これは1960年代以降、アメリカのスポーツカーの代名詞として人気を維持している。また、今は忘れられたピントの開発も率いた。こちらは1970年代に米国で製造された最低レベルの車という評価を得た。アイアコッカは1978年からクライスラー社のCEOを、1979年から92年に引退するまでは同社の会長を務めた。彼は不振にあえぐ同社を立て直し、民間企業に対するものでは当時最大規模の連邦政府の財政支援を確保したことで称賛された。

関連キーワード　Ford Motor Company（フォード・モーター社 ※フォード自動車とも。アメリカの自動車会社）　Ford Mustang（フォード・マスタング ※アイアコッカの指導下で開発。フォード社にとって「モデルT」以来の大ヒットモデル。アイアコッカの名を一躍有名にした）　Henry Ford II（ヘンリー・フォード2世 ※アイアコッカをフォード社長に昇格させた当時の同社会長。創業者ヘンリー・フォードの孫。1978年には対立からアイアコッカを突然解雇した）　Chrysler Corporation（クライスラー社、クライスラー・コーポレーション ※アメリカで創業された自動車会社。2009年にイタリアの自動車会社フィアットの傘下に入った）　The United States' Big Three（米三大自動車社 ※フォード、クライスラー、ゼネラルモーターズ）

Aung San Suu Kyi　アウンサンスーチー（1945- ）

[áuŋ sáːn súː tʃíː]［**アウン**G　**サーン**　**スー**　**チー**]

Aung San Suu Kyi is a Myanmar politician who served as State Counsellor of Myanmar and Minister of Foreign Affairs from 2016 to 2021. During her political career, she has been placed

under house arrest for long periods on numerous occasions. Through nonviolence against her oppressors, she received the Sakharov and Nobel Peace prizes, yet she has also been criticized for failure to act on the massacres and Rohingya genocide that her country's military has been accused of committing, even defending them, and has been suspended from the Sakharov Prize Laureate community. On February 1, 2021, Aung San Suu Kyi was arrested by the military during a coup d'état.

□ Myanmar：ミャンマー（の）※「ミャンマーの」という形容詞には Myanma の形が使われることも □ State Counsellor：国家顧問 □ house arrest：自宅軟禁 □ oppressor：迫害者 □ the Sakharov and Nobel Peace prizes：サハロフ賞とノーベル平和賞 □ massacre：大虐殺 □ Rohingya：ロヒンギャ □ genocide：（特定の民族に対する）集団虐殺 □ be suspended from ～：（資格など）を一時停止される □ laureate：受賞者 □ community：（共通の特徴を持つ）集団 □ coup d'état：クーデター ※仏語

[訳] アウンサンスーチーは、2016年から2021年までミャンマーの国家顧問と外務大臣を務めたミャンマーの政治家。その政治活動の中で、幾度となく長期の自宅軟禁状態に置かれてきた。迫害者に非暴力で立ち向かい、サハロフ賞とノーベル平和賞を受賞した。しかし自国の軍が行ったとされる虐殺やロヒンギャ集団虐殺に対して行動を起こさなかったばかりか、逆にそれを擁護したことを批判され、サハロフ賞受賞者としての資格を停止されている。2021年2月1日、アウンサンスーチーはクーデターで軍によって身柄を拘束された。

関連キーワード Aung San（アウンサン、アウンサン将軍 ※父。「ビルマ建国の父」と呼ばれる独立運動家） Burma（ビルマ ※ミャンマーの旧国名） NLD（国民民主連盟、NLD ※the National League for Democracy の略。ミャンマーの政党。2020年11月の総選挙で与党として大勝） house arrest（自宅軟禁） the Nobel Peace Prize（ノーベル平和賞 ※1991年に受賞） the genocide of the Rohingya people（ロヒンギャ虐殺 ※ [rouhíndʒə]［ロウ**ヒ**ンジャ］。ミャンマーはイスラム系住民ロヒンギャの人々に対する国家ぐるみの虐殺で国際的に非難されている。この対応をめぐり、国家指導者、民主活動家としてのアウンサンスーチーの評価は大きく傷ついた） the 2021 Myanmar coup（2021年のミャンマー政変 ※2021年2月に始まった軍事クーデター。国軍が全権を掌握し、アウンサンスーチーも拘束された）

🔈322 反対勢力への非人道的弾圧で非難を集める

Bashar al-Assad バッシャール・アサド（1965-）

[bəʃáːr æl áːsàːd]［バ**シャ**ー　アル　**ア**ーサーD］

Bashar al-Assad is a Syrian politician. He became president, succeeding his father in 2000. Hopes that his rule would provide economic and democratic reform in the region were dashed after his harsh response to the Arab Spring protestors led to the Syrian civil war. He faced much scrutiny on the methods used in that war, being accused of committing war crimes, including the use of chemical weapons, which he has denied.

□Syrian：シリアの　□reform：改革　□be dashed：打ち砕かれる　□harsh：厳しい、むごい　□protestor：抗議する人　□scrutiny：精査　□war crimes：戦争犯罪　□chemical weapon：化学兵器

[訳] バッシャール・（アル＝）アサドはシリアの政治家。2000年に父の後を継いで大統領となった。その統治下で地域の経済的、民主的改革がもたらされるだろうという希望は、「アラブの春」の抗議者に対する彼の厳しい対応がシリア内戦に発展すると、打ち砕かれてしまった。この戦争で彼が用いた手段は厳しい精査の対象となり、化学兵器の使用を含む戦争犯罪の罪に問われているが、アサドは否定している。

[関連キーワード] Hafez al-Assad（ハーフィズ・アル＝アサド ※父。シリアの前大統領） the Arab Spring（アラブの春 ※2010年、チュニジアを皮切りにアラブ諸国に広がった民主化を求める反政府デモ） the Syrian civil war（シリア内戦 ※「アラブの春」に触発された民主化要求運動に対する弾圧から事態が悪化した）

323 パレスチナ解放運動の象徴

Yasser Arafat ヤセル・アラファト（1929-2004）

[jǽsər ǽrəfæ̀t]［ヤサー　アラファT］

Yasser Arafat was an Arab nationalist who was also the first Palestinian National Authority president, Palestine Liberation Organization chairman and Fatah co-founder. A freedom fighter to some, a terrorist to others, his work in the Oslo Accords controversially won him the Nobel Peace Prize despite his commencing countless attacks on Israel over decades. Although peace never seemed to last in his time, he was willing to negotiate and sometimes compromise.

□nationalist：国家主義者、民族主義者　□co-founder：共同創設者　□controversially：議論の的となって、議論を伴いつつ　□commence：～を開始する　□negotiate：交渉する　□compromise：妥協する

[訳] アラブ民族主義者のヤセル・アラファトは、パレスチナ自治政府の初代大統領で、パレスチナ解放機構（PLO）議長、そしてファタハの共同創設者でもあった。ある人々にとっては自由の戦士、またある人々にとってはテロリストというアラファトのオスロ合意での功績は彼のノーベル平和賞受賞につながり、議論を呼んだが、それは彼が数十年にわたって何度となく対イスラエル攻撃を開始したためである。アラファトの時代には平和が続く気配はなかったが、彼は交渉には前向きで妥協も辞さなかった。

[関連キーワード] PLO（パレスチナ解放機構、PLO ※the Palestine Liberation Organizationの略。アラファトは議長を務めた） Fatah（ファタハ ※アラファトが中心となって設立したPLO内の最大組織。当初はゲリラ活動を得意とし、対イスラエル全面戦争を掲げていたが、後に平和的共存を模索する穏健路線に転じた） Hamas（ハマス ※ハマースとも。イスラム主義を掲げるパレスチナの過激派政党。ファタハとは対立関係にある） the Oslo Accords（オスロ合意） the Nobel Peace Prize（ノーベル平和賞 ※1994年に共同受賞） Yitzhak Rabin（イツハク・ラビン ※アラファト、ペレスと共に

ノーベル平和賞を共同受賞した当時のイスラエル首相。その後暗殺される）　**Shimon Peres**（シモン・ペレス　※ノーベル平和賞の共同受賞者。「イスラエル建国の父」と呼ばれるイスラエルの政治家）　**keffi-yeh**（カフィエ、ケフィーヤ　※kufiya、kaffiyehなどのつづりも。パレスチナ人男性が頭部に巻く布。白黒の格子柄のカフィエはアラファトのトレードマークだった）

🔊 324　世界一有名な王室の顔

Queen Elizabeth II　エリザベス女王（1926- ）

[kwíːn ilízəbəθ ðə sékənd]　[Kウィーン　イリザバθ　ðァ　セカンD]

The United Kingdom's Queen Elizabeth II is currently the longest-reigning monarch alive today, having been queen for nearly 70 years. She is the great-great granddaughter of Queen Victoria. During Elizabeth Windsor's reign, democracy has spread globally and dozens of colonies have become independent from Britain, leaving many to view the royal family as an increasingly anachronistic institution, symbolic of a non-democratic hierarchical system. The media mostly treats the royal family as a soap opera. Despite this, or perhaps because of this, the queen remains generally popular with the British population.

□ longest-reigning：最も長く君臨している　□ monarch：君主　□ great-great granddaughter：（女性の）玄孫　□ colony：植民地　□ royal family：王室、王族　□ anachronistic：時代錯誤の　□ symbolic：象徴的な　□ hierarchical：階層制の、序列的な　□ soap opera：ソープオペラ、メロドラマ

訳　イギリスの女王エリザベス2世は、在位期間が現在存命する中では在位期間が最長の君主で、70年近く女王の座にある。ヴィクトリア女王の玄孫。ウィンザー朝女王エリザベスの治世中、民主主義が世界中に広がり、多数の植民地がイギリスから独立した。こうして多くの人が王族を、時代遅れの度を増すばかりの組織であり非民主的な序列制度の象徴と見るようになった。メディアはたいてい王族をメロドラマ的に扱う。このことにもかかわらず、あるいはこれが理由で、女王はイギリス国民の間で広く人気を保っている。

関連キーワード　Her Majesty（女王陛下　※女王への呼び掛け）　the House of Windsor（ウィンザー家）　George VI（ジョージ6世　※父、前国王）　Queen Elizabeth The Queen Mother（エリザベス王太后　※ジョージ6世の皇后でエリザベス女王の母。2002年崩御）　Prince Philip, Duke of Edinburgh（エディンバラ公フィリップ　※王配。2021年崩御）　Charles, Prince of Wales（ウェールズ公チャールズ　※長男）　Prince William, Duke of Cambridge（ケンブリッジ公ウィリアム王子　※孫）　Prince Harry, Duke of Sussex（サセックス公ヘンリー王子　※孫。2020年に主要王室メンバーからの離脱を発表）　Megxit（メグジット　※サセックス公ヘンリー王子夫妻の王室離脱をめぐる騒動の俗称。夫人の名Meghan［メーガン］と英国のEU離脱問題の俗称Brexit［ブレグジット］を組み合わせた造語）

🔊325 多様性を体現し推進したアメリカ大統領

Barack Obama バラク・オバマ（1961-）

[bərɑ́:k oubɑ́:mə]［バラーK　オウバーマ］★アクセント注意！

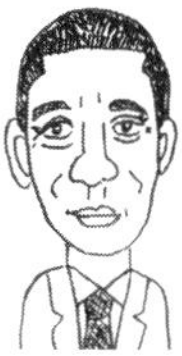

Barack Obama served as the 44th U.S. president from 2009 to 2017. He was the first African American U.S. president and was awarded a Nobel Peace Prize in 2009. During his presidency, he expanded the government's role in the healthcare insurance industry. He increased the number of U.S. military personnel in Afghanistan, and ordered military action in the Middle East. Obama also ordered the military operations in which terrorist Osama bin Laden was killed. Same-sex marriage was legalized nationwide in 2015, during his second term.

□presidency：大統領の任期　□healthcare：医療　□personnel：（組織・軍などの）人員　□military action：軍事行動　□military operation：軍事作戦　□same-sex marriage：同性婚　□be legalized：合法化される　□nationwide：全国的に

[訳] バラク・オバマはアメリカ合衆国の第44代大統領で、2009年から2017年まで在任した。初のアフリカ系アメリカ人の合衆国大統領で、2009年にはノーベル平和賞を受賞した。任期中、健康保険産業における政府の役割を拡大した。アフガニスタンで米軍の人員数を増やし、中東地域では軍事行動を命じた。またテロリスト、オサマ・ビン・ラディン殺害の軍事作戦も指揮した。在任2期目の2015年には、同性婚が全米で合法化された。

[関連キーワード] the Democratic Party（民主党） the Nobel Peace Prize（ノーベル平和賞 ※2009年に受賞） "Yes, we can."（「われわれにはできる」※大統領選挙戦でのキャッチコピー） big government（大きな政府 ※市場への介入、社会福祉の増進など、経済や国民の生活に積極的に関与する政府のあり方。規制、公営化、高負担などと関連づけられるため、社会主義的志向と解釈されることも） Michelle Obama（ミシェル・オバマ ※妻） Joe Biden（ジョー・バイデン ※オバマ政権の副大統領。2020年の大統領選挙で当選し、第46代アメリカ合衆国大統領に就任） Obamacare（オバマケア ※オバマ政権が力を入れた医療保険改革の別名） George W. Bush（ジョージ・W・ブッシュ ※前任の大統領。共和党） Donald Trump（ドナルド・トランプ ※後任の大統領。共和党）

🔊326 「地球は青かった」

Yuri Gagarin ユーリ・ガガーリン（1937-68）

[jú:ri gɑ:gɑ́:rin]［ユーリ　ガーガーリン］

Yuri Gagarin was a Soviet astronaut and the first human to go into outer space. His flight in the Vostok 1 capsule launched from the Baikonur Cosmodrome in Kazakhstan and flew once around the Earth in 1961. The success helped the popularity of Soviet leader

Nikita Khrushchev. Gagarin did not fly any more space missions, but was in the backup team for the Soyuz 1 mission.

□ astronaut：宇宙飛行士　□ outer space：大気圏外、外宇宙　□ capsule：(ロケットの) カプセル、宇宙船　□ launch：(ロケットなどが) 飛び立つ、発進する　□ space mission：宇宙特務飛行　□ backup：支援、応援

訳 ユーリ・ガガーリンはソ連の宇宙飛行士で、大気圏外に出た最初の人間。1961年、宇宙船ボストーク1号での彼の飛行は、カザフスタンのバイコヌール宇宙基地から始まり、地球の周りを一周して終わった。この飛行成功のおかげで、ソ連の指導者ニキータ・フルシチョフの人気が上がった。ガガーリンはその後宇宙特務飛行をしなかったものの、ソユーズ1号のバックアップチームに加わった。

関連キーワード Vostok 1 （ボストーク1号 ※人類初の有人宇宙飛行に使用されたソ連の宇宙船）　Baikonur Cosmodrome （バイコヌール宇宙基地 ※カザフスタン共和国内にあるロシアのロケット発射場。数々の歴史的な打ち上げの舞台となってきた）　Nikita Khrushchev （ニキータ・フルシチョフ ※ガガーリンによる有人宇宙飛行が実行された時のソ連最高指導者）　Sergei Korolev （セルゲイ・コロリョフ ※ソ連のパイオニア的ロケット開発指導者で、米ソ宇宙開発競争の中心人物。ガガーリンを宇宙に送った）　Soyuz 1 （ソユーズ1号 ※1967年に打ち上げられたソ連の有人宇宙船。地球への帰還に失敗し、搭乗していた宇宙飛行士が死亡。プロジェクトに携わっていたガガーリンは大きなショックを受ける）

🔊 **327** 理想に燃えた革命家から独裁的指導者へ

Fidel Castro　フィデル・カストロ （1926–2016）

[fidél kǽstrou]　[フィ**デ** L　**キャ** STロウ]

Fidel Castro was a Cuban political leader who became a symbol of communist revolution in Latin America. He came to power after a revolutionary guerilla war overthrew Cuban President Fulgencio Batista. Under Castro's leadership, Cuba became a one-party Communist state geopolitically aligned with the Soviet Union. The Castro regime played a key role in Cold War opposition to the United States, including central involvement in such events as the Bay of Pigs Invasion and the Cuban Missile Crisis. In the post-Cold War era, Castro allied his government with the Chavez regime in Venezuela.

□ revolutionary：革命の　□ guerilla war：ゲリラ戦　□ overthrow：〜を転覆させる、〜を打倒する　□ geopolitically：地政学上は　□ align with 〜：〜と協調する、〜と提携する　□ regime：政体、体制　□ ally：〜に同盟を結ばせる、〜と提携させる

訳 フィデル・カストロは、ラテンアメリカにおける共産主義革命の象徴となったキューバの政治的指導者。革命を求めたゲリラ戦でキューバのフルヘンシオ・バティスタ大統領を失脚させ、権力の座に就いた。カストロの指導の下、キューバは共産党の一党独裁国家となり、地政学的にはソ連と手を組んだ。カストロ政権は冷戦での対

米対決において重要な役割を果たした。ピッグス湾侵攻やキューバミサイル危機などの事件に深い関わりを持ったこともその例である。冷戦後の時代には、カストロ政権はベネズエラのチャベス政権と関係を密にした。

関連キーワード the Cuban Revolution（キューバ革命） Che Guevara（チェ・ゲバラ ※アルゼンチン生まれの革命家。カストロとはキューバ革命を共に闘った同志） Fulgencio Batista（フルヘンシオ・バティスタ ※キューバ革命でカストロらが打倒した当時のキューバ大統領） the Cuban Missile Crisis（キューバ危機 ※米ソの対立の激化を背景に、世界を核戦争の危機に直面させた1962年の一連の出来事） the Bay of Pigs invasion（ピッグス湾事件 ※「コチノス湾侵攻事件」とも。米CIAの支援を受けた亡命キューバ人部隊が、フィデル・カストロ革命政権の打倒を試みてキューバに侵攻した事件） Raul Castro（ラウル・カストロ ※弟。フィデル・カストロの退任後は後継者としてキューバの国家元首に就任） Hugo Chavez（ウゴ・チャベス ※1999年から2013年までベネズエラの大統領を務めた。その政権は反米路線を貫いた） cigar（葉巻 ※1980年代に禁煙するも、トレードマークとなるほどの愛好家だった）

章

現代

🔊**328** 権力の世襲で「金王朝」を確立

Kim Jong Il 金正日（1941-2011）

［kím dʒɔ́ːŋ íl］［キM　ジョーンG　イL］

Kim Jong Il became the supreme leader of the Democratic People's Republic of Korea, more commonly known as North Korea, following the death of his father, Kim Il Sung. His government was accused of crimes against humanity, and in 2002, then-U.S. President George W. Bush branded North Korea, Iran and Iraq as "an axis of evil, arming to threaten the peace of the world." Kim Jong Il made use of the cult of personality in his leadership.

□ supreme leader：最高指導者　□ crimes against humanity：人道に対する罪　□ then-：当時の～　□ brand ~ as . . .：～を…呼ばわりする、～に…という烙印を押す　□ an axis of evil：悪の枢軸　□ arm：武装する　□ cult of personality：個人崇拝

訳 金正日は、父、金日成の死後、一般には北朝鮮として知られる国、朝鮮民主主義人民共和国の最高指導者になった。彼の政権は、人道に対する罪で非難され、2002年、当時のアメリカ合衆国大統領、ジョージ・W・ブッシュは北朝鮮とイラン、イラクに「世界の平和を脅かすために武装する悪の枢軸」という烙印を押した。金正日は統率に個人崇拝を利用した。

関連キーワード the Democratic People's Republic of Korea（朝鮮民主主義人民共和国 ※正式な国名。North Korea［北朝鮮］は通称） the Workers' Party of Korea（朝鮮労働党） Kim Il Sung（金日成、キム・イルソン ※父。北朝鮮の初代最高指導者） Kim Jong Un（金正恩、キム・ジョンウン ※三男。金正日の後継者で北朝鮮の第3代最高指導者） Kim Jong Nam（金正男、キム・ジョンナム ※長男。2017年、マレーシアの空港で毒殺された） an "axis of evil"（「悪の枢軸」※2002年、当時のブッシュ大統領が年頭の一般教書演説の中で北朝鮮、イラン、イラクを指して使った表現） brinkmanship diplomacy（瀬戸際外交）

59

Kim Jong Un　金正恩（c. 1984- ）

[kím dʒɔ́:ŋ ú:n]［キM　ジョーンG　ウーン］

Kim Jong Un is the current supreme leader of the Democratic People's Republic of Korea, known as North Korea. He is the third son of Kim Jong Il, who was North Korea's second supreme leader from 1994 to 2011, and a grandson of Kim Il Sung, who was the founder and first supreme leader of the country from its establishment in 1948 until his death in 1994. Kim Jong Un has been active in nuclear weapon development and is accused of using brinkmanship to put negative pressure on other countries.

□ supreme leader：最高指導者　□ establishment：設立　□ nuclear weapon development：核兵器開発　□ brinkmanship：瀬戸際政策　□ put pressure on ～：～に圧力をかける

訳 金正恩は北朝鮮として知られる朝鮮民主主義人民共和国の現在の最高指導者。1994年から2011年まで北朝鮮の第2代最高指導者だった金正日の三男であり、また同国の建国の祖であり1948年の建国時から亡くなるまで初代最高指導者だった金日成の孫。金正恩は核兵器開発に積極的であり、他国に負の圧力をかけるのに瀬戸際政策に物を言わせていることを非難されている。

関連キーワード the Democratic People's Republic of Korea（朝鮮民主主義人民共和国 ※正式な国名。North Korea［北朝鮮］は通称）　the Workers' Party of Korea（朝鮮労働党）　Kim Jong Il（金正日、キム・ジョンイル ※父。北朝鮮の第2代最高指導者）　Kim Il Sung（金日成、キム・イルソン ※祖父。北朝鮮の初代最高指導者）　Moon Jae In（文在寅、ムン・ジェイン ※韓国大統領。2018年に11年ぶりに実現した南北首脳会談の相手）　Donald Trump（ドナルド・トランプ ※2018年、史上初となった米朝首脳会談の相手。当時のアメリカ大統領）　brinkmanship diplomacy（瀬戸際外交）

Martin Luther King Jr.

マーティン・ルーサー・キング・ジュニア（1929-68）

[má:rtən lú:θər kíŋ dʒú:njər]［マータン　ルーθァ　キンG　ジューニャー］

Martin Luther King Jr. was an African-American Baptist minister and the foremost activist for African-American civil rights. In 1955, he rose to national prominence for leading the Montgomery Bus Boycott, a civil-rights action during which African-Americans refused to ride city buses in Montgomery, Alabama, to protest segregated seating. In 1963, King organized the March on Washington, where he delivered his famous "I Have a Dream" address, a historic public speech against racism. In 1964, he became the youngest man to have received the Nobel Peace Prize, for combating racial inequality through non-violent resistance. King was assassinated in 1968.

□ Baptist：バプテスト派の　□ minister：牧師　□ foremost：抜きん出た、一番の　□ civil rights：公民権　□ prominence：目立つこと、著名　□ boycott：ボイコット　□ segregated：人種によって分けられた　□ seating：席の配置　□ racism：人種差別（主義）　□ combat：(問題など) と闘う　□ inequality：不平等　□ non-violent resistance：非暴力の抵抗　□ be assassinated：暗殺される

訳　マーティン・ルーサー・キング・ジュニアは、アフリカ系アメリカ人のバプテスト派の牧師で、アフリカ系アメリカ人の公民権を求めた出色の活動家。1955年、モンゴメリー・バス・ボイコットを率いて全国的に有名になった。これは、アラバマ州モンゴメリーで、人種別の座席配置に異議を申し立てるため、アフリカ系アメリカ人たちが市営バスへの乗車を拒否したという公民権運動である。1963年、キングはワシントン大行進を組織し、そこで「私には夢がある」という有名な演説をしたが、これは人種差別に反対する、歴史に残る演説である。非暴力的抵抗により人種的不平等と闘ったことで1964年に史上最年少のノーベル平和賞受賞者となった。キングは1968年に暗殺された。

関連キーワード　the civil rights movement（公民権運動）the Montgomery Bus Boycott（モンゴメリー・バス・ボイコット事件 ※アラバマ州モンゴメリーで発生した人種差別に反対する抗議運動。白人の乗客にバスの席を譲れと命じられた黒人の女性が、それを拒否し逮捕されたことに端を発している）Rosa Parks（ローザ・パークス ※モンゴメリー・バス・ボイコット事件の発端となった人物。「公民権運動の母」とも呼ばれる）"I Have a Dream"（「私には夢がある」※1963年にキング牧師が行った有名な演説）the (Great) March on Washington（ワシントン大行進 ※1963年、アメリカ合衆国のワシントンD.C.で行われた人種差別撤廃を求める大規模なデモ。"I Have a Dream"の演説はこのデモの中で行われた）Coretta Scott King（コレッタ・スコット・キング ※妻。「公民権運動のファーストレディー」と呼ばれた）the Civil Rights Act of 1964（公民権法 ※1964年、この法案が成立したことで、法の上では人種差別に終わりがもたらされた）Malcom X（マルコムX ※黒人解放運動過激派の中心的人物として穏健派のキングと対立）the Nobel Peace Prize（ノーベル平和賞 ※1964年に受賞）Martin Luther King, Jr. Day（「キング牧師記念日」※アメリカの祝日。1986年より。1月の第3月曜日）Martin Luther（マルティン・ルター ※宗教改革で知られるドイツの神学者。「マーティン・ルーサー」という名はルターにちなんで改名された）

🔊 331　米司法リベラル派の砦（とりで）

Ruth Bader Ginsburg
ルース・ベイダー・ギンズバーグ（1933–2020）
[rúːθ béidəːr gínzbəːrg]［ルーθ　ベイダー　ギンZバーG］

Ruth Bader Ginsburg was a U.S. Supreme Court justice — only the second woman to be appointed to the position. After graduating from Columbia Law School, she went on to become a strong courtroom advocate for the fair treatment of women. In

1993, President Bill Clinton appointed her to the Supreme Court, where she continued to be a staunch supporter of gender equality, the rights of workers and the separation of church and state. In 2016, Ginsburg released her memoir, *My Own Words*. A 2018 documentary, titled *RBG*, explores her exceptional life.

□ supreme court：最高裁判所　□ justice：裁判官、判事　□ be appointed to ～：～に任命される　□ courtroom advocate：法廷弁護士　□ staunch：頼りになる　□ gender equality：男女同権　□ separation：分離　□ memoir：回顧録、自叙伝　□ exceptional：並外れた

訳 ルース・ベイダー・ギンズバーグはアメリカ最高裁判所の判事で、この職位に指名された女性としてはまだ2人目。コロンビア大学ロースクールを卒業した後、優秀な法廷弁護士になり、女性に対する公平な扱いを求めた。1993年にビル・クリントン大統領が彼女を連邦最高裁判所の判事に指名し、ギンズバーグはここでもジェンダー平等や労働者の権利、政教分離を強く後押しした。2016年には回顧録『マイ・オウン・ワーズ』を刊行した。2018年の『RBG　最高の85才』というドキュメンタリー映画は、その類いまれな人生に分け入っている。

関連キーワード　the U.S. Supreme Court（米連邦最高裁判所　※正式にはSupreme Court of the United States［アメリカ合衆国最高裁判所］）　Bill Clinton（ビル・クリントン　※第42代アメリカ合衆国大統領。任命者）　RBG（RBG　※愛称。フルネームの頭文字から。若者たちからも親しみを込めてこう呼ばれる）　*RBG*（映画『RBG 最強の85才』※2018年に公開されたアメリカのドキュメンタリー映画。この映画のヒットにより、ギンズバーグの認知度はアメリカ国外にも広まった）　Sandra Day O'Connor（サンドラ・デイ・オコナー　※女性初の合衆国最高裁判所判事。2006年に退官）

🔊 332　手腕の評価に水を差したスキャンダル

Bill Clinton　ビル・クリントン（1946– ）

［bíl klíntən］［ビL Kリンタン］

Bill Clinton was the 42nd president of the United States. During his two full terms in office from 1993 to 2001, he presided over an extended period of post-Cold War economic prosperity. He became the second U.S. president to be formally impeached by the legislature on charges of perjury and obstruction of justice to cover up an illicit affair with White House intern Monica Lewinsky. He is the husband of former Secretary of State and two-time unsuccessful presidential candidate Hillary Clinton.

□ term：任期　□ preside：支配する、統括する　□ extended period：長期間　□ prosperity：繁栄　□ be impeached：弾劾される　□ legislature：議会、立法府　□ perjury：偽証　□ obstruction of justice：司法妨害　□ cover up ～：～を隠す、～をごまかす　□ illicit affair：不倫　□ candidate：候補者

訳 ビル・クリントンは第42代アメリカ合衆国大統領。1993年から2001年までの丸々2期に及ぶ任期中、冷戦終結後の長期にわたる経済繁栄の時代に采配を振った。クリ

ントンは、正式に議会で弾劾された二人目のアメリカ合衆国大統領となった。ホワイトハウスのインターン、モニカ・ルインスキーとの不倫を隠蔽するため、偽証と司法妨害を行ったという疑いに対するものだった。元国務長官で2度落選した大統領候補であるヒラリー・クリントンの夫。

[関連キーワード] the Democratic Party（民主党） Al Gore（アル・ゴア ※副大統領） Hillary Clinton（ヒラリー・クリントン ※妻。オバマ政権では国務長官を務めたほか、大統領選にも2度出馬している） Monica Lewinsky（モニカ・ルインスキー ※不倫スキャンダルの相手だったホワイトハウスのインターン）

🔈333 慈善家として地球レベルの問題に取り組む

Bill Gates ビル・ゲイツ（1955-）

[bíl géits]［ビL ゲイTS］

Bill Gates is an American software developer and the co-founder of Microsoft Corporation. He has been a major figure in the development of computer software since the 1970s, when he was responsible for creating the BASIC programming language. He is among the richest people in the world and, along with his wife, now heads the philanthropic organization Bill and Melinda Gates Foundation.

□developer：開発者 □responsible for ～：～を担って □philanthropic：慈善（活動）の □foundation：基金、財団

[訳] ビル・ゲイツは、アメリカ人のソフトウエア開発者でマイクロソフトの共同創業者。プログラミング言語のBASICを作った1970年代以降、コンピューター・ソフトウエア開発における重要人物であり続けている。世界有数の大富豪で、今は妻と共にビル&メリンダ財団という慈善団体を主宰している。

[関連キーワード] Microsoft Corporation（マイクロソフト、マイクロソフト・コーポレーション） Microsoft Windows（マイクロソフト ウィンドウズ） Bill and Melinda Gates Foundation（ビル&メリンダ・ゲイツ財団 ※ゲイツ夫妻が設立した慈善基金団体。主に医療・教育分野の課題に取り組む） Melinda Gates（メリンダ・ゲイツ ※実業家。27年連れ添ったが、2021年に離婚を発表）

🔈334 世界に衝撃！ 1963年の暗殺事件

John F. Kennedy ジョン・F・ケネディ（1917-63）

[dʒán éf kénədi]［ジャン エF ケナディ］

John F. Kennedy, or “JFK,” was the 35th U.S. president, serving from 1961 until his death in 1963. He was the youngest U.S. president ever elected. Amid the height of anxiety over the Cold

War and geopolitical rivalry with the Soviet Union, he projected an image of youthful hope and competent governance. He presided over disasters, such as the Bay of Pigs Invasion, and triumphs, including the initiation of a manned mission to the moon. He was assassinated by American Marxist Lee Harvey Oswald during a public appearance in Dallas, Texas.

□ amid：～の渦中に　□ height：絶頂　□ anxiety：懸念　□ rivalry：対立状態、対抗　□ project an image of ～：～という印象を与える　□ youthful：若々しい　□ competent：有能な　□ governance：統治、支配　□ preside：支配する、統括する　□ triumph：偉業、大成功　□ initiation：開始　□ manned mission：有人ミッション　□ be assassinated by ～：～に暗殺される　□ public appearance：公式行事への出席、公の場への登場

訳　「JFK」ことジョン・F・ケネディは、第35代アメリカ合衆国大統領で、1961年から1963年に亡くなるまで在任した。彼は、史上最年少のアメリカ大統領として当選した。冷戦への不安、そしてソ連との地政学的競争が高じる中、ケネディは若々しい希望と有能な統治というイメージを打ち出した。ピッグス湾侵攻などの大失敗、また月への有人飛行開始などの偉業において陣頭指揮をとった。テキサス州ダラスでの公式行事中に、アメリカ人のマルクス主義者リー・ハーヴェイ・オズワルドにより暗殺された。

関連キーワード　the Democratic Party（民主党）　"JFK"（JFK　※愛称）　New Frontier（ニューフロンティア政策　※ケネディ政権の政策）　the Cuban Missile Crisis（キューバ危機）　Jacqueline Kennedy Onassis（ジャクリーン・ケネディ・オナシス　※妻。「オナシス」はケネディの死後に再婚した相手の姓）　Camelot（キャメロット　※元々はアーサー王伝説に登場する都。ケネディ政権の時代を指す）　Robert Kennedy（ロバート・ケネディ　※弟。ケネディ政権の司法長官。兄同様、暗殺された）　Lee Harvey Oswald（リー・ハーヴェイ・オズワルド　※ケネディ暗殺の実行犯と言われる）　Dallas, Texas（テキサス州ダラス　※ケネディ暗殺の舞台となった地）　Walter Cronkite（ウォルター・クロンカイト　※アメリカの伝説的ジャーナリスト。国民が大統領狙撃事件の第一報とその死を知ったのは、彼の声による臨時速報だった）　Marilyn Monroe（マリリン・モンロー　※銀幕のスター。愛人関係にあった）　Caroline Kennedy（キャロライン・ケネディ　※娘。元米駐日大使）　John F. Kennedy Jr.（ジョン・F・ケネディ・ジュニア　※息子。将来の政界入りも期待されていたが、1999年に飛行機事故で死去）

ジョン・F・ケネディと言えば、1961年の大統領就任演説のこの一節。"Ask not what your country can do for you; ask what you can do for your country."（国があなたのために何をしてくれるのかを問うのではなく、あなたが国のために何ができるのかを問うてください）

335　革命に生涯を捧げた元医学生

Che Guevara　チェ・ゲバラ（1928-67）

[tʃé gəvá:rə]［**チェ**　ガ**ヴァ**ーラ］★アクセント注意

Che Guevara was an Argentine revolutionary and Marxist active

throughout Latin America. After witnessing poverty, disease and social injustice while on his famed motorcycle trip, as described in his memoir, *The Motorcycle Diaries,* Guevara focused his efforts on bringing about change throughout the region by means of socialism and revolution. He took part in the Cuban Revolution and was instrumental in Fidel Castro's overthrow of the Cuban government. Years later, he was captured and executed by the Bolivian army for his guerrilla activities there. Despite being a polarizing figure, due to his violent methods, Guevara remains an unparalleled icon for leftist ideals and counterculture.

□ Marxist：マルクス主義者　□ witness：〜を目撃する　□ poverty：貧困　□ injustice：不正、不公平　□ famed：名高い、有名な　□ motorcycle：オートバイ　□ memoir：体験記、回想録　□ bring about 〜：〜を引き起こす　□ instrumental：役立つ、有益な　□ be captured：捕らえられる　□ be executed：処刑される　□ guerrilla activity：ゲリラ活動　□ polarizing：評価が大きく分かれる　□ unparalleled：並ぶもののない、無比の　□ leftist：左派の　□ counterculture：カウンターカルチャー、反体制文化

🔤 **訳** チェ・ゲバラは、ラテンアメリカの各地で活動したアルゼンチンの革命家でマルクス主義者。有名なオートバイ旅行中に貧困や疾病、社会的不公正などを目撃し（それは体験記『モーターサイクル・ダイアリーズ』に記されている）、その後、社会主義と革命という手段によってこの地域に変化をもたらすことに注力した。キューバ革命に参加し、フィデル・カストロのキューバ政府転覆に貢献した。後年、ボリビアでのゲリラ活動を理由に、同国軍に捉えられ、処刑された。暴力的な手段を用いたため評価は大きく分かれるが、ゲバラは今でも、左翼の理想における、そして反体制文化の、比類なき偶像である。

関連キーワード Ernesto Guevara（エルネスト・ゲバラ ※本名。Che Guevara（チェ・ゲバラ）は通称）　the Cuban Revolution（キューバ革命）　Fidel Castro（フィデル・カストロ）　Granma（「グランマ号」※ゲバラがカストロらとキューバ上陸に使ったヨット）　Fulgencio Batista（フルヘンシオ・バティスタ ※キューバ革命で打倒された当時の大統領）　*The Motorcycle Diaries*（著書『モーターサイクル・ダイアリーズ』）

🔊 **336** ソ連の民主化と東西冷戦の終結に尽力

Mikhail Gorbachev　ミハイル・ゴルバチョフ（1931- ）

［mikáil gɔ́:rbətʃɔ̀:f］［ミカイル　ゴーバチョーF］★日本語とギャップ！　アクセント注意！

Mikhail Gorbachev was the last leader of the Soviet Union, heading the Soviet Communist Party from 1985 to 1991. He promoted government reforms, withdrew Soviet forces from a prolonged war in Afghanistan, and engaged in nuclear weapons restriction talks with U.S. President Ronald Reagan. Gorbachev pursued domestic policies seeking greater freedoms known as glasnost, or "openness." His perestroika, or "restructuring," reforms sought to decentralize government power. His leadership helped bring the Cold War to a peaceful end. He is a recipient of the Nobel Peace Prize.

□prolonged：長期の、長引いた □engage in ～：～に携わる □restriction：制限 □pursue：～を追求する □glasnost：グラスノスチ、情報公開 ※ロシア語 □openness：開放性 □perestroika：ペレストロイカ、立て直し ※ロシア語 □decentralize：(権限など)を分散させる

[訳] ミハイル・ゴルバチョフはソビエト連邦の最後の指導者で、1985年から1991年までソ連共産党を率いた。行政改革を進め、長く続いたアフガニスタンでの戦争からソ連軍を撤退させ、さらに核兵器の制限についてアメリカ合衆国大統領ロナルド・レーガンと会談を行った。ゴルバチョフは、自由の拡大を目指す国内政策を進めたが、これはグラスノスチ、つまり「情報公開」として知られる。ペレストロイカまたは「立て直し」改革は、中央政府の権力を分散させようとするものだった。ゴルバチョフの統率力は冷戦の平和的終結に貢献した。ノーベル平和賞の受賞者。

関連キーワード the Cold War (冷戦) perestroika (ペレストロイカ、改革) glasnost (グラスノスチ、情報公開) the dissolution of the Soviet Union (ソビエト連邦解体) the Nobel Peace Prize (ノーベル平和賞 ※1990年に受賞) Gorbymania (ゴルバチョフ・マニア ※ゴルバチョフに好意的な、または親近感を持つ主に非共産圏の人。Gorby［ゴルビー］は主に英語圏におけるゴルバチョフの愛称)

🔈337 「つながり」の形を変えたSNSの寵児(ちょうじ)

Mark Zuckerberg マーク・ザッカーバーグ (1984-)

[máːrk zʌ́kərbəːrg]［マーK ザカーバーG］

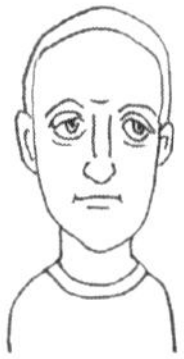

Mark Zuckerberg is an American media magnate known as the co-founder and CEO of Facebook, the world's largest social networking service, which he originally created to be a way for college students to meet friends and stay in touch on campus. As a result of the worldwide reach of Facebook, Zuckerberg is now considered one of the most powerful and influential people on the planet. He is also the only person under 40 years of age on the Forbes 20 Richest People list.

□magnate：有力者、大物 □social networking service：ソーシャル・ネットワーキング・サービス、SNS □stay in touch：連絡を取り合う □worldwide：世界中に広まった □reach：(届く)範囲、勢力範囲 □Forbes：『フォーブス』※アメリカのビジネス誌

[訳] マーク・ザッカーバーグは、フェイスブックの共同創業者・CEOとして知られるアメリカ人でメディア界の大物。世界最大のソーシャルネットワーキングサービスのフェイスブックは、元はと言えばザッカーバーグが大学生向けに、キャンパスでの友達と出会いつながりを保つ手段として作ったものである。フェイスブックが世界中に広がった結果、ザッカーバーグは今や地球上で最も力のある、影響力を持つ人

物の一人と見なされている。『フォーブス』誌の世界の大富豪20人のリストに40歳未満で入った唯一の人物でもある。

関連キーワード Facebook, Inc.（フェイスブック社） Facebook（フェイスブック ※フェイスブック社が最も重要なサービスとして提供するオンライン交流サイト） The Giving Pledge（ギビング・プレッジ ※死後に資産の半分以上を寄付するという誓約。ウォーレン・バフェット、ビル・ゲイツ夫妻が始めた寄付啓蒙活動でザッカーバーグも参加） The Chan Zuckerberg Initiative（チャン・ザッカーバーグ・イニシアチブ ※ザッカーバーグが妻プリシラ・チャンと立ち上げた慈善団体） Priscilla Chan Zuckerberg（プリシラ・チャン・ザッカーバーグ ※ザッカーバーグの妻。小児科医で慈善活動家） *The Social Network*（映画『ソーシャル・ネットワーク』※ザッカーバーグの青春を描いた2010年のアメリカ映画）

🔊 **338** 強烈な指導力で長期政権を敷いた「鉄の女」

Margaret Thatcher マーガレット・サッチャー（1925–2013）

[má:rgərit θǽtʃər]［マーガリT *θ*アチャー］

Margaret Thatcher was the longest-serving British prime minister of the 20th century. Her determination to put her neoliberal ideology into practice, regardless of any criticisms or upheaval it caused, earned her the nickname "The Iron Lady." Her main ideas were belief in the free market and that there was "no such thing as society" — people are all individuals in competition. Therefore, she believed governments should not interfere with trade, and state-run institutions should be privatized. In concert with ally U.S. President Ronald Reagan, Thatcherism became globally influential. Many today see this neoliberalism as the root cause of our current global political and financial crises.

□ longest-serving：任期が最も長い、最も長く在任した　□ prime minister：首相　□ determination：決断力、意志の強さ　□ put ～ into practice：～を実践する、～を実行する　□ neoliberal：新自由主義の　□ ideology：イデオロギー、信条　□ regardless of ～：～などお構いなしに　□ upheaval：激変、大騒動　□ therefore：従って、その結果　□ interfere with ～：～に干渉する、～に首を突っ込む　□ state-run：国営の　□ be privatized：民営化される　□ in concert with ～：～と協力して　□ ally：同盟者、味方　□ root cause：主要因、根本的原因

訳 マーガレット・サッチャーは、20世紀で最も長く在任したイギリスの首相である。自身の新自由主義的イデオロギーを実践するという意志の強さは、批判も、またそれによる混乱をも顧みないものだったため、彼女は「鉄の女」という異名を得ることになった。その思想の中心は、自由市場を是とする信念であり、「社会などというもの」は存在せず、人はみな競争する個人だというものだった。従って政府は取引に介入すべきでないし、国営機関は民営化されるべきだと信じていた。盟友のアメリカ合衆国大統領ロナルド・レーガンの協力もあり、サッチャリズムは世界中に影響を及ぼした。今日では、この新自由主義を現在の世界的な政治・経済危機の主な要因とする見方が大勢を占める。

関連キーワード the Conservative Party（保守党 ※1975年から1990にかけて党首を務めた）"The Iron Lady"（「鉄の女」※保守的かつ強硬な政治姿勢から取った異名）Thatcherism（サッチャリズム）neoliberalism（新自由主義 ※個人や市場への政府の介入は最低限であるべきだという思想を核とする）Ronald Reagan（ロナルド・レーガン ※当時の米大統領。新自由主義者の盟友として冷戦で共闘）the Falklands War（フォークランド紛争）the handover of Hong Kong（香港の譲渡）the Brighton hotel bombing（ブライトン爆弾テロ事件 ※アイルランドの武装組織アイルランド共和軍［IRA］が、サッチャーらを暗殺する目的で起こした1984年の爆弾テロ事件）Theresa May（テリーザ・メイ ※2016年、サッチャーに次いでイギリスで2人目の女性の首相となったが、政権そのものは3年と短命に終わった）

🔊 339 世界が注視する権力集中と覇権主義

Xi Jinping 習近平（1953– ）

[ʃíː dʒìnpíŋ] [シー　ジンピンG] ★日本語とギャップ！

Xi Jinping is the president of the People's Republic of China, general secretary of the Communist Party of China, and chairman of the Central Military Commission. Academia have cited China's removal of term limits, increased censorship, forming of a cult of personality and creation of a National Supervision Commission — all under Xi's administration — as dictatorial. His anti-corruption campaign has also been branded as power consolidation. Yet, China's populace approves of him and he was named Forbes' 2018 Most Powerful and Influential Person in the World.

□ general secretary：総書記　□ academia：学界、学問の府　□ cite：～を挙げる、～を引き合いに出す　□ removal：撤廃　□ term limit：任期制限　□ censorship：検閲　□ cult of personality：個人崇拝　□ administration：政権　□ dictatorial：独裁的な　□ anti-corruption campaign：反汚職運動　□ be branded as ～：～の烙印を押される、～呼ばわりされる　□ power consolidation：権力強化、基盤固め　□ populace：民衆

訳 習近平は中華人民共和国の国家主席であり、中国共産党総書記、党中央軍事委員会主席である。中国における任期制限の撤廃、検閲の強化、個人崇拝の形成、中華人民共和国国家監察委員会の設立はどれも習政権下のものであり、学術界は独裁の例として挙げている。汚職防止キャンペーンもまた、権力強化の一環との烙印を押されている。それでも中国の大衆は習を支持しており、2018年の『フォーブス』誌「世界で最も影響力のある人物」に選ばれた。

関連キーワード the Communist Party of China（中国共産党）the Central Military Commission（党中央軍事委員会）Hu Jintao（胡錦濤 ※前任者）collective executive（集団指導体制 ※集権的と言われる習以前の中国の体制）

Steve Jobs　スティーブ・ジョブズ（1955-2011）

［stíːv dʒábz］［Sティーv　ジャBZ］

Steve Jobs was the CEO of Apple Inc., and along with Steve Wozniak, founded Apple Computer, Inc. He was instrumental in the "Think different" approach of the company, which not only produced computers, but eventually released the iPod and the iPhone — forever changing the world of electronic devices. His public image of an entrepreneurial outsider was captured in the "Think different" advertising campaign, which contrasted the innovative Apple with the computer giant IBM which had its own high-profile "Think IBM" campaign running at the time. Publicity such as this coupled with Jobs' vibrant stage-presence when releasing new products at widely anticipated and publicized launch events helped Jobs to become known for his eccentric approach to doing business. He died of pancreatic cancer in 2011.

4章　現代

□ instrumental：役立つ、有益な　□ eventually：最終的に、結局　□ release：〜を発売する　□ electronic device：電子装置、電子機器　□ entrepreneurial：起業家精神あふれる、起業家的な　□ outsider：部外者、アウトサイダー　□ contrast 〜 with . . .：〜を…と対比させる　□ innovative：革新的な、創造力に富んだ　□ computer giant：大手コンピューター企業　□ high-profile：派手な、注目を集める　□ publicity：宣伝、広告　□ vibrant：活力のある、生き生きとした　□ stage-presence：舞台上での存在感　□ anticipated：期待される、予想される　□ publicized：宣伝される、報道される　□ launch event：発表会、発売イベント　□ eccentric：一風変わった、奇妙な　□ pancreatic cancer：膵臓がん

訳 スティーブ・ジョブズはアップルのCEOだった。スティーブ・ウォズニアックと共同でアップルコンピュータを創業した彼は、同社の「Think different」というアプローチにとって重要な存在だった。アップルはコンピューターの製造にとどまることなく、ついにはiPodやiPhoneを発表し、電子機器の世界を永遠に変えた。起業家精神あふれるアウトサイダーというジョブズに対する世間のイメージは、その「Think different」の広告キャンペーンにも表れていた。それは革新的なアップルと、同時期に派手な「Think IBM」キャンペーンを展開していた大手コンピューター企業のIBMとを対比させるものだった。こういった広告が、広く期待され宣伝された発売イベントで新製品を発表する際の彼の生き生きとした存在感と相まって、ジョブズは一風変わったビジネスの仕方で知られるようになった。2011年、ジョブズは膵臓がんで死去した。

関連キーワード　Apple Inc.（アップル ※世界的なテクノロジー企業。ジョブズはその共同創業者。2007年に Apple Computer, Inc. ［アップルコンピュータ］から現在の社名に改称）　Steve Wozniak（スティーブ・ウォズニアック ※世界的に有名なアメリカのコンピューター・エンジニア。アップルの共同創業者）　Ronald Wayne（ロナルド・ウェイン ※創業直後に去ったアップルコンピュータの共同創業者）　Tim Cook（ティム・クック ※ジョブズ亡き後、後継者としてアップルのCEOに就任）　Apple I（Apple I ［アップル・ワン］ ※1970年代、アップルが最初期に製作したマイクロコンピュー

ター）　Apple II（Apple II ［アップル・ツー］※アップルが1977年に発表したパソコンの大ヒット・モデル。用途を家庭や教育現場にまで広げた）　iPod（iPod ［アイポッド］※携帯音楽プレーヤー。CDを衰退させるなど、音楽を取り巻く環境を一変させた）　iPhone（iPhone ［アイフォン］※スマートフォン）　"Think different."（「Think different.」※1997年から数年にわたりアップルが広告等で用いたスローガン。これを用いた一連のキャンペーンはジョブズ自ら総指揮を執った）

🔊341　波乱の生涯を駆け抜けた「人々の王妃」

Diana　ダイアナ（1961-97）

[daiǽnə] ［ダイ**ア**ナ］ ★アクセント注意！

Diana Frances Spencer, daughter to the 8th Earl Spencer, married Charles, Prince of Wales in 1981 becoming the Princess of Wales. She used her high-profile platform to advocate various charitable causes including landmine removal and the compassionate treatment of HIV/AIDS sufferers. Her image and stories about her were used endlessly in the tabloid press to sell newspapers, so it was ironic that she died in a car accident while fleeing paparazzi. Her popularity led to her being dubbed the "People's Princess."

□ Earl：伯爵　□ high-profile：知名度の高い、注目を浴びる　□ platform：機会、立場　□ advocate：〜を主張する、〜を訴える　□ cause：大義　□ landmine removal：地雷撤去　□ compassionate：思いやりのある、行き届いた　□ HIV/AIDS：HIVエイズ　□ sufferer：患者、病人　□ endlessly：延々と、途切れることなく　□ tabloid press：タブロイド新聞　□ ironic：皮肉な　□ flee：〜から逃げる　□ paparazzi：パパラッチ ※イタリア語 paparazzo の複数形。有名人を追い掛けるフリーランスの写真家のこと　□ be dubbed 〜：〜と呼ばれる

訳　ダイアナ・フランシス・スペンサーは、第8代スペンサー伯爵の娘で、1981年にウェールズ公チャールズ皇太子と結婚し、ウェールズ公妃となった。ダイアナは自身の注目を浴びる立場を役立て、地雷撤去やHIVエイズ患者への行き届いた治療など、慈善という大義をたびたび訴えた。彼女の画像や彼女についての話題は、新聞を売るために絶えずタブロイド紙に掲載されたので、パパラッチから逃げる途中の自動車事故で彼女が亡くなったことは皮肉であった。その人気によってダイアナは「人々の王妃」と呼ばれるようになった。

関連キーワード　"People's Princess"（「人々の王妃」）　Princess of Wales（ウェールズ公妃）　Princess Di（プリンセス・ダイ ※タブロイド紙の見出し等で使われるカジュアルな呼び名。DiはDianaの愛称）　Charles, Prince of Wales（ウェールズ公チャールズ皇太子 ※元夫）　Prince William, Duke of Cambridge（ケンブリッジ公ウィリアム王子 ※長男）　Prince Harry, Duke of Sussex（サセックス公ヘンリー王子 ※次男。2020年に主要王室メンバーからの離脱を発表）　Camilla, Duchess of Cornwall（コーンウォール侯爵夫人カミラ ※チャールズの現在の配偶者）

The 14th Dalai Lama　ダライ・ラマ 14 世 (1935–)

[ðə fɔːrtíːnθ dálai lámə]　[ðァ　フォー**ティー**ン θ　**ダライ　ラマ**]

The 14th Dalai Lama is currently the religious and political leader of the Gelug school of Tibetan Buddhism, a school whose territory corresponds to the Tibet Autonomous Region in China. His key role in seeking independence for Tibet from the People's Republic of China led to him fleeing the country in 1959. Consequently, the 14th Dalai Lama has been a refugee in India for over 60 years, but has traveled the world, speaking on Buddhist teachings, human rights and interfaith dialogue. In 1989, he received the Nobel Peace Prize for his advocacy of non-violence and peaceful solutions.

□ Tibetan Buddhism：チベット仏教　□ territory：管轄区域　□ correspond to ～：～に一致する、～に相当する　□ the Tibet Autonomous Region：チベット自治区　□ flee：～を逃れる、～から脱出する　□ consequently：その結果として、よって　□ refugee：難民、亡命者　□ Buddhist：仏教の　□ interfaith 異宗教間の、異教徒間の　□ advocacy：擁護、弁護　□ non-violence：非暴力

訳 ダライ・ラマ14世は現在、中国のチベット自治区を対象地域とするチベット仏教ゲルク派の宗教的・政治的指導者。中華人民共和国からのチベット独立を求める中で担った重要な役割によって、1959年にこの国から脱出することになった。その結果、ダライ・ラマ14世は現在、亡命者として60年以上インドで暮らしているが、世界中を回り、仏教の教えや人権、異宗教間の対話について語ってきた。1989年には、その非暴力と平和的解決の擁護を評価され、ノーベル平和賞を受賞した。

関連キーワード　Tibetan Buddhism（チベット仏教）　the Gelug school（ゲルク派 ※チベット仏教四大宗派の一つ）　the Tibetan independence movement（チベット独立運動）　Lhasa（ラサ ※チベットの古都。現在はチベットの文化的中枢と位置づけられている）　the Nobel Peace Prize（ノーベル平和賞 ※1989年に受賞）

Deng Xiaoping　鄧小平 (1904–97)

[dʌ́ŋ ʃàupíŋ]　[**ダン**G　シャウ**ピン**G] ★日本語とギャップ！

Deng Xiaoping was the de facto leader of the People's Republic of China from 1978 until November 1989. Rising to power two years after the death of Chairman Mao Zedong, Deng led China during a period of economic modernization and social reforms. The resulting market-oriented economy helped bring about China's emergence as a modern industrial and military

4章 現代

superpower. Deng was criticized for ordering the crackdown on the Tiananmen Square freedom protests, but also became known as the "Architect of Modern China" for his modernizing reforms.

□ de facto：事実上の　□ modernization：近代化　□ social reform：社会改革　□ resulting：結果として生じる　□ market-oriented：市場志向（型）の　□ bring about ～：～をもたらす　□ emergence：出現、台頭　□ superpower：超大国　□ crackdown：弾圧、取り締まり　□ Tiananmen Square：天安門　□ protest：抗議行動　□ architect：設計者、建設者

訳 鄧小平は、1978年から1989年11月まで中華人民共和国の事実上の指導者だった。毛沢東主席の死から2年後、権力を手にした鄧小平が中国を率いたのは、経済の近代化と社会改革の時代だった。その結果もたらされた市場志向型経済は、産業、軍事両面における近代的超大国としての中国の台頭を促す助けになった。鄧は、自由を求める天安門広場での抗議活動の弾圧を命じたとして批判されたが、その近代化改革によって「現代中国の設計者」としても知られるようになった。

関連キーワード　the People's Republic of China（中華人民共和国 ※略称PRC）　the Communist Party of China（中国共産党）　Mao Zedong（毛沢東 ※鄧は毛政権下で失脚と復活を繰り返した）　Zhou Enlai（周恩来 ※毛政権下で辛酸をなめた鄧を度々引き上げた）　the Sino-Vietnamese War（中越戦争 ※鄧が人民解放軍の総参謀長として主導した1979年の戦争。「越」はベトナム）　the Opening of China（改革開放）　the Cultural Revolution（文化大革命）　the Tiananmen Square incident（第二次天安門事件 ※民主化デモに対する武力行使が国際的な非難を集めた1989年の事件）　Zhao Ziyang（趙紫陽 ※天安門事件当時の党総書記。鄧の武力弾圧路線に反対し失脚）　Jiang Zemin（江沢民 ※天安門事件での学生デモへの対応を評価して、趙紫陽の後任に鄧が抜擢）　Mikhail Gorbachev（ミハイル・ゴルバチョフ ※1950年代からの中ソ対立に終止符を打った、1989年の中ソ首脳会談の相手）

🔊**344**　未来のために立ち上がった若き活動家

Greta Thunberg　グレタ・トゥーンベリ（2003– ）

［grétə túːnbəːrg］［Gレタ　トゥーンバーG］★日本語とギャップ！

Greta Thunberg is a prolific Swedish environmental activist who came to the world's attention aged just 15 when she began solo school strikes to highlight the problems of global warming. This action led to her becoming the catalyst for the Fridays for Future protests, which has resulted in millions of participants in school strikes globally since 2019 demanding adequate and immediate action on climate change. She was invited to address world leaders at the UN and famously chastised them about their inadequate response to the climate crisis, saying "How dare you!" and "We will be watching you." Diagnosed with Asperger's, obsessive-compulsive disorder and selective mutism, she, nonetheless, has received much praise including being named

Time magazine's Person of the Year in 2019.

□ prolific：精力的な、頻繁に情報発信する □ highlight：～を目立たせる、～にスポットライトを当てる □ global warming：地球温暖化 □ catalyst：（変化、行動などの）きっかけとなる存在、促進剤的存在 □ adequate：適切な、十分な □ climate change：気候変動 □ be invited to ～：～するよう頼まれる □ address：～に向かって演説する □ chastise：～を非難する、～を叱る □ How dare you!：「よくもそんなことを」 □ (be) diagnosed with ～：～と診断される □ Asperger's：アスペルガー症候群 ※＝Asperger's syndrome □ obsessive-compulsive disorder：強迫性障害 □ selective mutism：選択的無言症 □ nonetheless：それにもかかわらず、それでもなお

[訳] グレタ・トゥーンベリは精力的に情報発信するスウェーデンの環境活動家。弱冠15歳の時に、地球温暖化の問題にスポットライトを当てるため、単独の学校ストを開始して世界に知られることとなった。この行動によって彼女は「未来のための金曜日」運動のきっかけとなり、その結果2019年以降、世界中の数百万人もの学校ストライキ参加者が気候変動に対する適切かつ迅速な行動を要求するようになった。トゥーンベリは国連で世界の指導者に向けて演説するよう依頼された。気候危機に対する不十分な対応について、「よくもそんなことを！」「私たちは見ている」と彼らを非難したことはよく知られる。アスペルガー症候群、強迫性障害、選択的無言症と診断されているトゥーンベリだが、2019年の『タイム』誌の「パーソン・オブ・ザ・イヤー」に取り上げられたのをはじめ、多くの称賛を受けている。

[関連キーワード] Fridays for Future（「未来のための金曜日」※トゥーンベリが一人で始めた学校ストライキ） SDGs（持続可能な開発目標、SDGs ※＝Sustainable Development Goals） the United Nations Climate Action Summit 2019（2019年国連気候行動サミット ※トゥーンベリは各国首脳を前に有名な演説を行った） How dare you!（「よくもそんなことができたものですね！」※2019年の国連スピーチでのキーフレーズ） *Time* magazine's Person of the Year for 2019（2019年『タイム』誌の「パーソン・オブ・ザ・イヤー」） Asperger's syndrome（アスペルガー症候群） Donald Trump（ドナルド・トランプ ※第45代アメリカ合衆国大統領。しばしばSNSで火花を散らした天敵とも呼ぶべき存在） Jair Bolsonaro（ジャイール・ボルソナーロ ※ブラジル大統領。ドナルド・トランプ同様、環境問題を軽視し、トゥーンベリにも攻撃的） brat（ガキ ※ボルソナーロ大統領がSNSでトゥーンベリを指して使った言葉［pirralha。ポルトガル語］の英訳

🔈345 分断と自国主義の象徴

Donald Trump ドナルド・トランプ（1946-）

[dánld trʌ́mp]［**ダ**ンLD　T**ラ**MP］

The 45th president of the United States, Donald Trump, was a popular businessman and television personality before entering politics. His base appeal to American nationalism and white supremacy, using the slogan "Make America Great Again," polarized the country. He normalized lying to such a degree that he helped bring about a political era known as "post-truth." Trump, a Republican, became the first president to be impeached twice. The second unsuccessful impeachment accused him of inciting an insurrection after hundreds of his supporters rioted, pushing past police and entering the Capitol Building while lawmakers were inside discussing legislation. The riot followed Trump's repeated and baseless claims that he had lost the 2020 election due to fraud.

□ television personality：テレビタレント　□ base：下劣な、あさましい　□ appeal to ～：～を喚起しようとする企て　□ nationalism：国粋主義、ナショナリズム　□ white supremacy：白人至上主義　□ polarize：～を二極化させる　□ normalize：～を常態化させる　□ to such a degree that ～：～という程度まで、～するほどまでに　□ Republican：共和党員　□ be impeached：弾劾される　□ impeachment：弾劾　□ incite：～をあおり立てる　□ insurrection：暴動　□ riot：暴動を起こす　□ push past：～を押しのける　□ Capitol Building：（アメリカの）国会議事堂　□ lawmaker：国会議員　□ legislation：法案　□ riot：暴動　□ baseless：根拠のない　□ fraud：不正、詐欺

訳 アメリカ合衆国第45代大統領、ドナルド・トランプは、政界入りする前は有名な実業家でテレビタレントだった。「アメリカを再び偉大な国に」をスローガンにした、アメリカ・ナショナリズムと白人至上主義を呼び起こそうという彼の下劣な企ては、国を二分した。うそをすっかり常態化させて、「ポスト真実」として知られる政治時代の幕開けに寄与したほどだ。共和党員のトランプは、2度弾劾された初の大統領となった。失敗に終わった2度目の弾劾は彼が暴動をけしかけたことを糾弾するもので、これは数百人のトランプ支持者が暴れて警官を押しのけ、議員らが法案を審議していた国会議事堂に侵入したことを受けてなされた。この暴動は、自分が2020年の選挙で負けたのは不正のせいだと、トランプが繰り返し根拠もなく主張した後に起こった。

関連キーワード "Make America Great Again"（「アメリカを再び偉大な国に」※MAGA [mǽgə][**マガ**]と略されることも。2016年の大統領選挙キャンペーンのスローガン）　"America First" policy（「アメリカ・ファースト」政策 ※大統領選挙のスローガンであり、トランプ政権の基本政策でもある）　"the wall"（「（メキシコとアメリカ国境の）壁」※トランプの公約の一つ。不法移民や麻薬の流入を阻止するため、メキシコとの国境地帯に巨大な壁を築くというもの）　fake news（フェイクニュース、偽のニュース ※トランプは自身に批判的なメディアや自身に不利益となる報道をこう呼び非難した）　post-truth（「ポスト真実」※「真実とはもはや客観的な事実のことではなくなってしまった」という概念）　Trump Tower（トランプ・タワー ※ニューヨーク5番街にある、トランプの名を冠した超高層ビル。店舗、オフィス、高級住宅を擁する複合施設）　Russiagate（ロシアゲート、ロシア疑惑 ※2016年の大統領選挙における、トランプ陣営とロシアの癒着をめぐる疑惑）　Melania Trump（メラニア・トランプ ※3人目の妻でトランプ政権のファーストレディー。ユーゴスラビア出身）　Ivanka Trump（イヴァンカ・トランプ ※娘。トランプ政権では大統領補佐官を務めた）　*The Apprentice*（テレビ番組『アプレンティス』※トランプが政界進出前に出演していたアメリカのリアリティ番組）　"You're fired!"（「お前はクビだ！」※『アプレンティス』の中でのトランプの有名な決めぜりふ）

Richard Nixon　リチャード・ニクソン（1913-94）

[rítʃərd níksən]［**リ**チャーD　**ニ**KサN］

Richard Nixon was the 37th president of the United States, serving from 1969 to 1974. Having lost the presidency narrowly to John F. Kennedy in 1960, he ran successfully in the 1968 election, and served until his resignation in 1974. However, his accomplishments as president — including the successful visit to China and the ending of U.S. involvement in the Vietnam War — are almost completely overshadowed by his involvement in the Watergate scandal, and his resulting resignation under the threat of near-certain impeachment.

□ narrowly：僅差の、ぎりぎりのところで　□ run：立候補する　□ resignation：辞職　□ accomplishment：成果、功績　□ be overshadowed by ～：～によってかすむ、～によって影が薄くなる　□ scandal：醜聞、不祥事　□ near-certain：ほぼ確実な　□ impeachment：弾劾

訳 リチャード・ニクソンはアメリカ合衆国第37代大統領で、1969年から1974年までその職を務めた。1960年の大統領選挙ではジョン・F・ケネディに僅差で敗れたものの、1968年の選挙に出馬して勝利し、1974年に辞任するまで大統領職にあった。しかし、中国訪問を成功させたことやベトナム戦争へのアメリカの関与を終わらせたことといった彼の大統領としての功績は、ウォーターゲート事件への関与と、その結果、弾劾がほぼ確実となって辞任したことによってすっかりかすんでしまったのである。

関連キーワード　the Republican Party（共和党）　"Tricky Dick"（「策略家ディック」　※民主党陣営が付けたとされるあだ名。trickyには「ずるい」「信用ならない」といったニュアンスがある。DickはRichardの愛称）　the Nixon shock（ニクソン・ショック　※1971年にニクソンが発表した二つの大きな政策転換を指す。一つが米中の国交回復という外交政策、もう一つは金・ドルの交換停止を含む経済政策）　the Bretton Woods system（ブレトン・ウッズ体制　※ニクソン・ショックによって終結した国際金融体制）　the Watergate scandal（ウォーターゲート事件　※ニクソンを辞任へと追い込んだ政治スキャンダル。野党民主党陣営に関する違法な情報収集と発覚後の隠蔽工作に、大統領と政権中枢が組織的に関与した事件）　Bob Woodward（ボブ・ウッドワード　※ウォーターゲート事件の優れた調査報道でニクソンを辞任へ追い込んだワシントン・ポスト紙記者。伝説のジャーナリスト）　Carl Bernstein（カール・バーンスタイン　※ウッドワードと共にウォーターゲート事件を追ったワシントン・ポスト紙記者）　Deep Throat（「ディープ・スロート」　※ウォーターゲート事件におけるウッドワード記者の情報源となった人物の通称。事件から30年以上たった2005年、その正体は当時のFBI副長官だったことが判明）　Henry Kissinger（ヘンリー・キッシンジャー　※ニクソン政権で国務長官を務めた）

✒ ウォーターゲート事件の「ウォーターゲート（Watergate）」は、事件発覚の現場となったビルの名前。現役大統領の辞任という事件のインパクトから、これ以降、-gateは政治スキャンダルを表す接尾語のような形で使われるようになった。Irangate（イランゲート）は1980年代のレーガン政権のスキャンダル「イラン・コントラ事件（the Iran-Contra scandal）」の別名。2016年のアメリカ大統領選挙におけるドナルド・トランプ陣営とロシアとの癒着疑惑はRussiagate（ロシアゲート）と呼ばれている。

4章　現代

Benjamin Netanyahu ベンヤミン・ネタニヤフ（1949- ）

[béndʒəmin nètənjáːhuː]［**ベンジャミン ネタニャーフー**］★日本語とギャップ！

Benjamin Netanyahu, the leader of Israel's right-wing Likud National Liberal Movement, is the prime minister of Israel and the country's longest-serving leader. He was prime minister from 1996 to 1999 and, after some time in the private sector, became prime minister again in 2009. Netanyahu was emboldened by support from U.S. President Trump. This support allowed him to expand the building of settlements in Israeli-occupied Palestinian territories with very little effective international opposition, despite the settlements being illegal under international law. His government is repeatedly accused of violations of human rights law in its treatment of Palestinians, while he has personally been at the center of corruption scandals including his 2020-21 trial for bribery and fraud.

□ right-wing：右翼の、右派の　□ prime minister：首相　□ private sector：(経済の) 民間部門、民間企業　□ be emboldened：勢いづく、つけあがる　□ settlement：植民地、入植地　□ violation：違反、侵害　□ corruption：汚職　□ bribery：収賄、贈賄　□ fraud：詐欺、不正

訳 イスラエルの右派政党である国民自由主義運動リクードの党首、ベンヤミン・ネタニヤフは、イスラエルの首相で、この国で最も長く在任する指導者。1996年から1999年まで首相を務め、その後民間企業での期間を経て、2009年に再び首相になった。ネタニヤフはアメリカのトランプ大統領の支援で勢いづいた。入植地は国際法に違反するものであったにもかかわらず、その支援によってネタニヤフは、効力のある反対をほとんど受けることもなく、イスラエル占領下のパレスチナ自治区における入植地を拡大することができた。ネタニヤフ政権は、パレスチナ人の処遇について、人権法違反であると繰り返し糾弾されており、またネタニヤフ個人は、収賄・詐欺について2020年から2021年に至るまで裁判を抱えるなど、さまざまな汚職事件の中心人物である。

関連キーワード the Middle East peace process（中東和平プロセス、中東和平交渉）　the Likud（リクード ※イスラエルの右派政党）　Zionism（シオニズム ※発音は [záiənìzm]［**ザイアニ**ZM]。かつてユダヤ王国のあった場所[現パレスチナ]にユダヤ人国家を建設しようという民族運動）　the Western Wall（嘆きの壁 ※ユダヤ人にとっての聖地。エルサレムの旧市街と呼ばれる地域にある）　the COVID-19 pandemic（新型コロナウイルス感染症の大流行 ※ネタニヤフはワクチン確保に自ら動き、接種キャンペーンも展開。強い指導力を発揮し世界的にも注目を集めた）

🔊348 一挙手一投足が注目を集める投資の神様

Warren Buffett ウォーレン・バフェット（1930-）

[wɔ́ːrən bʌ́fit]［**ウォ**ーラン **バ**フィ T］

Warren Buffett is an American investor whose "value investing" philosophy has made him one of the world's wealthiest people, with a net worth exceeding $85.6 billion. Born in Omaha, Nebraska, he still lives there in a modest house he purchased in 1958. His simple investment advice, and the reverence it inspires, have earned Buffett the nickname "the Oracle of Omaha." Buffett has pledged to donate 99 percent of his wealth to charity, and founded The Giving Pledge, a campaign to encourage billionaires to donate most of their money to charity.

□investor：投資家 □philosophy：哲学、信条 □net worth：純資産、純益 □exceed：～を超える、～を上回る □reverence：尊敬の念、畏怖 □inspire：（感情など）を呼び起こす、～を引き起こす □oracle：賢者、賢人 □pledge：誓う □donate：～を寄付する □wealth：（膨大な）富、財産 □billionaire 億万長者

[訳] ウォーレン・バフェットはアメリカ人の投資家で、自らの「バリュー投資」哲学により、資産総額856億ドル超という世界有数の大富豪になった。ネブラスカ州オマハ生まれで、1958年に購入した質素な家に現在も住んでいる。投資に関する簡潔な助言とそれが呼び起こす尊敬の念から、バフェットには「オマハの賢人」という異名が付いた。彼は自分の財産の99パーセントを寄付すると誓い、「ギビング・プレッジ」を立ち上げた。これは、富裕層に慈善事業への多額の寄付を呼び掛ける活動である。

[関連キーワード] "the Oracle of Omaha"（「オマハの賢人」 ※バフェットの異名） Omaha, Nebraska（ネブラスカ州オマハ ※バフェットの地元） Berkshire Hathaway（バークシャー・ハサウェイ ※バフェットがCEOを務める世界最大の持株会社） value investing（バリュー投資 ※バフェットの投資戦略。価値よりも安値で売られている株を購入し、長期的に保有するというもの） Benjamin Graham（ベンジャミン・グレアム ※バフェットの師であり、影響を受けたアメリカの経済学者、投資家。バリュー投資の提唱者） Bill Gates（ビル・ゲイツ ※アメリカを代表する富豪同士。個人的にも親しい） The Giving Pledge（ギビング・プレッジ ※バフェットがメリンダ、ビル・ゲイツ夫妻［当時］と共同で始めた寄付啓蒙活動。死後に資産の半分以上を寄付するという誓約）

"Price is what you pay. Value is what you get."（「値段とはあなたが払うもの。価値とはあなたが得るもの」）は「投資の神様」バフェットの名言としてよく知られる。

🔊349 激動の時代「昭和」

Hirohito 裕仁（昭和天皇）（1901-89）

[hirəhíːtou]［ヒラ**ヒ**ートウ］

Hirohito, or Emperor Showa, was the 124th Emperor of Japan according to traditions tracing the lineage back through ancient history and beyond. Hirohito reigned from 1926 until his death in 1989. When his reign began,

Japan was poised for imperial expansion, militarization and later involvement in World War II. Hirohito was not prosecuted for war crimes following Japan's defeat and served as the symbol of state under Japan's pacifist constitution. At the time of his death, Japan had emerged as the world's second-largest economy.

□ trace ~ back：~をさかのぼる　□ lineage：血筋、血統　□ ancient：古い、太古からの　□ be poised for ~：~の準備ができている　□ imperial expansion：帝国主義的拡張　□ militarization：軍事化　□ involvement：関与、関わり　□ be prosecuted：起訴される　□ defeat：敗北　□ pacifist constitution：平和憲法　□ emerge：浮上する

訳 裕仁、または昭和天皇は、古代史とそのかなた（神代）から続く血統をさかのぼる伝統に従い、第124代とされる天皇。1926年から1989年の崩御まで皇位にあった。即位当時、日本は帝国主義的拡張、軍国化、そしてその後の第二次世界大戦参戦の準備を整えていた。日本の敗戦後、裕仁は戦争犯罪で起訴されることはなく、日本の平和憲法の下、国の象徴という役割を果たした。崩御した時、日本は世界第2位の経済大国に成長していた。

関連キーワード the Imperial House of Japan（皇室）　Empress Kojun（香淳皇后 ※皇后）　Akihito（明仁 ※第1皇子。日本の第125代天皇）　Naruhito（徳仁 ※明仁の第1皇子。日本の第126代天皇）　the Chrysanthemum Throne（天皇の地位、皇位 ※chrysanthemumは「菊」。皇室の紋章を指す）　the Imperial Japanese Army（旧日本軍、日本帝国［陸］軍）　Douglas MacArthur（ダグラス・マッカーサー ※GHQこと連合国軍最高司令官総司令部の最高司令官）

🔊 **350** アメリカの友から最大の敵に

Osama bin Laden オサマ・ビン・ラディン（1957–2011）

[ɑsá:mə bin lá:dən]［ア**サ**ーマ　ビン　**ラ**ーダン］ ★日本語とギャップ！

Osama bin Laden founded the terrorist organization al-Qaeda, and oversaw the planning and execution of the "9/11" terrorist attacks in which four planes were hijacked and deliberately crashed into sites in New York City, Pennsylvania and Virginia in 2001. He was born in Saudi Arabia to a wealthy family engaged in the construction business. In 1979 he joined the Mujahideen forces opposing the Soviet Union's presence in Afghanistan. In the late 1990s, he declared war on the United States, and masterminded numerous terrorist attacks. He was assassinated by a U.S. Navy SEAL in 2011 during an attack on his residential compound in Abbottabad, Pakistan.

□ oversee：~を監督する、~を監視する　□ the "9/11" terrorist attacks：アメリカ同時多発テロ ※2001年9月11日に発生　□ be hijacked：ハイジャックされる　□ deliberately：故意に、意図的に　□ construction business：建設業　□ Mujahideen：ムジャヒディーン ※「ジハードを遂行する者たち」という意味のアラビア語　□ forces：軍隊、軍勢　□ presence：駐留　□ mastermind：~を立案し指揮する、~を陰で操る　□ be assassinated：暗殺される　□ U.S. Navy SEAL：米海軍特殊部隊 ※Navy SEALはNavy Sea, Air and Landの略　□ residential compound：邸宅

訳 オサマ・ビン・ラディンはテロ組織アルカイダを結成し、2001年に4機の航空機がハイジャックされニューヨーク市、ペンシルベニア州、バージニア州内の4つの場所で意図的に墜落させられた「9・11」アメリカ同時多発テロの計画と実行を監督した。ビン・ラディンは、サウジアラビアで建設業に携わる裕福な家庭に生まれた。1979年、ソ連のアフガニスタン駐留に反対するムジャヒディーン勢力に加わった。1990年代後半には、アメリカに宣戦布告し、数々のテロ攻撃を立案し取り仕切った。2011年、パキスタンのアボタバードにある邸宅への襲撃中に、米海軍特殊部隊によって暗殺された。

関連キーワード the bin Laden family（ビン・ラディン家 ※サウジアラビアの裕福な一族） the Soviet-Afghan War（アフガニスタン戦争 ※1979-89年。ビン・ラディンはアフガニスタン入りし、ソ連の軍事進攻に抗戦。ソ連軍撤退後は英雄としてサウジアラビアに凱旋） Al-Qaeda（アルカイダ ※アルカーイダとも。ビン・ラディンが結成したイスラム過激派テロ組織） jihad（ジハード、信仰に努めること ※イスラム過激派はこれを「イスラムのために異教徒と戦うこと」と解釈して、テロの大義に掲げている） the Taliban（タリバン ※ターリーバンとも。アフガニスタンで結成されたイスラム主義組織。「9・11」アメリカ同時多発テロの後、潜伏場所を提供するなどビン・ラディンを支援した） the September 11 attacks（アメリカ同時多発テロ ※the 9/11 terrorist attacksとも。2001年9月11日、国際テロ組織アルカイダがアメリカに対して起こした史上最大規模のテロ事件） Operation Neptune Spear（「ネプチューン・スピア作戦」※パキスタンの潜伏先でのビン・ラディン殺害作戦のコードネーム）

🔊**351** 国際社会の批判高まる強権による長期支配

Vladimir Putin ウラジーミル・プーチン（1952-）

［vlǽdimìər púːtin］［V**ラ**ディミアー **プ**ーティン］

Former KGB intelligence officer Vladimir Putin is the current president of Russia. He helped make various constitutional changes that have allowed him to become the longest leader in post-Soviet Russia. Under his autocratic leadership, Russia has enjoyed a strong economy and is a member of the BRICS economic group of nations. However, it has also been heavily involved in wars and military action in many places, such as Chechnya, Ukraine and Syria, while Russia's annexation of Crimea in 2014 is seen by opponents as illegal under international law.

□ intelligence officer：情報将校　□ constitutional：憲法の　□ post-Soviet Russia：ソ連崩壊後のロシア　□ autocratic：独裁体制の　□ BRICS：BRICS、ブリックス ※ブラジル、ロシア、インド、中国、南アフリカの頭文字をつなげている　□ annexation：併合

訳 元KGB情報将校のウラジーミル・プーチンは、ロシアの現大統領。憲法にさまざまな修正を加えることを可能にし、結果として自身をソ連崩壊後のロシアで最長の指導者にならしめている。その独裁的な指揮の下、ロシアは好調な経済を謳歌し続け、

現在は（新興）経済諸国BRICSの一員である。その一方でロシアは、チェチェン、ウクライナ、シリアを含む多くの地における戦争と軍事行動に深く関与しており、2014年のロシアによるクリミア併合は、敵対陣営からは国際法違反と見られている。

関連キーワード **KGB**（ソ連国家保安委員会、KGB ※1991年のソ連崩壊まで存在した情報機関・秘密警察） **Kremlin**（クレムリン ※モスクワ市内にある帝政ロシア時代の宮殿。かつてはソ連、現在はロシアの政府を指す言葉としてニュース等にも頻出） **Boris Yeltsin**（ボリス・エリツィン ※先任の大統領。後継者としてプーチンを引き立てた） **Dmitry Medvedev**（ドミートリー・メドヴェージェフ ※ロシア連邦第3代大統領 [2008-12]。ポスト・プーチンの最有力候補と目されていたが、国民の支持を失いつつある） **the tandemocracy**（タンデム体制 ※the Putin-Medvedev tandemocracy [プーチン・メドベージェフ・タンデム体制] とも。プーチンとメドヴェージェフによる2008年から2012年までの2頭体制を指す） **BRICS**（ブリックス ※2000年以降に著しい経済急成長を遂げたブラジル、ロシア、インド、中国、南アフリカを指す。BRICSは各国の頭文字を並べたもの） **the Second Chechen War**（第二次チェチェン紛争） **the Russian military intervention in Ukraine**（ウクライナに対するロシアの軍事介入）

🔊352　イラク戦争とは何だったのか？

Saddam Hussein　サダム・フセイン（1937–2006）

[sǽdæm huséin]［サダM　フセイン］

Saddam Hussein was the president of Iraq from 1979 until 2003. He led a repressive dictatorship estimated to have killed at least 250,000 Iraqis and hundreds of thousands of others in the Iran-Iraq war and numerous invasions of neighboring countries. Although he had been supported by the U.S. in the Iran-Iraq war, he was captured in 2003 by U.S. forces invading Iraq, supposedly seeking to neutralize a suspected weapons of mass destruction development program. He was executed by hanging in 2006 after an Iraqi court convicted him of numerous crimes.

□ repressive：抑圧的な、圧政的な　□ dictatorship：独裁政治　□ invasion：侵略、侵攻　□ supposedly：建前では、建前上　□ neutralize：～を無効にする、～を安全にする　□ weapons of mass destruction：大量破壊兵器　□ be executed by hanging　絞首刑になる　□ convict ～ of . . .：～に…の罪で有罪判決を下す

訳 サダム・フセインは、1979年から2003年までイラクの大統領だった。圧政的独裁を敷いて25万のイラク人を殺害、さらにイラン・イラク戦争や近隣諸国への度重なる侵攻によって数十万人を殺したと推定される。イラン・イラク戦争ではアメリカの支援を受けたにも関わらず、2003年、フセインは、疑われていた大量破壊兵器開発計画を無効化するという建前でイラクに侵攻したアメリカ軍によって捕らえられた。2006年、イラクの裁判所が数々の罪について有罪判決を下し、フセインは絞首刑に処された。

関連キーワード **the Baath Party**（バース党 ※汎アラブ主義を掲げアラブ諸国で活動する政党。フセインは長年、そのイラク支部を率いた） **the Iran-Iraq War**（イラン・イラク戦争 ※1980年から1988年） **the Gulf War**（湾岸戦争 ※1990年から1991年） **the Iraq War**（イラク戦争 ※2003

年から2011年） **weapons of mass destruction**（大量破壊兵器 ※WMDとも。イラクが大量破壊兵器を保有している可能性を口実に米軍が空爆を実施し、イラク戦争の戦端が開かれた） **George W. Bush**（ジョージ・W・ブッシュ ※イラク戦争の開戦を主導した当時のアメリカ大統領） **"axis of evil"**（「悪の枢軸」※2002年の一般教書演説でジョージ・W・ブッシュ大統領がイラク、北朝鮮、イランを指して非難する際に使った言葉）

◁€ **353** 対テロ戦争を率いたアメリカ大統領

George W. Bush ジョージ・W・ブッシュ（1946- ）

[dʒɔ́:rdʒ dʌ́bljù: búʃ]［ジョージ　ダBリュー　ブシュ］

The son of the 41st U.S. president George H. W. Bush, George W. Bush served from 2001 to 2009 as the 43rd U.S. president. Until the "9/11" terrorist attacks struck New York's World Trade Center in 2001, Bush was best known for having won the 2000 election in a close victory contested in the courts by opponent Al Gore. After the 9/11 attacks, his presidency was defined by his leadership during the aftermath. His policies included the establishment of the U.S. Department of Homeland Security, and the invasion of Iraq against international law.

□ the "9/11" terrorist attacks：アメリカ同時多発テロ　□ World Trade Center：世界貿易センター　※ニューヨーク市マンハッタンにあった超高層ビル　□ (be) contested：争われる、論争となる　□ opponent：対抗者　□ be defined by ～：～によって特徴づけられる　□ aftermath：（災害などの）余波、影響　□ the U.S. Department of Homeland Security：米国国土安全保障省

訳 第41代アメリカ合衆国大統領ジョージ・H・W・ブッシュの息子、ジョージ・W・ブッシュは、2001年から2009年まで、第43代アメリカ合衆国大統領として任期を務めた。2001年に「9・11」アメリカ同時多発テロがニューヨークの世界貿易センタービルを襲うまでは、ブッシュは何よりも、2000年の選挙において、裁判で争った末に対立候補のアル・ゴアに僅差で勝利したことで知られていた。9・11同時多発テロ以降のブッシュ大統領の任期を特徴づけるのは、このテロの影響下でのリーダーシップだった。彼の実施した政策には、国土安全保障省の設置、国際法に反したイラクへの侵攻などがある。

関連キーワード the September 11 attacks（アメリカ同時多発テロ ※the 9/11 terrorist attacksとも） the Iraq War（イラク戦争 ※2003年から2011年） the war on terror（対テロ戦争） the Governor of Texas（テキサス州知事 ※1995年から2000年） Laura Bush（ローラ・ブッシュ ※妻） George H. W. Bush（ジョージ・H・W・ブッシュ ※父。第41代アメリカ合衆国大統領） Neocon（ネオコン、新保守主義［者］※Neoconservatismの略） Dick Cheney（ディック・チェイニー ※ブッシュ政権の副大統領。ネオコン勢力の有力者） Colin Powell（コリン・パウエル ※ブッシュ政権一人目の国務長官） Condoleezza Rice（コンドリーザ・ライス ※ブッシュ政権2人目の国務長官） the U.S. Department of Homeland Security（米国国土安全保障省 ※同時多発テロの後、テロや災害の防止・対策を担う目的で設立された米連邦政府の省） "Bring them on."（「来るなら来い」※イラク駐留米軍に対する武装勢力の攻撃が増加していることを受けて

4章 現代

放った有名な発言）**Tony Blair**（トニー・ブレア ※同時代の英首相。イラク戦争ではアメリカと共に
イラクへの侵攻を主導）

🔊 354 　自らを「カウディーリョ」と呼んだ独裁者

Francisco Franco　フランシスコ・フランコ（1892-1975）

［frænsískou frǽŋkou］［フ**ラ**ンシスコウ　フ**ラ**ンGコウ］

Francisco Franco ruled Spain from 1939 to 1975 as a dictator after his
Nationalist forces defeated the Second Spanish Republic in the Spanish Civil
War. Although a repressive dictator, before he died, he introduced a few direct
elections for some parliamentary places and designated Juan Carlos, later
King Juan Carlos I, as his official successor. The king, in turn, led a national
transition to democracy. Franco's legacy remains a controversial mixture of
deadly repression and economic prosperity.

□ rule：～を統治する、～を支配する　□ dictator：独裁者　□ Nationalist：（スペイン内戦における）
国家主義者　□ the Second Spanish Republic：スペイン第二共和政　□ the Spanish Civil
War：スペイン内戦　□ repressive：圧政的な、弾圧的な　□ in turn：引き続いて　□ legacy：遺
産　□ mixture：混合、混和　□ deadly：致命的な、人命を奪う　□ prosperity：繁栄

訳 フランシスコ・フランコは、スペイン内戦でナショナリスト軍を率いて第二共和制
スペイン共和国を破り、1939年から1975年まで独裁者としてスペインを治めた。
圧政を敷く独裁者でありながら、死ぬ前には一部の議席で直接選挙を導入し、フワ
ン・カルロス（後のフワン・カルロス1世）を自身の後継者に指名した。国王はその後、
国の民主政移行を率いた。フランコの遺産は命に関わる圧政と経済的繁栄の混合で
あり、いまだに見解が分かれている。

関連キーワード fascism（ファシズム）　caudillo（統領、カウディーリョ ※フランコが自らに与
えた称号。スペイン語）　the Spanish Civil War（スペイン内戦 ※フランコ率いるファシスト勢力
が左派政権に対して反乱を起こしたことで勃発。フランコ陣営の勝利に終わった）　the Second
Spanish Republic（スペイン第二共和政 ※the Spanish Republic［スペイン共和国］とも。スペ
イン内戦でフランコ率いる反乱軍に倒された左派政権による政府）　*Guernica*（絵画・壁画『ゲルニカ』※
パブロ・ピカソの代表作。スペイン内戦でのゲルニカ爆撃が題材）　the International Brigade（国
際旅団 ※スペイン内戦で組織された外国人による義勇部隊。ヘミングウェイ、カミュなど文化人も多数
参加）　Ernest Hemingway（アーネスト・ヘミングウェイ ※スペイン内戦で国際旅団に参加）　*For
Whom the Bell Tolls*（小説『誰がために鐘は鳴る』※スペイン内戦を舞台にしたヘミングウェイの
小説。映画化もされた）　Robert Capa（ロバート・キャパ ※報道写真家の草分け。スペイン内戦を
取材）　Juan Carlos I（フアン・カルロス1世 ※スペイン前国王。フランコの遺言に従って1975年に
即位したが、権威主義的な独裁体制は継承せず、スペインの民主化を推進した。2020年に資金洗浄疑惑が
浮上して出国。事実上の亡命と見られる）

Jeff Bezos　ジェフ・ベゾス（1964– ）

[dʒéf béizous]　[ジェ F　ベイゾウS]

Jeff Bezos is an American entrepreneur and tech titan known as the founder of Amazon.com, Inc. In 2018, he became the world's first centi-billionaire. He started the private space flight business Blue Origin in 2000, and bought The Washington Post in 2013. Amazon is among the highest valued companies in the world and among the top information technology giants in the United States.

□ entrepreneur：起業家　□ tech：科学技術（の）、テクノロジー（の）□ titan：大物　□ centi-billionaire：千億長者、超大富豪　□ the highest valued company：最も時価総額の高い会社

訳 ジェフ・ベゾスは、アメリカ人の起業家でテクノロジー業界の大物。アマゾン・ドット・コムの創業者として知られる。彼は2018年に世界初の千億長者になった。2000年に民間宇宙飛行企業、ブルーオリジンを設立し、2013年にワシントン・ポストを買収した。アマゾンは世界で最も時価総額の高い会社の一つで、アメリカでトップクラスの巨大IT企業である。

4章 現代

関連キーワード　Amazon.com, Inc.（アマゾン・ドット・コム ※世界的なECサイト、Webサービス会社。アメリカでオンライン書店として創業された）　e-commerce（eコマース、電子商取引）　*The Washington Post*（『ワシントン・ポスト』※アメリカの有力紙。2013年に同紙をはじめとする新聞事業を買収）　centi-billionaire（千億長者 ※個人資産1000億ドルを超える大富豪。2018年、ベゾスは史上初の千億長者になった）　Blue Origin（ブルーオリジン ※ベゾスが2000年に設立した民間の有人宇宙飛行事業企業）

Mother Teresa　マザー・テレサ（1910–97）

[mʌ́ðər təríːsə]　[マ ðァー　タリーサ] ★アクセント注意！

Mother Teresa was an Albanian-Indian missionary and Roman Catholic nun who dedicated her life to caring for the terminally sick and the poorest of the poor. She founded the religious congregation "The Missionaries of Charity" to allow her fellow sisters to carry out her brand of charitable work in over 100 countries. She received the Nobel Peace Prize for her efforts and was posthumously canonized by the Roman Catholic Church to become Saint Teresa of Calcutta.

□ missionary：宣教師、伝道者　□ nun：修道女　□ dedicate：～を捧げる　□ terminally：末期的に　□ congregation：信徒たち、会衆、修道会　□ brand of ～：（人に）独特の～　□ charitable work：慈善活動　□ posthumously：死後に　□ be canonized：聖人の列に加えられる　□ saint：聖人

訳 マザー・テレサは、アルバニア系インド人宣教師で、ローマカトリックの修道女。その生涯を死に貧した病人や極貧の人に捧げた。修道会「神の愛の宣教者会」を創立し、それによって、100を超える国で会の修道女がテレサのような慈善活動を行うことが可能となった。彼女はその尽力によりノーベル平和賞を受賞し、死後、ローマカトリック教会から列聖され、「コルカタの聖テレサ」となった。

関連キーワード the Missionaries of Charity（「神の愛の宣教者会」※マザー・テレサが「最も貧しい人々のために働くこと」を使命とし創立したカトリックの修道会） the Nobel Peace Prize（ノーベル平和賞 ※1979年に受賞） beautification（列福 ※カトリック教会において徳のある信者が、死後教皇に認められ福者の地位を与えられること） canonization（列聖 ※列福した信者が、教皇に聖人の地位を与えられること） Saint Teresa of Calcutta（「コルカタの聖テレサ」※コルカタ＝カルカッタ）

🔊 **357** 自動車から宇宙まで、技術革新の最先端を行く

Elon Musk イーロン・マスク（1971- ）

[íːlɑn mʌ́sk]［**イ**ーラン **マ**SK］

South African-born entrepreneur Elon Musk is renowned as the CEO of Tesla, Inc. He is also the founder of the space flight company SpaceX. Tesla makes electric cars, starting with the Roadster model in 2008. Musk was part of the Donald Trump's President's Strategic and Policy Forum, a group of CEOs working to help the U.S. economy, but quit when Trump pulled the United States out of the Paris Agreement on climate change. His Musk Foundation awards grants for projects in renewable energy, space exploration, pediatric research, science and engineering, and AI.

□ entrepreneur：起業家、企業家　□ renowned：名高い、有名な　□ pull ~ out of . . .：~を…から撤退させる　□ climate change：気候変動　□ grant：助成金、補助金　□ renewable energy：再生可能エネルギー　□ space exploration：宇宙探査　□ pediatric：小児科の　□ AI：人工知能、AI ※ artificial intelligence の略

訳 南アフリカ生まれの起業家イーロン・マスクは、テスラのCEOとしてよく知られている。宇宙飛行企業スペースXの創業者でもある。テスラは電気自動車を製造しており、始まりは2008年のロードスター・モデルだった。マスクは、アメリカ経済への貢献のために活動するCEOたちで構成されたドナルド・トランプの大統領戦略政策フォーラムの一員だったが、トランプが気候変動に関するパリ協定からアメリカを離脱させた際に辞任した。彼のマスク財団は、再生可能エネルギーや宇宙探査、小児科医療研究、科学技術、AIといった分野のプロジェクトに助成金を出している。

関連キーワード Tesla, Inc.（テスラ ※電気自動の開発・製造で有名な自動車会社。社名を天才発明家ニコラ・テスラにちなむ） Roadster（ロードスター ※スポーツカータイプの電気自動車。テスラの人気モデル） SpaceX（スペースX ※マスクが設立した宇宙開発ベンチャー企業） Crew Dragon（クルー・ドラゴン ※スペースXの有人宇宙船。2020年、民間企業としては初めて、打ち上げ、国際宇宙ステーション［ISS］へのドッキングを成功させ地球に帰還。宇宙開発事業の歴史に名を刻ん

だ） the Paris Agreement（パリ協定） the Musk Foundation（マスク財団）

Tesla, Inc.の読みは「テSラ」か、それとも「テZラ」か？　割合では「テSラ」と発音するネイティブが圧倒的多数派のようだ。ところが同社CEOであるイーロン・マスクの発音は、「テZラ」に近い。

358 公民権運動もう一人のキーパーソン

Malcolm X　マルコムX（1925-65）

[mǽlkəm éks]［マLカM　エKS］

Malcolm X was a complex, controversial and popular figure prominent during the U.S. civil rights movement. In the 1950s, he served as a spokesperson for the Nation of Islam, a distinctive U.S. political and religious movement that was founded to combat white racism. He articulately advocated against limiting civil rights protests to peaceful action, and at one time believed racial segregation was necessary to overcome white supremacy. He later changed this view, renouncing the Nation of Islam and converting to mainstream Islam. He was assassinated in 1965 and three Nation of Islam members were convicted of the killing.

□complex：複雑な　□controversial：議論を引き起こすような、評価が分かれる　□prominent：著名な、目立った　□civil rights movement：公民権運動　□spokesperson：代弁者、スポークスパーソン　□distinctive：独特の、異彩を放つ　□combat：～と戦う　□articulately：明確に、明瞭に　□advocate against ～：～への反対を唱える、～への反対を主張する　□racial segregation：人種隔離、人種差別　□overcome：～を克服する、～に打ち勝つ　□white supremacy：白人優越主義　□renounce：～と縁を切る、～と関係を絶つ　□convert to ～：～に改宗する、～に転向する　□mainstream：主流派の　□be assassinated：暗殺される　□be convicted of ～：～で有罪になる、～で有罪判決を受ける

[訳] マルコムXは、複雑で評価は分かれるが人気のあったアメリカ公民権運動時代の重要人物。1950年代には、白人の人種差別と戦うために結成され、アメリカの政治、宗教運動において異彩を放つネーション・オブ・イスラムの広報担当者を務めた。彼は公民権運動を平和的な行動のみに制限することへの反対意見を明瞭に主張し、ある時期には、白人優越主義に打ち勝つうえで、人種隔離は必要だとも考えていた。後にこの見方を改めてネーション・オブ・イスラムと絶縁し、主流派のイスラム教に改宗した。マルコムは1965年に暗殺され、ネーション・オブ・イスラムのメンバー3人が、殺人の有罪判決を受けた。

[関連キーワード] the Nation of Islam（ネーション・オブ・イスラム　※略称NOI。アフリカ系アメリカ人のイスラム運動組織。マルコムのスポークスパーソンとしての有能さは組織の拡大に大きく貢献した） Elijah Muhammad（イライジャ・ムハンマド　※NOIの指導者。彼への幻滅からマルコムはNOIを離脱。以後NOIの暗殺対象となった） Muslim Mosque, Inc.（ムスリム・モスク・インク　※略称MMI。NOI離脱後にマルコムが結成したイスラム教団体） black empowerment（黒人の権利拡大） racial integration（人種統合　※マルコムは人種統合に重きを置く公民権運動には批判的で、む

4章 現代

しろ黒人と白人の分離を主張した） **Martin Luther King Jr.**（マーティン・ルーサー・キング・ジュニア ※同時代に活躍した黒人公民権運動指導者。アプローチは対照的） **the Black Panther Party**（ブラック・パンサー党 ※マルコムの死後に結成された急進的な黒人解放運動団体。暴力の肯定など、マルコムの思想に大きな影響を受けている） *Malcom X*（映画『マルコム X』 ※スパイク・リー監督による1992年のアメリカ映画。デンゼル・ワシントンがマルコムを演じた）

🔊 **359**　アパルトヘイトと決別した南アフリカの象徴

Nelson Mandela　ネルソン・マンデラ（1918–2013）

［nélsn mændélə］［**ネ**LSン　マン**デ**ラ］★アクセント注意！

Nelson Mandela was a charismatic anti-apartheid revolutionary who spent 27 years in prison for leading a militant group, the African National Congress (ANC). He worked tirelessly for social reforms and voting rights and helped replace apartheid with democracy in South Africa. Following the first democratic elections there, he became the first black president of South Africa. Mandela received the Nobel Peace Prize for his work. Although many in the West reviled him and called him a terrorist while apartheid was in place, Mandela is now almost universally portrayed as a heroic and almost saintly figure.

□ charismatic：カリスマ的な　□ anti-apartheid：反アパルトヘイト（の）、反人種隔離政策（の）　□ revolutionary：革命家　□ militant：好戦的な、武闘派の　□ tirelessly：辛抱強く　□ apartheid：アパルトヘイト　□ revile：～を罵倒する　□ in place：実施されて　□ be portrayed as ～：～として描かれる　□ heroic：英雄的な、勇敢な　□ saintly：聖人のような

🔁 **訳** ネルソン・マンデラは、反アパルトヘイトのカリスマ的な革命家で、好戦的なアフリカ民族会議（ANC）を率いたとして27年間投獄されていた。社会改革や投票権を求めて粘り強く活動し、南アフリカ共和国でアパルトヘイトに代わって民主主義が始まるのに貢献した。同国初の民主的な選挙で、彼は南アフリカ初の黒人大統領となった。マンデラはその活動を評価され、ノーベル平和賞を受賞した。アパルトヘイトが実施されていた時代には、西側諸国の多くの人から罵倒されテロリスト呼ばわりされたが、現在ではほぼ例外なく、マンデラは英雄的でほとんど聖人のような人物像に収まっている。

関連キーワード apartheid（アパルトヘイト ※1948年から1994年まで存在した南アフリカ共和国の人種隔離政策） the African National Congress（アフリカ民族会議 ※略称ANC。南アフリカ共和国の政党。1991年から1997年まで、マンデラは議長を務めた） Desmond Tutu（デズモンド・ツツ ※反アパルトヘイト運動の指導者として国際的に知られた神学者。1984年にノーベル平和賞を受賞） F. W. de Klerk（フレデリック・ウィレム・デクラーク ※第7代南アフリカ共和国大統領。マンデラ政権下では副大統領を務めた。アパルトヘイト撤廃への功績に対して、マンデラと共同で1993年にノーベル平和賞を受賞） the Nobel Peace Prize（ノーベル平和賞 ※1993年にデクラークと共同受賞） the 1995 Rugby World Cup（ラグビーワールドカップ1995 ※南アフリカは主催国であり、優勝も果たした） the 2010 FIFA World Cup（FIFAワールドカップ南アフリカ大会）

Angela Merkel　アンゲラ・メルケル（1954–）

[ǽndʒələ mə́:rkəl]［アンジャラ　マーカL］★日本語とギャップ！

Angela Merkel is the current chancellor of Germany and the first female chancellor of the nation. She is active in the EU and is considered by many as the main leader of the EU. Born in East Germany, she is highly educated, having earned a doctorate in chemistry. Her political career took off with the fall of the Berlin Wall. Following the reunification of Germany, Merkel rose to become the leader of The Christian Democratic Union (CDU) and then chancellor after Gerhard Schroeder. She is respected for her intelligence and has been praised for her response to the refugee crisis of millions fleeing war and poverty from the Middle East and Africa, and her handling of the coronavirus pandemic.

4章 現代

□ chancellor：（ドイツなどの）首相　□ doctorate：博士号　□ reunification：再統一　□ refugee：難民　□ flee：～から逃れる　□ handling：対処、処理　□ coronavirus：コロナウイルス　□ pandemic：パンデミック、感染症の大流行

🔲訳　アンゲラ・メルケルはドイツの現首相で、同国初の女性の首相。EU内で活発に活動し、EUを牽引する中心的なリーダーと多くの人から見なされている。東ドイツに生まれたメルケルは、化学で博士号を取得し、高い教育を受けている。彼女の政治キャリアは、ベルリンの壁崩壊から始まった。ドイツの再統一後、メルケルはキリスト教民主同盟（CDU）の党首、さらにゲアハルト・シュレーダーの次の首相へと出世した。メルケルはその知性で尊敬を集めており、また難民危機への対応や（中東・アフリカから数百万人が戦争や貧困を逃れてきた）、コロナウイルス大流行への対策でも称賛されている。

関連キーワード　EU（欧州連合 ※European Unionの略）　the Christian Democratic Union（キリスト教民主同盟 ※略称CDU。メルケルが所属するドイツの中道右派政党。2000年から2018年まで党首を務めた）　the fall of the Berlin Wall（ベルリンの壁崩壊 ※1989年11月9日。メルケルを政治に向かわせたきっかけ）　the German Democratic Republic (DDR)（ドイツ民主共和国、旧東ドイツ ※DDRは独語での国名Deutsche Demokratische Republikの略）　Helmut Kohl（ヘルムート・コール ※東西ドイツの再統一を成し遂げた首相。シュレーダーの前任者）　Gerhard Schroeder（ゲアハルト・シュレーダー ※ドイツの元首相。メルケルの前任者）　Mutti（ムティ ※ドイツ語で「お母さん」を意味する愛称）

Mao Zedong　毛沢東（1893–1976）

[máu zədúŋ]［マウ　ザ**ドゥ**ンG］★日本語とギャップ！

Mao Zedong was a Chinese communist revolutionary and dictator

 popularly known as the "founding father" of the People's Republic of China, which he led from its origin in 1949 until his death in 1976. After defeating the Chinese Nationalists in 1949, Mao consolidated and maintained power through brutal repression. His one-party government operated a planned economy and initiated a partly successful transition from an agricultural toward an industrial economy. Under Mao, numerous attempts to dictate drastic agricultural, industrial and societal transformation resulted in the deaths of millions of Chinese people.

□ communist：共産主義の　□ revolutionary：革命家　□ consolidate：～を強化する　□ brutal：厳しい、容赦のない　□ repression：抑圧、鎮圧　□ one-party：一党による、一党から成る　□ planned economy：計画経済　□ initiate：～を開始する、～に着手する　□ transition：移行　□ numerous：非常に多くの　□ drastic：抜本的な、思い切った　□ societal：社会の、社会に関する　□ transformation：変化、転換

訳 毛沢東は中国の共産主義革命家であり独裁者で、中華人民共和国の「建国の父」として広く知られ、建国の1949年から没した1976年まで同国を率いた。1949年に中国国民党を倒した毛沢東は、容赦のない圧政により権力を強化し維持した。彼の一党統治体制は計画経済を推進し、農業経済から工業経済への転換に着手して、ある程度まではうまくいった。毛沢東の下で行われた農業、工業、社会の大転換を命じる数多くの企てによって、おびただしい数の中国人民の命が犠牲になった。

関連キーワード Mao Tse-tung（毛沢東 ※この綴りもよく使われる。読み方は［máu tsətún］［マ ウ ツァトゥンG］）　Chairman Mao（毛主席 ※メディアでよく使われる呼称）the People's Republic of China（中華人民共和国 ※略称PRC）the Communist Party of China（中国共産党 ※毛は1949年の党設立時から死去するまで中央委員会主席を務めた）the People's Liberation Army (PLA)（人民解放軍 ※中華人民共和国の軍隊）the Red Army（紅軍 ※人民解放軍の前身となった党内の組織）the Chinese Civil War（国共内戦 ※国共合作の失敗から始まった、中国国民党と中国共産党による内戦）the Republic of China（中華民国 ※国共内戦に敗れ、台湾に渡った国民党政権が用いた国名。以来、台湾の正式名称となる）Chiang Kai-shek（蒋介石 ※中華民国の初代総統。国共内戦で対決。毛率いる人民解放軍に敗れ、台湾に渡る）the Great Leap Forward（大躍進政策 ※毛が指導した農工政策。施行から数年で2000万人から5000万人以上と言われる餓死者を出すなど失策に終わった）the *Little Red Book*（小さな赤い本 ※毛の語録 *Quotations from Chairman Mao Tse-tung*［『毛沢東語録』、『毛主席語録』］の英語圏での通称）the Cultural Revolution（文化大革命 ※the Great Proletarian Cultural Revolution［プロレタリア文化大革命］とも）Jiang Qing（江青 ※4人目の妻。王洪文、張春橋、姚文元と「四人組」を結成し、党内で大きな影響力を持った）the Gang of Four（四人組 ※gangという言葉を用いるところに西側諸国での否定的な見方が含まれている）

Malala Yousafzai　マララ・ユスフザイ（1997- ）

［məláːlə jusəfzái］［マ**ラ**ーラ　ユサF**ザ**イ］

Malala Yousafzai is a Pakistani advocate of female education and human rights. She publicly opposed the Pakistani Taliban practice of banning girls from attending school around her home in Pakistan's Swat Valley. She was shot in the head in a near-fatal assassination attempt in 2012. Yousafzai recovered and leveraged her skill as a public speaker and communicator to expand her advocacy to international forums. Her message has received worldwide support, and in 2014 at age 17, she became the youngest person ever to receive the Nobel Peace Prize.

□ advocate：擁護者、支持者　□ ban ～ from . . .：～に…を禁じる、～を…から締め出す　□ near-fatal：危うく命を落とすような　□ assassination：暗殺　□ leverage：～をうまく活用する　□ public speaker：講演者　□ communicator：伝達者　□ advocacy：擁護、弁護　□ forum：公開討論の場

4章　現代

訳 マララ・ユスフザイは、女子教育と人権を擁護するパキスタンの活動家。地元パキスタンのスワート渓谷付近で女子生徒の通学をパキスタンのタリバンが禁止したことに関し、世の中に向かって反対意見を述べた。2012年に暗殺目的で頭部を撃たれ、危うく命を落としかけた。ユスフザイは回復し、講演者、伝達者としてのスキルを生かして、自らの主張を国際的な話し合いの場へと広げた。そのメッセージは世界的な支持を得ており、2014年、17歳でノーベル平和賞の史上最年少の受賞者になった。

関連キーワード　the Nobel Peace Prize（ノーベル平和賞 ※2014年に受賞）　Tehrik-i-Taliban in Pakistan（パキスタン・タリバン運動 ※略称TTP。ユスフザイの故郷周辺地域を支配するイスラム主義武装組織。女性の教育を受ける権利を否定している）　Benazir Bhutto（ベナジル・ブットー ※パキスタンの政治家で、イスラム諸国初の女性首相。2007年に暗殺された。ユスフザイが影響を受けたと語る人物の一人）

Ronald Reagan　ロナルド・レーガン（1911-2004）

［ránld réigən］［**ラ**ンLD　**レ**イガン］★つづりとギャップ！

Ronald Reagan was the 40th U.S. president, serving from 1981 to 1989. He took office during a period of economic stagnation and high inflation, and implemented neoliberal economic initiatives which became known as "Reaganomics," meaning generally lower taxes and a decrease in regulation, prioritizing business over social welfare. Reagan also pursued aggressive diplomacy and military escalation aimed at placing economic pressure on the Soviet Union to achieve "peace through strength." These policies are credited with helping the United States and its allies prevail in the Cold War. He was diagnosed with Alzheimer's disease in 1993.

□take office：就任する、政権を握る □stagnation：停滞、不振 □inflation：インフレ（ーション） □implement：～を実行に移す □neoliberal：新自由主義の □initiative：新構想、新政策 □regulation：規制 □prioritize：～を優先する □social welfare：社会福祉 □aggressive：積極的な、好戦的な □diplomacy：外交術、外交手腕 □military escalation：軍備増強 □be credited with ～：～の点で評価されている □prevail：勝つ □the Cold War：冷戦 □be diagnosed with ～：～と診断される □Alzheimer's disease アルツハイマー病

[訳] ロナルド・レーガンは、第40代アメリカ合衆国大統領で、1981年から1989年までその地位にあった。経済の停滞と高インフレの時期に就任し、「レーガノミクス」として知られることとなった新自由主義的な経済構想を実行に移した。これは大まかに言えば、税率を引き下げ、規制を緩和し、社会福祉よりビジネスを優先することを意味した。また、レーガンは積極的な外交や軍事拡大を推し進めたが、その目的はソビエト連邦に経済的圧力をかけ、「力による平和」を実現することであった。これらの政策は、アメリカ合衆国とその同盟国が冷戦に勝利するのに寄与したとして評価されている。彼は1993年にアルツハイマー病と診断された。

[関連キーワード] the Republican Party（共和党） neoliberalism（新自由主義 ※個人や市場への政府の介入は最低限であるべきだという思想を核とする） Reaganomics（レーガノミクス ※レーガンの経済政策） "peace through strength"（「力による平和」※レーガンの外交戦略） the Iran-Contra affair（イラン・コントラ事件 ※Irangateとも） Mikhail Gorbachev（ミハイル・ゴルバチョフ ※後に盟友の仲になる） The Intermediate-Range Nuclear Forces Treaty（中距離核戦力全廃条約 ※略称INF。1987年、レーガンとソ連のゴルバチョフによって調印された米ソ間軍縮条約。2018年、トランプ政権がロシアに破棄を通告し、2019年に失効） *Back to the Future*（映画『バック・トゥ・ザ・フューチャー』 ※主人公が訪れた30年前の世界ではまだレーガンは俳優だったというエピソードが登場する） Nancy Reagan（ナンシー・レーガン ※妻） Alzheimer's disease（アルツハイマー病 ※1993年に診断を受け、翌年に公表した）

364 カトリック教会の頂点

Pope Francis ローマ教皇フランシスコ（1936-）

[póup frǽnsis]［ポウP FランシS］★日本語とギャップ！

Pope Francis is the current world leader of the Holy See of the Catholic Church. He succeeded Pope Benedict XVI in 2013. An Argentinian, he is the first pope from the Americas, and the first non-European pope since the 8th century. He is also the first pope from the Jesuit order of monks. His papal name was chosen after St. Francis of Assisi, the founder of the Franciscan order. Like his namesake, he is noted for his humility, informal style and advocacy for a more open and welcoming Catholic Church.

□the Holy See：教皇庁　□the Jesuit order：イエズス会　□monk：修道士　□papal：ローマ教皇の　□the Franciscan order：フランシスコ会　□namesake：名をもらった人、同名の先人　□be noted for ～：～で名高い　□humility　謙虚さ　□advocacy：擁護　□welcoming：友好的な

[訳] ローマ教皇フランシスコは、カトリック教会を束ねる教皇庁の現在の世界的指導者。2013年に教皇ベネディクト16世の後を継いだ。アルゼンチン人である彼は、南北アメリカ大陸出身の初の教皇で、8世紀以降初めての非ヨーロッパ人の教皇である。また初のイエズス会修道士出身の教皇でもある。教皇名は、フランシスコ会創設者であるアッシジの聖フランシスコにちなんで選ばれた。その名をもらった人物同様、謙虚さと打ち解けた態度、そしてより開かれた友好的なカトリック教会を擁護する姿勢で知られている。

関連キーワード Pope（ローマ教皇 ※キリスト教カトリック教会の最高位にある聖職者） the Supreme Pontiff（ローマ教皇 ※pontiffは「司教」の意） Vatican（バチカン ※文脈によって教皇、ローマ教皇庁、バチカン宮殿、バチカン市国などを意味することも） the Jesuit order（イエズス会 ※the Society of Jesusとも。キリスト教カトリック教会の男子修道会） Pope Benedict XVI（ローマ教皇ベネディクト16世 ※前教皇。生前退位した異例の教皇） Saint Francis of Assisi（アッシジの聖フランシスコ ※フランシスコ会を創設した中世の修道士、聖人。清貧を実践したことで知られる。教皇名「フランシスコ」は教皇自らがこの聖人にちなんで選んだ） the Holy See（ローマ教皇、教皇庁）

4章 現代

365 世界を飛び回った「空飛ぶ教皇」

Pope John Paul II ローマ教皇ヨハネ・パウロ２世（1920-2005）

[póup dʒán pɔ́ːl ðə sékənd] [ポウP ジャン ポーL ðァ セカンD] ★日本語とギャップ！

Pope John Paul II led the Catholic Church and the Vatican City State from 1978 until he died in 2005. In addition to being a noted theologian and religious scholar, he was a forceful advocate of freedom and democracy. He is credited with helping end Communist rule over his native country, Poland. This development made a key contribution to the fall of the Soviet Union. He was canonized in 2014 after two miracles attributed to him had been approved by the Vatican.

□the Vatican City State：バチカン市国　□noted：著名な　□theologian：神学者　□scholar：学者　□forceful：強力な　□advocate：擁護者、支持者　□native country：生まれた国、母国　□be canonized：列聖される、聖人と認められる　□(be) attributed to ～：～による、～に起因する

[訳] ローマ教皇ヨハネ・パウロ2世は、1978年から逝去する2005年までカトリック教会とバチカン市国を導いた。著名な神学者で宗教学者であっただけでなく、自由と民主主義の強力な擁護者だった。彼は、故国ポーランドの共産主義支配の終結に貢献したとして評価されている。（ポーランドにおける）この進展は、ソビエト連邦の崩壊に大きく寄与した。二つの奇跡が彼によるものとバチカンに認定され、2014年に列聖された。

関連キーワード Pope（ローマ教皇 ※キリスト教カトリック教会の最高位にある聖職者） canonization（列聖 ※列福した信者が、教皇に聖人の地位を与えられること） Saint John Paul II（聖ヨハネ・パウロ2世） ecumenism（エキュメニズム ※キリスト教内の他教派から他宗教まで、枠を超えた交流、協力を促す宗教運動。ヨハネ・パウロ2世はその推進者として知られた） Pope John Paul I（ローマ教皇ヨハネ・パウロ1世 ※先代の教皇） Pope Benedict XVI（ローマ教皇ベネディクト16世 ※次代教皇。在位およそ8年で生前退位）

英語で知りたい！　世界のキーパーソン人名事典

発行日：2021 年 6 月 10 日（初版）

企画・編集：株式会社アルク　出版編集部
英文作成：Braven Smillie ／ Owen Schaefer ／ Peter Branscombe ／
Margaret Stalker ／ Nathan Robert Long ／ Brad Francis ／
Joe Trujillo
翻訳：山岡由美／吉田章子
発音カタカナ表記法考案：髙橋玲
校正：山岡由美／ Peter Branscombe ／ Margaret Stalker
ナレーション：Chris Koprowski
カバーデザイン：三澤敏博
本文デザイン・DTP：有限会社トライアングル
イラスト：アルク「人名事典」製作委員会
印刷・製本：日経印刷株式会社

発行者：天野智之
発行所：株式会社アルク
〒 102-0073　東京都千代田区九段北 4-2-6　市ヶ谷ビル
Website：https://www.alc.co.jp/

地球人ネットワークを創る

アルクのシンボル
「地球人マーク」です。